AF156713

Neil MacGregor

Leben mit den Göttern

Finance

Neil MacGregor

Leben mit den Göttern

Aus dem Englischen
von Andreas Wirthensohn
und Annabel Zettel

The British Museum

C.H.Beck

Für Paul Kobrak,

Begleiter durch Erde und Luft, Feuer und Wasser

Die Einleitung, die Kapitel 1–10 und 21–27 wurden von Andreas Wirthensohn, die Kapitel 11–20 und 28–30 von Annabel Zettel übersetzt.

Titel der englischen Originalausgabe:
«Living with the Gods. On Beliefs and Peoples»

Original English language edition first published by Penguin Ltd, London
By arrangement with the BBC and the British Museum.

Satz: Janß GmbH, Pfungstadt
Druck und Bindung: CPI, Ebner & Spiegel, Ulm
Umschlaggestaltung: Konstanze Berner, München,
nach dem Originalentwurf von Penguin Random House, UK/Jim Stoddart
Umschlagabbildung: Nase und Lippen des Echnaton, ca. 1353–1336 v. u. Z.,
The Metropolitan Museum of Art, New York, Schenkung von Edward S. Harkness, 1926 (26. 7. 1395)
Gedruckt auf säurefreiem, alterungsbeständigem Papier
(hergestellt aus chlorfrei gebleichtem Zellstoff)
Printed in Germany
ISBN 978 3 406 72541 8

www.chbeck.de

Frontispiz:

Sonnenaufgang am Harishchandra Ghat in Varanasi am Ganges:

Badende wenden ihr Gesicht der aufgehenden Sonne zu.

Inhalt

«Die erste Bedingung menschlicher Güte ist etwas, das man lieben,
die zweite etwas, das man verehren kann.»
George Eliot

«Religion ist der Versuch, in den Ereignissen einen Sinn zu finden,
nicht eine Theorie zur Erklärung des Universums.»
John Gray

«Religiöse Überzeugungen sind keine universalen Wahrheiten,
sondern Gemeinschaftswahrheiten. Sie beschreiben weniger Fakten,
sondern leiten Leben an. Sie bringen zum Ausdruck,
was es bedeutet, einer bestimmten Gemeinschaft anzugehören
und ihren Werten verpflichtet zu sein.»
Don Cupitt

Einleitung

Glauben und Zugehörigkeit

Leben mit den Göttern beschäftigt sich mit einer der zentralen Tatsachen menschlichen Daseins: dass jede bekannte Gesellschaft über eine Reihe von Überzeugungen und Annahmen verfügt – einen Glauben, eine Ideologie, eine Religion –, die weit über das Leben des Einzelnen hinausreichen und einen wesentlichen Teil einer gemeinsamen Identität darstellen. Solche Glaubensüberzeugungen verfügen über eine ganz besondere Macht, Völker zu definieren – und zu spalten –, und sie sind in vielen Teilen der Welt heute eine treibende Kraft in der Politik. Manchmal sind sie säkularer Natur, am offensichtlichsten im Falle des Nationalismus, aber die gesamte Geschichte hindurch waren sie zumeist im weitesten Sinne religiös. Dieses Buch ist ausdrücklich keine Geschichte der Religion, es ist aber auch keine Streitschrift für den Glauben und noch weniger eine Verteidigung irgendeines bestimmten Glaubenssystems. Es befragt quer durch die Geschichte und rund um den Globus Gegenstände, Orte und menschliche Tätigkeiten, um zu verstehen, was gemeinsame religiöse Überzeugungen im öffentlichen Leben einer Gemeinschaft oder einer Nation bedeuten können, wie sie das Verhältnis zwischen dem Einzelnen und dem Staat prägen und wie sie einen entscheidenden Beitrag dazu leisten, wer wir sind. Denn mit der Entscheidung, wie wir mit unseren Göttern leben wollen, entscheiden wir auch, wie wir miteinander leben.

Der Glaube ist wieder da

Nach dem Ende des Zweiten Weltkriegs sonnte sich die westliche Welt jahrzehntelang in einem historisch beispiellosen Wohlstand. Die Vereinigten Staaten boten den meisten ihrer Bürger – und den Einwanderern – einen scheinbar endlos steigenden Lebensstandard. 1957 ließ der britische Premierminister Harold Macmillan die Öffentlichkeit wissen, den Briten sei es «noch nie so gut gegangen». Sie waren ebenfalls dieser Meinung, und so gewann er unangefochten die nächste Wahl. Überall in Westeuropa und Nordamerika war Wirtschaftswachstum die Norm: Frieden hatte im Großen und Ganzen zu Wohlstand geführt.

In der übrigen Welt waren die Sowjetunion und die Vereinigten Staaten in einem erbitterten Konflikt gefangen, der mitunter militärisch, aber immer ideologisch war und in dem sie darum wetteiferten, neue Rekruten für das jeweils von ihnen bevorzugte System eines marxistischen Staatskommunismus bzw. eines liberalen demokratischen Kapitalismus zu gewinnen. Da es sich bei beidem im Grunde um ökonomische Projekte handelte, ging es in der Auseinandersetzung zunehmend und wenig überraschend nicht um die ganz unterschiedlichen Vorstellungen von Freiheit und sozialer Gerechtigkeit, sondern darum, welches System seiner Gesellschaft den größeren materiellen Nutzen verschaffte.

Ein bemerkenswertes Beispiel für diese Zusammenziehung – oder besser: Gleichsetzung – von Idealen und ihren materiellen Resultaten findet sich auf

Die Zehn-Dollar-Note, die das US-Schatzministerium zeigt, vor und nach 1956

der amerikanischen Dollarnote oder genauer: auf zwei Dollarnoten. Obwohl ein Großteil der amerikanischen Bevölkerung christlich war, waren die Vereinigten Staaten explizit auf der in der Verfassung verankerten Basis gegründet worden, wonach die neue Nation keine feste «Staatsreligion» haben sollte. Doch 1956 beschloss der Kongress in der Absicht, sich noch deutlicher von der atheistischen Sowjetunion zu unterscheiden, den seit langem vertrauten Wahlspruch «In God We Trust» öffentlich deutlich stärker zum Einsatz zu bringen. In einer Geste, die voller unfreiwilliger Symbolkraft steckte, wurde entschieden, dass diese Worte nicht nur auf öffentlichen Gebäuden oder auf der Flagge auftauchen sollten, sondern auch auf der nationalen Währung. Seither wird diese Losung auf Dollarnoten gedruckt, und auf der Zehn-Dollar-Note schwebt sie sogar schützend über dem amerikanischen Finanzministerium. Die ironische Wendung vom «allmächtigen Dollar» war seit dem 19. Jahrhundert in Umlauf und warnte vor der Vermengung von Gott und Mammon. Nun jedoch wurde eine der amerikanischen Grundüberzeugungen auf der meistverehrten Manifestation amerikanischen Erfolgs zum Ausdruck gebracht – seinem Geld.

Oberflächlich betrachtet könnte es den Anschein haben, als bestätige der neue Wortlaut auf den Dollarnoten die Vormachtstellung Gottes im politischen System der USA, also eine amerikanische Variante für das 20. Jahrhundert der Buchstaben *DG – Dei Gratia*, «von Gottes Gnaden» –, die das Porträt des Souveräns auf der britischen Währung begleiten, oder der Koranverse auf den Münzen vieler islamischer Staaten. Tatsächlich verhielt es sich genau umgekehrt.

Diese bemerkenswerte Vermengung des Finanziellen und des Spirituellen war alles andere als ein Schritt in Richtung Theokratie in Washington, sondern symptomatisch für eine umfassendere Veränderung im Verhältnis zwischen Moral und Ökonomie. Auf beiden Seiten des Atlantiks war die Rolle der organisierten Religion im öffentlichen und privaten Bereich gleichermaßen rückläufig. Die Gesellschaft wurde zunehmend säkularer – in Europa etwas schneller –, und immer weniger Menschen besuchten traditionelle Gottesdienste. Die «Revolutionäre» von 1968 argumentierten in Kategorien ökonomischer Ungerechtigkeit, in denen von Gott so gut wie keine Rede war, und schon gar nicht setzten sie ihr Vertrauen in ihn. Nach dem Zusammenbruch des Kommunismus in der Sowjetunion Ende der 1980er Jahre herrschte fast überall klarer Konsens. Der Kampf der Ideologien war vorüber: Der Kapitalismus hatte gewonnen, der Kommunismus war gescheitert, die Religion war auf dem Rückzug, und wenn es einen Glauben gab – ein Gefüge von Annahmen, die so gut wie jeder teilte –, so war es nunmehr der Glauben an das materielle Wohlergehen. Nicht ohne Grund prägte Bill Clinton im amerikanischen Präsidentschaftswahlkampf 1992 die berühmten Worte: «It's the economy, stupid.» («Es ist die Wirtschaft, Dummkopf.») Kaum jemand wollte dem widersprechen; und wie Macmillan vor ihm wurde Clinton zum Oberhaupt seines Landes gewählt.

25 Jahre später steht die organisierte Religion zur Überraschung oder Befremdung des wohlhabenden Westens überall auf der Welt erneut mitten auf der politischen Bühne. In einem Ausmaß, wie man es in Europa seit dem 17. Jahrhundert selten erlebt hat, bestimmt der Glauben nun große Teile der weltweiten öffentlichen Debatte. Die konkurrierenden Materialismen des Kalten Krieges wurden ersetzt. Der gesamte Nahe und Mittlere Osten ist in mörderischen Konflikten gefangen, die nicht in ökonomischen, sondern in religiösen Kategorien artikuliert und ausgetragen werden. Die Politik in Pakistan und Israel, die beide als explizit säkulare Staaten gegründet wurden, ist zunehmend konfessioneller Natur. In Indonesien und Nigeria, Myanmar und Ägypten werden Bevölkerungsgruppen attackiert und Individuen getötet unter dem Vorwand, ihre Glaubenspraxis mache sie zu Fremden im eigenen Land. Indien, in dessen Verfassung die Äquidistanz des Staates gegenüber allen Religionen festgelegt ist, wird von Aufrufen der Regierung erschüttert, eine explizit hinduistische Identität zu verfechten, was gravierende Folgen für

Die Probleme der Glaubensausübung im öffentlichen Raum. Französische Muslime beten, von der Polizei überwacht, auf einer Straße in Clichy am Stadtrand von Paris, um gegen die Schließung einer ungenehmigten Gebetsstätte zu protestieren, März 2017.

Inder hat, die Muslime oder Christen sind (→ Kapitel 25). In vielen Ländern, nicht zuletzt in den Vereinigten Staaten, wird die Einwanderungspolitik – und insbesondere der Vorbehalt gegenüber Zuwanderern – häufig in die Sprache der Religion gekleidet. Selbst im weitgehend agnostischen Europa drängt der bayerische Ministerpräsident darauf, in staatlichen Behörden als Ausdruck einer angeblichen katholisch-bayerischen Identität Kreuze aufzuhängen, und die französische Regierung verbietet das Tragen der Vollverschleierung (Burka) in der Öffentlichkeit (→ Kapitel 28). In der Schweiz wurde eine Volksabstimmung abgehalten, mit der der Bau von Minaretten verboten werden sollte (→ Kapitel 9), während in Dresden regelmäßig Tausende von Menschen auf die Straße gehen, um gegen eine angebliche Islamisierung des Abendlands zu protestieren. Der bevölkerungsreichste Staat auf Erden, China, behauptet, seine nationalen Interessen, ja sogar die Integrität des Staates würden durch den im Exil weilenden geistigen Führer der tibetischen Buddhisten, den Dalai Lama, gefährdet, einen Mann, dessen einzige Macht der Glauben ist, den er verkörpert.

Die Islamische Revolution im Iran 1979, die die säkulare Welt zutiefst schockierte und die damals dem Gang der Geschichte zuwiderzulaufen schien, wirkt heute wie der Vorbote einer Zeitenwende. Nach Jahrzehnten demütigender Einmischung vonseiten der Briten und der Amerikaner entdeckten iranische Politiker in der Religion eine Möglichkeit, die Identität des Landes zu definieren und zu behaupten. Seither haben viele andere den gleichen Weg eingeschlagen. Auf eine Weise, wie man sich das vor sechzig Jahren kaum hätte vorstellen können, wurde die selbstvergewissernde Politik des Wohlstands in vielen Teilen der Welt durch die Rhetorik und – oftmals gewaltsame – Politik der Identität abgelöst, die mit Hilfe des Glaubens artikuliert wird. Eine der Kernthesen von *Leben mit den Göttern* lautet, dass uns das nicht überraschen sollte, denn in Wirklichkeit handelt es sich dabei um eine Rückkehr zum vorherrschenden Muster menschlicher Gesellschaften.

In Geschichten leben

«Wir erzählen uns Geschichten, um zu leben.» Joan Didions berühmter Satz steht am Beginn einer Essaysammlung, die sie über ihre Erfahrungen im säkularen Amerika der 1970er Jahre geschrieben hat. Es handelt sich nicht um eine Reflexion über Religion, aber dieser Satz benennt ziemlich genau das dringliche Bedürfnis, das wir alle haben, nach Geschichten, die unsere Erinnerungen und Hoffnungen ordnen und unserem individuellen und kollektiven Leben Form und Sinn verleihen.

Wir beginnen dort, wo sich die ältesten erhaltenen Belege finden, in den Höhlen Europas am Ende der Eiszeit. In Kapitel 1 werden wir sehen, dass eine Gesellschaft mit einem Glauben an etwas jenseits ihrer selbst, mit einer Erzählung, die über das Unmittelbare und über das Ich hinausgeht, besser dafür gerüstet zu sein scheint, mit den Bedrohungen der eigenen Existenz fertig zu werden, zu überleben und zu gedeihen. Zu Beginn des 20. Jahrhunderts behauptete der französische Soziologe Émile Durkheim, ohne solche übergreifenden Geschichten, ohne eine «Vorstellung, die eine Gesellschaft von sich selbst konstruiert», könne es im Grunde gar keine Gesellschaft geben. Diese Geschichten, die Ideale, die sie zum Ausdruck bringen, und die Zeremonien, in denen sie inszeniert werden, bildeten für Durkheim die wesentlichen Elemente jeglichen Systems gemeinschaftlichen Glaubens. Und in einem gewissen Sinne *sind* die Geschichten die Gesellschaft. Wenn wir sie, aus welchem Grund auch immer, verlieren oder vergessen, existieren wir als Kollektiv in einem ganz realen Sinne nicht mehr.

Glaubenssysteme enthalten fast immer eine Erzählung davon, wie die physische Welt geschaffen wurde, wie die Menschen in sie kamen und wie sie und alle anderen Lebewesen diese Welt bewohnen sollten. Doch die Geschichten und die damit verbundenen Rituale gehen üblicherweise weit darüber hinaus. Sie erklären den Angehörigen der Gruppe, wie sie sich gegenüber anderen verhalten sollten, und sie beschäftigen sich auch mit der Zukunft – also den Aspekten der Gesellschaft, die Bestand haben werden, während die aufeinanderfolgenden Generationen vergehen und verschwinden. Sie umfassen die Lebenden, die Toten und die noch nicht Geborenen und fügen sie in eine fortdauernde Geschichte der Zugehörigkeit ein.

Die einflussreichsten und nachhaltigsten Geschichten von Gesellschaften sind das Werk von Generationen. Sie werden wiederholt, angepasst und weitergegeben, sie fließen ins Alltagsleben ein, werden ritualisiert und derart verinnerlicht, dass wir uns oft kaum bewusst sind, dass wir noch immer von den Erzählungen ferner Ahnen umgeben sind. Sie verschaffen uns unseren spezifischen Ort in einem Gefüge, das sich zwar wahrnehmen, aber nicht vollständig begreifen lässt – und sie tun das, ohne dass wir wirklich davon wissen. Diesen Prozess können wir jeden Tag erleben, wenn wir – und andere – die vertrauteste Sequenz wiederholen, nämlich die Wochentage.

In der Zeit leben

Sonntag, Montag, Dienstag, Mittwoch, Donnerstag, Freitag, Samstag. Die Vorstellung, den Zyklus des Mondes in vier Sieben-Tage-Wochen zu unterteilen, dürfte ihren Ursprung im antiken Babylon haben. In ihrer vertrauten modernen Form leitet sie sich vermutlich von einem jüdischen Vorbild ab, in dem die Schöpfungsgeschichte, wie sie in der Genesis erzählt wird, nachklingt, wo Gott, nachdem er in sechs Tagen die Welt erschaffen hatte, am siebten Tag ruhte – und der Menschheit und den Tieren befahl, es genauso zu halten. In der Folge verbindet uns jede Woche mit dem Beginn der Zeit als solcher, wenn ihre Tage den Gang unserer Arbeit und unserer Freizeit bestimmen, den wiederkehrenden Rhythmus unseres Daseins. Aber sie leisten noch mehr, und was genau das ist, hängt von unserer Sprache und unseren Überzeugungen ab. Die Namen, die wir den Wochentagen im Englischen (und im Deutschen) geben, sind eine ererbte Meditation über die Zyklen der Zeit, wenn wir das Muster der Sonne, des Mondes und der Planeten, die über uns ihre Bahnen ziehen, beobachten; und die Geschichte, die sie erzählen, ist allein denen, die Englisch (bzw. Deutsch) sprechen, vorbehalten, denn niemand anderes Woche gleicht der unseren.

Sonntag/Sunday, Montag/Monday – es beginnt mit der Sonne und dem Mond, die wir im Grunde jeden Tag sehen und deren getrennte Bewegungen die Monate und die Jahre markieren. Danach kommen in den meisten Ländern Westeuropas die Tage der problemlos sichtbaren Planeten. Am deutlichsten zeigt sich das in den romanischen Sprachen: Mars – *martedì/mardi*; Merkur – *mercoledì/mercredi*; Jupiter – *giovedì/jeudi*; Venus – *venerdì/vendredi*. Die Abfolge mag moderne Astronomen überraschen, aber es ist die Abfolge, an die sich die Römer hielten und die sie uns hinterließen. In England wurden irgendwann im 7. Jahrhundert die Planeten, die mit den exotischen Göttern Roms verbunden waren, umbenannt und durch die entsprechenden nördlichen Götter ersetzt, und deren Namen – Tyr (altengl. Tiw, althdt. Tiu), Wotan, Thor und Frigg – machten im Englischen und Deutschen daraus Tuesday/Dienstag, Wednesday/Wodensdag (althdt.; der Mittwoch kam im 10. Jahrhundert auf und ist einem Rückgriff auf die christlich-jüdische Zählung zu verdanken), Thursday/Donnerstag und Friday/Freitag. Am Saturday jedoch gesellt sich diesen einheimischen nordischen Göttern Saturn bei, der einzige römische Emigrant, der hartnäckig

Mond-Tag bis Sonn-Tag. Die römischen Götter der englischen Wochentage auf einem italienischen Gemmen-Armband aus der Mitte des 19. Jahrhunderts.

seinen lateinischen Namen behielt und unsere Woche, wie auch unsere Sprache, zu einem spezifisch germanisch-lateinischen Hybrid macht.

Indem jede Woche die verschiedenen Zyklen von Sonne, Mond und den fünf Planeten umfasst, impliziert sie nicht nur eine lange Zeitspanne von vielen Jahren, sondern auch die Gesellschaft vieler Götter und die ungeheure Weite des Raums als solchem. In den Namen unserer Tage ist das gesamte Sonnensystem enthalten, das Raum-Zeit-Kontinuum, wie man es in der antiken Welt des Mittelmeers kannte und nach Nordeuropa weitergab. Der Verlauf der Woche ist im Englischen und im Deutschen eine kurzgefasste kosmologische Geschichte, in der wir jeden Tag mit den Göttern unserer Vorfahren und unserer Eroberer leben, wodurch wir eine alte, aber stabile Zeitstruktur bewohnen.

Diese ungeheuer große Spannweite der Woche wird auf angenehme Weise sichtbar – und auf überraschende Weise tragbar – in einem wunderbaren Schmuckarmreif aus Italien, auf dem die Sonne und der Mond die Planeten in ihrer Abfolge flankieren, alle in Reliefform und in der charakteristischen römischen Art gehalten. Doch obwohl der Armreif in Italien gefertigt wurde, ergibt er nur im Englischen einen Sinn – denn das englische Wochenende unterscheidet sich grundlegend von dem in Südeuropa. Im Italienischen (sowie im Französischen und den anderen romanischen Sprachen, aber zumindest im Falle des Samstags auch im Deutschen) folgt nach dem Freitag kein Tag des Saturn. Stattdessen wechselt die Woche in eine andere Glaubenswelt, und der fünfte der heidnischen Götter weicht dem Sabbat des einzigen Gottes der Juden – *sabato, samedi,* Samstag. Und nach dem jüdischen Sabbat folgt nicht der Tag der Sonne, sondern *domenica* bzw. *dimanche*: der Tag des *dominus*, des Herrn. Im lateinischen Europa handelt das Wochenende nicht vom Bewegungsmuster am Himmel, sondern davon, wie wir auf Erden beten sollten. So geben die Tage der Woche der Zeit ein Gepräge, indem sie die Alltagsroutine unseres individuellen Lebens in ein Modell kosmischer Harmonie und gesellschaftlicher Ordnung einfügen.

Die Siebentagewoche ist heute ein globales Phänomen, aber die unterschiedlichen Namen der einzelnen Tage erzählen überall eine Reihe lokaler Geschichten, die von den jeweiligen Sitten und der jeweiligen Sprache abhängen. Ein Großteil Europas, das durch die römisch-katholische Kirche geprägt wurde, behielt die heidnischen Planetengötter der Römer bei, obwohl sie schon seit langem ersetzt waren, und die romanischen Sprachen fügten ihnen die heiligen Tage der Juden und Christen hinzu. Doch in Osteuropa und dem Nahen Osten lehnte die griechisch-orthodoxe Kirche diese entwurzelten heidnischen Götter – und ihre Planeten – vollständig ab. Stattdessen entschied man sich, die radikal andere Tradition der Juden beizubehalten, ein Modell, das später auch von den Muslimen übernommen wurde. Für sie alle hat die Woche einen klaren Mittelpunkt – den einen und einzigen Gott sowie den Tag, der in erster Linie seiner Verehrung vorbehalten ist – Freitag, Samstag oder Sonntag, je nachdem ob man Muslim, Jude oder Christ ist. Die Tage dazwischen haben keine heidnischen oder kosmischen Anklänge, sondern folgen einer schlichten Aufzählung – der Tag danach oder der zweite Tag, der dritte Tag usw. So erzählt der Verlauf der Woche im Hebräischen, Russischen oder Arabischen – um nicht noch weiter auszugreifen – eine Geschichte, die sich von der unseren deutlich unterscheidet: ein Narrativ der aktiven Glaubenspraxis und des rigorosen Monotheismus, des einen, einzigen Gottes, um den allein herum die Struktur unseres Lebens angeordnet ist – ein Gott, der ganz bewusst die Zeit nicht mit den Göttern der Heiden teilt (→ Kapitel 22).

Mit der Benennung der Wochentage bezeichnet man im Großteil der Welt bewusst oder unbewusst die Glaubensgeschichte der jeweils eigenen Gemeinschaft. Aus diesem Grund kamen die antireligiösen französischen Revolutionäre, die unbedingt einen Kalender entwickeln wollten, den, wie das metrische System, die ganze Welt nutzen konnte, zu dem Schluss, dies lasse sich einzig und allein dadurch erreichen, dass man die Woche als solche abschaffte (→ Kapitel 29) und zu einem Dezimalsystem von Tagen überging. Das war logisch und sollte ihrer Ansicht nach universell sein. Doch auch hier kehrten nach einer Handvoll Jahre die alten Götter zurück.

Die Benennung der Wochentage mag eine komplizierte Sache sein, aber noch stärker und erbitterter unterscheiden sich Kulturen, wenn es darum geht, die Jahre zu zählen. Wo fangen wir mit der Zählung an? Wann nahm die Zeit – oder genauer: wann nahm *unsere* Geschichte – ihren Anfang? Für die Juden bedeutete das die Erschaffung der Welt durch Jahwe, für die Römer war es die Gründung ihrer Stadt – und in jedem dieser Fälle demonstrierte das auf vollkommene Weise die Vorstellung vom eigenen Platz in der Weltgeschichte. Für andere hingegen war es der Moment, als die Welt ein zweites Mal begann und alle Dinge neu geschaffen wurden. Für Christen ist das die Geburt Jesu; für Muslime ist das die Zeit, als der Prophet von Mekka nach Medina zog und die Gemeinschaft der Gläubigen Gestalt annahm. Das chinesische Kaiserreich zählte die Jahre mit jeder neuen Regentschaft wieder neu. Für die französischen Revolutionäre machten die Errichtung der Republik und der neuen Staatsinstitutionen das Jahr 1792 zum Jahr 1. Im Mexiko der Azteken kannte die Abfolge weder Anfang noch Ende, sondern vollzog sich in komplizierten, sich endlos wiederholenden Zyklen von 52 Jahren. Kurz: Es gibt keine universelle Geschichte. In der Zählung der Jahre wird, wie bei der Benennung der Tage, die Vorstellung deutlich, welche die jeweilige Gesellschaft von sich selbst und ihrem eigenen, besonderen Ort in der Zeit hat.

Die Machtexpansion Europas und Amerikas in den vergangenen beiden Jahrhunderten hat dazu geführt (oder dazu gezwungen), dass ein Großteil der Welt die historische Zeit so unterteilt, wie sie das tun, nämlich in die Jahre «vor Christus» und die Jahre «nach Christus» bzw. Anno Domini, «im Jahre des Herrn». Trotz ihrer ganz unterschiedlichen Glaubensüberzeugungen haben sich viele darauf verständigt, die gleiche Zählung zu verwenden, weigern sich aber verständlicherweise, die Abkürzungen BC und AD (bzw. v. Chr. und n. Chr.) zu verwenden, die ein ausschließlich christliches Narrativ bekräftigen (oder zumindest anerkennen). Sie bevorzugen stattdessen den neutralen Begriff einer Common Era bzw. Zeitrechnung, der seit dem späten 19. Jahrhundert immer beliebter wird und die christliche Chronologie beibehält, indem er Ereignisse vom angeblichen Zeitpunkt der Geburt Jesu aus datiert, sie aber als «vor unserer Zeitrechnung» (v. u. Z.) oder «unserer Zeitrechnung» (u. Z.) etikettiert (im Englischen als BCE und CE).

Die Idee der Common Era, der üblichen/gängigen Zeitrechnung, ist ein genialer und weitgehend erfolgreicher Versuch, einen Erzählrahmen zu finden, der unabhängig von Sprache, Kultur oder Religion die gesamte Menschheit umfassen kann. Doch solche Beispiele sind selten. Vielleicht ist es in diesem Falle nur möglich, weil zwei (oder, im Falle Irans, drei) Kalender problemlos nebeneinander existieren können, von denen jeder für unterschiedliche Zwecke genutzt wird (→ Kapitel 29), woraus eine ökumenische, ja sogar bilinguale Sicht der Zeit erwächst. Die meisten Konflikte zwischen unseren lokalen und den globalen Narrativen ließen und lassen sich freilich nicht so einfach lösen.

Die Grenzen der Sprache

Das vertraute Beispiel der Wochentage und des Kalenders berührt viele der Themen, die wir später im Buch in erhabeneren Kontexten erörtern werden. Sie zeigen in wunderbarer Klarheit, wie erstaunlich langlebig einmal etablierte Glaubensmuster sind und in welchem Maße Glaubensrituale in vielen – vielleicht sogar den meisten – Gesellschaften die Rhythmen des Lebens strukturieren.

In *Leben mit den Göttern* werden wir uns nicht mit dem Leben in klösterlicher Abgeschiedenheit oder privater Spiritualität befassen, mit dem, was Individuen glauben, oder mit der abstrakten theologischen Wahrheit religiöser Vorstellungen, die allein die Gläubigen kennen können. Stattdessen richten wir unseren

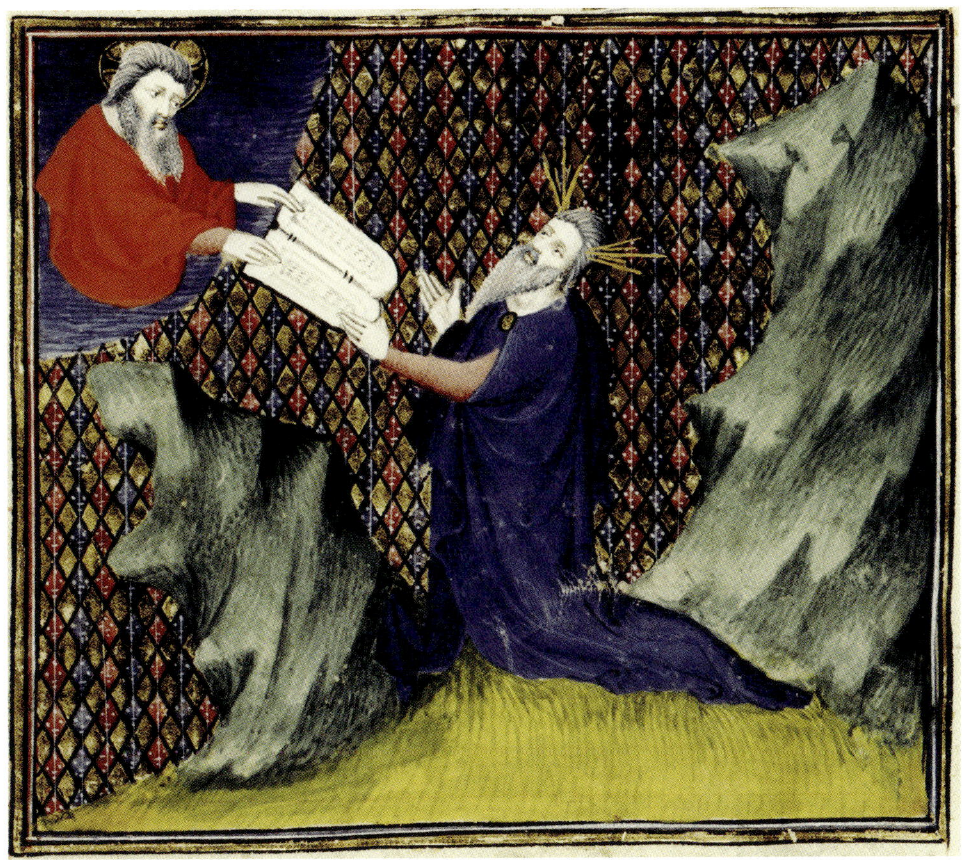

Die Gebote des Lebens und des Glaubens werden Moses von Gott ausgehändigt. Französische Buchmalerei, frühes 15. Jahrhundert.

Blick darauf, was ganze Gesellschaften glauben und tun. Sich der Religion als Praxis und weniger als Lehre zu nähern mag so manchem seltsam erscheinen, der mit der Vorstellung groß wurde, Glaube beruhe auf von Gott inspirierten Texten, die angeblich absolute Wahrheiten enthalten und aus denen sich religiöse Autorität letztlich herleitet. Wenn es ein Bild gibt, das die Sichtweise organisierter Religion im Abendland auf den Punkt bringt, dann wäre das mit Sicherheit Moses auf dem Berg Sinai, der unmittelbar von Gott die Zehn Gebote empfängt – ein allmächtiger, alles beherrschender Gott reicht einen Text herab, der unveränderlich in Stein gemeißelt ist und auf eindeutige, unumstößliche Weise vorschreibt, wie wir diesen Gott verehren und was wir selbst tun (bzw. zumeist nicht tun) sollten.

Bei dieser Vorstellung handelt es sich natürlich um ein verkürztes Zerrbild, wie jeder Jude, Christ oder Muslim sogleich anmerken würde. Moses auf dem Berg Sinai ist für alle drei Glaubenstraditionen lediglich Teil einer viel größeren Geschichte, die Jahrtausende des Kontakts mit Gott, viele andere göttlich inspirierte Texte, viele andersgeartete gesellschaftliche Praktiken und sich fortwährend weiterentwickelnde Interpretationen der hebräischen Schriften, der Evangelien und des Korans umfasst (→ Kapitel 20). Gleichwohl bilden wörtliche, fundamentalistische Lesarten dieser Texte noch immer einen wichtigen Anlass für gewaltsame Auseinandersetzungen zwischen Gruppen von Muslimen, Christen und Juden.

Tatsächlich sind die abrahamitischen Religionen ungewöhnlich, und zwar nicht nur in ihrem Glauben an einen einzigen Gott. Ein Großteil der Welt verfügte im Verlauf der Geschichte zumeist nicht über Texte, die eine so einzigartige Stellung für sich beanspruchten – wenn es überhaupt Texte gab. Noch weniger kennen irgendeine Vorstellung einer zentralen Autorität, die wie der Vatikan ein Lehrgebäude definieren könnte, an das die Anhänger glauben müssen. Natürlich verfügen Hinduisten und Buddhisten über viele Texte, aber keinem davon kommt eine selbstverständliche Vorrangstellung zu, und insofern unterscheiden sich der Sinn, den man ihnen zuschreibt, und die mit ihnen verbundenen Praktiken von Ort zu Ort enorm. Die Griechen und die Römer, die in so vielen anderen Dingen durchaus rigoros waren, verfügten über gar nichts, was wir als Glaubensbekenntnis betrachten würden: Ihre Vorstellung von Religion bezeichnete im Grunde etwas, das die Bürger taten. Eine Betrachtung von Glaubenssystemen, die sich allein auf Lehren und Texte konzentrieren würde, wäre eine auf traurige Weise sehr beschränkte Übung.

Jedenfalls ist oft schwer zu sagen, welchen spezifischen Glaubensüberzeugungen Menschen, wenn man sie dazu drängen würde, zustimmen würden. Wir können jedoch ihre Handlungen beobachten, die großen und kleinen Zeremonien, in denen ihr Glaube zum Ausdruck kommt und die, regelmäßig wiederholt, ein Leben und eine Gemeinschaft prägen. Deshalb konzentriert sich dieses Buch auf solche wichtigen Zeremonien, auf die Dinge, die Menschen dabei verwenden, und auf die Orte, an denen sie abgehalten werden. Ich habe Schauplätze ausgewählt, an denen sich eine große Zahl von Menschen zum Opfern, zu Wallfahrten oder zu rituellen Feierlichkeiten versammelt, und den geographischen Bogen dabei so weit wie möglich gespannt. Die Gegenstände stammen fast alle aus der Sammlung des British Museum, aber das bedeutet nicht wirklich eine Einschränkung, denn sie umfasst die ganze Welt und reicht von den frühesten menschlichen Gesellschaften bis zum heutigen Tag, und sie versetzt uns in die Lage, uns zu einer weltweiten Reise durch die materiellen und gesellschaftlichen Ausdrucksformen des Glaubens aufzumachen.

Der große Vorzug dieses Ansatzes besteht darin, dass Gegenstände und Orte uns in die Lage versetzen, die großen Weltreligionen und deutlich kleinere Glaubenssysteme, die in eine bestimmte Landschaft eingebettet sind, gleichberechtigt zu behandeln (→ Kapitel 23). Gleiches gilt für Praktiken, die von einem König oder dem Klerus streng kontrolliert werden, und solche wie das Weihnachtsfest oder den Kult um Unsere Liebe Frau von Guadalupe (→ Kapitel 15 und 16), bei denen die Laien eine ungeschriebene zentrale Rolle spielen; ebenso für Religionen, die schon vor langer Zeit verschwunden sind, und für solche, die noch immer prächtig gedeihen. Wir können dadurch auch Glaubens- und Verhaltensformen in den Blick nehmen, die üblicherweise nicht als religiös gelten, wie etwa staatlich verordneten Atheismus oder den Kult des nationalen Führers.

Es gibt aber auch noch einen anderen Vorteil. In einer Welt, in der es mehrere tausend verschiedene Sprachen gibt, verschafft uns das Schweigen der Objekte Zugang zu einem Terrain, das sich anders nur schwer betreten lässt. Unser Armreif mit den Wochentagen, der englischsprachig ist und sich nicht ins Italienische (geschweige denn ins Arabische) übersetzen lässt, ohne dass ein Großteil seiner Bedeutung verloren geht, zeigt auf eindrucksvolle Weise, welch grundlegende Verbindungen zwischen Sprache und Glauben bestehen. Das hat nicht nur damit zu tun, dass sie gemeinsam am wirkungsvollsten die Identität irgendeiner Gemeinschaft erzeugen können. Die Worte, in denen wir über Glauben oder Religion sprechen können, sind ihrerseits unvermeidlich geprägt durch – und in den meisten Fällen begrenzt auf – unsere eigenen Verhaltensweisen und Denkformen. Aus offensichtlichen historischen Gründen tun sich europäische Sprachen leicht mit der Vorstellung des einen Gottes der abrahamitischen Tradition oder der klassischen Götter Griechenlands und Roms. Aber jenseits davon, etwa in Mesopotamien, Indien oder Japan, tun sich Europäer schwer mit unvertrauten, irritierend fließenden Vorstellungen vom Göttlichen. Wenn wir Worte zu finden versuchen, die das Verständnis von Landschaft, welches das Leben der Menschen in Vanuatu oder der australischen Ureinwohner bestimmt, angemessen zum Ausdruck bringen, wird rasch deutlich, dass wir schlicht nicht über das Vokabular für Vorstellungen verfügen, die für das Leben dieser Gemeinschaften zentral sind, mit denen wir es jedoch nie zu tun hatten. Ausdrücke wie «beseelte Wesen» und «beseelte Landschaft» klingen für Europäer spröde und abstrakt und sind weit entfernt von der Unmittelbarkeit der Alltagserfahrung. «Geister», wie wir sie bestenfalls nennen können, klingt reichlich gespreizt und läuft Gefahr, Vorstellungen von sich bewegenden Tischen und anderen spiritistischen Praktiken heraufzubeschwören. Wenn wir uns in unserer eigenen Sprache in die Gedankenwelten von anderen hineinwagen, können wir nur eines tun, nämlich unsere Unzulänglichkeit anerkennen: Wir sprechen über Dinge, für die uns die Wörter fehlen.

Dieser Zugang über Objekte, Orte und Handlungen ist naturgemäß und zwangsläufig fragmentarisch. Aus ihm ergibt sich in keinster Weise eine narrative Geschichte des Glaubens. Aber er bietet, so hoffe ich, einen oftmals erfrischend direkten Zugang zu einigen der vielen verschiedenen Möglichkeiten, die Gesellschaften gefunden haben, um sich ihren Ort in der Welt vorzustellen und ihn zu bewohnen.

Wer ist «Wir»?

Eine andere zentrale These von *Leben mit den Göttern* lautet, dass sich Religion vielfach mit den gleichen entscheidenden Fragen beschäftigt wie die Politik. Wie organisiert sich eine Gesellschaft, um zu überleben? Welche Opfer kann eine Gesellschaft angemessenerweise vom Einzelnen im Dienste eines höheren Guts erwarten? Vor allem aber: Wer gehört zu der Gemeinschaft, die wir «Wir» nennen? Die Narrative des Glaubens können einzigartig wirkmächtige Symbole der Solidarität schaffen. Im Feuer der Parsen (→ Kapitel 2) oder in den Statuen der Göttin Durga (→ Kapitel 17) ist jeder Teil der Gesellschaft – reich und arm, schwach und stark, lebendig und tot – repräsentiert und geehrt. Nur wenige politische Entitäten haben emotional dermaßen überzeugende Metaphern für eine Gesellschaft gefunden, in die jeder eingebunden ist.

Glaubensüberzeugungen wurden natürlich über die Jahrtausende auch von Herrschern und Priestern dazu missbraucht, Teile der Gesellschaft auszuschließen – Glauben stand damit im Dienste politischer Unterdrückung. Das fürchterlichste Beispiel ist die Ermordung der Juden durch die Nationalsozialisten. Wir werfen hier einen Blick auf die weniger bekannte Verfolgung von Christen in Japan und der Hugenotten in Frankreich im 17. Jahrhundert. In beiden Fällen wollte ein mächtiger Zentralstaat diejenigen, die nicht als «Wir» galten, über den Glauben definieren und eliminieren (→ Kapitel 28). Doch die gleichen Glaubensstrukturen können auch Zuflucht und Stärke der Unterdrückten sein. Die Geschichte der Juden (→ Kapitel 27) nach der Zerstörung des Tempels in Jerusalem und den Feldzügen Hadrians oder das Überleben der versklavten Afroamerikaner als Gemeinschaft (→ Kapitel 10) lässt sich nur mit Blick auf eine Reihe von Glaubensüberzeugungen erklären, die am Leben halten, wenn andere Unterstützungen weggefallen sind. Unter solchen Umständen bietet Religion ein «Sinngebäude», in dem die Menschen Schutz und Hoffnung finden können. Und wenn die, die an der Macht sind, nicht für dieses Sinngefüge sorgen, dann werden die, die keine Macht haben, oftmals Mittel und Wege finden, es für sich selbst zu schaffen, wie die mexikanischen Arbeiter, die in den Vereinigten Staaten für bessere Bedingungen kämpfen (→ Kapitel 16). In jedem dieser Fälle, in der Politik wie in der Religion, definieren Menschen ihre Identität.

Die Denker der europäischen Aufklärung, zu denen auch die Väter der amerikanischen Verfassung gehören, hofften, wenn sie die organisierte Religion von der Regierung der Gesellschaft trennen könnten, würden sie das Gespenst der Glaubenskriege für immer verbannen. In diesem Bestreben waren sie im Großen und Ganzen erfolgreich. Doch vielleicht bekämpften sie eher das Symptom als die Ursache: das menschliche Bedürfnis nach Zugehörigkeit und nach einer Geschichte, die diese Zugehörigkeit trägt und in der jedem eine Rolle zukommt. Die gemeinsamen Glaubensnarrative, die einen und inspirieren, teilen und ausschließen, wurden rasch ersetzt durch die nicht weniger stärkenden und nicht weniger zerstörerischen Mythen des Nationalismus. Es hat den Anschein, als habe Durkheim recht gehabt, und das, was wir verehren, ist oft nur eine imaginäre Idealform von Gesellschaft. Haben wir eine entsprechende Vorstellung davon, was unsere Gesellschaft *heute* sein sollte? In den letzten Jahren, da Nationalstaaten durch die wirtschaftliche Globalisierung geschwächt wurden oder, in Teilen des Nahen Ostens und in Afrika, völlig zusammengebrochen sind, ist Religion zu einem immer wichtigeren Identitätsmerkmal geworden. Glaubensnarrative und das Zugehörigkeitsgefühl, das sie verschaffen können, sind heute attraktiver, einflussreicher und gefährlicher als noch vor einer Generation.

Die Philosophen der Aufklärung glaubten, sie hätten herausgefunden, wie sich verschiedene Glaubensgemeinschaften friedlich in eine politische Struktur einfügen lassen: durch eine Mischung aus Toleranz und Säkularismus. Die Römer hatten ein bemerkenswertes Maß an interreligiöser Harmonie erreicht durch das elegante Verfahren, die Götter der Völker, die sie eroberten, ins römische Pantheon einzuladen (⟶ Kapitel 21). Die meisten nahmen diese Einladung dankbar an und heraus kam ein neues, erweitertes Gefühl imperialer Identität. Doch eine so entspannte und durchlässige Haltung gegenüber dem Glauben beruhte auf öffentlichen Ritualen der Verehrung, nicht auf einer festen Glaubensdoktrin, und den textbasierten Monotheismen mit ihrem einen eifersüchtigen Gott steht dieser Weg nicht wirklich offen.

Die weltweite Übernahme der Common-Era- Zeitrechnung ist ein relativ triviales Beispiel für eine Übereinkunft – die allgemein anerkannt, aber nicht wirklich diskutiert wird –, mit deren Hilfe man eine universelle Gemeinsamkeit schafft, ohne individuelle Identitäten zu leugnen. Ist die Menschheit heute in der Lage, ein pluralistisches globales Narrativ zu finden, ein Gefüge von Annahmen und Bestrebungen, das jeden in unserer hypervernetzten und immer fragileren Welt miteinbezieht und von jedem übernommen werden kann? Das ist eine Frage von Leben und Tod für die enorm steigende Zahl von Migranten in vielen Teilen der Welt (Kapitel 30). Wer ist «Wir»? – das ist die große politische Frage unserer Zeit, und dabei geht es im Kern um das, was wir glauben.

TEIL I

UNSER PLATZ IM GEFÜGE

Die ersten fünf Kapitel befassen sich mit Geschichten aus vier Kontinenten, wie sie von Gemeinschaften erzählt werden, um damit ihr jeweiliges Verständnis des Kosmos und die eigene Stellung darin zu artikulieren. Es sind Geschichten von Tieren und Pflanzen, von Feuer, Wasser, Licht und den Jahreszeiten. Sie liefern Erklärungen dafür, wie Menschen die Welt erfahren und welche Rolle sämtliche lebenden Dinge im Gefüge der Natur spielen. Gesellschaften leben in und mit diesen kosmologischen Narrativen, Tag für Tag und Jahr für Jahr, und führen so einen unablässigen Dialog zwischen einer bestimmten Gemeinschaft und der großen Ordnung der Dinge. Die mit diesen Geschichten verbundenen Rituale bekräftigen dieses Weltverständnis und stärken, indem sie das tun, nachhaltig die Identität der Gemeinschaft.

Kapitel 1

Die Anfänge des Glaubens

Am 25. August 1939 waren zwei Männer tief im Inneren der Stadel-Höhle im Kalksteinmassiv des Hohlenstein, unweit von Ulm gelegen, mit Grabungsarbeiten beschäftigt. Dieses Gebiet nördlich der Donau war bekannt dafür, dass es bemerkenswertes Material aus der Eiszeit barg, und man hoffte, diese Höhle würde einige neue Funde erbringen. Es war der letzte Tag der Ausgrabungen: Wie jeder wusste, stand der Kriegsausbruch unmittelbar bevor. Beide Männer – der Anatom Robert Wetzel und der Geologe Otto Völzing – hatten einen Einberufungsbescheid zur Wehrmacht erhalten.

Als Wetzel und Völzing schon dabei waren, ihre Werkzeuge einzupacken, machten sie eine Entdeckung. In 40 Metern Tiefe, in einer weiteren, kleineren Höhle, fanden sie viele winzige Bruchstücke von Mammut-Elfenbein, die so aussahen, als seien sie von Menschenhand bearbeitet worden. Sie hatten jedoch keine Zeit, die Fragmente näher in Augenschein zu nehmen oder herauszufinden, worum es sich handelte oder was sie möglicherweise zu bedeuten hatten. Die Splitter wurden zusammen mit anderem Grabungsmaterial verstaut und eingelagert, und die beiden Männer machten sich auf in den Krieg.

1941 deutete Wetzel in einer örtlichen Wissenschaftszeitschrift an, er und Völzing hätten einen «sensationellen» Fund gemacht, doch dreißig Jahre lang wusste niemand wirklich, was sie da entdeckt hatten. Die Grabungsfunde lagerten in Kisten zunächst an der Universität Tübingen, anschließend in einem Luftschutzbunker in Ulm, ehe sie schließlich im dortigen Stadtmuseum landeten. 1969 wurde dessen Kurator Joachim Hahn

Der Löwenmensch von Ulm, vor 40 000 Jahren hergestellt aus Mammut-Elfenbein, ist die älteste Darstellung von etwas jenseits menschlicher Erfahrung.

endlich damit beauftragt, das Material der Höhlengrabungen von vor dreißig Jahren zu sortieren und publik zu machen.

Binnen weniger Tage geschah etwas Bemerkenswertes. Hahn und zwei Kollegen stellten fest, dass sich die rund 200 Bruchstücke aus Mammut-Elfenbein zusammensetzen ließen und eine rund 30 Zentimeter große, stehende Figur ergaben. Mehr noch: Es handelte sich um eine menschliche Figur – allerdings nicht ganz. Im noch unvollständigen Zustand glaubte man zunächst, es handle sich teilweise um einen Bären. Doch als man weitere Splitter hinzufügte, die ein paar Jahre später gefunden wurden, wurde endlich das vollständige Muster deutlich. Es handelte sich tatsächlich um einen menschlichen Körper, allerdings mit dem Kopf eines Löwen. Die Figur wurde rasch als «Löwenmensch» bekannt.

Die Beine gespreizt, die Arme leicht angewinkelt, steht er aufrecht, vielleicht auf Zehenspitzen und beugt sich leicht nach vorne: eine machohafte, in gewisser Weise aggressive Haltung. Die sorgfältig geformten Waden sind eindeutig die eines Menschen, und der Nabel sitzt genau dort, wo er beim Modell eines Menschen sitzen sollte. Der Oberkörper ist schmächtig, katzenartiger, doch auf ihm sitzen starke Schultern und ein außergewöhnlicher Kopf.

Jill Cook ist die Expertin für Vor- und Frühgeschichte am British Museum:

> *Es handelt sich um den Kopf eines Höhlenlöwen, wie er im Europa der Eiszeit weit verbreitet war, und er ist größer als der heutige afrikanische Löwe. Der Kopf blickt uns eindringlich und direkt an. Der Mund wirkt fast so, als würde er lächeln. Die Ohren sind gespitzt, und innen kann man die kleine Öffnung für den Gehörgang erkennen. Schaut man sich die Rückseite genauer an, so findet man hinter dem Ohr kleine Falten, die sich dort bilden, wo die Muskeln kontrahieren, wenn man intensiv lauscht. Wir haben es also nicht mit einem menschlichen Wesen zu tun, das eine Maske trägt. Es handelt sich um eine Kreatur, aber um eine, die es gar nicht geben kann. Und diese Kreatur ist aufmerksam, sie lauscht, sie beobachtet.*

Die Radiokohlenstoffdatierung lässt darauf schließen, dass der Löwenmensch rund 40 000 Jahre alt ist, was bedeutet, dass er gegen Ende der letzten Eiszeit hergestellt wurde. Diese Datierung wird untermauert durch Informationen,

die anderes, in der gleichen Region gefundenes Material liefert. Wenn das tatsächlich stimmt, und es ist durchaus wahrscheinlich, dann kommt dieser kleinen Skulptur eine einzigartige Stellung in der Menschheitsgeschichte zu. Denn es handelt sich nicht nur um eine herausragende Darstellung zweier genau beobachteter Spezies, sondern vielmehr um den mit Abstand ältesten bislang gefundenen Beleg dafür, dass der menschliche Geist einer Sache physische Form gab, die er nie gesehen haben kann. Hier finden wir zum ersten Mal eine Kombination, die nur in der Fantasie existieren konnte, eine Abstraktion, die physisch greifbar gemacht wurde. Die Natur wurde re-imaginiert und umgestaltet, die Grenze zwischen Mensch und Tier aufgelöst. Der Löwenmensch steht für einen kognitiven Sprung in eine Welt jenseits der Natur und jenseits menschlicher Erfahrung.

Der Kopf des Löwenmenschen, der lauscht und beobachtet.

Die prekäre und gefährliche Welt derjenigen, die den Löwenmenschen fertigten, war eine Welt mit sehr niedrigen Temperaturen – in Europa lagen sie um rund 12 °C unter den heutigen – und langen, kalten Wintern. Wenn die Menschen das Kindesalter überlebten, betrug die durchschnittliche Lebenserwartung vermutlich kaum mehr als dreißig Jahre. In den kurzen Sommern gab es Pflanzen und Tiere zu essen, doch im Grunde konnten diese Menschen nur überleben, wenn sie jagten, und dabei benutzten sie eine Vielzahl steinerner Werkzeuge, um ihre Beute zu töten, zu häuten und zu zerlegen. Sie brauchten Tiere wegen des Fetts und des Fleisches, die sie auf ihren Feuerstellen kochen konnten, und wegen der Felle und Häute, die ihnen Kleidung verschafften. Im Vergleich zu diesen Tieren waren die Menschen mit Zähnen und Klauen eher mäßig ausgestattet, sie waren kleiner als Bären oder Mammuts, sie konnten nicht so schnell laufen wie Wölfe, und dem größten ihrer Jäger, dem Löwen, hatten sie eigentlich gar nichts entgegenzusetzen. Insofern dürfte es kaum Zufall sein, dass unsere Skulptur den Zahn des größten Tieres, das die Menschen kannten, mit dem Kopf des wildesten Tieres kombinierte – und dazu den Körper des einzigen Lebewesens, das in der Lage war, sich die Welt, die all diese Kreaturen bewohnten, im Kopf vorzustellen.

Je genauer man sich den Löwenmenschen ansieht, desto deutlicher wird, dass er alles andere als das Ergebnis von ein oder zwei Stunden willkürlichen Herumschnitzens ist. Haltung und Stellung der Figur zeugen von enormem Wissen über das Elfenbein als Material – insbesondere die Stoßzähne eines jungen Mammuts, aus denen die Figur gefertigt wurde. Vor allem aber lässt die Präzision der Details auf hoch entwickelte technische Fertigkeiten, auf die Beherrschung vieler verschiedener Werkzeuge und auf einen enormen Zeitaufwand schließen. Jill Cook erklärt:

Man erkennt, wie die Krümmung des Stoßzahns auf seiner ganzen Länge klug genutzt wurde, um den Eindruck zu vermitteln, die Figur beuge sich aufmerksam nach vorne. Der Skulpteur wusste auch, wie er die Höhlung in der Mitte eines Stoßzahns nutzen konnte, um die breite, männliche Spreizung der Beine zu erreichen, und wie er mit Hilfe der engen, netzartigen Maserung des Elfenbeins die akribischen Details des Kopfes gestaltete. Der Löwenmensch kann nur von einem erfahrenen Schnitzer hergestellt worden sein, der bereits viele Stücke hergestellt hatte und der das Material in- und auswendig kannte. Es handelt sich um eine durch und durch originelle, technisch sehr anspruchsvolle, künstlerisch brillante Arbeit, die ein Gefühl von Kraft und Spiritualität vermittelt – für mich ein Meisterwerk.

Die Figur wurde mit einer Vielzahl unterschiedlicher Steinwerkzeuge hergestellt und dürfte sehr viel intensive, anspruchsvolle Arbeit erfordert haben. So bedurfte es vermutlich vieler Stunden wiederholten Tuns und hoher Konzentration, um mittels einer kleinen Steinsäge die Arme vom Körper abzuheben. Aus Experimenten mit ähnlichen Werkzeugen können wir errechnen, dass die Herstellung der Figur wohl mindestens 400 Arbeitsstunden erfordert hat. Und wie Jill Cook sagt,

Der Löwenmensch: Hier sieht man sehr schön die Krümmung des Mammutstoßzahns, aus dem er gefertigt wurde.

zeigt sich aufgrund des hohen Niveaus der dabei zum Tragen kommenden Fertigkeit, dass es sich nicht um die erste Arbeit des Schnitzers gehandelt haben kann.

Diese letzte Beobachtung wirft eine entscheidende Frage auf. Es handelte sich um eine kleine Gemeinschaft, die wahrscheinlich nur ein paar Dutzend Menschen umfasste, sicherlich aber aus nicht mehr als ein paar hundert Personen bestand. Vornehmliche Sorge dieser Menschen muss es gewesen sein, etwas zu essen zu bekommen, Kleidung herzustellen, das Feuer am Brennen zu halten, die Kinder vor wilden Tieren zu schützen und so weiter. Doch sie erlaubten es jemandem mit großer Begabung, eine Menge Zeit fern solcher Aufgaben zu verbringen und stattdessen die Fertigkeiten zu erwerben und einzuüben, derer es bedurfte, um den Löwenmenschen herzustellen. Warum sollte eine Gemeinschaft so viel in die Herstellung eines Gegenstands investieren, der für ihr physisches Überleben keinerlei Rolle spielte? Jill Cook erklärt das folgendermaßen:

> *Das Ganze hat wahrscheinlich mehr mit dem psychologischen Überleben der Gemeinschaft zu tun, es ist etwas, das das Gruppengefühl der Menschen stärkt. Wir wissen nicht, ob der Löwenmensch eine Gottheit, eine spirituelle Erfahrung, ein Wesen aus einer Schöpfungsgeschichte oder eine Art Avatar war, mit dessen Hilfe man mit den Naturgewalten verhandelte. Doch dieses Objekt ergibt nur einen Sinn, wenn es Teil einer Geschichte ist, also Teil dessen, was wir heute als Mythos bezeichnen könnten. Es muss eine Erzählung oder ein Ritual gegeben haben, die diese Statue begleiteten und die ihr Auftauchen und ihre Bedeutung erklären würden. Was das für eine Geschichte war, darüber können wir natürlich nur Vermutungen anstellen. Sie handelte offenkundig von Menschen und Tieren – aber womöglich auch von etwas jenseits von uns, jenseits der Natur, das irgendwie eine Gemeinschaft stärken und sie in die Lage versetzen kann, Gefahren und Schwierigkeiten zu überwinden.*
>
> *Wir wissen, dass die Menschen in dieser Region damals auch Musik machten und Musik hörten. So wurden beispielsweise eine Reihe von Flöten gefunden, die zum Teil aus (bereits hohlen) Vogelknochen hergestellt wurden, während andere deutlich komplexer waren und aus Elfenbein geschnitzt wurden, was wiederum eine enorme Investition von Arbeit und Zeit erfordern würde. Überdies hat man eine kleine Figur gefunden, die eindeutig tanzt. All diese Gegenstände handeln von*

gemeinsamer sozialer Aktivität, aber sie sollen uns auch in eine andere Sphäre versetzen, und dieses Ziel verbindet sie möglicherweise mit dem Löwenmenschen.

Eine Vogelknochenflöte, die in der Gegend um Ulm gefunden wurde und aus der gleichen Zeit wie der Löwenmensch stammt.

Vor kurzem hat man zwei wichtige Details im Hinblick auf den physischen Zustand der Statue entdeckt. Dr. Kurt Wehrberger, der im Ulmer Museum heute für den Löwenmenschen zuständig ist, berichtet, eine Untersuchung mit dem Digitalmikroskop habe gezeigt, dass dem Maul – und nur dem Maul – eine organische Substanz zugeführt wurde, bei der es sich möglicherweise um Blut handelt. Das lässt auf irgendein zeremonielles Ritual schließen, bei dem das Maul des Löwen eine Rolle spielte.

Möglicherweise noch bedeutsamer ist, dass die Unregelmäßigkeiten, die man eigentlich auf der Oberfläche eines Mammutstoßzahns feststellen müsste, nicht vorhanden sind; sie haben sich infolge langanhaltender Benutzung abgeschliffen. Dr. Wehrberger glaubt, dass der Löwenmensch über viele Jahre, womöglich sogar über mehrere Generationen hinweg von zahlreichen Menschen in der Hand gehalten wurde. Diese Figur, die von einem Einzelnen hergestellt wurde, gehörte über einen langen Zeitraum der gesamten Gruppe. Jill Cook malt sich die damalige Szenerie aus:

Wir können uns bildlich vorstellen, wie die Menschen um das Feuer sitzen, das sie wärmt und die wilden Tiere abhält, wie sie dem Klang einer Flöte lauschen, den Zauber betrachten, den die Flammen erzeugen, die Statue in der Hand halten, sich Geschichten über dieses zusammengesetzte Geschöpf erzählen, als wäre es ein Avatar, der sie mit unsichtbaren Geistern, seien sie wohlgesonnen oder gefährlich, in Verbindung bringen könnte. Geschichten von der sichtbaren Welt, aber auch von Welten, die sie transzendieren und zu denen ihnen der Löwenmensch als verwandeltes fantastisches Wesen Zugang verschaffen könnte – nicht als individuelle Erfahrung, sondern als etwas, an dem alle teilhaben können.

Die Leute in der Höhle, die den Löwenmenschen in der Hand hielten, waren Menschen, die große Ähnlichkeit mit uns hatten. Sie gehörten der gleichen Spezies an wie wir – *Homo sapiens* – und hatten im Wesentlichen die gleichen Gehirne wie wir. Sie – wir – waren in Afrika entstanden, und vor etwa 60 000 Jahren scheinen sie sich rasant bis nach Asien, Europa, Australien und schließlich sogar Amerika ausgebreitet zu haben. Frühere Hominiden hatten seit über einer Million Jahren Werkzeuge verwendet und Tiere gejagt, doch diese Menschen waren in einer entscheidenden Hinsicht anders.

Clive Gamble, Professor für Archäologie an der University of Southampton, ist Experte für die Frühzeit des Menschen:

> *Der entscheidende Punkt ist die Vorstellungskraft. Das, was uns wirklich heraushebt, ist die Art und Weise, wie unser Gehirn funktioniert, ist unsere Fähigkeit, über das Hier und Jetzt hinauszugehen. Was wir sehr gut können, ist, in die Zukunft vorauszudenken, über unser individuelles Leben hinaus, aber auch in die Vergangenheit zurückzublicken. Das versetzt uns in die Lage, zu langen Reisen aufzubrechen – das Tempo, mit dem* Homo sapiens *die Erde erobert, ist erstaunlich. Wir können Mythen und Legenden konstruieren. Wir können andere Welten bewohnen und große imaginäre Sprünge vollziehen, indem wir Dinge zusammenbringen, die in der Natur nicht vorkommen, wie das etwa beim Löwenmenschen der Fall ist. Das ist ein wirklich neuer und dynamischer Aufbruch.*

Für Clive Gamble sind derartige imaginäre Sprünge notwendig, um eine Vorstellung unserer Stellung im Kosmos und unserer Beziehung zu anderen Lebewesen zu begründen. Sie versetzen uns in die Lage, uns vorzustellen, dass andere Menschen weiter existieren, wenn wir nicht mehr da sind, wir können einen Glauben an ein Leben nach dem Tod entwickeln und Symbole, Zeremonien und Rituale schaffen:

> *Diese Überzeugungen – wie immer wir sie auch nennen – waren nicht etwas Besonderes und Separates, sondern integraler Bestandteil des sozialen Lebens, sie durchdrangen sämtliche Tätigkeiten. Und sie blieben nicht einfach auf die eigene unmittelbare Gruppe beschränkt. Ich glaube, in diesem Stadium waren Glaubenssysteme*

Der «kleine Löwenmensch», der ebenfalls in der Umgebung von Ulm gefunden wurde und 31 000 bis 33 000 Jahre alt ist.

möglicherweise genauso wichtig wie die Verfügbarkeit von genügend Leuten, um das eigene Territorium zu verteidigen, oder sogar die Sicherstellung der Nahrungsversorgung: Denn gemeinsame Überzeugungen ermöglichten es den Menschen, sich über größere gesellschaftliche Universen als die lokale Gruppe hinweg miteinander zu verbinden. Sie konnten mit anderen ein ganz bestimmtes Verständnis der Welt ebenso teilen wie die Symbole oder Rituale, um diese Weltsicht zu artikulieren. Und das konnte ihnen eine Art Verwandtschaft – eine Form von Gemeinschaft – über ein viel größeres Gebiet hinweg verschaffen, als das je zuvor möglich war.

Diese letztgenannte These – dass die Menschen über ein großes Gebiet hinweg Glaubenssysteme und Praktiken gemeinsam hatten und über beträchtliche Entfernungen zusammengebracht wurden – wird erhärtet durch die Entdeckung mindestens einer weiteren Statue eines Löwenmenschen in dieser Region. In den letzten Jahren wurde die Höhle, wo man den Löwenmenschen fand, von Professor Claus-Joachim Kind von der Universität Tübingen erneut erforscht.

Sie ist sehr geräumig, in etwa rechteckig, rund 40 Meter tief und 10 Meter breit und ähnelt in gewisser Weise einem frostigen Gemeindesaal. Es dürfte dort drinnen immer sehr kalt gewesen sein, denn sie ist nach Norden ausgerichtet. Professor Kind ist der Überzeugung, diese Höhle, die die Sonne nie zu Gesicht bekommt, sei kein Ort gewesen, an dem Menschen lebten. In der Nähe des Eingangs befindet sich eine Feuerstelle, die eindeutig häufig verwendet wurde, an der sich aber überraschend wenige Überreste von Steinwerkzeugen, Knochen usw. finden, also den gängigen Überresten menschlicher Wohnstätten – weit weniger jedenfalls als in den meisten Höhlen dieser Gegend. Es scheint sich also um einen Ort zu handeln, an dem die Menschen nicht dauerhaft lebten,

Die Stadel-Höhle im Hohlenstein, in der Robert Wetzel und Otto Völzing 1939 die Bruchstücke des Löwenmenschen entdeckten.

sondern sich nur gelegentlich versammelten. Professor Kind glaubt, die Haupthöhle sei von Gruppen genutzt worden, die für relativ kurze Zeiträume von weit her kamen, wahrscheinlich um an Zeremonien teilzunehmen.

In der kleineren Höhle ganz hinten, wo die Elfenbeinsplitter entdeckt wurden, haben die jüngsten Grabungen überhaupt nichts zu Tage gefördert, das mit dem Alltagsleben in Verbindung steht, dafür wurden ganz andere Gegenstände gefunden:

die Zähne von Eisfüchsen, Wölfen und Hirschen, die mit Löchern versehen sind, so dass man sie an einer Schnur aufreihen und zusammen mit kleinen Anhängern aus Elfenbein tragen konnte, sowie ein Versteck mit behauenen Rentiergeweihen. Ähnlich wie der Löwenmensch haben diese Objekte keinen praktischen Zweck, aber man kann sich leicht vorstellen, dass sie bei Ritualen zum Einsatz kamen. Claus-Joachim Kind ist der Überzeugung, dass diese innere Höhle ein spezieller Bereich war, wo Aktivitäten stattgefunden haben, die in irgendeinem Zusammenhang mit dem Löwenmenschen standen, und wo die Ritualgegenstände verwahrt wurden. Er glaubt, man könne dafür fast das Wort «Heiligtum» verwenden; er selbst spricht von einer heiligen Stätte.

Wir werden nie mit Sicherheit wissen, was der Löwenmensch für diese Menschen am Rande des Überlebens bedeutete, die so viele Stunden dafür opferten, ihn zu erschaffen. Aber wir wissen, dass sie über Verstand verfügten und zu komplexen Dingen in der Lage waren, weshalb es nicht unmöglich ist, sich vorzustellen, was sie taten und dachten. Wie alles, was mit der Vorgeschichte zu tun hat, muss vieles spekulativ bleiben und modifiziert werden, sobald neue Belege auftauchen. Die bislang einleuchtendste Hypothese lautet, dass die Menschen mit dem Löwenmenschen ein großes Kunstwerk produzierten, dass sie eine Erzählung schufen, welche die natürliche und die übernatürliche Welt miteinander verband, und dass sie dieses Narrativ in einer größeren Gemeinschaft zeremoniell inszenierten. Das ist etwas, was alle menschlichen Gesellschaften taten: nach Mustern zu suchen und dann Geschichten und Rituale darüber zu kreieren, die uns – uns allen – unsere Stellung im Kosmos zuweisen. Man könnte sagen: Wenn eine Gruppe sich darüber verständigt, wie sich die einzelnen Teile dieses großen Puzzles zusammenfügen, haben wir eine Gemeinschaft; *Homo sapiens* ist auch *Homo religiosus*, der nicht nur nach der eigenen, sondern nach unser aller Stellung im Kosmos sucht und bei dem Glauben eng mit Zugehörigkeit verbunden ist.

Obwohl der Löwenmensch offenbar ganz hinten in der Stadel-Höhle aufbewahrt wurde, gibt es nur einen Ort, an dem man sich seine Geschichte erzählt haben kann. Es handelt sich um den Ort der Visionen, den Ort, an dem schon immer Geschichten erzählt wurden: rings um das flackernde, magische, wärmende und gefährliche Feuer. Es ist Thema des nächsten Kapitels.

Kapitel 2

Feuer und Staat

Auf dem Gelände des CERN (Conseil Européen pour la Recherche Nucléaire), der Europäischen Organisation für Kernforschung, in der Nähe von Genf tanzt der Hindugott Shiva im Flammenkreis. Viele Besucher dieser Stätte rationaler wissenschaftlicher Forschung sind ein wenig irritiert, dass sie ausgerechnet hier von der Statue eines Gottes begrüßt werden. Doch nichts könnte diesem Ort angemessener sein als dieser Gott, und das nicht nur deshalb, weil Indien bei vielen Projekten seit langem mit dem CERN zusammenarbeitet: In der hinduistischen Tradition werden wir durch Shivas Feuer geschaffen und am Leben gehalten, doch es zerstört uns auch. Wie die Atomenergie entzieht sich auch das Feuer letztlich dem Verständnis oder der Kontrolle der Menschen.

Selbstverständlich erkennt nicht nur die Hindu-Tradition im gefährlichen Flackern des Feuers das Göttliche. In der klassischen Mythologie musste Prometheus es den Göttern höchstpersönlich stehlen, damit die Menschen es für ihre Zwecke nutzen konnten. Für die Juden begegnete Moses Gott in den Flammen des brennenden Dornbuschs, und bei den Christen kam der Heilige Geist in Feuerzungen auf die Apostel herab. Sichtbar, doch nicht greifbar, kraftvoll, aber immateriell – das Feuer ist für viele Gesellschaften offensichtlichstes, eigentliches Sinnbild des Göttlichen.

Shiva tanzt den kosmischen Tanz der Zerstörung und Erneuerung. Geschenk der indischen Regierung an das CERN, das auf dem Forschungsgelände in der Nähe von Genf steht.

Es ist aber auch zutiefst menschlich. Man hat sogar behauptet, das Feuer habe menschliche Gesellschaft überhaupt erst möglich gemacht. Sobald unsere Vorfahren vor rund einer

Die Göttin Vesta (sitzend mit Kopfbedeckung) und vier ihrer Jungfrauen (römisch, 1. Jahrhundert u. Z.).

Million Jahren gelernt hatten, wie man damit umgeht, verschaffte es ihnen nicht nur Wärme und Sicherheit und hielt gefährliche Tiere fern, sondern es war auch der Ort, an dem man kochte und um den herum man aß. Gekochtes Essen sorgte dafür, dass die Menschen mehr Kalorien und Eiweiß zu sich nehmen konnten und dass ihr Gehirn dadurch über Zehntausende von Jahren größer wurde. Und wenn die Gemeinschaft rings um das Feuer saß, erzählte man sich Geschichten. Das Feuer als Mittelpunkt, als Fokus der Gesellschaft: diese Vorstellung ist eigentlich wenig überraschend, denn *focus* ist das lateinische Wort für Herd, und jedes Mal wenn wir das Wort benutzen, huldigen wir unbewusst der unvergleichlichen Sammlungskraft des Feuers. Die Gemeinschaft, die sich vorstellt, um ein Feuer versammelt zu sein, kann eine Familie, ein Dorf oder auch eine Nation sein. Für zwei der bedeutendsten Großreiche in der Geschichte – Rom und Persien – wurde das Feuer auf radikal unterschiedliche Weise zum göttlichen Symbol für die essenzielle Einheit des Staates.

Die beiden Imperien, die im 3. Jahrhundert u. Z. um die Vorherrschaft im Nahen und Mittleren Osten kämpften, stehen sich heute im Münzkabinett des British Museum gegenüber: Aus Persien findet sich dort ein goldenes Bildnis, in etwa so groß wie ein Fünf-Cent-Stück, auf dem ein zoroastrischer Feueraltar mit zwei männlichen Bediensteten zu sehen ist. Aus Rom stammt eine dunkle Bronzemünze mit einer Ansicht des Tempels der Vesta, darin eine Gruppe der berühmten Vestalinnen, der Jungfrauen der Vesta.

Vesta war für die Römer die jungfräuliche Göttin des Feuers, Beschützerin des Friedens von Heim und Herd. Sie war eine durch und durch häusliche Göttin. Anders als bei Venus oder Juno gibt es über sie keine Geschichten von amourösen oder militärischen Abenteuern: Sie blieb ganz einfach zu Hause, am heimischen Herd, und hütete den Haushalt. In einer Hinsicht jedoch war sie die wichtigste Göttin Roms. Im Gegensatz zu den anderen hatte sie im Verlauf der römischen Geschichte nur einen einzigen Tempel im Herzen des Forums, und anders als üblich gab es dort keine Statue der hier verehrten Gottheit:

Der Rundtempel der Vesta auf dem Forum Romanum – der «Herd des Imperiums».

Schwarze römische Bronzemünze (um 200 u. Z.), mit dem Tempel der Vesta mit sechs Vestalinnen (*oben*) und einem Brustbild der in ein Tuch gehüllten Kaiserin Julia Domna (*unten*).

Vesta war nur in der ewigen Flamme des Herds zu finden. Doch dieser Herd, ihr Tempel, war der Herd der ganzen Stadt und des gesamten Imperiums, und beider Glück und Überleben hingen letztlich von Vestas Flamme ab. Das häusliche Feuer der Vesta war das zentrale Symbol des römischen Staates. Ihre Flamme musste unablässig brennen und bedurfte deshalb ständiger und besonderer Aufmerksamkeit.

Das lässt sich ganz deutlich auf unserer Münze erkennen, die um das Jahr 200 geprägt wurde. Auf der einen Seite findet sich ein Rundtempel mit den Worten *Vesta Mater* – Mutter Vesta. Die jungfräuliche Göttin – ein Paradoxon, das sich in vielen Gesellschaften findet – ist auch der Inbegriff der Mutterfigur. Wie üblich gibt es kein Bild der Göttin, aber zu beiden Seiten des brodelnden Kessels stehen je drei Frauen. Das, so erklärt Mary Beard, Professorin für Altertumswissenschaften an der Universität Cambridge, sind die Jungfrauen der Vesta:

> *Sie waren die Priesterinnen der Vesta, und sie hatten eine ganz zentrale Aufgabe: die heilige Flamme der Stadt zu hüten. In der Mitte des Forum Romanum, im Tempel der Vesta, befand sich der Herd, den wir auf dieser Münze sehen. Er sollte unablässig brennen, und die Aufgabe der Vestalinnen als Priesterinnen der Gottheit Vesta bestand schlicht und einfach darin, dieses Feuer am Brennen zu halten.*

Ein spirituell und politisch so hoch bedeutsames Feuer konnte nur von den vollkommen unberührten jungen Mädchen betreut werden, die eigens für diesen Zweck ausgesucht wurden – es waren in der Regel insgesamt sechs – und während ihrer gesamten Dienstzeit Jungfrauen bleiben mussten. Noch einmal Mary Beard:

> *Wenn das Feuer doch einmal ausging, war das ein Zeichen, dass das bestehende Verhältnis zwischen den Römern und ihren Göttern gestört war. Und wenn es zu dieser Art von Störung kam, musste man etwas tun, um sie zu beheben. Der Verdacht fiel dabei gerne auf eine dieser Priesterinnen – nämlich in Gestalt des Zweifels darüber, ob sie noch Jungfrau war.*

VESTA MATER
S C
IVLIA AVGVSTA

Die Strafe für eine Vestalin, die eines solchen Fehltritts für schuldig befunden wurde, war ein beklemmender Tod – sie wurde bei lebendigem Leibe begraben. Diese Bestrafung fand, wie wir wissen, gelegentlich Anwendung. Warum also sollte irgendjemand eine derartige Aufgabe versehen wollen? Wie Mary Beard erläutert, war einer der Gründe der Status, der damit verbunden war:

> *Wie bei fast allen römischen Priesterämtern handelte es sich um eine elitäre Aufgabe. Das Ungewöhnliche daran war, dass es sich um einen Eliteberuf für Frauen handelte, welcher der Vestalin und ihrer Familie einen Platz im Herzen der römischen Religion sicherte – und damit im Herzen der politischen Welt Roms, denn dieser Tempel und dieser Herd lagen genau im Zentrum des öffentlichen Raums in Rom. Diese Frauen hatten viele Privilegien – sie bekamen die besten Plätze im Theater usw. –, weil sie zwar ein Feuer hüteten, aber eben nicht einfach nur ein Lagerfeuer bewachten. Sie kümmerten sich um etwas, das für Rom als solches stand.*

Der spezifisch weibliche Charakter dieser Verbindung zwischen dem Tempel der Vesta und der Idee des Staates wird deutlich, wenn wir die Münze umdrehen. Dort sieht man nicht, wie man erwarten könnte, den Kaiser, sondern das Brustbild einer Frau mit der Inschrift «Iulia Augusta»: Es handelt sich um Julia Domna, die Ehefrau von Kaiser Septimius Severus, der von 193 bis 211 regierte. Die Kaiser hatten in ihrem Palast einen zweiten Vestatempel eingerichtet, weshalb die Kaiserin hier als Inbegriff des römischen Frauenideals dargestellt ist: als Hüterin des Herdes von Familie und Staat. Indem sie mit dem Feuer der Vesta in Verbindung gebracht wird, kann sie für sich in Anspruch nehmen, mit einigen der hohen politischen Verantwortlichkeiten einer Vestalin betraut und zugleich Mutter der Nation zu sein.

Wie Mary Beard betont, hatte dieser seltene Fall weiblicher Macht in der ansonsten weit überwiegend männlichen Welt römischer Politik ein langes und faszinierendes Nachleben:

> *Die Vestalinnen blieben eindrucksvolle Symbole in der kulturellen und politischen Vorstellungswelt des Westens. So findet man später in Europa Frauen aus Adel und Monarchie, die versuchten, an deren einzigartiger Form von Autorität teilzuhaben – an dieser zutiefst römischen Spielart dessen, was weibliche Macht sein konnte.*

Es überrascht nicht wirklich, dass es Elisabeth I. von England war, die sich dieser nützlichen Geschichte am schlauesten bediente. Als Virgin Queen, deren Legitimität von der katholischen Kirche bestritten wurde, muss Elisabeth es ausgesprochen reizvoll gefunden haben, sich als Erbin einer noch älteren römischen Institution darzustellen, noch dazu einer, welche die zentrale Rolle einer unverheirateten Frau in den bedeutenden Fragen der Nation betonte. Eine fälschlicherweise verdächtigte römische Vestalin hatte ihre Jungfräulichkeit dadurch bewiesen, dass sie mit einem Sieb Wasser aus dem Tiber schöpfte: Deshalb hat Elisabeth auf diesem Porträt (und es gibt noch viel mehr als nur dieses eine Bild) ebenfalls ein

Elisabeth I. von England mit dem Sieb einer Vestalin in der Hand (1583, Gemälde von Quentin Massys dem Jüngeren, *links*) und Porträt von Marie Antoinette als Vestalin (aus dem Umfeld von Jacques-Fabien Gautier d'Agoty, *rechts*).

Sieb bei sich, mit dem sie ihre Jungfräulichkeit und ihre besondere Eignung, das Überleben des Staates zu garantieren, betont. (Für Elisabeth muss es zudem ein hübscher Gedanke gewesen sein, dass Maria Stuart zwar katholische Kandidatin für den Thron sein mochte, kein Mensch die Königin von Schottland aber je mit Keuschheit in Verbindung gebracht hätte.) Zwei Jahrhunderte später, als Marie Antoinette in Frankreich ihre Rolle als beispielhafte Ehefrau und Mutter mit einer entsprechenden Stellung in der politischen Sphäre zu festigen suchte, ließ sie sich auf einem Gemälde ebenfalls als Vestalin darstellen. Verständlicherweise verzichtete sie auf das Sieb der Jungfräulichkeit, und stattdessen wurde gezeigt, wie sie am heiligen Feuer steht, als Sinnbild der Nation, für die sie sich ganz aufopfern wird. Hier waren zwei Frauen, die wie die Kaiserin Julia Domna Jahrhunderte zuvor deutlich machten, dass man sie mit dieser staatsbürgerlichsten, ja sogar existenziellsten Aufgabe betrauen konnte: die Flamme des Staates zu hüten.

Es gibt noch ein letztes, erfreulicherweise demokratisches Kapitel in dieser Geschichte von der erstaunlich langlebigen Vorstellung vom heiligen Feuer – es stammt aus dem ersten Herbst des Ersten Weltkriegs. Damals wurde rasch deutlich, dass ein Konflikt dieses Ausmaßes nicht nur kämpfender Männer, sondern der Beteiligung der gesamten Bevölkerung bedurfte. Im Oktober 1914 komponierte der walisische Komponist Ivor Novello eines der beliebtesten patriotischen Weltkriegslieder:

Keep the Home Fires Burning,
While your hearts are yearning,
Though your lads are far away
They dream of home.

Jede Frau in Großbritannien – einem Staat, der damals, 1914, ähnlich wie das antike Rom den meisten Frauen im Grunde überhaupt keine politische Rolle zugestand – war nun als Ehegattin, Mutter oder Schwester dazu aufgerufen, ihren Teil zur Rettung des Staates beizutragen, indem sie die heimische Flamme hütete. Jeder Herd war wie der Tempel der Vesta der Herd der Nation.

Eine andere große Supermacht des 3. Jahrhunderts – und die einzige, zu der Rom ernsthafte außenpolitische Beziehungen unterhielt – war das Sassanidenreich im benachbarten Persien (dem heutigen Iran). Auch hier spielte das Feuer eine zentrale Rolle als Mittelpunkt der Gemeinschaft. Doch im Gegensatz zur Weiblichkeit des heiligen Herds in Rom war die Vorstellung vom heiligen Feuer in Persien durch und durch männlich dominiert.

Das Sassanidenreich, das einen Großteil des Gebiets zwischen dem Indus und dem heutigen Ägypten – und zeitweise noch viel mehr – kontrollierte, bestand rund 400 Jahre lang, von etwa 230 bis zu den islamischen Invasionen 650. Es war im Grunde der einzige Rivale Roms und militärisch sogar überlegen: Im Jahr 260 wurde der römische Kaiser Valerian nicht nur von den persischen Truppen geschlagen, sondern als besondere Demütigung auch noch gefangen genommen.

Der vorherrschende Glaube der Sassaniden war der Zoroastrismus, ein monotheistischer Kodex aus Moralvorstellungen und Ritualen, der auf den Lehren des Propheten Zoroaster – in Europa besser bekannt als Zarathustra – beruhte, der vermutlich um 1000 v. u. Z. gelebt hat. Im Mittelpunkt steht die Verehrung eines unsichtbaren höchsten Wesens: Ahura Mazda, der weise Herr, der von seinen Anhängern Wahrheit, gute Gedanken, gute Worte und gute Taten verlangt; daraus, so die Vorstellung, werde sich eine gerechte Gesellschaft entwickeln. Ahura Mazda bleibt unsichtbar, aber zumindest bis zu einem gewissen Grad lässt er sich mit Hilfe des Feuers wahrnehmen. Das heilige Feuer der Zoroastrier – reinigend und immateriell, wärmend und doch zerstörerisch – ist nicht als solches Gegenstand der Verehrung, sondern eine Art Fokus höchster Andacht, denn es hilft denen, die sich in seiner Nähe befinden, sich auf die Reinheit Gottes und seine Wahrheit zu konzentrieren.

Unser Golddinar aus dem Sassanidenreich, der zwischen 273 und 276 geprägt wurde, zeigt deutlich die zentrale politische Bedeutung dieses heiligen Feuers. Auf der einen Seite ist der Schah der Sassaniden zu sehen mit langen, wallenden Locken, der Krone und Diadem trägt. Es handelt sich um Bahram I., der mit seinem Gegenüber in Rom schließlich ein Friedensabkommen in Syrien aushandelte: Im Jahr 274 u. Z. zogen persische Gesandte durch die Straßen Roms, nicht als Gefangene, sondern als Ehrengäste beim Triumph von Kaiser Aurelian. Auf

Golddinar des Sassanidenherrschers Bahram I. (um 275 u. Z.); Bahram mit strahlender Krone (*oben*) und zoroastrischer Feueraltar mit zwei bewaffneten Wächtern (*unten*).

der anderen Seite unserer Münze lehnen zwei bewaffnete männliche Wächter, elegant und großgewachsen, an ihren langen Stäben und blicken respektvoll weg von einem zentralen Altar, auf dem das Feuer des Ahura Mazda brennt. Ähnlich wie in Rom verschmelzen religiöse und politische Macht in einer Flamme.

Das persische Feuer unterscheidet sich jedoch grundlegend vom römischen. Während der singuläre Herd der Vesta symbolisch für den römischen Staat als Ganzen steht, stammt die höchste Form des zoroastrischen Feuers – und zwar buchstäblich, physisch – von jedem einzelnen Teil der Gemeinschaft. In einem brillant konzipierten Ritual erhalten zoroastrische Priester verschiedene Formen von Feuer und verbinden sie miteinander. Die Flammen stammen von den Feuerstellen von Bäckern und Schmieden, Priestern und Kriegern und so weiter, und diese Feuer aus vierzehn Sektoren der Gemeinschaft werden miteinander kombiniert und gereinigt, bis die gesamte Gesellschaft emblematisch in einer gemeinsamen Flamme zusammengebracht wird. Doch um das heilige Feuer zu erlangen, braucht man zwei weitere Feuer. Das erste stammt von einem Scheiterhaufen, so dass auch die Toten sich zu Ehren von Ahura Mazda zu den Lebenden gesellen, und das zweite von einem Blitz, also Feuer vom Himmel, das Himmel und Erde miteinander verbindet. Der gesamte Prozess, um ein solches Feuer zu erzeugen, kann über zwei Jahre dauern und bis zu zweiunddreißig Priester in Anspruch nehmen. Das Ergebnis ist eine heilige Flamme namens Atash Bahram, das Feuer des Sieges, zu dem jeder symbolisch beigetragen hat – mächtiges Sinnbild einer geeinten Gesellschaft, das Vergangenheit und Gegenwart, Menschliches und Göttliches in sich vereint. Das Feuer, das wir auf der Rückseite des Golddinars von Bahram I. sehen, ist sozusagen eine Tour de Force in Sozialtheologie.

Das Sassanidenreich mit dem Zoroastrismus als Staatsreligion gedieh weiter prächtig, während im westlichen Europa Rom zerfiel, und in den drei Jahrhunderten nach der Entstehung unserer Münze prägte die persische Kultur einen Großteil des Nahen und Mittleren Osten. Doch in den 640er Jahren, angesichts der arabischen Invasionen, brach das Großreich mit erstaunlicher Geschwindigkeit zusammen, der Islam wurde zur neuen Staatsreligion. Doch das heilige Feuer verschwand nicht: Es zog um.

Eingang zum zoroastrischen Feuertempel, dem «Iranshah», in Udvada, Gujarat. Das Feuer dort brennt angeblich seit mehr als einem Jahrtausend.

Eine Gruppe von Zoroastriern nämlich floh aus dem Iran und ließ sich im nordwestindischen Gujarat nieder. Da sie aus Persien kamen, kannte man sie als Parsen, und obwohl ihre Gemeinschaft recht klein ist, spielt sie im heutigen Indien noch immer eine wichtige Rolle, insbesondere in der Wirtschaftsmetropole Mumbai. Glaubt man der Überlieferung, brachten die Parsen Asche von einem Heiligen Feuer aus dem Iran mit und machten sich in ihrer neuen Heimat daran, eine neue heilige Flamme zu weihen und dann zu hüten. Es heißt, diese Flamme sei seit 721 nicht erloschen, und heute brennt sie in Udvada im indischen Bundesstaat Gujarat.

Besucht man diese abgelegene, ziemlich heruntergekommene Küstenstadt ein paar Autostunden nördlich von Mumbai, die in vielerlei Hinsicht an einen verblichenen englischen Badeort erinnert, wirkt es fast wie ein Schock, wenn man außerhalb des Feuertempels der Parsen den Schriftzug «Iranshah» sieht, der verkündet, dass es sich hier um das Domizil eines Monarchen handelt, des Königs des Iran. Der Hohepriester erklärt:

Wir bezeichnen Feuer immer als König oder Schah. Der Name «Iranshah» wurde ihm deshalb gegeben, weil wir nach unserer Flucht aus dem Iran wussten, dass wir hier in Indien, wo wir als Flüchtlinge landeten, unser Königreich nicht würden errichten können. Es würde keinen physischen, politischen König geben: Stattdessen wurde das heilige Feuer zu unserem König.

Wir haben es also mit einem spirituellen und weniger mit einem politischen Königreich zu tun, in dessen Zentrum ein Souverän im Exil steht, ein heiliges Feuer, das weiterhin seinen alten Zweck erfüllt. Der Hohepriester fährt fort:

Die Menschen sagen, wir seien Feueranbeter, aber das stimmt nicht. Das Feuer ist vielmehr ein Medium, mit dessen Hilfe wir versuchen, mit Ahura Mazda, dem Herrn der Weisheit, in Verbindung zu treten. Ohne Feuer können die Menschen nicht überleben. Ohne Wärme können die Menschen nicht überleben. Feuer ist alles.

Entscheidend ist, sein Leben so zu leben, dass man seinem Geist das Beste abverlangt. Wenn deine Gedanken gut sind, werden auch deine Worte gut werden. Und wenn deine Gedanken und Worte gut sind, werden auch deine Taten gut sein. Das ist unsere Religion.

Zoroastrische Priester versammeln sich um das Feuer in einem Tempel in London und halten es am Brennen.

Ein Set aus sechs glasierten Keramikkacheln, hergestellt in den 1980er Jahren in Mumbai, zeigt das heilige Feuer der Parsen mitsamt der Schöpfkelle und der Zange, mit denen es unterhalten wird. Rechts steht Zarathustra, links Schah Lohrasp, der gemeinhin als dessen Patron gilt. Der architektonische Rahmen ist eindeutig von der antiken persischen Hauptstadt Persepolis beeinflusst.

Nicht-Zoroastrier dürfen den Bezirk des Iranshah nie betreten und den Atash Bahram, das heilige Feuer, nie zu Gesicht bekommen. Es wird tatsächlich ganz wie ein König behandelt. Im Zentrum eines quadratischen, abgegrenzten Bezirks steht das Podest für die silberne Urne, welche die Flamme enthält. Darüber hängen – wie über einem Thron – eine silberne Krone und darüber ein silberner Baldachin. An der Wand dahinter hängen Schild und Schwerter: Der Iranshah, der König von Iran, verfügt, wie es seinem königlichen Rang zukommt, über seinen Baldachin, seine Wächter und seinen Thron. Dieses souveräne Feuer wird, wie in allen zoroastrischen Feuertempeln, sorgsam unterhalten von Priestern, die strahlend weiße Gewänder und Masken tragen, damit sie die Flammen nicht versehentlich verschmutzen, und sie schüren sie mit Sandelholz und anderen wohlriechenden Hölzern, die von den Gläubigen dargebracht werden.

Damit aber enden die Ähnlichkeiten mit einem konventionellen Königshof. Denn vor diesem Feuer, in dem die gesamte Gesellschaft symbolisch anwesend ist, sind alle ihre Mitglieder in der Gegenwart von Ahura Mazda gleichgestellt. Der Hohepriester erklärt, was das bedeutet:

> *Wenn die Menschen kommen, um ihre Verehrung zu bezeugen, gibt es keine getrennten Ecken für Männer und Frauen, Reiche und Arme, für die verschiedenen Gesellschaftsschichten. Es handelt sich um eine universelle Gemeinschaft, die einen Querschnitt der Gesellschaft bildet. Dieses Feuer soll vor allem eines, nämlich gemeinschafts- und friedensstiftend wirken, denn alle Gesellschaftsklassen sind darum versammelt. Das ist sein eigentlicher Zweck.*

Ein besonders bemerkenswertes Beispiel dafür, welche Möglichkeiten das Parsen-Feuer als Versammlungsort der Gemeinschaft bietet, zeigte sich ein paar Jahre nachdem die Briten den Südjemen 1967 verlassen hatten. Als die Parsen, die den Briten im 19. Jahrhundert dorthin gefolgt waren, aus dem Land am Horn von Afrika weggingen, viele von ihnen nach Mumbai, war man in Sorge, was mit dem heiligen Atash-Bahram-Feuer geschehen würde, das in der Stadt Aden beheimatet war und fortan von niemandem mehr gehütet wurde. Und so wurde nach ausgiebiger religiöser Debatte und dank internationaler diplomatischer Bemühungen 1976 eine Boeing 707 speziell dafür ausgestattet, ein brennendes Feuer transportieren zu können. Die Besatzung bestand nur aus Parsen, und das Flugzeug wurde von Air India, einem von der Parsen-Familie Tatas gegründeten Unternehmen, nach Aden geschickt. Der heilige Atash landete sicher im damaligen Bombay. Ein wanderndes Feuer für eine wandernde Gemeinschaft war erneut weitergezogen.

Für Parsen wie für alle Zoroastrier spielt das Feuer heute im Wesentlichen die gleiche religiöse und gesellschaftliche Rolle wie seit Jahrhunderten. In Rom erwies sich die Verehrung der Vesta angesichts der Christianisierung des Reichs nach der Bekehrung Konstantins um 312 als beeindruckend widerstandsfähig: Dieses Symbol war zu tief in den Köpfen und Herzen der Menschen verankert, als dass man es einfach so hätte beiseiteschieben können, und einige Jahrzehnte lang pflegten sogar christliche Kaiser den Kult und förderten ihn. Doch im Jahr 391 befahl Kaiser Theodosius, den Tempel auf dem Forum zu schließen, und die Flamme der

Einweihung der «Flamme de la Nation» durch General Maginot am 11. November 1923.

Vesta wurde endgültig gelöscht. Die letzte Vestalin trat 394 ab; nur eine Generation später plünderten die Goten Rom.

Mag Vestas Flamme auch seit langem tot sein, so brennt ihre ferne Tochter gleichwohl leuchtend hell – in einem Staat, der sich ostentativ jeder religiösen Identität entledigt hat, aber noch immer ein heiliges Feuer verehrt. Unter dem Arc de Triomphe in Paris brennt eine Flamme von höchster nationaler Bedeutung, um die sich tagtäglich eine Gruppe von Menschen kümmert, damit sie nie erlischt. Erstmals entzündet am 11. November 1923 und eingeweiht vom damaligen Kriegsminister General Maginot, ehrt sie einen unbekannten Soldaten des Ersten Weltkriegs. Die Vereinigung, die sich um das Feuer kümmert, spricht offiziell bezeichnenderweise von «La Flamme de la Nation», was bedeutet, dass sie nicht nur die Toten ehrt, sondern das Zukunftsvertrauen des Staates verkörpert. Wie das Feuer der Vesta und des Atash Bahram darf es nie erlöschen. Jeden Abend um 18.30 Uhr erleben wir ein tief verwurzeltes Ritual, das auf erstaunliche Weise überlebt hat: Eine kleine Gruppe vollzieht die öffentliche Zeremonie der «Ravivage de la Flamme», der Wiederentzündung der Flamme – Veteranen und Schulkinder erfüllen gemeinsam die Pflicht der Vestalinnen.

Wie in Rom avancierte die Flamme auch in Frankreich rasch zum Symbol nationaler Identität, das alle in der Nation vereinte, und das tägliche Entzündungszeremoniell war so sehr mit Bedeutung aufgeladen, dass es sogar unter der deutschen Besatzung während des Zweiten Weltkriegs fortgeführt wurde. Die erste offizielle öffentliche Amtshandlung des neuen Staatspräsidenten Emmanuel Macron bestand 2017 darin, an der Seite seines Vorgängers dem unbekannten Soldaten vor «La Flamme de la Nation» die Ehre zu erweisen.

Der Geist einer Gemeinschaft lässt sich nie so genau festmachen und definieren, doch diese Gleichsetzung des Wohlergehens einer Gesellschaft mit dem Weiterbrennen einer substanzlosen, flackernden Flamme wirkt auf irritierende Weise stimmig. So wie jedes Feuer erlöschen wird, wenn man es nicht sorgsam bewacht und unterhält, so werden auch die Institutionen einer Gesellschaft zusammenbrechen, wenn sie nicht fortwährend repariert und erneuert werden. Im Kult um die Flamme als Verkörperung des Lebens eines Staates liegt vielleicht eine symbolische Anerkennung dessen, wie fragil alle politischen Institutionen sind und wie sehr wir darauf achten müssen, dass sie in einem guten Zustand bleiben.

Neben dem Feuer gibt es ein zweites Element, das genauso geheimnisvoll, genauso überlebenswichtig und genauso schwer zu handhaben ist, das wie das Feuer über enormes Zerstörungspotenzial verfügt, aber auch für Reinheit und neues Leben steht. Wir werden ihm im nächsten Kapitel begegnen, wo wir feststellen, dass Natur und Glauben in ihren grundsätzlichsten Mustern nicht nur zu lodern, sondern auch zu fließen scheinen.

Der französische Staatspräsident Emmanuel Macron entzündet nach seiner formellen Amtseinführung am 14. Mai 2017 die Flamme am Grab des unbekannten Soldaten am Arc de Triomphe.

AND THROUGH THE RIVERS

Kapitel 3

Wasser des Lebens, Wasser des Todes

Betritt man die Salisbury Cathedral heute durch das große Westportal, stößt man im Langhaus als Erstes auf Wasser. Es handelt sich um ein Taufbecken oder besser um eine Taufquelle, ein ausladendes Bronzebassin in Form eines Kreuzes, randvoll mit Wasser, das unablässig aus allen vier Armen fließt: an der Oberfläche geheimnisvoll still und doch ständig überfließend in seinem Versprechen der Erneuerung.

Das Wasser im Eingangsbereich dieser Kathedrale hat enorme Bedeutung, denn in der christlichen Theologie fungiert das Taufwasser als das Tor, durch das jeder Christ nicht nur in den Glauben, sondern in die gesamte Gemeinschaft der Christen eintritt, die vergangene, die gegenwärtige und die künftige. Für den Bischof von Salisbury, Nicholas Holtam, ist das Taufwasser geradezu das «Wasser des Lebens»:

> *Es reinigt uns. Es erinnert an den Auszug ins Gelobte Land, bei dem die Menschen das Wasser des Roten Meeres durchquerten. Wir kommen gewissermaßen auf der anderen Seite des Beckens heraus und gelangen in das Hauptschiff der Kathedrale, wo sich die Gemeinschaft zur Eucharistiefeier versammelt. Wir bekommen einen individuellen Namen, aber wir versammeln uns gemeinsam. Und es hat mit der ganzen Kirche zu tun, nicht nur mit dieser Kathedrale. Wenn man Christ wird, wird man in die weltweite Kirche hineingetauft, so dass man ihr nicht nur hier angehört, sondern zu allen Zeiten und an allen Orten.*

Die Taufquelle nahe des großen Westportals der Salisbury Cathedral.

Selbstverständlich wird man nicht nur an Orten des christlichen Glaubens häufig von Wasser begrüßt. So heißt es im Koran (Sure 5,6): «Ihr Gläubigen! Wenn ihr euch zum Gebet aufstellt, dann wascht euch vorher das Gesicht und die Hände bis zu den Ellbogen und streicht euch über den Kopf und wascht euch die Füße bis zu den Knöcheln.» Die Tatsache, dass man sich im Islam vor dem Gebet, also bevor der Einzelne sich der Gemeinschaft vor Gott zugesellt, waschen muss, hat die Architektur der großen Moscheen nachhaltig beeinflusst: Dort mussten überall große Räumlichkeiten zum Waschen geschaffen werden, und die Errichtung von Brunnen und Bädern hat die urbane Geographie in der islamischen Welt nachhaltig geprägt.

Wasser zur Vorbereitung des Körpers auf die Tätigkeit des Geistes, Wasser, das Menschen für eine neue Beziehung zur Welt bereit macht – diese Vorstellung ist so eng mit der Alltagserfahrung verbunden, dass sie, wenig überraschend, in vielen modernen Religionen eine zentrale Rolle spielt. Im modernen Judentum ist das Wasser für die Glaubenspraxis genauso wichtig, wie es das im Alten Ägypten und im antiken Griechenland – und im Grunde überall auf der Welt – war und ist: Es reinigt sowohl den Körper als auch den Geist und ist ein bestimmendes Merkmal der Gemeinschaft. Manchmal wird Wasser aus einer ganz bestimmten Quelle ganz besonders verehrt. So versuchen Muslime, die nach Mekka pilgern, Wasser aus der Zamzam-Quelle in speziellen Flaschen mit nach Hause zu nehmen: Sie entsprang auf Befehl Gottes, um den Durst von Hagar und Ismael zu stillen (→ Kapitel 14). Ihr Wasser wird für ganz bestimmte Momente aufbewahrt und beispielsweise auch Sterbenden auf die Lippen gedrückt. Für Juden und Christen kommt dem Wasser des Jordan, in dem zu baden der Prophet Elischa dem Naaman befahl, worauf dieser von seinem Aussatz geheilt war, und wo Jesus von Johannes dem Täufer getauft wurde, besondere Bedeutung zu. Die britische Monarchie verwendet bis heute Jordanwasser für königliche Taufen. Katholiken aus ganz Europa schreiben dem Wasser von Lourdes heilende Kräfte zu. Für keinen Glauben aber spielt das Wasser – und zwar ein ganz spezifisches – eine so wichtige Rolle wie für die Hindus.

Auf einem Gemälde aus Südindien, das um 1900 entstand, sehen wir, wie vor einer Reihe wenig realistisch gefärbter Bäume vier Menschen an einem Fluss stehen, der als zweidimensionales Band aus lebendigem Blau dargestellt ist und in dem ein Krokodil, eine Schildkröte und Fische leben. Die drei Figuren zur Rechten, ein Mann und eine Frau mit einem Kind zwischen sich, werden von einer blauen, diabolischen Gestalt zur Linken angesprochen: Zwei Welten stehen hier ersichtlich in einem unangenehmen Dialog. Komposition und Malstil sind schlicht und gewagt, manche werden vielleicht sagen: primitiv, was allerdings erwartbar ist, denn es handelt sich um eines von insgesamt sechzig Bildern, die eine populäre Aufführung begleiten, bei der, ähnlich wie bei einem Puppenspiel, eine Geschichte erzählt wird – irgendetwas zwischen öffentlicher Unterhaltung und gemeinschaftlichem Gebet. Die Geschichte, die dabei zum Besten gegeben wird, findet sich im *Mahabharata* und anderen hinduistischen Schriften, und sie gehört zu den bekanntesten Moralerzählungen Indiens, die sich bis heute großer Beliebtheit erfreut.

Ihr Protagonist, der sagenumwobene König Harishchandra, war in ganz Indien dafür bekannt, dass er stets die Wahrheit sagte und sein Wort hielt, ganz gleich, was es kostete. In der Geschichte klingt die Erzählung von Abraham und Isaak und vielleicht sogar noch mehr die von Hiob an. Als Prüfung, die sich vor den Augen der Götter vollzieht, wird der reiche und mächtige Harishchandra seines Reichtums und seiner Macht beraubt und schrecklichen Martyrien ausgesetzt, um zu schauen, ob sich seine Lauterkeit brechen lässt. Unser Gemälde zeigt einen entscheidenden Moment innerhalb der Erzählung. Harishchandra und seine Familie sind auf ihrer Pilgerfahrt in die Stadt Varanasi gekommen, um im heiligen Wasser des Ganges zu baden, und dort sehen wir ihn. Doch selbst hier verfolgt ihn ein Gesandter des Bösen, die blaue Gestalt links, mit Drohungen. Um wie von ihm versprochen eine große Summe Geld auch wirklich bezahlen zu können, wird der König schon bald seine Frau und seinen einzigen Sohn in die Sklaverei verkaufen und sich selbst als niederer Bediensteter an einer Verbrennungsstätte für die Toten an den Ufern des Flusses verdingen. Genau in dem Augenblick, da er – weil er sein Wort unbedingt halten will – kurz davor ist, seine Frau zu töten und seinen an einem Schlangenbiss gestorbenen Sohn zu verbrennen, geben ihm die Götter beide zurück und laden ihn ein, seinen Platz

Nachfolgende Doppelseite: Gemälde aus Südindien (um 1900). Es zeigt die Geschichte von König Harishchandra, der mit seiner Frau und seinem Sohn bei Varanasi im Ganges badet.

unter den von den Göttern Gesegneten einzunehmen. Tugendhaftigkeit wird belohnt, und am Ende ist alles gut. Mahatma Gandhi hat behauptet, diese Geschichte, die er als kleiner Junge hörte, habe ihn in seinem Glauben an die absolute Macht wahrhaftiger Integrität sehr bestärkt.

Es überrascht nicht, dass der Höhepunkt der Geschichte, der Konflikt zwischen Gut und Böse, zwischen Leben und Tod, am Ganges in Varanasi stattfindet, denn das auf diesem Bild dargestellte Wasser ist einzigartig. Jeden Morgen kann man dort Menschen wie Harishchandra und seine Familie hüfttief im Ganges stehen sehen. Das Gesicht der aufgehenden Sonne zugewandt, schöpfen sie das Flusswasser mit ihren Händen, heben es nach oben und lassen es ehrfürchtig wieder zurückfließen. Sie tun das, weil dieser Fluss, so Diana Eck, Professorin für Vergleichende Religionswissenschaft und Indian Studies an der Harvard University, der «Fluss des Himmels» ist:

> *Der Ganges, heißt es, sei ursprünglich in Gestalt der Milchstraße über den Himmel geflossen, bevor er in den nördlichen Ebenen Indiens für das Seelenheil von Männern und Frauen auf die Erde gekommen ist. Der Ganges ist somit eigentlich eine flüssige Form der Göttin Ganga. Der Fluss – die Göttin – eröffnet einen Kanal der Kommunikation und Kommunion zwischen Himmel und Erde. Man könnte sagen, dass der Ganges vor langer Zeit auf die Erde herabgestiegen ist, doch in der wirkmächtigen religiösen Vorstellungswelt der Hindus kommt er noch heute vom Himmel herab.*

Das Wasser dieses Flusses, das Himmel und Erde miteinander verbindet, das die Göttin höchstselbst in flüssiger Form ist, wird von allen Hindus verehrt, und diejenigen, die an den Fluss pilgern, wollen üblicherweise etwas von ihm mit nach Hause nehmen, so wie es Muslime mit dem Wasser der Zamzam-Quelle oder Christen mit dem des Jordan tun. Zu diesem Zweck kaufen sie seit Jahrhunderten Gefäße aus Messing oder Kupfer – in der Sammlung des British Museum finden sich einige davon –, die den dreien auf unserem Gemälde von der Form her ähneln. Aber wer konnte, nahm mehr mit; denn Ganges-Wasser in großen Mengen zu besitzen war lange Zeit Ausweis eines besonders hohen gesellschaftlichen Ranges.

Sonnenaufgang am Harishchandra Ghat in Varanasi am Ganges: Badende wenden ihr Gesicht der aufgehenden Sonne zu.

thoot Finance

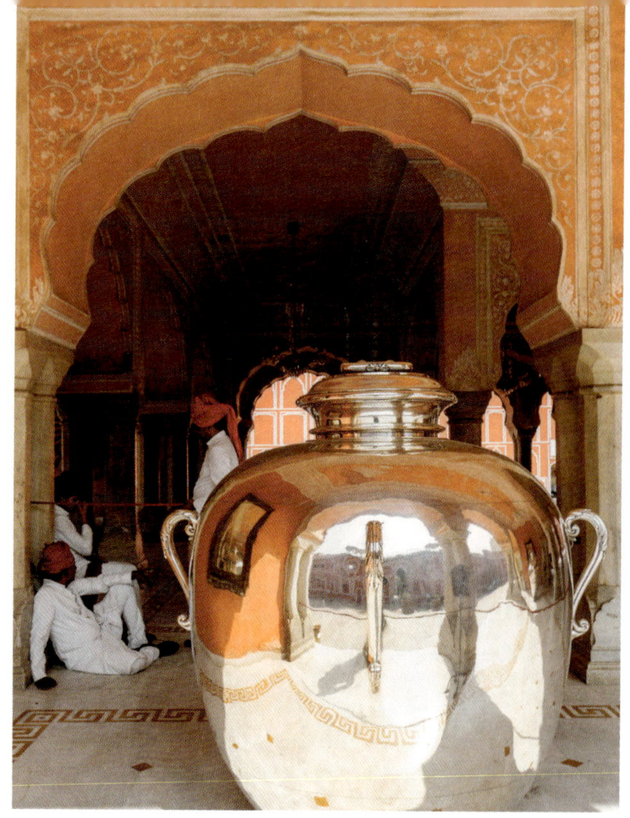

Eines der riesigen Silbergefäße, die für den Maharadscha von Jaipur angefertigt wurden, damit er 1902 Ganges-Wasser nach London mitnehmen konnte, wo er der Krönung Edwards VII. beiwohnte.

Der Franzose Jean-Baptiste Tavernier, der Indien im 17. Jahrhundert intensiv bereiste, berichtet davon, dass Ganges-Wasser, das «aus großer Entfernung herbeigeschafft» wurde, auf hinduistischen Hochzeiten getrunken wurde: «Nach dem Hochzeitsmahl schenkt der Bräutigam den Gästen zwei bis drei Schalen von diesem Wasser ein. Je mehr Wasser er den Gästen gibt, für desto tapferer und prächtiger wird er dann von ihnen gehalten.» Der Mogulkaiser Akbar, ein Zeitgenosse von Elisabeth I. von England, war zwar Muslim, erkannte aber gleichwohl den besonderen Vorzug des Ganges-Wassers, das seine hinduistischen Untertanen so sehr verehrten: «Seine Majestät», berichtete Abul Fazl, «bezeichnet diese Quelle des Lebens als das Wasser der Unsterblichkeit ... Sowohl zu Hause wie auf Reisen trinkt er Ganga-Wasser. Vertrauenswürdige Personen, die am Ufer des Flusses stationiert sind, liefern das Wasser in versiegelten Gefäßen.»

Jahrhundertelang folgten die größten Herrscher Indiens Akbars Beispiel, und wenige von ihnen waren größer als die Maharadschas von Jaipur. Als der damalige Maharadscha 1902 anlässlich der Krönung des neuen Kaisers von Indien, Edward VII., nach London eingeladen wurde, trug er Sorge dafür, dass er reichlich Vorrat an Ganges-Wasser mitnehmen konnte. Das Ergebnis, das sich noch heute im Stadtpalast von Jaipur besichtigen lässt, sind zwei der größten Silberobjekte, die je hergestellt wurden. Die opulenten Gefäße sind 1,6 Meter hoch und wiegen 345 Kilogramm. Jedes von ihnen kann mehr als 2000 Liter Wasser fassen: Um an dieses Wasser zu kommen, braucht man eine Leiter und eine Schöpfkelle. Diese Behältnisse sind ihrem fürstlichen Besitzer und ihrem wertvollen Inhalt also vollkommen angemessen.

Insofern wirkt es fast ein wenig kläglich, wenn man feststellen muss, dass ein moderner Maharadscha solch prächtige Silbergefäße nicht mehr benötigen würde. Er könnte sich heutzutage das Wasser der Ganga einfach nach London oder wohin auch immer liefern lassen, indem er es online bestellt.

Der Fluss Ganga strömt gezähmt aus dem Haar des Gottes Shiva (indische Gouache im Jaipur-Stil, um 1750).

Ganga wird vom Schöpfergott Brahma vom Himmel ausgegossen. Ihre Wildheit wird gezähmt, wenn sie durch das Haar auf den Kopf von Shiva fällt, dem Gott, der – wie wir in Kapitel 2 gesehen haben – zerstört, verwandelt und wieder neu erschafft. Und dann stürzt und rauscht sie als der lebensspendende Fluss Ganges in unsere Welt, der vom Himalaja gen Süden und Osten bis in die Bucht von Bengalen fließt.

Doch wenn sie Varanasi (oft auch als Benares bezeichnet) erreicht, wendet sich die stets in Veränderung begriffene Ganga gen Norden in Richtung des festen, unwandelbaren Polarsterns, zurück an den Ort ihrer Geburt und ihrer eigentlichen Heimat. Das macht Varanasi zu einem *tirtha*, einem Knotenpunkt, zu einem Ort, wo zwei Welten aufeinandertreffen, wo Himmel und Erde ganz nah beieinander sind. An einem solchen Ort ist der Übergang vom einen zum anderen besonders verheißungsvoll und lässt sich am leichtesten bewerkstelligen. Wer also hier im Ganges badet, das Wasser mit seinen Händen schöpft und wieder zurückfließen lässt, wer dem Fluss mit flackernden Öllichtern oder Rosenblüten seine Ehrerbietung erweist, kommt den Göttern besonders nahe. Diana Eck beschreibt, was es damit auf sich hat:

> *Durch das Baden im Ganges erlangt man eine Art Reinheit. Es könnte ganz einfach die Reinheit des täglichen Bades sein, aber es bedeutet auch, all das abzuwaschen, was wir als Sünde bezeichnen könnten, oder die Dinge, die uns beschmutzen. Gleichzeitig vollzieht man damit einen Akt des Gebets. Wenn man das Wasser mit seinen gewölbten Händen nach oben hebt und als Opfergabe wieder in den Fluss zurückfließen lässt, ist das eine Form von Gebet. Und der Ganges ist ein Ort des Gebets in riesigen Dimensionen: Daher kommt es, dass diese besondere Kathedrale ein Fluss ist.*

Auch Harishchandra und seine Familie waren als Pilger nach Varanasi gekommen, um in der «Kathedrale» des Ganges zu beten und zu baden. Dass unser Gemälde, das diese Szene zeigt, aus Südindien stammt, also aus einer mehr als 1500 Kilometer entfernten Region, ist für Diana Eck keineswegs überraschend. Sie betont, es seien gerade solche religiösen Erzählungen und Praktiken, die sich über Jahrtausende über den Subkontinent verbreiteten und das schufen, was sie als «die heilige Geographie Indiens» bezeichnet.

Indien verfügt über eine lange Erzähltradition dessen, was das Land, in dem die Menschen leben, ausmacht. Es wird in Geschichten, in Pilgerreisen und in Ritualen erzählt. Insofern ist das Gefühl, dass das ein Land ist, in dem die Menschen über ein gemeinsames Zugehörigkeitsgefühl verfügen, sehr alt. Ganz entscheidend dafür sind die Flüsse. Sie sind die eigentlichen Tempel Indiens. Lange bevor Tempel gebaut wurden, galten die Flüsse als heilig, und das setzt sich bis heute in den täglichen Baderiten fort, die man an einem Ort wie Varanasi beobachten kann. Doch Ganga ist nicht nur in dem Wasser präsent, das durch dieses besondere Flussbett im Norden Indiens, das des Ganges, fließt. Sie ist Teil heiliger Gewässer, wo immer diese auch sind. Man kann fast überall in Indien in Ganga baden.

Für den Nicht-Hindu ist das die vielleicht bemerkenswerteste Eigenschaft des Flusses. Er fließt, wie jeder sehen kann, durch die nordwestliche Ebene Indiens. Aber er ist – spirituell – in allen großen Flüssen Indiens präsent. Mythen und Legenden berichten, wie das Wasser des Ganges auf rätselhafte Weise in die großen Flüsse im Westen und Süden des Landes gelenkt wird, wodurch sie alle in gewisser Weise zu Ganga werden und das Ganze des Subkontinents in dieser heiligen Geographie miteinander verbinden, in einer gemeinsamen Verehrung von Ganga, die überall mittels Ritualen, Pilgerfahrten und Geschichten, in allen Sprachen Indiens erzählt, zum Ausdruck gebracht wird. Das Wasser des Ganges hat somit eine zentrale Rolle dabei gespielt, Idee und Identität Indiens lange vor dem Zeitalter des Nationalstaats zu prägen.

Das Wasser von Varanasi leistet jedoch noch mehr, als nur physisch und spirituell zu reinigen und einem dadurch zu einer besseren Lebensführung zu verhelfen. Wie Devdutt Pattanaik, einer der führenden Mythologen Indiens, erklärt, sorgt es auch für den perfekten Tod:

Süden ist die Himmelsrichtung des Todes. Der Fluss stirbt im Süden, weshalb in Indien die meisten Einäscherungsstätten auf der Südseite der Dörfer liegen. Der Norden hingegen mit dem sich niemals bewegenden, unveränderlichen Polarstern ist das

H I M A L A Y A

Jhelam
Chenab
Beas
Amritsar
Ravi
Sutlej
Indus
Shiquan
Uttarakhand
Delhi
Yamuna
Ganges
Lumbini
Sapt
Jaipur
Ayodhya
Kushinagar
Chambal
Banas
Parbati
Betwa
Sarnath
Allahabad
Varanasi
Bodhgaya
Son
Mahi
Narmada
Sankh
Serampur
Kolkata
(Kalkutta)
Tapi
Waingamga
Brahmani
Udvada
Tel
Godavari
Indravati
Mumbai
(Bombay)
Bhima
Krishna
Tungabhadra
Penner
Palar
Chennai
Kaveri

Land der Unsterblichkeit. Wenn also der Fluss nach Norden abzweigt, wie er das in Varanasi tut, bekommt dieser Gewässerabschnitt eine besondere Bedeutung. Es ist die Stadt Shivas, des Gottes, der es uns ermöglicht, den Tod zu besiegen und wiedergeboren zu werden oder dem Kreislauf von Geburt und Tod endgültig zu entkommen. Das macht Varanasi zu einem Ort, an dem die Menschen sterben wollen. Wenn ich hier sterbe, werde ich entweder schnell wiedergeboren oder ich werde überhaupt nicht wiedergeboren und gelange in das geheiligte Land, das frei von Geburt und Tod ist.

Wichtige Flüsse und spirituell bedeutsame Orte in Indien.

Wenn Hindus bei Varanasi am Ufer des Flusses verbrannt werden oder wenn ihre Asche hierhergebracht und an diesem besonderen *tirtha* im Ganges verstreut wird, können sie endlich von der Bürde des ewigen Kreislaufs der Reinkarnation befreit werden: Ihre Seele wird von allen körperlichen Einschränkungen frei werden und kann sich endlich in ewiger Ruhe mit dem Schöpfergeist vereinen.

Deshalb ist der Fluss in Varanasi gesäumt von den berühmten Verbrennungsghats, Plattformen, zu denen den ganzen Tag über Tote gebracht und auf die Scheiterhaufen gelegt werden, deren Wärme man von morgens bis abends beim Vorbeigehen spüren kann. Eine der begehrtesten dieser Verbrennungsstätten heißt

Scheiterhaufen am Harishchandra Ghat in Varanasi.

noch heute Harishchandra Ghat, denn dort, so glaubt man, habe der vielbewunderte König unseres Gemäldes seine niederen Dienste verrichtet und sich so ehrenhaft verhalten, dass er schließlich von den Göttern belohnt wurde. Obwohl dies ein Ort des Todes, der Vernichtung des Körpers ist, findet man rings um die Ghats kaum Zeichen von Trauer – vielleicht weil jeder weiß, dass sich schon bald alles in Ganga auflösen wird.

Im British Museum findet sich ein bemerkenswertes Beispiel dafür, wie weit die Macht dieses Flusses reichte. Es handelt sich um einen unscheinbaren Schwarzweiß-Stich, und auch auf ihm sind bekleidete Menschen zu sehen, die tief im Ganges stehen. Doch hier geschieht etwas völlig anderes. Ein junger Hindu, der einen weißen Dhoti trägt, steht, die Augen demütig gesenkt, im Fluss. Hinter ihm sieht man einen Engländer aus Derby in voller akademischer Montur, der ihn mit einem Arm umfasst, während er mit dem anderen Arm gen Himmel deutet. Wir sind Zeugen einer Taufe unter freiem Himmel, bei der das Wasser des Ganges nun nicht mehr das verbindende Element der heiligen Geographie Indiens ist, sondern, wie der Bischof von Salisbury erläuterte, die Initiation in eine globale christliche Gemeinschaft mittels Taufe. Auf dem Bild ist nicht zu erkennen, ob sich am Ufer Menschen versammelt haben, um dem britischen Baptistenmissionar William Ward bei der Arbeit zuzuschauen, doch ein eindrücklicher Demonstrationseffekt war eindeutig beabsichtigt. Der Stich, der 1821 veröffentlicht wurde, erinnert ganz bewusst an berühmte Darstellungen von der Taufe Jesu durch Johannes im Jordan. Weniger subtil erläutert eine englische Baptistenzeitschrift der damaligen Zeit in schrillem Ton, worum es geht: «Sie (gemeint sind die Menschen in Indien) benötigen ohne jeden Zweifel das Christentum, denn sie haben ... keinen besseren Heiland als den Ganges, keine andere Erwartung an den Tod, als in den Körper irgendeines Reptils zu wandern.»

Der Stich stellt höchst lebendig die religiösen Folgen imperialer Eroberung dar. Als der Expansion der wirtschaftlichen und militärischen Macht Großbritanniens in Indien Missionare folgten, gerieten die beiden Kulturen zunehmend in Konflikt, was bei den britischen Zivilbehörden für große Irritation sorgte. Obwohl es nur selten zu wirklichen Bekehrungen kam, fürchteten sie die politischen Folgen für die britische Herrschaft, wenn die Missionare tief verwurzelte

Mr. WARD baptizing a Hindoo in the Ganges at SERAMPORE.
"Go, teach all nations, baptizing them &c.

Der Baptistenmissionar William Ward tauft bei Serampore im Ganges einen «Hindoo» (1821).

indische Glaubensüberzeugungen ins Visier nahmen. Wie wir hier sehen, konnten die heiligen Elemente des einen Glaubens im Kampf um die Seelen der Menschen zu einem ausnehmend trefflichen Angriffspunkt für den anderen werden. Während sich die Taufe vollzieht, beginnt es über einem lange Zeit ‹finsteren› Indien hell zu werden.

Devdutt Pattanaik interpretiert den Stich freilich ganz anders und deutlich entspannter:

> *Die meisten Hindus hätten überhaupt kein Problem damit, getauft zu sein und doch weiter ihre Tempelrituale abzuhalten. Die Vorstellung einer Bekehrung, also dass man einen Glauben hinter sich lässt und einen anderen annimmt, gibt es im Hinduismus nicht. Man nimmt einfach einen weiteren Gott auf, der nützlich sein könnte;*

und ein weiteres Ritual ist stets willkommen. Ich sehe hier einen freundlichen Brahmanen, der darüber staunt, was dieser seltsame Mann tut. Der Geistliche wiederum versucht zu sagen, dass es ihm gelungen ist, Brahmanen auf seine Seite zu ziehen, und dass letztlich alle Hindus im Schoß der Kirche landen werden.

Der Hinduismus hat den Westen schon immer befremdet und irritiert, weil man einfach nicht wusste, wie man sich seine Fluidität, seine Flüchtigkeit erklären sollte. Als einmal ein indisches Strafgesetzbuch konzipiert werden sollte, suchten die britischen Kolonialbehörden nach etwas, worauf Inder schwören konnten, wenn sie aussagten. In Europa gab es dafür die Bibel, aber was sollten Hindus verwenden? Ein Vorschlag der Briten lautete: Heiliges Wasser des Ganges. Doch in Indien betrachtet natürlich niemand Ganges-Wasser auf diese Weise, weshalb Inder den Eid ablegen konnten, ohne sich irgendetwas dabei zu denken. Man kann sich vorstellen, wie die britischen Bürokraten sich die Haare rauften – wie sollten sie dieses seltsame Land regieren?

Noch heute staunen Europäer über vieles an Ganga, insbesondere wenn sie die Tausenden von Gläubigen sehen, die nicht nur in ihrem Wasser baden, sondern auch davon trinken. Denn von den Stufen der Ghats in Varanasi aus betrachtet wirken die Fluten, milde ausgedrückt, wenig einladend. Unmengen an Müll – pflanzliche Abfälle, Plastiktüten und Schlimmeres – treiben vorüber, ganz zu schweigen von anderen Formen der Verschmutzung, die unsichtbar bleiben. Diese Dimension des Flusses wurde jahrelang von den staatlichen Behörden Indiens ignoriert. Doch Diana Eck weist darauf hin, dass sich das gerade ändert:

Das Oberste Gericht von Uttarakhand in Nordindien, wo der Ganges und sein Schwesterfluss, der Yamuna, entspringen, erklärte Anfang 2017, Flüsse hätten Rechte. Man kann sogar sagen, dass sie die gleichen Rechte wie Personen haben, weshalb Menschen dafür bestraft werden können, wenn sie sie verschmutzen. Das ist eine faszinierende Sache: Zum ersten Mal hat ein Gericht in Indien einem Fluss das Person-Sein zugesprochen, nämlich dem Ganges und dem Yamuna.

Und das ist nur logisch. Denn die Flüsse Indiens sind meiner Ansicht nach wichtiger als die meisten Tempel. Insofern ist die Tatsache, dass Indien nicht über frei fließende, saubere Flüsse verfügt, erstaunlich. Denn eigentlich müssten sie eine deutlich höhere Wasserqualität aufweisen als andere Flüsse in der Welt, denn nirgendwo sonst werden sie so intensiv als Ritualstätten genutzt. Die Reinheit, das Wohlergehen und die Sauberkeit dieser Flüsse sind nicht nur eine Frage der Umweltverschmutzung in einer Zeit grassierender Seuchen. Es ist auch eine theologische Frage, noch dazu eine sehr wichtige. Immerhin sprechen wir von dem fließenden Wasser des Körpers der Göttin.

Das Gerichtsurteil wurde später revidiert, aber die Diskussion über das Person-Sein von Flüssen lässt sich gleichwohl als bemerkenswerte moderne, säkulare Beschäftigung mit einem alten hinduistischen Glauben betrachten.

Die Geschichte von Ganga, der Göttin, die ein Fluss ist und zugleich viele Flüsse, über den ganzen Subkontinent verstreut, ist einer dieser Aspekte religiösen Lebens, wo das Buchstäbliche, das Symbolische und das Metaphorische eindrucksvoll konvergieren und die Vorstellungswelt eines Volkes prägen. Unsere populäre, bunte Illustration von Harishchandra, die dazu gedacht war, eine öffentliche Erzählung zu begleiten, ist ein kleiner, aber sinnbildlicher Teil eines jahrhundertealten Prozesses, der zur Ausformung nicht nur einer religiösen Gemeinschaft, sondern der Identität Indiens beigetragen hat.

Der erste Premierminister des unabhängigen Indiens, Jawaharlal Nehru, hatte in seinem Testament verfügt, er glaube nicht an religiöse Zeremonien und wolle deshalb bei seiner Einäscherung keinerlei derartige Feierlichkeiten haben. Doch dann fuhr dieser eingefleischte Nichtgläubige, der dafür gesorgt hatte, dass die Verfassung des modernen Indien konsequent säkular war, fort:

Die Ganga ist der Fluss Indiens, geliebt von seinem Volk, mit dem seine Stammeserinnerungen, seine Hoffnungen, seine Furcht, seine Triumphgesänge, seine Siege und seine Niederlagen verflochten sind ... Für mich war die Ganga ein Symbol und eine Erinnerung an die Vergangenheit Indiens, die sich hinzieht bis in die Gegenwart und weiter in den großen Ozean der Zukunft strömt ... Und als eine letzte Hommage an das kulturelle Erbe Indiens bitte ich darum, dass man eine Handvoll meiner Asche bei Allahabad in die Ganga streuen möge, damit sie in den großen Ozean getragen werde, der Indiens Küsten umspült.

Kapitel 4

Die Wiederkehr des Lichts

Bei Newgrange, knapp fünfzig Kilometer nördlich von Dublin, findet sich tief in einem von Menschenhand geschaffenen Hügel ein finsteres steinernes Gewölbe, eine Anlage, die älter als Stonehenge oder die Pyramiden in Ägypten ist. Innen ist es trocken, kalt und so dunkel, dass man kaum die Hand vor Augen sieht. Es handelt sich freilich nicht um eine gewöhnliche Finsternis; sie wurde zu einem ganz bestimmten Zweck geschaffen.

Vor mehr als 5000 Jahren begannen die Menschen in der Finsternis von Newgrange zu warten; sie warteten auf etwas ebenso Lebenswichtiges wie Unbegreifliches: das erste Licht der aufgehenden Sonne, wenn diese nach der Wintersonnenwende wieder gen Norden wandert. Es ist das kosmische Versprechen, gegeben im tiefsten Winter, dass Licht und Wärme zurückkehren und neue Pflanzen wachsen werden. Wir haben so sehr vergessen, wie abhängig wir von den Jahreszeiten sind, dass wir der ängstlichen Erwartung unserer Vorfahren vermutlich dann am nächsten kommen, wenn wir nicht auf *etwas*, sondern auf *jemanden* warten. Es handelt sich um eine zutiefst persönliche Erfahrung, und es gibt keinerlei Sicherheit, dass das, worauf wir warten und hoffen, wirklich eintreten wird. In Newgrange ist es noch immer eingetreten.

Jedes Jahr um exakt 8.58 Uhr am Morgen des 21. Dezember trifft – sofern es die Bewölkung zulässt – ein direkter Sonnenstrahl eine Öffnung über dem Eingang zu diesem Steinzeitbauwerk, wandert dann, konzentriert in einem rund 15 Zentimeter breiten goldenen Strahl, einen Gang entlang, der von großen Megalithen gesäumt ist, ehe er in die gewölbte Kammer tief in

Die aufgehende Sonne findet am Morgen der Wintersonnenwende ihren Weg in die unterirdische Grabanlage von Newgrange.

diesem Hügelgrab eindringt und die hintere Felswand des Raums erleuchtet, wo einst die Toten begraben wurden. Siebzehn Minuten lang erhellt dieser schmale Sonnenstrahl das unterirdische Grabmal. Das Sonnenlicht kommt zu den Toten. Himmel und Erde treten miteinander in Verbindung. Von diesem Augenblick an wird die Sonne wieder näher sein, die Tage werden länger und neues Leben beginnt. Dieses riesige steinerne Bauwerk wurde entworfen, ausgerichtet und gebaut allein für diese siebzehn unbeschreiblichen Minuten.

Das Grabmal bei Newgrange ist offenkundig eine großartige architektonische Leistung. Sein Standort verdankt sich genauer Beobachtung, sein Bau akribischer Berechnung. Es handelt sich aber auch um einen epischen Inszenierungsakt, einen Triumph der Sinnesmanipulation. Wer einmal erlebt hat, wie der Sonnenstrahl den Gang entlangstreift, den befällt zwangsläufig das Gefühl, das Licht suche allein nach *dir* in der Dunkelheit, es wolle allein *dich* ausfindig machen und verändern.

Im Englischen spricht man, wenn man den tiefsten Winter meint, bis heute gerne von «the dead of winter», und historisch

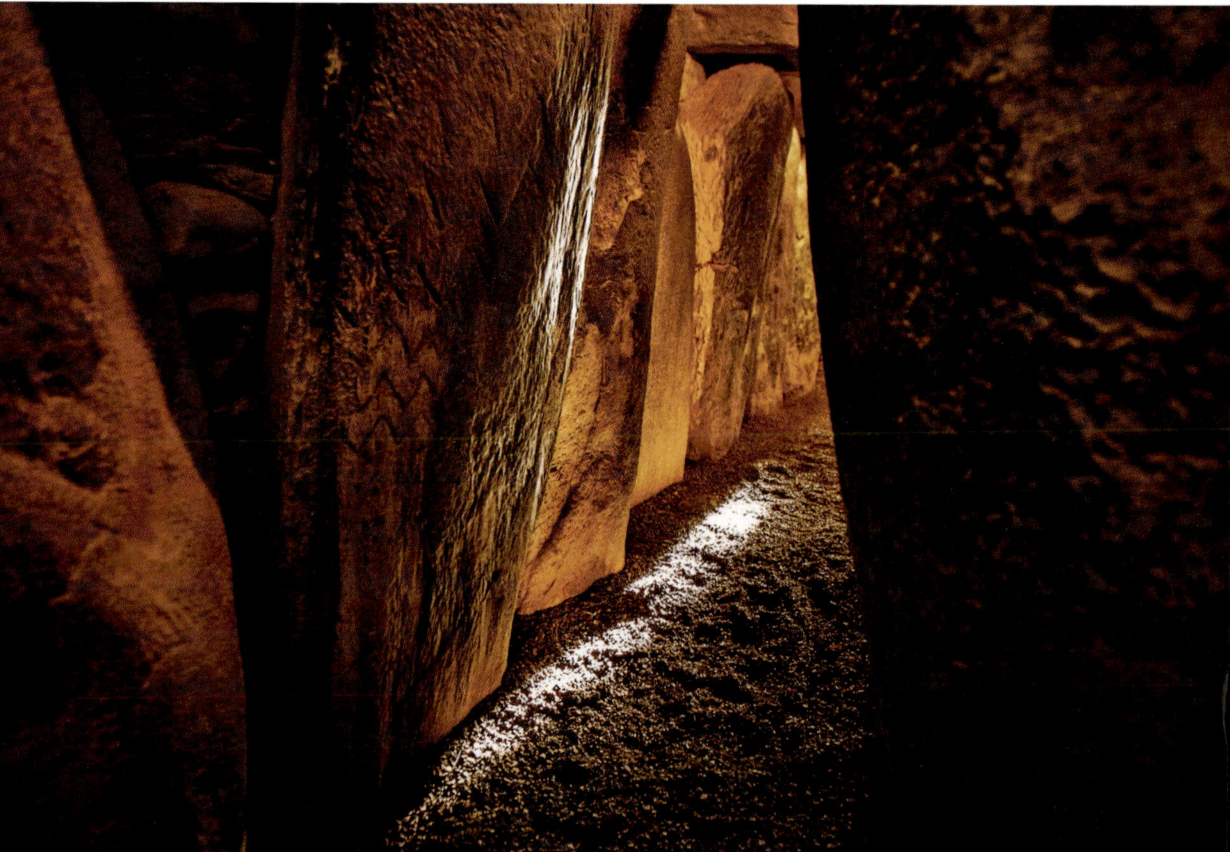

Der schmale Sonnenstrahl kriecht ins Innerste des Grabmals.

betrachtet war das die meiste Zeit über nicht bloß poetische Anwandlung, sondern tödliche Realität. Bis ins 20. Jahrhundert hinein stiegen in Europa die Sterblichkeitsraten in den Wintermonaten deutlich. Für frühe bäuerliche Gemeinschaften von Irland bis Japan brachte jeder Winter die gleichen existenziellen Herausforderungen. Würde es genügend Nahrung und Brennstoff geben, damit die Gemeinschaft überlebte, wenn die Pflanzen starben, Vögel und andere Tiere wegzogen und die Kälte einsetzte? Wie viele Menschen würden zugrunde gehen, bevor diejenigen, die überdauerten, das alljährliche Wunder erlebten, dass das Leben in die Pflanzen zurückkehrte? Einzelne Leben würden mit Sicherheit zu Ende gehen, doch wenn die Sonne wiederkehrte, würde die Gemeinschaft weiter bestehen.

Höhepunkt dieses Kreislaufs von Tod und Leben, der Moment des Übergangs vom einen zum anderen, ist die Wintersonnenwende. Insofern ist es wenig verwunderlich, dass Newgrange nur ein – wenn auch spektakuläres – Beispiel für zahlreiche ähnliche Bauwerke überall in Eurasien ist – zu ihnen zählen etwa die Megalithgräber auf der bretonischen Insel Gavrinis bei Carnac oder die Ġgantija-Tempel auf der Mittelmeerinsel Gozo. Sie alle sind aufs Engste mit den ersten Strahlen der wiederkehrenden Sonne verbunden, von denen, wie die bäuerlichen Gemeinschaften überall wussten, ihr Überleben abhing.

Wir können nicht mit Gewissheit sagen, welche Glaubensvorstellungen oder Rituale zur Errichtung von Newgrange führten, doch alle Fachleute sind übereinstimmend der Ansicht, dass beides, Religion und Ritual, eine Rolle gespielt haben muss. Wenn man sich ins Innerste dieses kreisrunden, von Menschen gemachten Grabmals begibt, ist das wie eine kurze Reise in das Geheimnis von Leben und Tod. An der Ostseite befindet sich eine schmale Öffnung, rund einen Meter breit, die in einen Gang führt, der gerade groß genug ist, dass eine Person hindurchpasst. Dieser Tunnel besteht an der Decke und an den Seiten aus massiven Steinen, die mitunter in den Durchgang ragen, so dass man sich kleinmachen und hindurchquetschen muss, ehe man nach gut zwanzig Metern mühseligen Vorwärtsstolperns in eine ausladende Kammer gelangt. Dort wurden zehn Lagen großer, flacher Trittsteine so übereinandergelegt, dass sie eine sechs Meter hohe, pyramidenförmige Kragkuppel bilden. In drei kleinen Nischen am

Rand der Kammer finden sich drei große Steinbecken, in denen Knochen und Asche der Toten aufbewahrt wurden. Man steht hier unter Zehntausenden Tonnen Stein, und die Struktur ist im Wesentlichen erhalten. Fünftausend Jahre nach ihrem Bau ist die Kammer noch immer völlig wasserdicht.

Clare Tuffy vom staatlichen irischen Office of Public Works, die die Geschichte dieses Ortes wie kaum eine zweite kennt, hält das für ein entscheidendes Merkmal:

Professor Michael O'Kelly, der Newgrange in den 1960er Jahren ausgegraben hat, war der Ansicht, man hätte sich nicht so sehr darum bemüht, ein Grabmal trocken zu halten, wenn es sich lediglich um einen Ort für tote Knochen gehandelt hätte; wenn das aber ein Ort war, an dem die Geister der verehrten Ahnen weiterlebten, dann war es äußerst wichtig, dass das Dach wasserdicht war. Das Ganze sollte weniger ein Grab als vielmehr ein Haus für die Toten sein, ein Ort, an dem sie weiterlebten. Von daher kann es gut sein, dass der Sonnenstrahl, der in die unterirdische Kammer fällt, den Geistern der Toten die Gewissheit vermitteln sollte, dass in der Natur nichts in Finsternis und Tod endet, dass es immer eine Wiedergeburt gibt. Vielleicht war der Sonnenstrahl auch der Pfad für die jüngst Verstorbenen, der ihnen den Weg zu den schon lange toten Geistern wies.

Wir können jedenfalls davon ausgehen, dass vor 5000 Jahren nicht jeder hier hineindurfte, dass es besondere Menschen gab – vielleicht eine Art Priester –, deren Aufgabe es war, mit den Geistern der Ahnen zu kommunizieren. Vielleicht waren sie wichtig, um den Vorfahren bei einer sicheren Wiedergeburt zu helfen, vielleicht hatten aber auch die Geister zu dieser Jahreszeit eine Botschaft für die Menschen draußen parat. Für sie war die Wintersonnenwende möglicherweise eine Zeit, in der die Grenzen zwischen Leben und Tod verschwammen.

Wir können nur darüber spekulieren, welcher Art diese Glaubensüberzeugungen waren – wobei kaum Zweifel daran bestehen können, dass hinter der Errichtung von Newgrange eine höchst komplexe Struktur aus Religion und Ritual stand; und welch große Gemeinschaftsleistung dieses Bauwerk bedeutet, steht ohnehin außer Frage. Von außen betrachtet sind die Dimensionen des Monuments und der Anstrengungen, die seine Errichtung erforderten, atemberaubend. Es thront hoch über dem Fluss Boyne und bietet Ausblick auf das fruchtbare Ackerland ringsum und andere, kleinere Monumente in der Nähe. Das gesamte Gebiet im Umfeld der Flussbiegung wurde so umgestaltet, dass es als Schauplatz für heute verlorene Rituale dienen konnte – der Landschaft wurde auf imposante Weise der Stempel menschlichen Erfindungsreichtums aufgedrückt.

Newgrange selbst hat einen Durchmesser von rund 85 Metern und ist fast vierzehn Meter hoch. Die Kuppel des Grabmals ist mit Gras bewachsen, doch rings um den Unterbau sind lange, graue Steinplatten, insgesamt 79, fein säuberlich aneinandergereiht, von denen jede bis zu fünf Tonnen wiegt. Wie die Aberhundert riesiger Steine, aus denen Durchgang und Kammer bestehen, wurden sie von der Küste herbeigeschafft und den Hügel nach oben geschleppt oder gerollt. Kaum weniger beein-

Luftaufnahme von Newgrange, die die monumentalen Dimensionen des von Menschen geschaffenen Hügels und den Eingang zeigt.

druckend sind die Zehntausenden kleinerer weißer Quarzitsteine, die heute zusammen eine Stützmauer rings um den Eingang bilden. Jeder einzelne von ihnen stammt aus den Wicklow Mountains fast siebzig Kilometer südlich von hier. Neben dieser überragenden physischen Leistung steht eine gleichermaßen eindrucksvolle geistige Leistung. Newgrange hätte nicht errichtet werden können, wenn man nicht über viele Jahre den Himmel und die Sonne beobachtet und anschließend das Land markiert hätte, so dass alles perfekt aufeinander abgestimmt war. Wir haben es eindeutig mit der Schöpfung einer hochgradig organisierten Gemeinschaft zu tun, die über genügend Menschen und landwirtschaftlichen Überschuss verfügte, dass so viele so gut ausgebildete Arbeitskräfte sich so lange Zeit, vielleicht sogar über mehrere Generationen, dem Bau eines so außergewöhnlichen Monuments widmen konnten. Newgrange steht für das gleichen Phänomen wie der Löwenmensch, allerdings in deutlich größeren Dimensionen: für die Investition wichtiger Ressourcen in den existenziellen und nicht in den materiellen Nutzen. Clare Tuffy beschreibt die technischen Herausforderungen:

Die Menschen, die vor 5000 Jahren hier lebten, sind unsere unmittelbaren Vorfahren. Sie betrieben in dem Tal bereits seit mehr als tausend Jahren Landwirtschaft, bevor sie mit dem Bau der Megalithanlagen begannen. Anfangs waren diese noch relativ klein, doch dann passierte irgendetwas – wir wissen nicht genau, was –, und fortan errichteten sie richtig große Monumente wie Newgrange.

Ich stelle mir vor, dass sie eine Art Stab von Spezialisten hatten. Es gab erfahrene Himmelsbeobachter. Sie verfügten zweifellos über Fachkenntnisse im Ingenieurwesen und in Geologie, denn die Steine, die sie außerhalb des Monuments verwendeten, sind extrem belastbar und strapazierfähig. Sie wussten genau, welche Steine beständiger waren als andere.

Die größeren Steine wurden mehr als dreißig Kilometer entfernt abgebaut, auf Flößen entlang der Küste und dann den Boyne flussaufwärts transportiert. Doch zu Fuß braucht man vom Flussufer bis nach oben auf den Hügel, wo Newgrange liegt, zwanzig Minuten, selbst wenn man nichts zu schleppen hat. Sie aber transportierten diese riesigen Megalithen nach oben, vermutlich haben sie sie dorthin gerollt. Sie müssen über Expertengruppen verfügt haben, die den Transport der großen Steine

planten. Und all dieses ausgefeilte technische Fachwissen musste an die nächste Generation weitergegeben werden. Die Menschen lebten damals deutlich weniger lang als wir heute, insofern ist es eher unwahrscheinlich, dass eine Anlage wie Newgrange innerhalb einer Lebensspanne gebaut wurde.

Der riesige gemusterte Stein vor dem Eingang in Newgrange.

Zwar haben uns seine Erbauer keine schriftlichen Aufzeichnungen hinterlassen, doch in Newgrange kommt mit seltener poetischer Wucht das Muster zum Ausdruck, nach dem in allen Agrargesellschaften in Europa und Asien gelebt und gestorben wurde. Der goldene Sonnenstrahl, der in das Grabmal hineinleuchtete und die Toten in der Wintererde wärmte, demonstriert eindrucksvoll, welche Mühsal es bedeutete, Leben und Tod des Einzelnen, den Zyklus der Jahreszeiten und das fortdauernde Leben der bäuerlichen Gemeinschaft miteinander in Einklang zu bringen. Die Kosten dieses Kampfes müssen immens gewesen

Nachfolgende Doppelseite: Wintersonnenwende in Japan: Holzschnitt von Utagawa Hiroshige (1830), der den Versuch zeigt, die japanische Sonnengöttin Amaterasu aus ihrer Höhle zu locken.

第四彦火々出見尊御母ハ木花開耶姫にて父の尊姫をめし幸く一夜にして妊娠ありしを尊深く疑ひ玉へバ姫無戸室に入誓て曰妾孕める子もし神の胤ならずバ焼亡び天孫の御子ならバ火も害ふまじとて薪を積火を放ちて焼玉ふに炎の中より生れ玉ふ者に御名をひこほゝでみのみことゝ申奉る龍宮城より豊玉姫を娶て皇子を産玉ふ

第五鸕鷀草葺不合尊なり豊玉姫の妹玉依姫を妃とし て四柱の彦神をまうけたまふ是までを地神五代といふなり

本朝年歴圖會 二

天照大神ハ伊弉諾尊の御子にして又の名大日孁貴と称し奉る天の下をしろしめしゝ天津を皇祖とあがめたてまつる第二天忍穂耳尊ハ素盞烏尊天照神と誓約ありしときに気のうちより生じ給ふ太神ことにめでさせ給ひてとりたまひて政をゆづりたまふ皇孫天孫の女を娶て瓊々杵尊をまうけたまひぬ第三瓊火瓊々杵尊ハ天照大神の皇詔をうけて葦原の中国を治しめさんがため三種の神宝を授し諸の神等を随ひ

sein, denn er erforderte außergewöhnliche Ressourcen. Er kann nur eine Reaktion auf ehrfurchtgebietende religiöse Überzeugungen gewesen sein, die in komplexen Ritualen und womöglich den schrecklichen Visionen von Sehern verankert waren.

Verlässt man am Morgen der Wintersonnenwende das Ganggrab von Newgrange, tritt man direkt in die aufgehende Sonne und in das festliche Treiben von Menschen, welche die Rückkehr des Lichts mit der gebührenden Lebendigkeit und Fröhlichkeit feiern. Es wird getanzt, gesungen und getrommelt. Man könnte fast glauben, hier werde eine Szene nachgestellt, wie sie sich zur gleichen Jahreszeit regelmäßig auf der Insel abspielt, welche die Ostseite der eurasischen Landmasse so flankiert wie Irland die Westseite. Auch in Japan versammelt sich zur Wintersonnenwende eine Gruppe, um die abwesende Sonne zu feiern und zu begrüßen.

Wie das ablief, sehen wir auf einem Holzschnitt von Utagawa Hiroshige (1797–1858) dargestellt, der sich heute im British Museum befindet. Doch in Japan stellte man sich das Wintersonnwenddrama von Leben und Tod radikal und faszinierend anders vor als im prähistorischen Irland, und in diesem Fall verfügen wir, wie zu sehen, über einen Text. Hier macht die Sonne etwas Seltsames: Ihr Licht strömt nicht in eine enge Steinspalte hinein, wie die Erbauer von Newgrange das arrangierten, sondern hinaus. Auf der linken Bildseite dringen die Strahlen eines fahlen Sonnenlichts aus einer Höhle in die Welt draußen, in der es so finster geworden ist, dass man ein Feuer entzünden musste. Christopher Harding, Experte für die Kulturgeschichte Japans an der Universität Edinburgh, erklärt:

Die japanische Sonnengöttin Amaterasu hatte einmal einen heftigen Streit mit ihrem Bruder. Und sie versteckte sich in dieser Höhle, worauf die Welt in Finsternis versank. Draußen vor der Höhle unternimmt eine Gruppe von Göttern und Göttinnen alles Mögliche, um sie wieder herauszulocken. Man trommelt, schlägt Becken gegeneinander, spielt Flöte. Sogar einen Hahn hat man mitgebracht, der sie herauskrähen soll. Doch nichts hat Erfolg.

Und so hat man nun einen Spiegel an einem Baum befestigt, und eine Göttin ist dabei, einen eigentlich ziemlich obszönen Tanz zu vollführen. Alle Zuseher ringsum brechen in Gelächter aus, und Amaterasu kriecht an den Rand der Höhle, weil sie unbedingt wissen will, was all die Aufregung zu bedeuten hat.

«Ich habe die Welt gerade in Finsternis geschlagen», sagt sie, «warum also lacht ihr alle?» «Weil hier draußen eine neue Göttin ist», so die Antwort, «die noch großartiger ist, als du es bist.» Amaterasu denkt: «Das kann nicht sein», und kriecht immer näher an den Eingang zur Höhle. Als sie hinausblickt, sieht sie sich selbst im Spiegel; einen Moment lang ist sie irritiert, weil sie ihr eigenes Spiegelbild noch nie zuvor gesehen hat. Ein anderer Gott, der soeben zum Höhleneingang emporgekrochen ist – der Mann der starken Hand des Himmels –, packt sie an der Hand und zieht sie aus der Höhle heraus. Woraufhin die Sonne zurückkehrt und der Welt wieder ihr lebensspendendes Licht schenkt.

Diese Geschichte von einer Höhle, die im Licht der schmollenden Sonne pulsiert, wird in Japans ältestem Schriftwerk erzählt, einer Chronik mit dem Titel *Kojiki*, die im Jahr 712 vollendet wurde. Auf unserem Bild ist die tanzende Göttin Amenouzume – die Göttin der Heiterkeit und der Morgenröte – vollständig bekleidet dargestellt. In der ursprünglichen Erzählung jedoch steht sie halb nackt auf einem umgekehrten Trog und vollführt den obszönen, komischen Tanz, der schließlich Amaterasus Aufmerksamkeit erregt. Christopher Harding erklärt diese unterschiedliche Darstellung so:

Aus westlicher Sicht haftet Göttern und Göttinnen zumeist etwas Feierliches, Frommes und Respekteinflößendes an. Hier aber geht es nur um Tanzen, Spielen und Lachen – auf diese Weise bringt man das Licht mitten im Winter zurück. Auf uns wirkt das falsch, ja fast wie ein Sakrileg. In Japan hingegen herrscht das Gefühl, dass Religion nicht immer grimmig sein muss. Es gibt keinen Grund, warum Frömmigkeit und Verspieltheit im Umgang mit dem Göttlichen nicht miteinander einhergehen sollten.

Zwar verfügen wir im Falle von Newgrange nicht wie bei der Geschichte um Amaterasu über ein schriftliches Zeugnis, aber in beiden Fällen können wir mit gutem Grund davon ausgehen, dass hier jeweils das Religiöse und das Politische auf eindringliche Weise miteinander verschmelzen. Die Errichtung von New-

Der Kaiser von Japan bei einer Truppenschau 1887 mit der «Flagge der aufgehenden Sonne», dem damaligen Nationalsymbol des Landes.

grange erforderte eindeutig so viel an Vision, Steuerung und Koordination, wie sie nur eine starke Führung und eine kompetente Verwaltung leisten können. Und zu der Zeit, als die Geschichte von Amaterasu im Japan des 8. Jahrhunderts niedergeschrieben wurde, begann das Land politisch zusammenzurücken, und die Herrschenden beanspruchten nicht nur irdische Macht, sondern auch göttliche Herkunft für sich. Die Kaiserfamilie in Japan sieht sich bis heute als Abkömmling der Sonnengöttin Amaterasu: Der gute Regent, so wird damit implizit behauptet, ist wie die wiederkehrende Sonne unabdingbar für die Stabilität des Landes und das Wohlergehen des Volkes. (Weniger hochrangige Priesterfamilien sehen sich als Nachfahren einiger der Götter, die auf unserem Bild außerhalb der Höhle stehen.) Ein Ritual, das auf der von Hiroshige gestalteten Szene beruht, wurde jahrhundertelang nicht nur zur Wintersonnenwende vollzogen, sondern auch, wenn der Kaiser erkrankt war und sein Geist neuer Lebenskraft bedurfte. Und der Spiegel der Amaterasu ist heute Teil der kaiserlichen Regalien und wird, obwohl nie zu sehen, bis heute im Schrein der Göttin in Ise verwahrt. Amaterasus Sonne wirft auch im modernen Japan noch immer einen langen Schatten.

Die zentrale Stellung des Kaisers im japanischen Leben war über die Jahrhunderte steten Schwankungen unterworfen. Wie Christopher Harding erklärt, hauchte nach der Meiji-Restauration 1868 ein sich modernisierendes Japan, das nach jahrhundertelanger Isolation den Westen nachzuahmen versuchte, gleichzeitig aber seiner politischen und kulturellen Umklammerung entkommen wollte, dieser alten Verquickung von Licht und Leben, von Nation, Wintersonnenwende und Kaiser neuen Odem ein:

Schaut man sich das Bild von Hiroshige an, das um 1830 entstanden ist, so fallen einem sofort die Sonnenstrahlen auf, die von links oben hereinleuchten. Das ähnelt in gewisser Weise der Landesfahne des modernen Japan und ihrem Grundelement: dem roten Kreis, der Lichtstrahlen aussendet. Gegen Ende des 19. Jahrhunderts übernahm eine neue Gruppe von Regierenden die Macht in Japan und war darauf bedacht, dass sich die Loyalitäten der Bevölkerung auf den Kaiser fokussierten, um so ihr neues Land enger zusammenzuhalten. Zu diesem Zweck karrten sie ihn durchs

Land, um die Leute daran zu erinnern, wer das war – denn jahrhundertelang war er in Kyoto versteckt gewesen. Vor allem aber verwiesen sie ständig auf seine göttliche Herkunft, und zur gleichen Zeit übernahm Japan als eine seiner Hauptflaggen die aufgehende Sonne.

In westlichen Augen wirkt der Mythos der Amaterasu zutiefst seltsam, doch sein Zweck leuchtet – wie der von Newgrange – unmittelbar ein. Für jeden, ob im Osten oder im Westen, ist die Kraft der wiederkehrenden Sonne lebensnotwendig. Ganz unmittelbar zeigt sie, dass es – für die Natur, wenn nicht für den Einzelnen – Leben nach dem Tod gibt.

Die Mythen und Rituale rund um die Wintersonnenwende sind tief im Nationalbewusstsein Japans verankert, und in Irland scheinen sie ein Revival zu erleben. Newgrange ist heute das wichtigste Nationaldenkmal auf der Insel, das immer mehr Besucher anzieht – Ausfluss, wie manche meinen, der Suche nach einer neuer irischen Identität, die jahrhundertealte religiöse Gräben überwindet.

Wie stets bei den größten Mysterien soll auch in diesem Fall ein Dichter das letzte Wort haben. Seamus Heaney stand im Dezember 1999 in der steinernen Kammer von Newgrange und erlebte die letzte Wintersonnenwende des alten Jahrtausends. Sein Gedicht «A Dream of Solstice» (Sonnwendtraum) erfasst den Zauber der Wintersonnenwende, das Warten auf einen Neuanfang, das Schauen:

for an eastern dazzle
To send first light like share-shine in a furrow

Steadily deeper, farther available,
Creeping along the floor of the passage grave
To backstone and capstone, to hold its candle

Inside the cosmic hill. Who dares say «love»
At this cold coming? Who would not dare say it?

eine blendende Helle aus Osten
schickt erstes Licht wie einen zweigeteilten Strahl

stetig tiefer, immer weiter
den Boden des Grabesgangs entlang kriechend
ganz nach hinten zum Schlussstein, hält seine Kerze

in den kosmischen Hügel. Wer wagt es, «Liebe» zu sagen
angesichts dieses kalten Empfangs? Wer würde nicht wagen, es zu sagen?

(Übersetzung: Andreas Wirthensohn)

Cõmẽt noel ap̃s le deluge arriua a terre et mist hors le bestail et fist sacrifice et planta la vigne.

Kapitel 5

Ernte und Ehrerweis

Wenn es eine Szene aus der hebräischen Bibel gibt, die kleine Kinder heute vermutlich kennen, dann ist es sicherlich die Geschichte aus dem Schöpfungsbericht von den Tieren, die, immer paarweise, Noahs Arche besteigen. Es ist ein bezaubernder Mythos, der aus einem katastrophalen Ereignis erwächst: Eine einzige Familie rettet die Tiere dieser Welt vor dem Untergang in der großen Flut – Menschen und Tiere sitzen also buchstäblich alle im gleichen Boot.

Doch als die Flut vorüber ist und alle wieder dem Schiff entsteigen, wird die Beziehung zwischen den Schiffskameraden weniger traulich und harmonisch. Wir sehen diesen Augenblick auf der Miniatur aus den *Bedford Hours* dargestellt, einem Stundenbuch, das um 1420/30 in Paris entstand. Die aufeinanderfolgenden Ereignisse der Geschichte sind allesamt auf diesem einen Bild vereint. Die Leichen der Ertrunkenen treiben noch an der Oberfläche des sich zurückziehenden Wassers, während versunkene Städte und Gebäude (darunter eine verspielt anachronistische Kirche) nach und nach wieder aus den Fluten auftauchen. Noahs Frau hilft dem Federvieh auf den Steg, die Schafe grasen schon wieder, das Kamel macht sich auf in Richtung Wüste, und der Bär und der Löwe bereiten sich auf die Jagd nach Beute vor. Während die letzten Tiere noch die Arche verlassen, haben Noah und seine Familie schon damit begonnen, Ackerbau zu treiben und Weinstöcke zu pflanzen – und Noahs Söhne haben nicht nur den Saft aus den Trauben gestampft, sondern ihren Vater auch schon aufs Beschämendste betrunken vorgefunden. Was wir hier sehen, ist die neue, von Gott bestimmte landwirtschaftliche Welt-

Die Tiere verlassen die Arche (aus dem Stundenbuch Bedford Hours).

ordnung: Nutzvieh und wilde Tiere, Getreide und Reben, Aussaat und Ernte – alles ist so organisiert, dass es der Menschheit zum Nutzen gereicht. Diese Welt war allen Europäern im 15. Jahrhundert und vielen Europäern sogar noch bis ins 20. Jahrhundert hinein wohlvertraut.

Auf der rechten Seite bringt Noah Gott, dessen Hände aus den Wolken auftauchen, sein Dankopfer dar. In diesem Augenblick, so heißt es im biblischen Schöpfungsbericht, spricht Gott zu Noah und formuliert in ganz klaren Worten das künftige Verhältnis zwischen Menschen, Tieren und Pflanzen. Im ersten Kapitel des Buchs Genesis, im Moment der Schöpfung, hatte Gott der Menschheit ganz einfach «Herrschaft» verliehen – über alles. Nun wird detaillierter dargelegt, was genau damit gemeint ist: «Furcht und Schrecken vor euch soll sich auf alle Tiere der Erde legen, auf alle Vögel des Himmels, auf alles, was sich auf der Erde regt, und auf alle Fische des Meeres; euch sind sie übergeben. Alles Lebendige, das sich regt, soll euch zur Nahrung dienen. Alles übergebe ich euch wie die grünen Pflanzen.» (Gen 9,2–3)

Diese biblische Vorstellung von Herrschaft, eines im Wortsinne gottgegebenen Rechts, über jedes lebende Geschöpf so zu verfügen, wie es uns gefällt, etwas für unsere Ernährung zu töten oder zu ernten, hatte großen Einfluss darauf, wie die westliche Zivilisation die natürliche Welt nutzt und missbraucht. In vielerlei Hinsicht scheint sie lediglich die Erfahrung der modernen Großstadtbewohner zu beschreiben, die heute mehr als die Hälfte der Bevölkerung auf diesem Planeten ausmachen und die fern der Pflanzen oder Tiere leben, die sie essen, in einer Umgebung, die weit überwiegend aus Dingen besteht, welche von Menschen gemacht oder nur für die Menschen da sind.

Doch in dieser Hinsicht ist die jüdisch-christliche Überlieferung ungewöhnlich. Die meisten Glaubenssysteme fordern ein komplexeres, stärker auf Gegenseitigkeit angelegtes Verhältnis zwischen uns und der lebendigen Welt: Dadurch haben wir Verpflichtungen gegenüber den Tieren und Pflanzen, die uns ernähren, und das Herrschaftsgefühl wird durch ein Bewusstsein der Abhängigkeit gedämpft.

Es mag ein wenig eigenartig wirken, wenn wir diese vielschichtigere Beziehung zunächst anhand eines Anoraks näher in Augenschein nehmen. Dieser locker

Anorak aus der Darmhaut einer Robbe, gefertigt von Flora Nanuk Ende des 19. Jahrhunderts im Südwesten Alaskas.

sitzende Parka, der aus horizontalen Streifen aus durchsichtigem Material zusammengenäht wurde, ist das perfekte Kleidungsstück, um Regen und Wind abzuhalten. Er sieht aus wie eine effektivere indigene Version der Regenumhänge aus Plastik, mit denen Touristen im Sommer durch verregnete europäische Städte stapfen. Er ist vollkommen wasser- und winddicht und wurde von Flora Nanuk hergestellt, einer Yup'ik-Frau aus Hooper Bay im Südwesten Alaskas. Sie trug ihn, wenn sie draußen während des kurzen arktischen Sommers Beeren pflückte.

Frauen in Alaska mit Anoraks, die aus Seehunddarm hergestellt wurden (1929).

Dieser Anorak ist aus einem Tier gemacht, von dem das Überleben des Yup'ik-Volkes in erster Linie abhing: dem Seehund. Das Körperteil des Parkas besteht aus der Darmhaut der Bartrobbe, die innen und außen abgeschabt, aufgeblasen, getrocknet, der Länge nach in Streifen geschnitten und dann zusammengenäht wird. Die Ärmel sind aus Teilen des Seehunddickdarms gemacht und deshalb besonders widerstandsfähig. Im Herbst ziehen die Yup'ik traditionell ins Landesinnere, um dort Rentiere zu jagen, deren Fleisch und Häute sie nutzten. Die wichtigste Jahreszeit für die Nahrungsmittelgewinnung ist jedoch das lange, kalte Frühjahr, das auf den Winter folgt; dann kann man den Seehunden überall auf dem noch immer vereisten Meer nachstellen. Deren Fleisch, Fell und Gedärm sind lebenswichtig für Bekleidung und Ernährung. Ihr Fett wird zu Öl verarbeitet und als Würzmittel zum Essen gereicht; in der Vergangenheit diente es während des langen arktischen Winters zudem als Brennstoff fürs Kochen, zum Heizen und für Lampen. Doch Seehunde spielen im winterlichen Leben der Gemeinschaft auch noch eine andere, weniger erwartbare Rolle. Amber Lincoln ist Kuratorin der Nordamerika-Sammlungen im British Museum:

Die Wintermonate waren überwiegend kalt und dunkel, das Meer und die Flüsse vielfach zugefroren. Während die Menschen in Westalaska im Sommer und Herbst weit umherzogen und im Freien kampierten, zwangen die dunkelsten Monate sie, drinnen zu bleiben. Die Männer sammelten dann Werkzeuge ein und reparierten sie, sie knüpften neue Netze und flickten alte. Die Frauen nähten Kleidungsstücke und besserten sie aus. Diese Wintermonate waren auch die Jahreszeit, in der sich die gesamte Gemeinschaft versammelte, um Feiern und Zeremonien abzuhalten.

Zu diesen Feierlichkeiten luden die Menschen die Geister der Tiere ein, die das Jahr über erlegt worden waren, und feierten sie. In gewisser Weise dankten sie ihnen dafür, dass sie ihr Leben für die Ernährung des Yup'ik-Volkes gegeben hatten. Die getöteten Tiere wurden mit Tänzen, Geschichten und gutem Essen geehrt, auf dass andere Tiere sich dazu entschlossen, sich im kommenden Jahr den Jägern zu überlassen.

Zu diesen spirituell anwesenden Tiergästen gehörten natürlich auch die Seehunde, insbesondere auf dem «Blasenfest», einer der wichtigsten Feiern im Winter. Denn man glaubte, die Seele eines Seehunds wohne in dessen Blase; wenn man also Robben jagte und ihren Körper aufschlitzte, wurde die Blase aufgehoben. Während des Festes bekam sie einen Ehrenplatz und wurde dann durch ein Loch in der Eisdecke wieder ins Meer zurückbefördert: Die Seele konnte so ins Meer zurückkehren und, so hoffte man, andere Seehunde dazu animieren, während der nächsten Jagdsaison vorbeizukommen. Mit diesem

Angehörige des Volkes der Yup'ik feiern mit aus Robbenhäuten gefertigten Trommeln im tiefsten Winter Alaskas (um 1914).

eindrucksvollen Ritual ehrte man also das Tier, das man töten musste, ja von dessen Tod das eigene Überleben abhing: Ertrag und Ehrerbietung zugleich. Noch einmal Amber Lincoln:

> *Die Art und Weise, wie man mit Tieren umgeht, spielt zu jedem Zeitpunkt eine entscheidende Rolle: Man bietet einem Seehund, den man erlegt hat, einen Schluck Wasser an, damit seine Seele keinen Durst leidet. Diese Tiere, so der Glaube, werden dann weiterziehen und anderen davon berichten, wie gut sie behandelt wurden. Das zeigt: In den Jagdbeziehungen der Yup'ik liegt der aktive Part letztlich nicht bei den Jägern, sondern bei den Tieren. Sie müssen zustimmen, dass sie von Jägern erlegt werden wollen, die sie mit Respekt behandelt, die ihre Bedürfnisse geachtet haben.*

Das Denken, das hinter dieser Praxis steht – also die Behauptung einer von Respekt getragenen, vollkommen gleichberechtigten Partnerschaft zwischen Tier und Mensch, in der Tiere wirkliche Handlungsmacht haben –, ist für eine hochgradig urbanisierte Gesellschaft fast unbegreiflich. Am fremdesten ist für uns dabei die Vorstellung einer so engen Verbundenheit und wechselseitigen Verpflichtung. Doch die Pflichten der Menschen gehen weit darüber hinaus, das lebende Tier lediglich zu respektieren und dem sterbenden Tier beizustehen. Wie Amber Lincoln deutlich macht, hatte die Art und Weise, wie nach dessen Tod mit dem Körper des Tieres umgegangen wurde, langfristige Folgen:

> *Man gibt gut Acht auf sein Fell. Seine Knochen werden angemessen beseitigt. Man nutzt sämtliche Teile des Tieres, denn sie verfügen selbst nach der Jagd noch über Bewusstsein. Auch andere Tiere haben ein Bewusstsein, so dass wir es mit einer wahrhaft wechselseitigen Beziehung zu tun haben.*

Dieser Parka ist deshalb weit mehr als nur ein Mittel, um Kälte und Regen abzuhalten. Er ist auch Ausdruck dieser Verpflichtung, jedes Teil des Robbenkörpers zu nutzen, nicht nur weil alle Teile brauchbar sind, sondern vor allem als Bekundung des Respekts gegenüber dem toten Tier. Im British Museum finden sich neben dem Parka auch Harpunen aus Seehundknochen, Trommeln aus Robbenmagen, Robbenfellbekleidung und Schmuck, der versuchsweise aus den Barthaaren des Seehunds hergestellt wurde. Natürlich sind all diese Stücke Ausweis einer genügsamen, erfinderischen Gesellschaft, aber sie bieten einer Gemeinschaft auch die Möglichkeit, die Gabe eines Lebens anzuerkennen und zu ehren.

Die Bande zwischen Mensch und Tier sind so eng, dass Letztere so gut es geht unter der Prämisse behandelt werden müssen, dass sie und wir in einem ganz realen Sinne der gleichen Gemeinschaft angehören. Diese Sichtweise, so erklärt Amber Lincoln, spiegelt sich in alltäglichen Verhaltensmustern und sogar in den Konventionen höflicher Konversation:

> *Ich war auf Jagdtreffen, bei denen die Vertreter staatlicher Behörden Alaskas mit Jägern zusammenkommen und darüber reden, wie viele Tiere erlegt werden dürfen. Die Menschen vom Volk der Yup'ik erinnern die Beamten stets daran, dass die in Rede stehenden Tiere uns aufmerksam beobachten, uns vielleicht sogar hören. «Bitte, redet freundlich über sie. Nennt nicht unbedingt ihren Namen. Sie müssen nicht zehn Mal ‹Bär› sagen. Sie können auch ein anderes Wort verwenden.»*
>
> *Ihre Weltsicht war und ist noch immer weitgehend die, dass Tiere, ja sogar Landschaftsmerkmale und Pflanzen über ein Bewusstsein verfügen. So zumindest beschreiben das Yup'ik-Menschen – wir könnten vielleicht das Wort «Empfindung» verwenden. Zu diesem Bewusstsein gehört die Fähigkeit, auf menschliches Denken und menschliches Tun zu reagieren. Und deshalb versuchen die Yup'ik, gute Gedanken, respektvolle Gedanken zu hegen, in wechselseitigem Respekt, aber auch im Respekt gegenüber der Welt.*

Jeder Körperteil der Robbe wird genutzt, um daraus Harpunen, Trommeln und Stiefel herzustellen.

Die Vorstellung, unsere Beziehung zur natürlichen Welt sei im Grunde eine wechselseitige und erfordere fortwährend ausgleichende Gesten des Menschen, kommt, so Amber Lincoln, in allen Lebensaspekten der Yup'ik zum Ausdruck:

> *Auf den Flüssen sind Unmengen an Treibholz unterwegs, die Menschen im westlichen Alaska profitierten davon traditionell enorm. Es stellte eine wichtige Ressource dar, und noch heute sammeln sie es ein. Es gibt spezielle, ganz eigene Arten von Treibholz, die für den Hausbau, für Boote, für die Herstellung von Masken, für all die verschiedenen Teile ihrer materiellen Kultur genutzt wurden. Es herrscht das Empfinden, dass dieses geschenkte Holz nur für ihm angemessene Zwecke verwendet werden sollte – für den Zweck, zu dem es hergegeben wurde. Wenn also etwa die Yup'ik beschließen, die daraus hergestellten Holzmasken nicht selbst zu nutzen, sondern sie zu verkaufen, dann werden sie zum Ausgleich eine entsprechende Menge Holz verbrennen.*

Es gibt natürlich keinen Text, der uns erklärt, wie sich die Yup'iks den Platz des Menschen im Kosmos vorstellen. Aber aus ihren Glaubensgewohnheiten und Verhaltensweisen spricht kein Streben nach Dominanz, sie zeugen vielmehr von einem immerwährenden Dialog zwischen allen lebendigen Dingen, der weit über jedes individuelle Leben hinausgeht.

Gegenüber oben: **«Die Felder lachen»: Reifende Gerste auf einem bemalten Kalksteinrelief aus Ägypten (ca. 1340 v. u. Z.).** ***Gegenüber unten:*** **«Die Gottesgabe steigt herab»: Ernte nach dem Nilhochwasser; ägyptische Grabmalerei (ca. 1250 v. u. Z.).**

In einer Welt, die sich an die industrielle Landwirtschaft und an Legebatterien für Hühner gewöhnt hat, tun wir uns womöglich schwer mit der Vorstellung, eine angemessene Balance in unserer Beziehung zur Natur verlange nicht nur Respekt, sondern auch Reziprozität. Doch diese Idee spielt für agrarisch geprägte Gesellschaften eine ebenso zentrale Rolle wie für Gesellschaften von Jägern, und sie bildet den Kern zahlreicher religiöser Praktiken im Alten Ägypten. Die Flüsse in Alaska brachten das dringend benötigte Holz, doch der Nil war Voraussetzung fast der gesamten Nahrungsversorgung. Und auch hier waren, wie beim Volk der Yup'ik, Gegenseitigkeit und Rituale erforderlich, um die kosmische Ordnung im Gleichgewicht zu halten.

Für die Menschen im Alten Ägypten, die in einer der regenärmsten Regionen der Welt lebten, war der Nil eine wichtige Quelle des Lebens. Jedes Jahr ließen die Monsunregenfälle, die weit im Süden, im Hochland des heutigen Äthiopien niedergingen, den Wasserstand des Flusses steigen. Es folgte eine dringend benötigte Flut, die ihren Höhepunkt zwischen Juli und September erreichte. In dieser Zeit, so ein Text aus dem Alten Ägypten, «lachen die Felder ... die Gottesgabe steigt herab, das Antlitz der Menschen ist freundlich».

Die «Gottesgabe» war der außergewöhnlich fruchtbare schwarze Schlamm, den das abfließende Wasser zurückließ und in dem die Bauern ihr Getreide anbauen konnten. Für das Königreich Ägypten war diese saisonale Flut so überlebenswichtig, dass es sich um 3000 v. u. Z. als fast vollständig linearer Staat bildete, der sich entlang des großen Flusses und seiner Ufer ausbreitete. Doch die Sache konnte leicht schiefgehen. Siedlungen und wertvolles Land wurden mitunter zerstört, wenn das Wasser zu hoch stieg. Und wenn der Fluss nicht genügend Wasser führte, litten die Menschen Hunger. In den hebräischen Schriften beweist Josef seinen Wert für den Pharao, indem er ihm rät, die Überschüsse der sieben fetten Jahre zu speichern, so dass Ägypten die sieben mageren Jahre, die darauf folgen, überstehen kann. Alles hing vom angemessenen Gleichgewicht der Natur ab.

Diese tiefgreifende Abhängigkeit war weit mehr als nur eine Frage von Leben oder Tod. Sie wurde zu einer Frage von Leben *und* Tod. Und der Gott, der in einer kleinen braunen Figur dargestellt ist, welche sich heute im British Museum befindet, spielte eine Schlüsselrolle dabei, dieses Gleichgewicht aufrechtzuerhalten. Doch anders als für einen Gott üblich «wachte» er nicht über diesen Prozess: Er war selbst darein verwickelt. Auch er lebte und starb. John Taylor ist im British Museum Kurator für die ägyptischen Grabbeigaben:

Diese kleine Statue entstand zwischen 700 und 300 v. u. Z. und ist rund 30 Zentimeter groß. Sie stellt eine mumifizierte menschliche Gestalt dar. Der Kopf, der aus Bienenwachs geformt ist, weist vergoldete Linien auf, welche die Augenbrauen über vollen, ovalen Augen akzentuieren; der Körper jedoch ist vollständig in Leinentücher gewickelt, so dass man die Gliedmaßen nicht erkennen kann. Was man jedoch er-

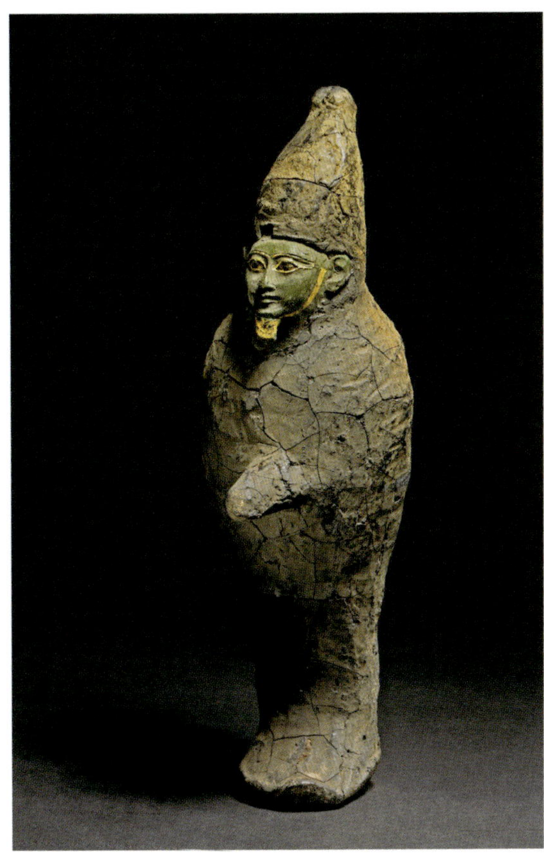

Getreidemumie des Osiris (um 700–300 v. u. Z.).

kennen kann, ist, dass die Figur einen auffallenden erigierten Penis aufweist, der sich an der Vorderseite deutlich abzeichnet; und sie trägt eine Krone.

Es handelt sich um ein Bild von Osiris, einem König und einem Gott, der starb, mumifiziert wurde und wieder ins Leben zurückkehrte. Der erigierte Penis soll zeigen, dass er fruchtbar ist, dass er selbst nach dem Tod neues Leben hervorbringen kann.

Der ägyptischen Mythologie zufolge war Osiris in ferner Vergangenheit ein besonders segensreicher König, der den Ägyptern die Landwirtschaft beibrachte, ihnen Gesetze gab und sie zivilisierte. Doch sein eifersüchtiger Bruder tötete ihn, und der Körper des Osiris wurde in Stücke gerissen und über ganz Ägypten verstreut.

Seine Frau Isis sammelte die Stücke ein und sorgte dafür, dass er als körperliches Wesen wiederhergestellt und mumifiziert wurde. Anschließend wurde er wieder zum Leben erweckt, aber fortan fungierte er als Herrscher über die Unterwelt, das Königreich der Toten. Im Zentrum des Osiris-Mythos steht die Vorstellung von einem

Gott, der das ganze Ägypten verkörpert, der stirbt und ins Leben zurückkehrt und der auf diese Weise allen die Hoffnung auf neues Leben vermittelt.

Diese mystische Vorstellung findet eindrücklichen physischen Ausdruck in unserer kleinen Statue. Könnten wir diese trockenen, rissigen Bandagen abnehmen, würden wir darunter nicht einfach nur mehr Erde und Bienenwachs finden, sondern noch etwas ganz anderes: Getreide, das in diesem Körper aus Saatgut keimte, das darin eingepflanzt wurde. Diese eine kleine Figur enthält das Bild des Todes und das Sprießen neuen Lebens. Figuren wie diese standen im Zentrum eines großen Festes, das jedes Jahr während des vierten Monats der Flut in Ägypten abgehalten wurde, wenn das Wasser zurückging und der fruchtbare Schlick darunter zum Vorschein kam, den man bald bepflanzen würde, wie John Taylor das beschreibt:

Der Zweck von kleinen Figuren wie dieser ist es, Hoffnung für die Zukunft zu vermitteln, dass das Getreide wachsen und das Leben weitergehen wird. Sie wurden für das Koiak-Fest hergestellt, dessen Name sich vom altägyptischen ka-her-ka herleitet, was so viel wie «Nahrung auf Nahrung» bedeutet, und das kurz vor Beginn der neuen Aussaat begangen wurde. Die Priester sammeln dabei Getreidesamen vom Flussufer, vermengen sie mit Erde, Bienenwachs und anderen Zutaten und formen sie zu einer mumienhaften Osiris-Figur wie dieser: Man bezeichnet sie deshalb als Getreidemumien oder Korn-Osiris.

Diese kleinen Figuren durchlaufen anschließend eine Reihe von Ritualen und werden in feierlichen Prozessionen herumgetragen, denen eine Vielzahl von Menschen beiwohnen. Schließlich werden sie an einen heiligen Ort gebracht, wo sie sicher verwahrt werden und das ganze Jahr über bleiben, bis zum nächsten Koiak-Fest. Dann wiederholt sich die ganze Prozedur. Die alte Getreidemumie wird in einer angemessenen Zeremonie bestattet, eine neue Figur ersetzt sie, ihr wird neue Saat eingesetzt, und der Kreislauf setzt sich fort.

Dieses Fest soll dafür sorgen, dass die Fruchtbarmachung des Landes und die Produktion von Nahrungsmitteln ständig so weitergehen. Und ein Teil dieses Rituals besteht darin, diese speziellen Bilder von Osiris herzustellen: Dem Körper des Gottes pflanzt man den Keim ein, aus dem neue Frucht und neues Leben entspringen werden.

Es handelte sich somit um eine allumfassende Feier des Kreislaufs der Jahreszeiten. Osiris lebt, stirbt und lebt erneut. Die Fruchtbarkeit des Landes kehrt zurück, so dass Ägypten zu essen hat, und Ägypten selbst erfährt eine Erneuerung.

Es mag verführerisch sein, sich mit Blick auf eine Figur wie die Kornmumie des Osiris und die damit einhergehenden Rituale ein Volk vorzustellen, das die Natur zu überlisten hoffte. Das aber wäre nicht ganz richtig. Wir wären damit, so glaube ich, in unseren eigenen modernen, westlichen Konzeptionen der Natur gefangen: dass sie etwas außerhalb von uns ist und dass man sie irgendwie unseren Wünschen anpassen müsste. Vielmehr sind viele Wissenschaftler der Ansicht, dass wir es hier mit einem jahreszeitlichen Ritual zu tun haben, bei dem es weniger darum

Model in Form des Osiris, in die in einem ägyptischen Grabmal Saatkörner eingepflanzt wurden (*links*); Wandgemälde, das Osiris, den Herrscher über die ägyptische Unterwelt, in voller Pracht zeigt (*rechts*).

geht, dass Menschen Macht *über* Götter oder die Natur ausüben, sondern dass sie mit diesen zusammenarbeiten, dass sie ihren Teil dazu beitragen, das System im Gleichgewicht und funktionsfähig zu halten: Kollaboration statt Manipulation. John Taylor beschreibt diese Interaktion so:

> *In allen Aspekten des Lebens und der Religion findet sich im Alten Ägypten das Bewusstsein einer höheren Macht, von etwas, das außerhalb des gewöhnlichen menschlichen Wirkens liegt. Die Ägypter glaubten zweifellos, dass sie mit dieser Macht interagieren mussten, damit die Welt, wie sie sie kannten, weiterbestehen und das Leben weitergehen konnte. Weil dieser zerstückelte Leichnam über das ganze Land verteilt wurde, gilt der Körper des Osiris als Metapher für die Gesamtheit Ägyptens. Der Zyklus seines Lebens ist eng mit dem des ägyptischen Jahres verbunden und fest in die täglichen Routinen der Menschen integriert. Nur so kann die Macht der Götter neues Leben hervorbringen.*

Diese komplexen Vorstellungen und Rituale, akribisch in Texten niedergelegt, sind hochgradig politisch. Die Verbindung zwischen ihnen und der Fortexistenz des ägyptischen Staates zeigt sich daran, dass den Königsgräbern – auch dem von Tutanchamun – eine Holzfigur in Gestalt des Osiris beigegeben wurde. Darin befand sich Erde mit Gerstenkörnern. In der Finsternis des Grabmals lag das Versprechen neuer Frucht und neuen Lebens, für den König wie für das Volk.

Der Anorak und die Kornmumie scheinen Gedankenwelten zu entstammen, die weit voneinander entfernt sind und unserer eigenen noch ferner liegen. Für die meisten Menschen ist Osiris heute ein irreversibel toter Gott, seine Wiederzusammensetzung und Wiederauferstehung sind eine genauso befremdliche Vorstellung wie die, dass die Seele einer Robbe in ihrer Blase unterwegs ist und zu ihren Artgenossen spricht. In den Gesellschaften Alaskas und Ägyptens entstanden unter völlig unterschiedlichen Umständen Narrative, in denen die eigene Abhängigkeit von der natürlichen Welt demütig anerkannt wurde. In der Folge konnten beide Gesellschaften Verhaltensweisen entwickeln, damit die gesamte Gemeinschaft sparsam mit dieser Natur umging. Der Großteil der modernen Welt bemüht sich momentan gerade darum, es ihnen gleich zu tun.

TEIL II

GEMEINSAM GLAUBEN

Im vorangegangenen Abschnitt haben wir uns mit den Geschichten befasst, die Gesellschaften sich erzählen, um dem Leben einen Sinn zu geben, und die ihnen ihren Platz im Gefüge der natürlichen Welt zuweisen. In diesem Teil werfen wir einen Blick darauf, wie die vergängliche Existenz jedes einzelnen Lebens in die viel längere Zeitspanne der Gemeinschaft als Ganzer eingewoben wird – wie sich ein Leben über die Generationen mit vielen Leben vermischt. Wir stoßen dabei auf Zeremonien der Einführung und der Initiation, auf Tätigkeiten wie das Beten und das Singen, die uns miteinander verbinden – und auf die großen Zäsuren der Geburt und des Todes.

Kapitel 6

Leben mit den Toten

Fangen wir mit dem Ende an. Gibt es für Menschen irgendeine Art von Leben nach dem Tod? Historisch gesehen haben die meisten Gesellschaften die meiste Zeit über geglaubt, dass das der Fall ist. Teilen wir diese Überzeugung, so schließen sich zwangsläufig andere Fragen an, die so alt sind wie die Menschheit selbst. Wie bleiben die Lebenden mit den Toten in Verbindung? Brauchen die Toten unsere Hilfe? Oder sind es vielmehr wir Lebenden, die die Hilfe der Toten nötig haben? Und wenn dem so ist: Wie bitten wir sie darum? Sind die Lebenden und die Toten zumindest für eine Weile durch ein Netz wechselseitiger Verpflichtungen miteinander verbunden? Wir fragen gerne, wie sich Gesellschaften um die Schutzlosen, Schwachen und Alten kümmern. Darüber haben wir zumeist ganz vergessen zu fragen, wie sie sich um die forderndste – und für viele hilfreichste – Gruppe kümmern: die Toten.

Sobald die Bestattungs- und Trauerrituale abgeschlossen sind, muss noch darüber entschieden werden, wie die angemessene Beziehung zwischen uns und unseren Ahnen aussehen soll. Im mittelalterlichen England wie im gesamten katholischen Europa stand die Haltung eindeutig fest. Die Gemeinschaft der gläubigen Christen umfasste die Lebenden und die Toten, zwei Teile des gleichen Körpers; für die Seelen der Toten zu beten und Messen für sie lesen zu lassen gehörte zu den zentralen Pflichten der Lebenden. Jede Kirchengemeinde, jede Pfarrei beteiligte sich entsprechend ihren Möglichkeiten an diesem Prozess. Man baute kunstvolle Kapellen und Kantoreien – in Oxford war es sogar ein prächtiges College, nämlich All Souls –, um dort diese zeremo-

Die Installation *Blood Swept Lands and Seas of Red* von Paul Cummins und Tom Piper am Tower in London (2014).

Das mittelalterliche England betet für die Seelen der Toten: Die Percy Chapel in der Benediktinerpriorei in Tynemouth.

niellen Fürbitten abzuhalten, die den Durchgang der Verstorbenen durch die Pein des Fegefeuers beschleunigen sollten, und ihnen so rasch wie möglich den Lohn der Erlösung und einen Platz im Himmel zu sichern. Die Reichen hinterließen riesige Erbschaften, damit unablässig für ihre Seelen und die ihrer Familie gebetet werden konnte. Die dazu erforderlichen Rituale verlangten die Beteiligung zahlreicher Menschen – nicht zuletzt all der Priester, die die Messen halten mussten. In England waren die Toten vor 500 Jahren wichtige Arbeitgeber.

Dieses Modell wurde durch die Reformation abrupt und brutal zerstört. Die meisten protestantischen Theologen lehnten allein schon die Vorstellung eines Fegefeuers ab, in dem man durch langes Leid für seine Sünden büßt, und verwarfen deshalb auch zwangsläufig die Idee, durch Gebet oder Geld könne man rasch daraus befreit werden. Messen für die Seelen der Toten wurden verboten. Die Stiftungen, aus denen sie finanziert wurden, wurden entweder aufgelöst oder konfisziert. Im protestantischen Europa konnten die Lebenden Mitte des 16. Jahrhunderts kaum etwas für die Toten tun, denn zwischen beiden klaffte nun eine scheinbar unüberwindliche Kluft. Die veränderte Glaubenslehre änderte auch die Aufgaben des Klerus und die Ökonomie der Kirche, und die Herrschenden sowie deren Günstlinge konnten sich enorm bereichern. Genauso wichtig aber war: Das Verhältnis zwischen Gegenwart und Vergangenheit wurde neu geordnet.

Welche Art von Verbindung zu den Toten wir heute in Großbritannien haben, ist nicht ganz klar. Die Millionen Besucher, die jedes Jahr ins British Museum kommen, betreten es über die Treppe des Haupteingangs. Auf ihrem Weg durch die neoklassizistischen Säulen des Portikus bemerken nur wenige, dass sie zur Rechten an einer Gedenktafel für die Museumsangestellten vorbeikommen, die in den beiden Weltkriegen starben. Ihre Namen sind in den Portland-Stein eingraviert, dazu die Worte: «At the going down of the sun, and in the morning, we will remember them». Diese Art des Gedenkens findet sich in öffentlichen Gebäuden überall im Land. In Schulen und auf Bahnhöfen, in Unternehmenszentralen und Klubs finden sich üblicherweise irgendwo in der Nähe des Eingangs die Namen derer, die in den Weltkriegen ihr Leben ließen, in Stein gemeißelt, verbunden mit der Aufforderung an die Eintretenden: ihrer zu gedenken. Wie viele das dann wirklich tun, lässt sich immer weniger sagen – und noch weniger deutlich kommt zum Ausdruck, warum sie es überhaupt tun sollten.

«They Shall Grow Not Old»: Gedenktafel am Eingang zum British Museum für die Museumsangestellten, die in zwei Weltkriegen ihr Leben ließen.

Doch wenn die Besucher einmal im Museum sind, stoßen sie schon bald auf ganz andere Möglichkeiten, wie sich das Verhältnis zwischen den Lebenden und den Toten imaginieren und herstellen lässt: nicht, indem man für sie betet, nicht, indem man sich nur an sie erinnert, sondern indem man regelmäßig mit ihnen verkehrt – nicht nur als Geister, sondern persönlich, also so, dass die Vorfahren selbst physisch anwesend sind.

Jago Cooper, Leiter der Amerika-Abteilung im British Museum, ist für eine ganze Reihe von Bündeln aus fahlbraunem gewebtem Stoff zuständig, jedes davon rund einen Meter lang und sorgfältig verpackt und verschnürt:

> *Das sind Mumienbündel aus Peru, die die Überreste von Vorfahren der Menschen enthalten, die heute dort leben. In jedem dieser Bündel befindet sich eine mumifizierte Leiche, die sorgfältig präpariert und in Stoffe eingewickelt wurde. Diese Praxis wurde in Peru und im Norden Chiles über 6000 Jahre lang gepflegt, und sie sorgte dafür, dass die Ahnen in der Gesellschaft eine völlig andere posthume Rolle spielen konnten, als wir uns das in Europa für unsere Vorväter – oder für uns selbst – vorstellen konnten.*

Aufgrund des trockenen Wüstenklimas, das Leichen auf natürliche Weise konserviert, war die Praxis der Mumifizierung nicht nur in Peru, sondern überall in den Anden weit verbreitet, und sie scheint mindestens so alt wie die viel bekanntere Tradition in Ägypten zu sein. Nach dem Tod wurde das weiche Tuch entfernt und der Körper üblicherweise in eine Hockposition gebracht, bevor er eingewickelt wurde. Die Ahnen in den Bündeln, die sich im British Museum befinden, wurden vermutlich irgendwann um 1500 mumifiziert, also kurz bevor diese Praxis infolge der spanischen Eroberungen ein Ende fand. Die Stofftücher sind zu einem fahlen Braun verblichen, aber man kann gerade noch erkennen, dass die Laken einst hell gestreift und an den Rändern kunstvoll verziert waren: Muster und Farbe zeugten vom gesellschaftlichen Status des Toten (zwangsläufig wurden nur Angehörige der Eliten konserviert) und von der Region, aus der er stammte. Zusätzlich waren vielen dieser Mumienbündel gemalte Gesichter – schematisierte Porträts – beigegeben, so dass es, wenn sie aufrecht dasaßen, keinerlei Zweifel daran gab, dass sie noch immer in gewissem Sinne reale Menschen waren, die noch lange nach ihrem Tod als Individuen verehrt wurden.

In diesem Buch beschäftigen wir uns zumeist mit Gegenständen und fragen danach, was sie uns über den Glauben sagen können. Doch diese Mumienbündel sind definitiv keine Gegenstände. Es sind tote Menschen – das Museum versucht sie mit dem Respekt zu behandeln, der ihnen von den Peruanern selbst bis zur Ankunft der Europäer in den 1520er Jahren entgegengebracht wurde. Im Alten Ägypten blieben die Mumien, ausgestattet mit allem, was man für das Jenseits brauchte, in ihren Grabmalen und wurden allenfalls zu bestimmten Zeiten von ihren Familienangehörigen besucht, die mit ihnen feierten oder Opfer darbrachten. Die peruanischen Mumien dagegen hatten ein viel lebendigeres Nachleben. Sie, die in ihre farbenfrohen Tücher aus Baumwolle oder Alpakawolle gehüllt waren und in Höhlen oder auf hohen Bergen verwahrt wurden, wurden von ihren Nachfahren zu bestimmten Gelegenheiten herbeigeholt, durch die Straßen getragen und, fast wie zurückkehrende VIPs, eine Zeitlang in eine Gesellschaft zurückgebracht, der sie noch immer angehörten. In politischen Angelegenheiten mussten sie weiter eine wichtige Rolle spielen.

Mumienbündel aus Peru mit dem aufgesetzten «Porträt» eines Ahnen (Illustration aus den 1880er Jahren).

Denn zum einen verschafften sie, so Jago Cooper, der herrschenden Klasse die notwendige Legitimation:

Wenn bei einem wichtigen Treffen der angesehene Vorfahre mit am Tisch saß, dann bekundete man damit seine Abstammung und Familienzugehörigkeit. Wenn man in direkter Linie von ihm abstammte, bildete das die Grundlage für den eigenen Machtanspruch. Man war nicht nur Erbe dieser Person, sondern auch ihrer Weisheit, Macht und Autorität. Diese fortdauernde Verbindung zum Wissen der Ahnen war zentrales Fundament für die Eliten im Inka-Reich, wo die Anführer ihre Vorfahren unmittelbar konsultierten, wenn sie wichtige Entscheidungen zu treffen hatten.

Die Rolle der Mumien ging somit weit darüber hinaus, lediglich den Status ihrer Nachfahren deutlich zu machen. Wenn sie unter den Lebenden saßen, konnte man sich auf ihre Erfahrung und ihr Urteil berufen. Jago Cooper beschreibt, wie sie allein durch ihre Anwesenheit zudem für ein völlig anderes Verständnis von Zeit sorgten:

Bei uns ist es so: Wenn unsere Vorfahren sterben, dann gehören sie der Vergangenheit an, und unsere Nachkommen sind die Zukunft. Die Inka und viele andere Kulturen auf dem amerikanischen Kontinent denken in dieser Hinsicht völlig anders – zum Teil bis heute. Für sie vermischen sich alle Zeiten: Gegenwart, Vergangenheit und Zukunft existieren gleichzeitig, sie verlaufen immer parallel, und mit einiger Übung oder mitunter in einem Trancezustand ist es möglich, sich zwischen den verschiedenen Zeiten hin und her zu bewegen und die Einsichten zu nutzen, die alle drei zu bieten haben. So brachte man die Mumienbündel der Vorfahren in einen Raum, damit auch die Weisheit der Vergangenheit einen Beitrag zum Gespräch leistete. Doch auch die Geister der noch nicht Geborenen waren im Raum anwesend und Teil der Debatte. Auch sie halfen dabei, politische Entscheidungen zu treffen, bei denen es für sie um besonders viel ging.

Das ist, als würde man die Leichen von Gladstone und Disraeli mitunter an den Kabinettstisch in London setzen, damit sie die Minister an die Bedeutung der

Geschichte und die Erfordernisse der Zukunft erinnern. Die Tatsache, dass man die Mumienbündel aus dem Grab ins Beratungszimmer holte, verlieh einer überzeugenden politischen Idee auf einzigartige Weise physischen Ausdruck – einer Vorstellung, die am eindrücklichsten nicht ein Fachmann für peruanische Geschichte, sondern Edmund Burke, der politische Philosoph des 18. Jahrhunderts, in seinen *Betrachtungen über die Revolution in Frankreich* formulierte: «Gesellschaft ist ... eine Partnerschaft in allem, was tugendhaft, was vollkommen ist. Da sich die Zwecke dieser Partnerschaft nicht in vielen Generationen erreichen lassen, wird daraus eine Partnerschaft nicht nur zwischen denen, die leben, sondern auch zwischen denen, die leben, denen, die tot sind, und denen, die erst noch geboren werden.» Burkes Auffassung wäre den Europäern vor der Reformation vermutlich genauso einleuchtend erschienen wie den Peruanern vor Kolumbus.

Umso überraschender ist es deshalb, dass diese peruanische Praxis des engen Kontakts mit den Körpern der Toten die Spanier zutiefst irritierte, als sie damit in Berührung kamen. Die römisch-katholische Messe wird noch immer tagtäglich mit den physischen Überresten der Toten gefeiert. Jeder Altar – selbst ein tragbarer Altarstein – sollte die Reliquien eines Heiligen enthalten, idealerweise eines Märtyrers, der als Glaubenszeuge starb. Die Messe wird in Gegenwart des Körpers eines Heiligen (oder zumindest eines Teils davon) gelesen, und die Gläubigen werden neben diesem physischen Körper(-teil) stehen und zu Gott beten. In der katholischen Kirche bittet man längst verstorbene Heilige um Beistand bei so gut wie jedem Aspekt des Alltagslebens und um Fürsprache bei Gott für das Seelenheil der Verstorbenen. Ihre konservierten Körper werden mitunter noch immer auf Prozessionen herumgetragen, wie das auch bei den peruanischen Ahnen der Fall war.

Diese Vorstellung, dass die Welt der Toten sich fortwährend mit unserer Welt überschneidet, findet sich überall auf dem Globus: Vom Tag der Toten in Mexiko bis zum Obon-Fest in Japan versammeln sich jedes Jahr Familien auf Friedhöfen oder anderswo, um mit den verstorbenen Verwandten zu essen, zu trinken und fröhlich zu sein. Der Tod ist eine Trennlinie innerhalb der Gemeinschaft, keine Grenze. In China, wo der Tod die Beziehungen verändert,

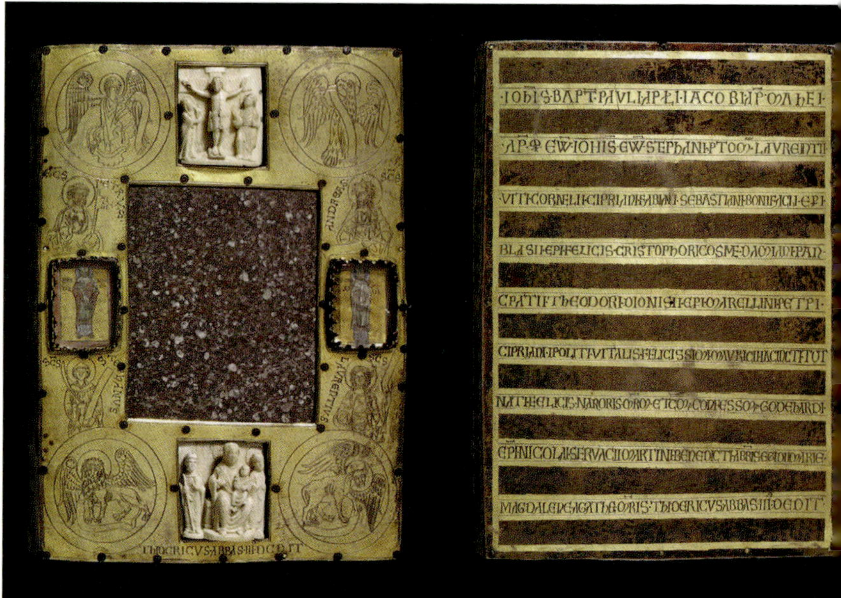

Auf den Körpern der Toten die Messe lesen: Tragbarer Altar aus Deutschland (um 1200). Auf der Rückseite sind die Namen der Heiligen verzeichnet, deren Reliquien, jeweils feinsäuberlich etikettiert, in einem Hohlraum hinter der Altarplatte ruhen.

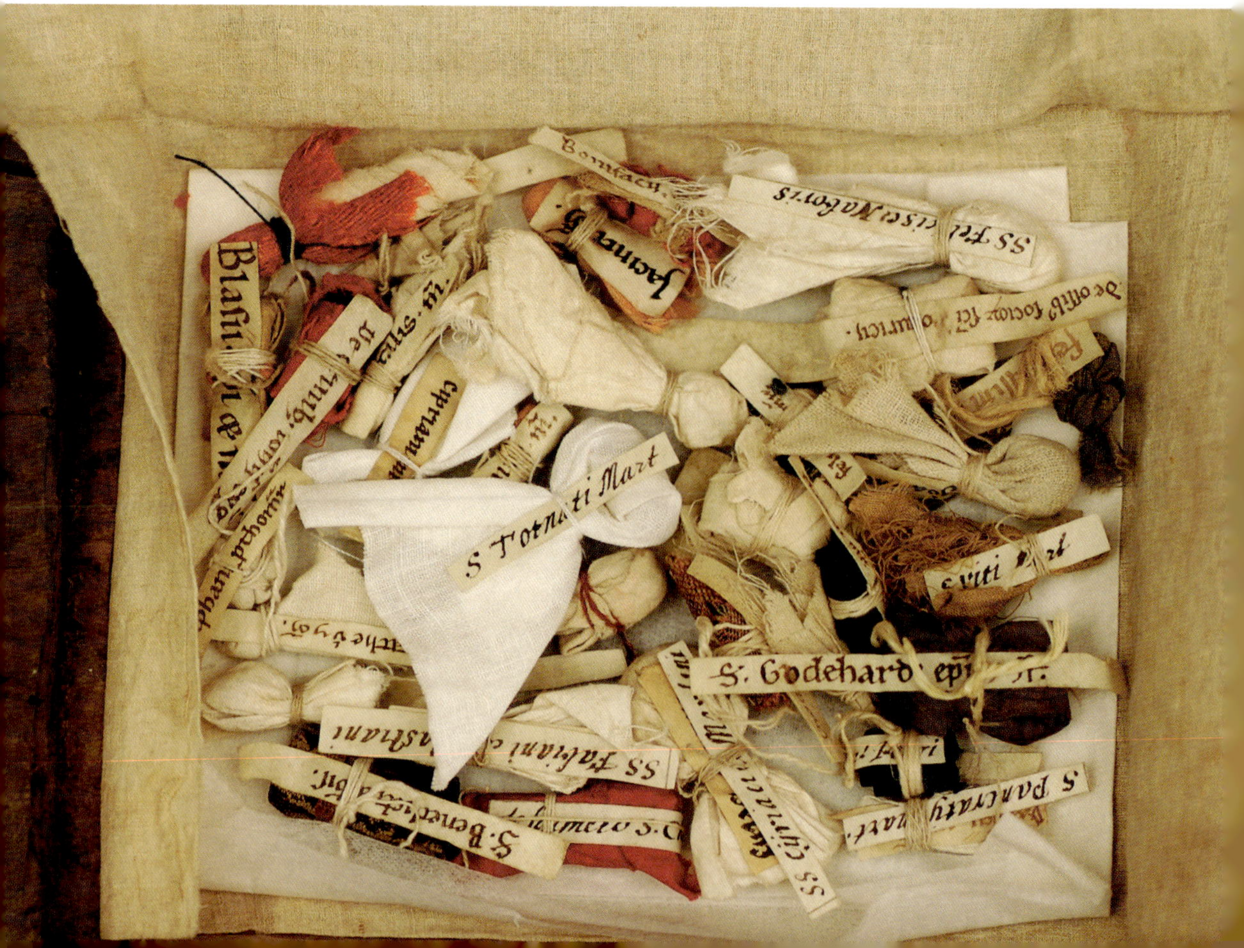

aber nicht auflöst, bildet die alljährliche heimische Zusammenkunft mit den Vorfahren seit Jahrhunderten ein wichtiges Familienritual. Die Körper der Toten sind dabei nicht, wie in Peru, physisch präsent, aber ihre Geister sind es, und sie wohnen eine Zeitlang in Porträtbildern, die eigens zu ihrem Empfang angefertigt wurden: Die gesamte Geschichte der Porträtmalerei in China ist unauflöslich mit Bildern verbunden, die bei diesen rituellen Dialogen mit den Ahnen Verwendung finden.

Im British Museum hängt ein Gemäldepaar, das für genau diesen Zweck angefertigt wurde: zwei «Ahnenporträts» aus der Zeit der Ming-Dynastie – vermutlich um 1600 –, die auf Hängerollen aus Seide gemalt wurden. Ein Mann und eine Frau, die jeweils auf einem Stuhl aus Holz sitzen, der von ihren tiefroten Gewändern fast vollständig verdeckt ist, blicken einen vor einem Hintergrund aus schlichtem Mattgold an. Jede der Rollen ist mehr als zwei Meter lang – diese toten Ahnen sind ohne Zweifel mehr als überlebensgroß. Sie sind jedoch alles andere als lebensecht: Die Gesichter sind teilnahmslos, sie zeigen keinerlei emotionale oder seelische Regung.

Jan Stuart ist Kurator für chinesische Kunst an den Freer-Sackler Galleries in Washington:

> *Die Menschen wollten ein Porträt, das die vom Himmel gestiftete Beschaffenheit eines Gesichts wiedergibt, das heißt die dauerhaft bedeutsamen Gesichtsmerkmale, und es nicht so darstellt, wie man es in einem bestimmten Moment sieht oder antrifft – also nicht die Stirn runzelnd oder lächelnd, nicht bei Tageslicht oder bei Nacht. Deshalb gibt es weder Licht noch Schatten: Es sollen zeitlose Gesichter sein. Die beiden Porträts sind wohl nach dem Tod angefertigt worden, vielleicht von einem Künstler, der die hier Sitzenden nie zu Gesicht bekommen hat. Künstler verwendeten häufig physiognomische Tafeln – nicht unähnlich den Phantombildern bei der Polizei, die aus Versatzstücken eine Ähnlichkeit und eine Persönlichkeit erstellen sollen. Sie zeigten, wie man beispielsweise hohe Wangenknochen zeichnet und damit deutlich macht, dass die Persönlichkeit eines Menschen voller Kraft war. Bestimmte Formen von Augenbrauen signalisierten Intelligenz.*

Nachfolgende Doppelseite: Ahnenporträts der Ming-Zeit. Der Mann trägt gut sichtbar ein Abzeichen, das seinen Rang – oder den eines Vorfahren – markiert.

> *Diese Tafeln zeigten klassische Gesichtsmerkmale – und was sie uns über die Menschen verraten, die sie aufwiesen.*

Die Verehrung galt in der Regel dem Porträt des Vaters, doch Familien bestellten häufig auch ein Bild der Mutter. Man hängte sie dann zusammen auf, wobei das Porträt des Mannes immer östlich von dem seiner Frau hing – dem Ort größerer Ehre. Die ähnliche Größe und Kleidung bei diesen Porträts könnten vermuten lassen, dass es sich um ein Ehepaar handelte. Die Tatsache allerdings, dass sich ihre Stühle unterscheiden (der des Mannes ist lackiert, der der Frau ist aus Holz), deutet darauf hin, dass sie in keinerlei Beziehung zueinander standen und erst viel später vereint wurden, um westliche Sammler zu beeindrucken – eine Ehe sozusagen, die nicht vom Himmel, sondern von einem Kunsthändler gestiftet wurde. Doch ganz gleich, ob diese Porträts nun einzeln oder gemeinsam angefertigt wurden: Sie sollten dafür sorgen, dass die dargestellten Menschen noch Jahrhunderte nach ihrem Tod im Leben der Nachkommen eine Rolle spielten:

> *Porträts wie diese wurden für bestimmte Anlässe angefertigt, von denen das chinesische Neujahrsfest am wichtigsten war. Zu Füßen dieser Porträts stellte man dann brennende Kerzen und Räucherwerk auf, dazu Obst und Wein als Opfergaben. Anschließend erwies der Hauptnachkomme, der älteste Sohn, gemeinsam mit den anderen Familienangehörigen den Porträts seine Ehrerbietung. Sie knieten nieder und berührten mit der Stirn den Boden, damit die verstorbenen Eltern oder Großeltern wussten, dass sie verehrt wurden, dass die Familie noch immer mit ihnen verbunden war und dafür sorgte, dass man sich angemessen um die Seelen der Dahingeschiedenen kümmerte.*

Die Menschen dürften gewusst haben, was passieren konnte, wenn sie ihren Verpflichtungen gegenüber Gemälden wie diesen und den darauf dargestellten Personen nicht nachkamen. Die Geister der Ahnen waren gnädig, solange man sich angemessen um sie kümmerte, und von Zeit zu Zeit fanden sie sich in diesen Porträts ein, um Opfergaben zu empfangen. Noch Jahrzehnte, ja Jahrhunderte später sollten sie sich in dem Bild erkennen – daher die große Sorgfalt, mit der man die zeitlosen Ähnlichkeitsmerkmale festhielt – und wissen, in welchem sie sich niederließen. Der Mann auf unserem Porträt trägt auf der Brust eine prunkvolle Stickerei, eindeutig ein Rangabzeichen. Bemerkenswerterweise aber handelt es sich dabei nicht um seinen eigenen Rang. Die Ahnen blieben so eng mit ihren Nachfahren verbunden, dass, wenn beispielsweise ein Sohn oder Enkel, der in Diensten des Kaisers stand, befördert wurde, auch der Ahn – posthum – befördert wurde. Dazu musste dann ein neues Porträt angefertigt werden: weitgehend eine Kopie des ersten, nun aber mit den Insignien des Ranges; das ältere Porträt wurde anschließend feierlich verbrannt.

Danksagung vor einem Ahnenporträt auf einem Gemälde von Yin Tang (um 1500).

Ahnen, die nicht angemessen verehrt wurden, konnten Unheil anrichten, etwa indem sie Krankheiten verursachten oder für den finanziellen Ruin sorgten. Wurden sie hingegen so ehrenvoll behandelt, wie es sich gehörte, und durften sie an den anhaltenden Erfolgen der Familie teilhaben, brachten sie ihren Nachfahren Glück – von der Geburt von Söhnen bis zu einem langen Leben und wachsendem Reichtum. Nach den alljährlichen Zeremonien wurden die Porträts zusammengerollt und sorgfältig aufbewahrt – deshalb sind diese Gemälde in einem so guten Zustand. Erst nach vier oder fünf Generationen wurde ein Verwandter zu einem «entfernten Vorfahren», dessen Geist nicht mehr nach Opfergaben verlangte und dessen Porträt nicht mehr zur Schau gestellt werden musste. Erst dann durfte man die Porträts zu einem angemessenen Preis verkaufen, wie das vermutlich mit diesen beiden im Laufe des 19. Jahrhunderts geschah. Zu den Folgen von Mao Zedongs «Ein-Kind-Politik» gehört auch die verbreitete Sorge bei den heute Älteren, dass künftig womöglich niemand da ist, der ihrem Geist die angemessene Ehrerbietung erweist.

Die kommunistische Führung Chinas war insbesondere während der Kulturrevolution mit aller Härte darum bemüht, die traditionelle Religion zu unterdrücken, darunter auch den Ahnenkult, den sie als gegenrevolutionäre Tätigkeit betrachtete. Doch in den letzten Jahren haben die chinesischen Toten eine Art Comeback erlebt, und man hat die alten Praktiken wieder aufgenommen. Viele Festlandchinesen, aber auch viele Chinesen in aller Welt, verbringen heute bestimmte Zeiten im Jahr im Beisein ihrer Ahnen.

Dazu verwenden sie zumeist digitale Fotos – und bringen damit eine Porträttradition, die mehr als 2000 Jahre zurückreicht, technisch sozusagen auf den neuesten Stand. Auch die Opfergaben hat man «aktualisiert» und über die traditionellen Gaben Obst und Wein hinaus erweitert. Heute werden Papiermodelle von Computern, Autos oder Kühlschränken, von Luxusgütern aller Art und sogar von WLAN-Routern verbrannt, damit ihr Rauch dem Geist des Verstorbenen den benötigten Gegenstand zuträgt. Das alte Ritual ist höchst lebendig: Sich um die Toten zu kümmern heißt auch und besonders, sie mit den Veränderungen des modernen Lebens in Verbindung zu halten.

Als unsere beiden chinesischen Ahnenporträts in den 1920er Jahren im British Museum eintrafen, hieß der damalige Kurator für «Oriental Prints and Drawings» Laurence Binyon, eine wegweisende Autorität auf dem Feld der Kunst des Orients. Heute kennt man Binyon vor allem als Dichter, und die Worte aus seinem Gedicht *For the Fallen*, geschrieben 1914, sind in das Kriegerdenkmal neben dem Haupteingang des Museums – und in zahllose andere Denkmäler überall im Land – eingraviert. Diese Verse werden jedes Jahr am Remembrance Sunday feierlich rezitiert, und zwar bei unserem wichtigsten offiziellen Gedenkakt am Kenotaph in Whitehall:

At the going down of the sun and in the morning
We will remember them.

Bei Sonnenuntergang und am Morgen
Werden wir ihrer gedenken.

Moderne Gaben für modebewussten Ahnen: Papierversionen von Luxusgegenständen werden verbrannt, um sicherzustellen, dass die Toten nur das Beste bekommen.

Die Nation hält inne, um zu gedenken, um den Mut derer zu ehren, die im Kampf ihr Leben ließen, und um ihr Opfer zu würdigen. Aber wie sieht es jenseits davon aus? Um die chinesische Wendung aufzugreifen: Für die meisten Menschen sind die Gefallenen heute «entfernte Vorfahren». Nur die ganz Alten können sich an die, die im Zweiten Weltkrieg umkamen, noch als lebende Menschen erinnern, und wir bitten sie nicht mehr darum, in unserem Gemeinschaftsleben weiter eine Rolle zu spielen, sie sollen weder an den Freuden der Gesellschaft teilhaben, für deren Verteidigung sie starben, noch deren Entscheidungen beeinflussen. In anderen europäischen Ländern steht hinter dem Gedenken deutlich erkennbarer eine Absicht: Es soll das Verhalten ihrer Bürger bestärken oder verändern. In Russland spielen die triumphalen Feierlichkeiten für die Toten des «Großen Vaterländischen Krieges» (1941–1945) eine wichtige Rolle für die Stärkung des Nationalgefühls (andere würden vermutlich von Nationalismus sprechen); und in Frankreich soll die regelmäßige symbolische Neuentzündung der «Flamme de la Nation» unter dem Arc de Triomphe ganz bewusst die patriotische Gesinnung befeuern. Deutschland hingegen gedenkt der Verbrechen und des Irrsinns, der in den Krieg führte, als Mahnung an die Gegenwart, die fürchterlichen Fehler der Vergangenheit nicht zu wiederholen. In Frankreich wie in Deutschland ist die Gedenkrhetorik vor allem von der Aussöhnung zwischen den einstigen Erzfeinden bestimmt.

Verglichen damit lässt sich nicht mit Bestimmtheit sagen, was dem britischen Gedenken zugrunde liegt; sicher scheint nur, dass es sich in den letzten Jahrzehnten verändert hat. Während die Erinnerung an die Kriegstoten als Individuen immer weiter verblasst, haben der Verkauf von Mohnblumen, die man sich am Remembrance Day ansteckt, und die Zahl der Gedenkfeierlichkeiten paradoxerweise stetig zugenommen. Es ist geradezu so, als sei das Gedenken selbst zu einem Gegenstand nostalgischer Erinnerung geworden, als hege man den tiefen Wunsch, die intensiven Emotionen und das Sinngefühl, mit denen frühere Generationen trauerten und eines großen Augenblicks der nationalen Geschichte gedachten, wieder zurückzugewinnen. Als 2014 des Ausbruchs des Ersten Weltkriegs vor einhundert Jahren gedacht wurde, wurden im Rahmen einer Installation exakt 888 246 Mohnblumen aus Keramik – eine für jeden Soldaten des British Empire, der in diesem Konflikt sein Leben ließ – in den Burggraben des Tower of London gesetzt. «Blood Swept Lands and Seas of Red» (S. 106), so der Titel dieser Installation, bot einen großartigen und bewegenden Anblick: Es wirkte, als würde das symbolträchtige Bauwerk selbst sein Lebensblut in einem nicht zu stillenden Strom vergießen. Forderungen, die Installation zu einer dauerhaften Einrichtung zu machen, wurden freilich mit der Begründung abgelehnt, ihre Vergänglichkeit sei ein wesentlicher Aspekt der künstlerischen Konzeption. Es handelte sich im Grunde – und zuallererst – um ein ästhetisches Ereignis, das Emotionen wecken und berühren, aber nicht von Dauer sein sollte. Anders als in anderen Ländern verlangt unser nationales Gedenken nicht, dass die verlorenen Leben unser Verhalten bestimmen oder verändern oder dass sie die Entscheidungen, die wir in der Gegenwart treffen, beeinflussen. Wir gedenken unserer Toten, aber wir leben nicht mehr mit ihnen.

Kapitel 7

Die Geburt und der Körper

Ein kurzes Stück Weges Whitehall hinab, vom Kenotaph und dem Finanzministerium vorbei an Downing Street und dem Außenministerium zum Parliament Square, führt ins religiöse und politische Herz des britischen Staates. Zur Linken finden sich das Parlament, der Palace of Westminster und der Elizabeth Tower; zur Rechten liegt die Westminster Abbey, wo seit über einem Jahrtausend die Monarchen gekrönt und von göttlicher Seite mit weltlicher Autorität ausgestattet werden (→ Kapitel 26). Dazwischen versteckt sich, von den Unmengen an Touristen oft kaum bemerkt, das einzige Gebäude in dieser Gruppe, das nicht der Ausübung oder Zurschaustellung von Macht dient: die Pfarreikirche von St.Margaret's. Doch in gewisser Weise fängt das, was ihre berühmten Nachbarn repräsentieren, nämlich Glaube und Politik, hier an. Diese Kirche ist der heiligen Margareta von Antiochia geweiht, der Schutzheiligen aller Schwangeren und Helferin in Geburtsnöten.

> *Heilige Margareta, Mütter bitten Dich um eine leichte Geburt, wenn ihre Zeit gekommen ist. Sei ihnen gnädig … sie legen Zeugnis ab von ihrer sicheren Niederkunft …*

St. Margaret's, Westminster, mit dem blauen Ziffernblatt der Sonnenuhr am Kirchturm, zwischen dem Parlament und der Westminster Abbey.

Seit dem 12. Jahrhundert (diese Worte stammen aus einem lateinischen Kirchenlied um 1520) beten schwangere Frauen zur heiligen Margareta von Antiochia und bitten sie um eine gesunde Geburt ihres Kindes. Die Gebete wurden häufig vor einem Andachtsbild vorgebracht, wie etwa der kleinen Skulptur aus

Die heilige Margareta bricht auf wundersame Weise aus dem Rücken eines Drachen hervor, der sie soeben verschlungen hat; vergoldete Elfenbeinstatue, Mitte des 14. Jahrhunderts hergestellt in Paris (*links*). Der Drache, der noch auf Margaretas Kleid herumkaut, merkt, dass die Heilige selbst entkommen ist (*rechts*).

vergoldetem mehrfarbigen Elfenbein, die heute im British Museum steht. Sie ist rund 20 Zentimeter groß und wurde um 1350 in Paris geschnitzt und bemalt – eindeutig für einen reichen Abnehmer. Dargestellt ist die Heilige mit zum Gebet gefalteten Händen. Sie erhebt sich triumphierend. Ihr Oberkörper ist elegant ein wenig nach hinten gebeugt – notwendig aufgrund des Stoßzahns, aus dem sie gefertigt wurde –, während sie aus dem buckligen Rücken eines Tiers nach oben und außen durchbricht. Tatsächlich handelt es sich bei dem Tier um einen reichlich ermattet wirkenden Drachen – der Teufel in Tiergestalt –, und er kaut lustlos auf Margaretas goldgerändertem Ornat herum, das ihm noch immer aus dem Maul hängt, während die Heilige, die der Drache noch nicht ganz verspeist hat, ungefressen und unversehrt entkommt.

Obwohl die Schnitzarbeit von hoher Qualität und ausgesprochen gut erhalten ist, zeigt sich bei näherer Betrachtung, dass die Fingerspitzen an Margaretas rechter Hand nicht mehr die des Originals sind. Vermutlich hielt sie einmal ein Kruzifix, denn gemäß der Legende wurde sie vor dem Tod gerettet, weil sie die rettende Macht des Kreuzes beschwor. Diese schlug den Körper des Drachens entzwei – und mit einem Satz war die Heilige frei. Fortan trieb sie mit großem Erfolg Dämonen aus, wodurch sie Hunderte zum Christentum bekehrte. Als sie schließlich enthauptet wurde, fiel ihr zögerlicher Scharfrichter tot neben ihr zu Boden, während ihr Haupt von einem Schwarm Engel gen Himmel getragen wurde. Für die Nachwelt wichtiger als Margaretas Triumphe über die Teufel durch das Kreuz war ihr rasches Entkommen aus dem wie durch Zauberhand geöffneten Körper des Drachen. Auch wenn diese Analogie für Frauen in den Wehen nicht besonders schmeichelhaft ist, wurde sie mit der sicheren und raschen Niederkunft in Verbindung gebracht und zur Schutzpatronin, die Mutter und Kind unversehrt durch die Tortur des Geburtsvorgangs bringt. So wie die Heilige aus dem Drachen hervorgebrochen war, so sollte das Kind dem Mutterleib entspringen.

Margaretas Karriere als Heilige ist eher ungewöhnlich. Sie wurde angeblich während der großangelegten Christenverfolgungen unter den Kaisern Diokletian und Maximian um 300 zu Tode gefoltert, doch schon ab dem 5. Jahrhundert stellte die Kirche nicht nur ihre berühmte Begegnung mit dem Drachen in Frage, sondern gleich ihre gesamte Existenz. Mitte der 490er Jahre erklärte Papst Gelasius I. sie für zweifelhaft; und selbst die *Legenda aurea*, die populäre mittelalterliche Sammlung der Lebensgeschichten und Leistungen der Heiligen – ein Werk, das in leutseliger, ausdrucksloser Prosa die erstaunlichsten Wunder verzeichnet –, verwarf die Geschichte mit dem Drachen ausdrücklich. Doch bei den Menschen fanden die Heilige und ihr Wunder zu viel Anklang, als dass man sie so einfach hätte unterdrücken können. Nicht nur in diesem Fall (→ Kapitel 16) wurden die gelehrten Skrupel des Klerus von den Wünschen der Laien hinweggefegt. Margareta obsiegte. Hatte der heilige Georg seinen Drachen mit Gewalt bezwungen, so war Margareta dem ihren durch stille weibliche Frömmigkeit entkommen, und diese drachenzähmende Frau (der Drachen als Manifestation des Teufels überlebte diese Begegnung natürlich) wurde zu einer der beliebtesten Heiligengestalten im mittelalterlichen Europa. Sie wurde zu einem Vorbild für jeden Aspekt im Leben einer jungen Frau und entsprechend für jeden dieser Aspekte um Hilfe gebeten.

> *Margareta, der Chor der Mütter zieht rasch in Deine Tempel ein; jedes Jahr bringen sie heilige Gaben; sie lehren ihre unverheirateten Töchter, Dich von jungen Jahren an zu besuchen und Dich zu preisen.*

Überall in der christlichen Welt bekamen zahlreiche Mädchen ihren Namen, darunter auch die Töchter von Königen und Fürsten. Allein in England sind mehr als zweihundert Kirchen der heiligen Margareta von Antiochia geweiht.

Unsere Elfenbeinskulptur – die sich möglicherweise einst im Besitz eines königlichen Haushalts in Frankreich befand – ist die luxuriöse Pariser Ausdrucksform eines europaweiten Kults, der in jeder Bevölkerungsschicht zu finden war. In Deutschland gehörte Margareta zu den vierzehn «Nothelfern», den unverzichtbaren Heiligen, auf die man in den Augenblicken größter Not immer zählen durfte. In den 1420er Jahren war sie eine der «Stimmen», die zu dem einfachen Dorfmädchen in Lothringen namens Jeanne d' Arc sprach, als dieses davon träumte, Frankreich von den Engländern zu befreien. Und nur ein paar Jahre später, 1434, tauchte sie in einem wohlhabenden italienischen Schlafzimmer in Brügge auf: Wir sehen, wie sie in Jan van Eycks Bild *Die Arnolfini-Hochzeit* im Hintergrund auf einer Stuhllehne neben dem Bett einem hölzernen Miniaturdrachen entsteigt. Margareta ist hinter Frau Arnolfini deutlich zu erkennen und versichert der Frischvermählten sozusagen, dass sie zur Stelle sein wird, direkt an ihrem Bett, wenn die Zeit der Niederkunft gekommen ist. Frauen, die in den Wehen lagen, wurde Margaretas Lebensgeschichte laut vorgelesen, um für eine leichte Geburt zu sorgen.

Ein Stück ihres Gürtels, mit dem sie angeblich den Drachen fesselte und gefangen nahm, war eine der wertvollsten Reliquien der Kirche Saint-Germain-des-Prés in Paris. Es wurde feierlich herbeigebracht und den französischen Königinnen auf den Bauch gelegt, wenn sie in den Wehen lagen. Deutlicher ließe sich die hohe Politik der Geburt nicht vor Augen führen. Der Körper der Königin ist eine Staatsangelegenheit. Noch heute ist die Thronnachfolge im Vereinigten

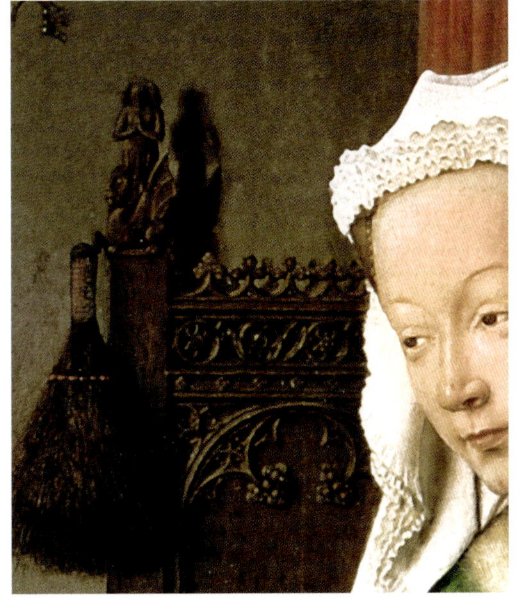

Aus einem geflügelten Drachen hervorbrechend, wacht die heilige Margareta neben dem Bett in Brügge auf Jan van Eycks Bild *Die Arnolfini-Hochzeit* (1434).

Königreich ein nationales Anliegen. Doch königliche Geburten sind nur höchster Ausdruck einer universellen Wahrheit: dass die ganze Welt bei der Geburt eines Kindes einen gewissen Anteil und eine gewisse Verantwortung für sich reklamiert. Unter dem Schutz der heiligen Margareta in Paris kam ein so bedeutender König wie Ludwig XIV. wohlbehalten auf die Welt. Insofern überrascht es nicht, dass ihre Kirche in London dem Sitz politischer Macht so nahe ist.

Erwartungsgemäß verfügt fast jede menschliche Gesellschaft über vergleichbare Gebete und Rituale – Zeremonien, die über die Frau selbst hinaus noch viele weitere Menschen umfassen –, die Mutter und Baby sicher durch den Geburtsvorgang bringen sollen. Doch in einem Moment so großer Gefahr reicht es nicht aus, nur um göttlichen Beistand zu bitten. Auch die Mächte des Bösen gilt es abzuwehren, und sie liegen ständig auf der Lauer nach Beute – das erkannten und fürchteten die Menschen schon lange vor Margareta und ihrem Drachen, und noch heute glauben viele, diese bösen Mächte seien stets gegenwärtig und gefährlich.

Sie ist wild, sie ist wütend, sie ist eine Göttin,
sie verbreitet Schreckensglanz.

Sie ist eine Wölfin, die Tochter des Anu.
Ihre Füße sind die des Anzu,
ihre Hände sind unrein.
Ihr Gesicht ist das Gesicht eines hungrigen Löwen.

Das ist Lamaschtu, Tochter des Anu, des Ahnherrn der Götter. Sie verursacht Fehlgeburten, den Kindstod und Totgeburten, sie ist im alten Mesopotamien die «Auslöscherin des Lebens». Lamaschtu war berüchtigt dafür, dass sie ins Haus einer Schwangeren schlüpfte, ihr sieben Mal auf den Bauch klopfte und so das Kind in ihrem Leib tötete. In anderen Fällen entführte sie das noch ungeborene oder neugeborene Kind. Im Gegensatz zu anderen Dämonen, die meist auf göttlichen Befehl hin tätig wurden, agierte sie aus eigenem Antrieb und brachte das Böse völlig unvorhersehbar und um seiner selbst willen. Wie furchterregend sie war, zeigt sich ganz deutlich an einem rechteckigen Steinamulett im British Museum, das in etwa so groß wie ein Handy ist. Es wurde vor über 2500 Jahren in Babylonien oder Assyrien gemeißelt, und sein Anblick ist noch immer eine schaurige Erfahrung.

Fünfmal so groß wie der Esel, auf dem sie steht, bäumt sich Lamaschtu vor uns auf. Sie hat den Kopf eines knurrenden Löwen, hält in jeder Hand eine riesige Schlange und säugt an ihren Brüsten einen Schakal und ein Wildschwein. Das Unheil naht, denn ihr Esel ist gerade in einen Trab gefallen – Lamaschtu ist auf dem Weg zu einer Frau in den Wehen, weshalb man das Amulett rasch umdrehen sollte. Denn auf der anderen Seite findet sich eine Beschwörungsformel, ein Auszug aus einem viel längeren Ritualtext, die, wenn man sie rezitiert, Lamaschtu Einhalt gebietet und sie verscheucht. Man weiß von sechzig solchen Amuletten, die sich erhalten haben, sie müssen also weit verbreitet gewesen sein, und vermutlich hat man sie an einem Tempel oder einem Schrein gekauft. Die Texte darauf reichen bezeichnenderweise von makellos geschriebenen Zauberformeln bis zu ungelenken Schreibversuchen. Das zeigt, dass um 700 v. u. Z. alle Teile der mesopotamischen Gesellschaft Schutz vor Lamaschtu suchten.

Im gesamten antiken Mittelmeerraum hatte Lamaschtu zahlreiche ähnliche Schwestern. Die hebräische Lilith, die griechische Lamia und die römische Strix

Lamaschtu, die Auslöscherin des Lebens im antiken Mesopotamien, reitet auf ihrem Esel davon; tragbares Steinamulett (800–550 v. u. Z.).

waren alle Überbringerinnen von willkürlichem Unglück, insbesondere bei noch ungeborenen oder neugeborenen Kindern, und sie wurden zumeist mit Nachttieren in Verbindung gebracht. Alle mussten durch Rituale und Beschwörungsformeln abgewehrt werden, ähnlich denen, die gegen Lamaschtu in Stellung gebracht wurden. In der heutigen Welt des Mittelmeers haben die unheilvollen Göttinnen keinen Namen mehr, doch selbst in tiefgläubigen islamischen und christlichen Gesellschaften herrscht noch immer eine tiefsitzende und weitverbreitete Angst vor dem «bösen Blick» – einer übelwollenden und unvorhersehbaren Macht, die es insbesondere auf schwangere Frauen oder

Albanisches Wiegentuch aus den 1950er Jahren mit dem Kreuz und dem gelben Knopf, die den bösen Blick abwehren sollen.

Kleinkinder abgesehen hat. Davor muss man sich unbedingt schützen, und um ihn abzuwehren, sind an Kleidungsstücken oder Bettbezügen häufig Amulette angebracht. Ein typisches Beispiel dafür ist ein albanisches Wiegentuch aus den 1950er Jahren, das aus der katholischen Region Mirdita stammt: In die rotkarierte Wolldecke ist ein schwarzes Kreuz eingenäht, und zusätzlich sind an den Seiten Fransen aus bunter Seide und in der Mitte ein hellgelber Plastikknopf angebracht. Beides soll böse Geister ablenken und fernhalten. Das christliche Kreuz hat hier die Rolle des heidnischen Amuletts als Schutz vor Lamaschtus Nachfolger, dem bösen Blick, übernommen.

Im 21. Jahrhundert werden die meisten von uns vermutlich auf die moderne Geburtshilfe und weniger auf eine Beschwörung in Keilschrift vertrauen, um Lamaschtu und ihresgleichen fernzuhalten. Statt die heilige Margareta anzurufen, glauben wir lieber an die Expertise und die technische Ausstattung der Entbindungsstation. Oder doch nicht? In vielen Ländern wird selbst die allermodernste Wissenschaft noch immer gern von traditionellen Bräuchen und Praktiken begleitet. Ähnlich wie beim mittelalterlichen Weiterleben des Margareta-Kults sind die Bedürfnisse und Wünsche der Laien stärker als die fundierten medizinischen Ansichten der Gelehrten. Wenn es um die Geburt eines Kindes geht, ist jede Hilfe willkommen.

In Japan, wo werdende Mütter problemlos Zugang zur weltweit fortschrittlichsten biomedizinischen Technik haben, verkaufen Geburtskliniken häufig auch traditionelle «Schwangerschaftsbänder». Ein medizinischer Nutzen dieser Schärpen ist nicht belegt, doch die Überzeugung, dass sie vor Unglück schützen, ist im Volksglauben tief verwurzelt. Aya Homei, Expertin für die Geschichte der japanischen Medizin an der Universität Manchester, erklärt das so:

> *Frauen in Japan tragen ein Schwangerschaftsband gemeinhin ab dem fünften Monat – in der Regel nach den ersten Bewegungen des Fötus im Mutterleib. Es ist guter Brauch, es erstmals an einem «Hundetag» zu tragen, denn nach dem chinesischen Tierkreiszeichen soll ein Hund eine sehr leichte Geburt haben. Heute bekommt man solche Schwangerschaftsbänder überall, sogar im Kaufhaus. Die Frauen müssen allerdings nach dem Kauf damit zu einem Schrein und sich dort einen Stempel draufmachen lassen – als Zeichen, dass dieses Band gesegnet ist.*

Das lässt einen natürlich sofort an den Gürtel der heiligen Margareta denken – nur dass die «Gürtung» in diesem Fall allen zugänglich ist, nicht nur den Königinnen Frankreichs und anderen mächtigen Pariserinnen. Trotzdem ist das ein etwas überraschendes Fortleben. Die meisten Japaner bezeichnen sich heutzutage als *mushūkyō* – «keines Glaubens», also areligiös – und betrachten ihre Gesellschaft als eine der fortschrittlichsten auf der Welt. Doch die gleichen Menschen lassen ihre Schwangerschaftsbänder, die medizinisch bekanntermaßen nutzlos sind, in shintōistischen Schreinen und buddhistischen Tempeln segnen, und dort werden auch gerne sogenannte *omamori* verkauft und geweiht – Amulette, die schwangeren Frauen offenbar den gleichen Schutz versprechen wie Gebete zur heiligen Margareta oder die Amulette gegen Lamaschtu. Diese *omamori* werden üblicherweise in kleinen, witzig gestalteten Plastiksäckchen gekauft, die in etwa so groß wie eine Spielkarte sind. In ihrem Inneren befindet sich ein weißes und lachsfarbenes Stückchen Stoff, das mit einem schmalen Papierstreifen umwickelt ist. Der darauf abgedruckte japanische Text lautet «anzan omamori», «Schutz für eine sichere Geburt». Wie Aya Homei erläutert, tragen viele Frauen einen solchen Glücksbringer ihre gesamte Schwangerschaft über bei sich. Doch dieser Zauber hat ein Verfallsdatum:

> Omamori *kann man auch mit einer Art Batterie vergleichen: der Segen oder die Kraft, die einen beschützt, erschöpft sich nach einiger Zeit. Es wird empfohlen, für nachfolgende Schwangerschaften nicht wieder den gleichen* omamori *zu verwenden, sondern für das zweite, dritte oder vierte Kind jeweils wieder einen neuen zu kaufen. Und es ist üblich, dass man den* omamori, *wenn man ohne Komplikationen entbunden hat, zu dem Schrein, wo man ihn gekauft hat, zurückbringt und der Gottheit vermeldet, ja, ich hatte eine gute Geburt – herzlichen Dank dafür.*

Ein Amulett, das man an einem heiligen Ort erwirbt und segnen lässt, damit es die Mutter während Schwangerschaft und Geburt beschützt, und anschließend, nach der sicheren Niederkunft, die Dankwallfahrt zum Schrein – dieses Verhaltensmuster dürfte in zahlreichen Ländern bekannt sein, es hätte im mittelalterlichen Europa niemanden verwundert, und es zeigt, dass der medizinische Fortschritt in Japan den Wunsch nach religiösem Beistand keineswegs beseitigt hat.

Es gibt jedoch einen Aspekt im Umgang mit Mutter und Kind, in dem sich der traditionelle japanische Glauben von der weltweiten Norm eklatant unterscheidet und – zumindest in den Augen westlicher Betrachter – eine sehr eigenwillige Entwicklung genommen hat: die Abtreibung. Aya Homei schildert die Entwicklung, die ein ganz besonderes – und spezifisch japanisches – feierliches Ritual in den letzten Jahrzehnten genommen hat:

> *Es handelt sich um eine Art Gedenkgottesdienst, der in buddhistischen Tempeln abgehalten wird. Er soll den Schmerz und das Leid lindern, die den vielen Kindern zugefügt wurden, die nicht auf diese Welt kommen konnten, die aufgrund einer Totgeburt, einer Fehlgeburt oder einer Abtreibung nicht geboren wurden. Interessanterweise ist das eine relativ junge Erfindung, die sich Ärzte und Hebammen in Zusammenarbeit mit buddhistischen Priestern ausgedacht haben. Sie fand erst in den 1970er Jahren Verbreitung, als so viele Abtreibungen vorgenommen wurden, dass diese Praxis sich zu einer Form von Geburtenkontrolle entwickelte.*

Moderne japanische Amulette aus Holz, Stoff und Papier, die Frauen während der Schwangerschaft beschützen sollen.

Diejenigen, die sich für eine Abtreibung entschieden haben, bringen Opfergaben in den Tempel, in der Überzeugung und Hoffnung, dass Bodhisattva Jizō, der Schutzgott der Kinder und verirrten Reisenden, sich des Kindes annehmen wird, das jetzt nicht zur Welt kommt. Nach dem Gottesdienst legen die Eltern an einer steinernen Statue des Bodhisattva auf einem Friedhof innerhalb des Tempelbezirks Spielsachen und Süßigkeiten nieder – was sie zu wahrhaft ergreifenden Orten macht. Diese neue Gedenkform ist ein buddhistisches Phänomen, und sie spiegelt eine Sichtweise wider, die in der japanischen Gesellschaft heute offenbar weit verbreitet ist: dass bei einer Abtreibung zwar potenzielles menschliches Leben verweigert wird, dass aber die Entscheidung für eine Abtreibung keine rechtliche Frage und keine Sache der Öffentlichkeit, sondern im Kern eine private und spirituelle Angelegenheit ist.

Ganz anders ist das in Europa und Amerika: Dort stand und steht die Abtreibung seit den 1970er Jahren im Mittelpunkt einer erbitterten, oftmals gewaltsamen Debatte über die Politik des weiblichen Körpers. In dieser Debatte – bei der es sich um eine politische Auseinandersetzung handelt – spielt die Religion eine wichtige Rolle, insbesondere die Gebote, die eine Religion üblicherweise mit sich bringt. Gehört das ungeborene Kind schon zur Gemeinschaft und verdient deshalb deren Schutz? Sollte die politische Macht, die zu den meisten Zeiten und an den meisten Orten eine Macht der Männer war, das Recht haben, über die Körper von Frauen, die Kinder zur Welt bringen, zu entscheiden? Sollte jede Frau das Recht haben, all diese Fragen für sich selbst zu entscheiden? Francesca Stavrakopoulou, Professorin für das Alte Testament und antike Religionen an der Universität Exeter, ist der Ansicht, diese Fragen würden durch die Lehren der abrahamitischen Religionen deutlich komplizierter:

> *Letztlich läuft das auf die Vorstellung von einer Hierarchie der Körper hinaus. In allen drei großen monotheistischen Religionen sind männliche Körper besser als weibliche. Es war Adam, den Gott als Erstes erschuf und nach seinem Ebenbild*

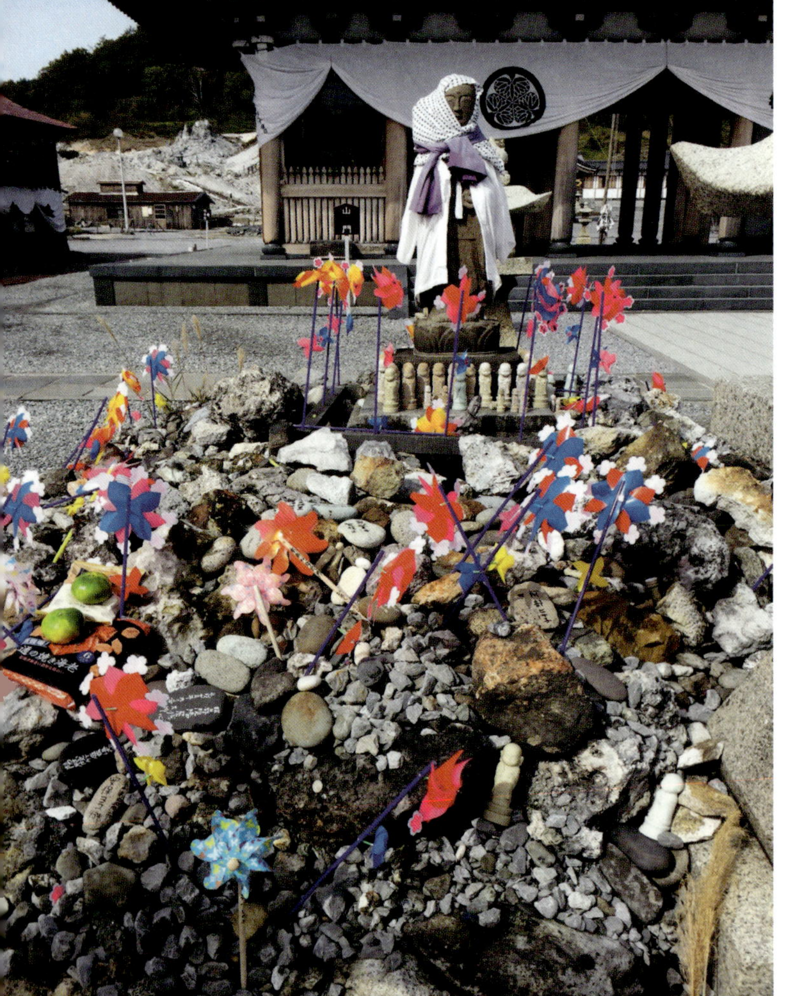

Spielsachen für nicht geborene Kinder auf einem Steinhaufen in einem buddhistischen Tempel im Norden Japans.

gestaltete. Männliche Körper werden nicht automatisch einmal im Monat unrein. Es herrscht also in dieser Tradition ein Empfinden, wonach ein Mann Gott eher gleicht und ein weiblicher Körper irgendwie defizitär ist und der Reinigung bedarf.

Judentum, Christentum und Islam vertreten seit Jahrhunderten die Ansicht, die Fruchtbarkeit des Menschen und insbesondere Kinder seien Geschenke Gottes, also etwas, das es als einen der zentralen Lebenszwecke zu befördern und zu verfolgen gilt. Insofern wird der Körper einer Frau bereits mit dem Einsetzen der Geschlechtsreife in gewisser Weise von einer größeren Gemeinschaft in Beschlag genommen. Wer den Prozess des Kinderbekommens unterbricht, versündigt sich an der Gesellschaft und an Gott.

Und damit sind wir wieder bei St.Margaret's in Westminster. Es erscheint heute vielleicht angemessener denn je, dass diese schöne spätgotische Kirche genau hier liegt, im öffentlichen Raum zwischen Religion und politischer Macht; denn in beiden Sphären kämpfen Frauen auch ein Jahrhundert nach dem Beginn ihrer politischen Emanzipation noch immer um eine wirklich gleichberechtigte Rolle. Die heilige Margareta ist ein Sinnbild weiblicher Macht, die anders, aber nicht weniger wirkungsvoll ausgeübt wird als die männliche Aggressivität, mit der der heilige Georg seinen Drachen bekämpfte. Es gibt heute nur wenige Bereiche, in denen Frauen diese Macht stärker ausüben wollen als dort, wo es darum geht, männliche Einstellungen gegenüber dem weiblichen Körper in Frage zu stellen und zu verändern.

Wir in Europa sind noch immer ein gehöriges Stück von einer Verständigung darüber entfernt, wie man die Rechte der Frau und die Ansprüche der Gemeinschaft miteinander in Einklang bringt in einem Bereich, der für alle von höchster Bedeutung ist, aber einzig für die Mutter besondere Schwierigkeiten und Gefahren birgt. In noch größerer Ferne liegt ein Konsens, wenn es um den rechtlichen oder religiösen Status des Ungeborenen geht. Hier scheint der japanische Ansatz nach wie vor eine Ausnahme zu sein. Können wir uns vorstellen, dass es in St. Margaret's oder in irgendeiner anderen Kirche eines Tages eine feierliche Zeremonie für die Kinder gibt, die nicht zur Welt kommen durften, und dass außerhalb des Gotteshauses ein Garten mit ihren Spielsachen zu finden ist?

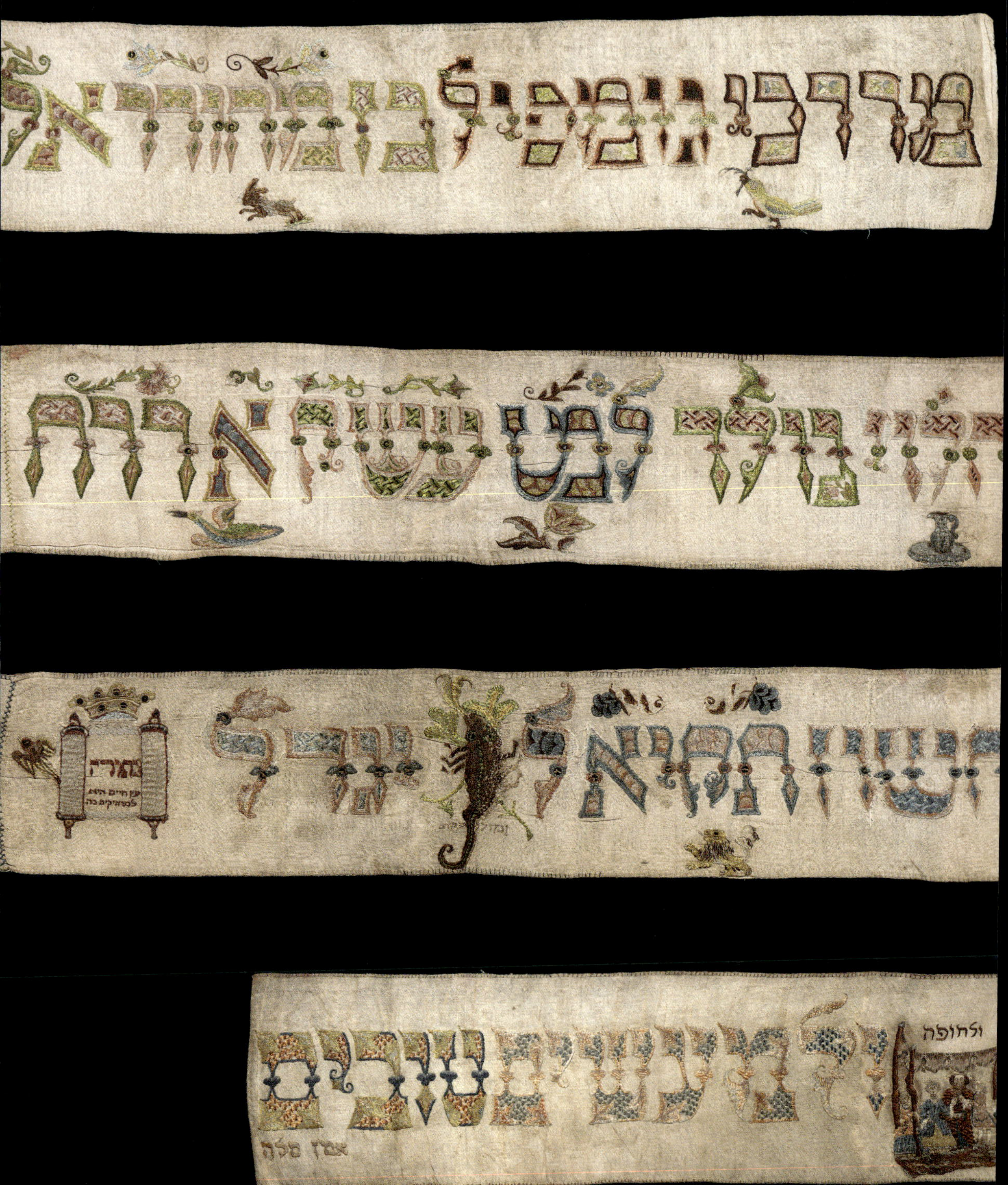

תורה
עץ חיים היא
למחזיקים בה
ולחופה
ולמעשים טובים
אמן סלה

Kapitel 8

Ein Platz innerhalb der Tradition

Am 31. Oktober 1750 wurde in einer jüdischen Gemeinde irgendwo in Deutschland bei Vollmond und am Vorabend des Sabbat Mordechai Gompel geboren. Das ist alles, was wir über sein Leben wissen, und mehr werden wir wahrscheinlich nie erfahren. Dennoch können wir mit großer Genauigkeit sagen, was diejenigen, die sich in seinen ersten Monaten um ihn kümmerten, für sein Leben erhofften und wofür sie beteten, denn sie hielten diese Hoffnungen und Gebete in einem faszinierenden – und äußerst gut erhaltenen – Stück Handarbeit fest. Es handelt sich um ein Band aus Leinen, rund 17 Zentimeter breit und drei Meter lang, das mit farbigen Seidenstickereien versehen ist. Es dürfte der Synagoge als Dank für Mordechais Geburt übergeben worden sein, um damit die Torarollen zusammenzubinden, also die ersten fünf Bücher der hebräischen Bibel. Diese wurden zusammengerollt, mit einem Band wie diesem zusammengebunden und dann im Toraschrein verwahrt, aus dem sie jede Woche feierlich entnommen wurden, um der versammelten Gemeinde Auszüge daraus vorzulesen (→ Kapitel 20). Wir wissen nicht, wie dieser Torawimpel ins British Museum gekommen ist, aber er gehörte vermutlich zu einer handschriftlichen Torarolle, die sich heute in der British Library befindet. Beverley Nenk, im Museum verantwortlich für die Judaika-Sammlung, erklärt, was wir mit Blick auf seine frühere Geschichte vermuten können:

Der Torawimpel des Mordechai Gompel (Deutschland, 1750). Die vier Teile des ursprünglichen Beschneidungstuchs sind nun zu einem langen Streifen zusammengenäht.

> *Ursprünglich hat es sich wohl um ein quadratisches oder rechteckiges Stück Leinen gehandelt, in das der Neugeborene gewickelt war, als er*

im Alter von acht Tagen feierlich beschnitten wurde. Nach der Beschneidung hat man es vermutlich in vier Streifen zerschnitten und diese zusammengenäht – man sieht die Nähte noch ganz deutlich. Anschließend haben es die Frauen im Haushalt, die Mutter und die Schwestern, nach traditioneller Art bestickt. Aus der Art der Stickerei können wir ersehen, dass es in Deutschland gefertigt worden sein muss, doch Genaueres lässt sich unmöglich sagen. Sie haben farbenfrohe Seiden verwendet, die noch heute kräftig leuchten, und sie zusätzlich mit Pailletten aus versilbertem Kupfer verziert. Diese sind inzwischen leider sehr matt geworden, und wir können das Silber nicht reinigen, ohne den Stoff zu beschädigen, aber ursprünglich dürften sie gefunkelt und wunderschön ausgesehen haben.

Diese elegante Handarbeit entwirft das ideale Leben eines jüdischen Jungen im 18. Jahrhundert – ein Leben, in dem das Religiöse und das Gesellschaftliche nicht zu unterscheiden sind – und bestimmt seine Identität im Kontext von Jahrtausenden jüdischer Tradition. Durch die Beschneidungszeremonie, während derer der Junge in das Tuch gewickelt war, wurde er zum Erben des alten Bundes zwischen den Juden und ihrem Gott gemacht und Moses Gesetz erlangte für ihn Verbindlichkeit. Fast genauso wichtig war, wie Beverley Nenk erklärt, dass er seinen Namen erhielt:

Die ersten Wörter auf Hebräisch, die wir hier von rechts nach links lesen, bezeichnen den Namen des Babys, Mordechai Gompel. Dann kommt der Name des Vaters, Eli ha-Levi. Darunter finden sich ein kleiner Krug und ein Becken, die Symbole der Levis, die traditionellerweise den Priestern im Tempel die Hände wuschen. Als Nächstes lesen wir, er sei zum Glücke geboren, zum «mazel», einer Abkürzung von «mazel tov», und zwar am Vorabend des heiligen Sabbat, bei Vollmond und unter einer günstigen Himmelskonstellation – man sieht hier einen ausnehmend detailgenau dargestellten Skorpion. Dann folgt das Datum nach jüdischem Kalender, das dem 31. Oktober 1750 entspricht.

Das ist Mordechais Erbe – individuell, familiär und kosmisch, seine Lebensgeschichte bis zu seinem achten Tag, als seine Beschneidung stattfand.

Die Gesetzesrolle, aus der Mordechai Gompel lesen wird.

Was folgt, sind Gebete für seine künftige Rolle in der Gesellschaft. Als Erstes wird darum gebeten, er möge als Heranwachsender die Tora studieren, und begleitet sind die Worte von einem kleinen Bild der Gesetzesrolle, darüber eine Krone und darunter die traditionelle Beschreibung: «Ein Baum des Lebens ist sie für diejenigen, die sich an sie klammern ...» Zu lernen, wie man das Hebräisch der Tora in der Synagoge liest oder eher singt, ist üblicherweise eine langwierige Sache (→ Kapitel 20), aber auch eine unverzichtbare Aufgabe, die – heute wie im 18. Jahrhundert – bewältigt werden muss, bevor ein Junge seinen Platz als vollwertiges Mitglied der jüdischen Gemeinde einnehmen kann. Traditionellerweise wird die Bar Mitzwa – mit der man ein «Sohn des Gebots» wird – im Alter von dreizehn Jahren gefeiert. Von diesem Zeitpunkt an kann der Junge dazu berufen werden, in der Synagoge aus der Tora zu lesen, er kann von nun an zu den zehn Erwachsenen gezählt werden, die ein *minyan* bilden, die zur Durchführung eines gemeinschaftlichen Gottesdienstes erforderliche Mindestzahl an Personen, und er hat nach religiösem Gesetz das Recht, Eigentum zu besitzen und Zeugnis abzulegen. Diese neuen Rechte gehen einher mit neuen Pflichten: Er ist nun dazu verpflichtet, die gesetzlichen Vorschriften der Tora zu befolgen, und er selbst – nicht mehr sein Vater – ist fortan für seine Taten verantwortlich.

Er trägt zudem Verantwortung für die Gemeinde insgesamt. In einer Zeremonie, die noch immer in vielen jüdischen Gemeinden überall auf der Welt gefeiert wird, ist der Junge im Beisein der versammelten Gemeinde zu einem Mann, zu einem mündigen Erwachsenen geworden.

Unsere Stickerei wurde der Synagoge vermutlich überlassen, um damit genau die Rolle zusammenzubinden, aus der Mordechai Gompel bei seiner Bar Mitzwa vorlas und aus der er auch in Zukunft vortragen sollte: Der Stoff seiner Beschneidung als Kleinkind sollte also im wahrsten Sinne des Wortes sein Leben als Mann mit dem Gesetz, das dieses Leben bestimmte, verbinden. Unmittelbar darauf wird die Hoffnung geäußert, er werde eine Frau unter die Chuppa, den Traubaldachin führen. Ehe und Elternschaft gehören zu den Pflichten, deren Erfüllung vom frischgebackenen Erwachsenen erwartet wird. Beverley Nenk beschreibt, warum dies die einzige Stelle der Stickerei ist, an der eine menschliche Figur zu sehen ist:

> *Das ist eine wunderschöne und bewegende Vignette eines Paars, das unter einem Baldachin getraut wird und dabei erlesene Kleidung des 18. Jahrhunderts trägt. Sie stehen unter dem Traubaldachin, während der Rabbi sie zu Mann und Frau erklärt*

Ein traditioneller jüdischer Traubaldachin (Chuppa), unter dem er heiraten wird.

und segnet, und sie sehen für alle Welt aus wie Figuren aus einer Mozartoper, die nicht im Serail spielt, sondern im Ghetto von Frankfurt oder Hamburg.

Nun, da er vollwertig am Gebetsleben der Synagoge teilnehmen darf und glücklich verheiratet ist (idealerweise mit Kindern), haben seine Eltern, so Beverley Nenk, nur noch einen Wunsch:

Das Band schließt mit einem dritten Segen, der da lautet: «ve'ma'asim tovim» – möge er sein ganzes Leben lang gute Taten vollbringen. Und dann, ganz am Ende, noch die Worte: «Amen Selah» – so sei es.

«So sei es.» Mordechai Gompels Torawimpel zeigt in aller Deutlichkeit, was man von ihm als Mitglied der Gesellschaft erwartete und auf welchen Bühnen er darin seine Rolle zu spielen hatte. Es war ein Leben, das eingefasst war von Pflichten, die es zu erfüllen galt, und es war – wie es für die abrahamitischen Religionen und das Europa der damaligen Zeit typisch ist – ein Leben, das von einem Mann geführt wurde, dessen Zierde aber (zweifellos mehrere) Frauen waren.

Heute herrscht in vielen reformierten jüdischen Synagogen eine deutlich stärkere Gleichberechtigung der Geschlechter. Mädchen werden Bat Mitzwa, Töchter des Gebots, und zwar ebenfalls im Alter von zwölf oder dreizehn Jahren. Wie ihre Brüder lernen auch sie, den hebräischen Text der Tora in der Synagoge vorzulesen und öffentlich eine neue Rolle mit größerer persönlicher Verantwortung zu übernehmen. Trotz zunehmender Verweltlichung ist die Zeremonie bei Jungen wie Mädchen nach wie vor ausgesprochen populär. Abe und Rebecca Dain, ein Geschwisterpaar aus dem Nordwesten Londons, empfanden sie beide als kraftvolle Bestätigung ihrer neuen, erwachsenen Identität und einer uralten Tradition. Für Rebecca Dein war die Bat Mitzwa so wichtig,

weil das der Zeitpunkt war, an dem ich eine jüdische Frau wurde. Es war ungeheuer aufregend, denn jeder schaute mich an und ich war ganz still. Ich hatte die Tora noch nie zuvor berührt, aber ich hatte hart für diesen Augenblick gearbeitet. Nachdem ich meine Passage zu Ende gelesen hatte, lächelten mich alle an und sagten: «Mazel Tov» – ich war jetzt ein Teil von ihnen und ich war mitten unter ihnen. Ich

Ein Junge, der sich auf die Bar Mitzwa vorbereitet, lernt, die Torarolle mit Hilfe eines Zeigestocks (Jad) zu lesen.

habe mich einfach gut gefühlt. Ich hatte das Gefühl, jetzt ein Mitglied der Gemeinde zu sein.

Für ihren Bruder Abe Dein war es ähnlich beglückend, in die Gemeinschaft der Erwachsenen aufgenommen zu werden. Als besonders bewegend empfand er es, seinen Platz in einem langen Kontinuum einzunehmen:

Für mich war sehr wichtig, dass Ahnen vor mir das ebenfalls getan hatten. Die Bar Mitzwa gehört seit Aberjahrhunderten zur jüdischen Tradition. Ich persönlich glaube nicht an Gott, aber die jüdische Kultur liebe ich wirklich. Und diese Tradition will man einfach weitertragen, weil das vor einem schon alle getan haben. Meine «parsha» zu üben und auswendig zu lernen, also den Abschnitt aus der Tora, den ich vortragen sollte, war eine Menge Arbeit. Als ich geendet hatte, blickte ich auf und alle lächelten. Ich hatte das Gefühl, ja, ich hab's geschafft. Es war … nun ja, es war ein Mündigwerden.

Das Bemerkenswerte an den jüdischen Feiern von Bar und Bat Mitzwa ist die Tatsache, wie ungewöhnlich sie in einer immer säkulareren westlichen Welt wirken. Dabei ist es noch gar nicht so lange her, dass die Hoffnungen und Erwartungen, die viele Gemeinschaften an ihre jungen Menschen knüpften – selbst wenn sie nie so explizit sichtbare Gestalt annahmen – genauso klar waren wie die, die in Mordechai Gompels Torawimpel eingestickt sind.

Im vorangegangenen Kapitel haben wir gesehen, mit wieviel Sorge und Gefahr es befrachtet ist, ein Kind wohlbehalten zur Welt und gesund durch seine ersten Jahre zu bringen. Sind die Gefahren der Kindheit sicher umschifft, wartet die größte aller Herausforderungen: Die Eltern – und die größere Gemeinschaft um sie herum – müssen das Kind auf die Welt vorbereiten, in der es leben wird. Die Sozialisierung eines Kindes ist ein so langwieriger Prozess, dass er zumeist kaum Objekte hinterlässt, die ihn auf prägnante Weise dokumentieren. Es gibt jedoch einen solchen physischen Beleg, der auf seine Weise genauso beredt Zeugnis ablegt wie der Torawimpel, allerdings aus einer ganz andersartigen Gemeinschaft und von der anderen Seite der Welt stammt.

Dieses Objekt sieht auf den ersten Blick wie ein Strauß getrockneter Blumen aus. Es ist hellbraun, rund zwanzig Zentimeter lang und fast zweihundert Jahre alt. Es stammt aus Vanuatu und ist das erste Objekt aus Melanesien, der riesigen Pazifikregion zwischen Neu-Guinea und den Fidschi-Inseln, das den Weg ins British Museum fand. Geschenkt wurde es dem Haus 1831 von George Bennett, Schiffsarzt an Bord der «Sophia», einem Schiff, das in Sydney gechartert worden war, um Sandelholz aus dem Süden Vanuatus zu holen. Der Bestandskatalog des Museums vermerkte bei der Registrierung ganz nüchtern: «Haarschopf eines männlichen Bewohners von Tanna, einer Insel der Neuen Hebriden, wie er von den Eingeborenen getragen wird».

Dieses Bündel sorgsam geflochtenen Haars wurde tatsächlich «von den Eingeborenen getragen», aber es war und ist weit mehr als nur das. Es zeugt von einem langdauernden Prozess der Unterweisung, denn es flocht im Wortsinne in einen jungen Mann all das ein, was er wissen musste, um in der Gesellschaft seinen Platz als Erwachsener einzunehmen. Und dieses Verfahren findet bis heute auf der Insel Tanna in der Republik Vanuatu Anwendung. In den Jahren

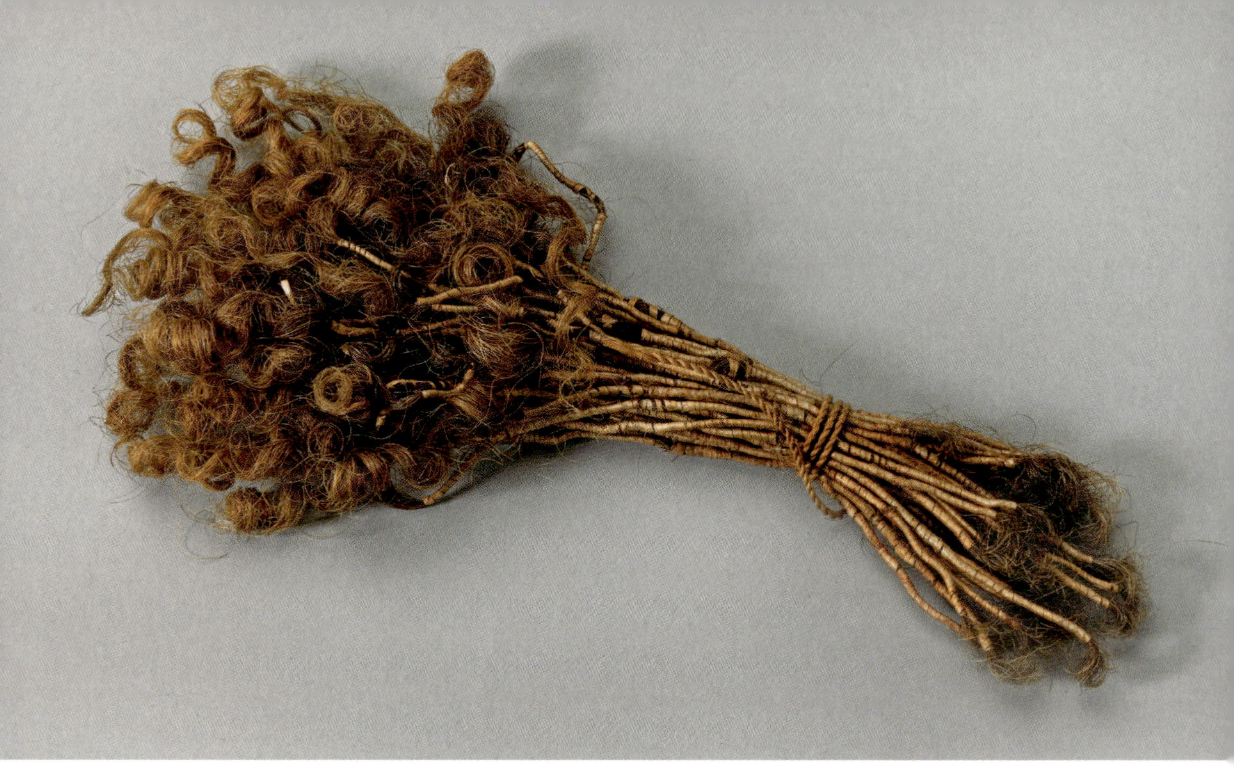

Das Bündel geflochtenen Haars, das George Bennett um 1830 aus Vanuatu mitbrachte.

zwischen dem Erreichen der Pubertät und der männlichen Reife verflechten ältere Männer das Haar der Jungen regelmäßig mit Blattfasern und formen daraus eine Art Dreadlocks. Während sie mit dem Flechten beschäftigt sind, vermitteln sie den Jungen wichtiges traditionelles Wissen über die Welt und ihre Geschichte und erklären ihnen, wie man sich gegenüber der Verwandtschaft benimmt und wie man sich selbst im Leben verhält.

Sam Posan, Feldforscher am Vanuatu Cultural Centre, stammt selbst von der Insel Tanna, von wo George Bennett unseren Haarschopf mitnahm, und erklärt, wie dieser Kurs in Sachen Lebensbildung abläuft:

> *Zunächst beschneidest du den Jungen. Anschließend verknotest du ihm das Haar. Und du bringst ihm alles bei, über die Welt, darüber, wie man sich benimmt. All die Sachen, die du ihm erklärst, verknotest du ganz fest – du bindest sie ihm sozusagen in den Kopf hinein. Zwei oder drei Monate später trefft ihr euch dann wieder und du stellst dem Jungen Fragen, um zu überprüfen, ob er noch weiß, was du ihm beigebracht hast, oder nicht. Und ihr trefft euch wieder und du flichtst wieder sein Haar und erklärst ihm erneut die Sachen, die er inzwischen wieder vergessen hat.*

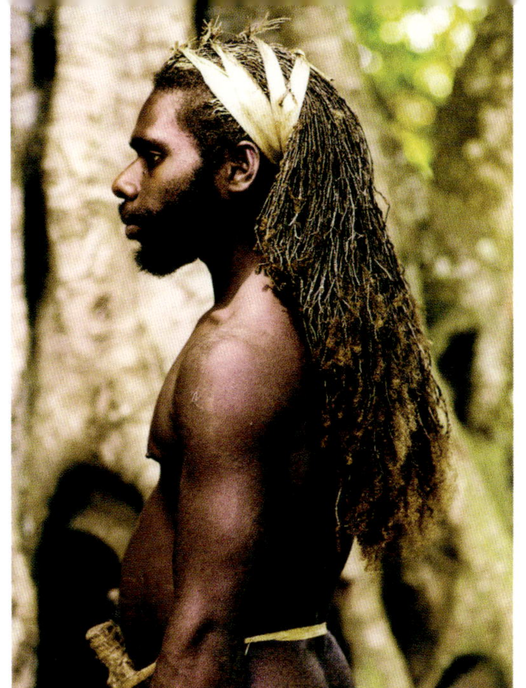

Du füllst seinen Kopf. Und wenn sein geflochtenes Haar bis zum unteren Ende des Rückens reicht, dann, so sagen die Alten, ist er ein Mann.

Geschichten und Wissen werden nach und nach in das Haar junger Männer in Tanna, Vanuatu, eingeflochten. Dieser Prozess dauert mehrere Jahre.

Es scheint, als sei George Bennett genau in dem Augenblick auf dem Eiland eingetroffen, als ein junger Mann gerade seinen langen Unterweisungsprozess abgeschlossen hatte: An diesem Punkt wird das geflochtene Haar abgeschnitten, um damit deutlich zu machen, dass der Junge nun ins Erwachsenenalter eingetreten ist. Der Schopf wird offenbar eher selten aufgehoben und scheint nicht von besonderem Wert zu sein, nicht einmal für den frischgebackenen Erwachsenen. Als jedoch vor einigen Jahren ein paar Männer aus Vanuatu das British Museum besuchten, erkannten sie sofort, um was es sich bei diesem abgeschnittenen Haarbündel handelte, und bemerkten: «Das ist unsere Universität.»

Führt ein Mann sein Leben entsprechend den Prinzipien, die ihm beim Haareflechten beigebracht wurden, lassen sich die Stadien der Weisheit, die er durchläuft, mit den Fingern einer Hand bezeichnen:

Du fängst mit dem kleinen Finger an: Er bezeichnet dich, wenn du ein Kind bist und nichts über die Welt weißt. Dann wirst du ein bisschen größer, kommst zum nächs-

> *ten Finger: Du fragst unablässig, und die Alten erklären dir alles. Dann kommt die Zeit des großen Mittelfingers, wenn du alles erlernst, wenn der Geist der Dinge, die du tust, in dich eingeht. Dann gehst du wieder hinab zum nächsten Finger und bringst den Kindern etwas bei.*
>
> *Wenn du schon etwas älter bist und weißes Haar hast, dann kommst du zum letzten Finger, dem Daumen. Du sitzt wie ein Stein auf seinem Platz. Die jungen Leute haben ihre Messer, und wenn die Messer stumpf werden, kommen sie herbei und wetzen die Klingen an deinem Stein. Sie können den alten Menschen alles fragen, und er wird ihnen alles erklären, denn er ist durch all diese Erfahrungen hindurchgegangen.*

Dies ist das Leben auf Vanuatu als Fünf-Finger-Übung beschrieben – mit Rechten und Pflichten, die genauso klar festgelegt sind wie im Fall des Torawimpels und bei denen es ebenfalls insonderheit um Kontinuität und Tradition geht. Wie in vielen Gesellschaften überall auf der Welt kann es sehr beruhigend sein, so genau zu wissen, wo man steht, im eigenen Leben wie auch in der Gemeinschaft. Doch wie das bei allen Strukturen so ist, sind sie nicht nur hilfreich, sondern auch hinderlich und einschränkend. Vor allem muss man akzeptieren, dass jemand anderer bestimmt, wer man selbst als Mann oder als Frau ist, und für Frauen bedeutet das in den meisten Gesellschaften üblicherweise eine untergeordnete Rolle.

Die Tatsache, dass es relativ gesehen an weiblichen Ritualen mangelt, sollte jedoch nicht zu falschen Schlussfolgerungen Anlass geben. Linda Woodhead, Professorin an der University of Lancaster, hat sich eingehend mit diesen Übergangs- und Initiationsriten beschäftigt:

> *Da Männer in den meisten Gesellschaften einen höheren Status haben und eine stärkere öffentliche Rolle spielen, sind die Initiationsrituale der Jungen präsenter und strapaziöser. Allgemein geht es bei Männlichkeit in stärkerem Maße um öffentliche Zurschaustellung, weshalb man dieser Gesellschaft über ein öffentliches Initiationsritual als Mann präsentiert wird. Natürlich werden auch Frauen von anderen Frauen in viele verschiedene Traditionen eingeführt, aber diese Rituale finden eher zu Hause und im Privaten statt, und sie sind meist weniger feierlich.*

In modernen westlichen Gesellschaften fehlt es nicht wirklich an *rites de passage*: von der Schulabschlussfeier bis zum ersten Urlaub mit Freunden oder dem Chaos aus Schlamm und Alkohol bei irgendwelchen Open-Air-Festivals. Doch dabei geht es nicht mehr darum, dass Ältere oder Eltern Kinder in eine Erwachsenenwelt einführen – dass also Kinder nach einer intergenerationellen Wissensübertragung eine neue Rolle einnehmen, die der ihrer Eltern entspricht. Die traditionelle Geburtstagsparty, die von den Eltern für Freunde und Familie veranstaltet wird, wenn die Kinder volljährig werden und fortan wählen dürfen und den «Haustürschlüssel» bekommen – ein Ereignis, das traditionellerweise das Erwachsensein im öffentlichen wie im privaten Bereich markiert –, ist heute weitgehend aus der Mode gekommen. Stattdessen initiieren sich die jungen Menschen selbst gegenseitig in Erwachsenenwelten – mit ausgelassenen Taufritualen, bei denen Bier, Singen und Tanzen die Hauptrolle spielen.

Linda Woodhead ist der Ansicht, diese Entwicklung sei die unausweichliche Folge des technischen Fortschritts, aber auch der zunehmenden Betonung von Wahlfreiheit und individuellen Rechten gegenüber festen Konventionen und Pflichten:

> *In unserer Gesellschaft geschieht gerade etwas, was mit der Beschleunigung des Wandels zu tun hat. All diese Rituale, bei denen jemand in vorgegebene Lebenserfahrungen, in ein festes Wissenskorpus, das über die Generationen weitergegeben wird, eingeführt wird – all das verliert seinen Sinn, wenn sich die Dinge so rasant verändern, dass ein Teenager heute bei wichtigen Dingen wie der digitalen Technik schon deutlich mehr weiß als seine Eltern. Das zerstört das alte Muster der Weitergabe von Wissen. Ich glaube, wir als Gesellschaft stehen deshalb vor allem vor der Frage, wie sich die Werte weitergeben lassen, die weiterhin gültig und unveränderlich sind.*
>
> *Wir haben heute zudem einen viel breiteren Zugang zu allen möglichen kulturellen Gütern, nach denen einem gerade der Sinn steht. Heute ist viel mehr Raum für Entscheidungen, man kann viel freier darüber nachdenken, wer man als Person sein möchte und welcher Gruppe man angehören will. Wir wollen uns die Rituale aussuchen, die uns begleiten, wenn wir werden, was zu werden wir ganz individuell beschlossen haben. Wir sind eine liberale Gesellschaft. Wir wollen Wahlmöglichkeiten. Wir wollen nicht, dass uns unsere Zukunft übergeben und vorgegeben wird.*

Das ist eine enorme Veränderung. Der bestickte Torawimpel. Das geflochtene Haar aus Vanuatu. Dein Platz innerhalb der Tradition. Deine Verantwortlichkeiten genauso wie deine Rechte. Das sind wertvolle Lebensanschauungen, die dem Einzelnen von seiner Gemeinschaft vorgegeben werden. Würde man uns heute ein weißes Stück Leinen geben und uns bitten, darauf die Hoffnungen für unsere Kinder zu skizzieren, würden wir ihnen sicherlich Glück und Gesundheit wünschen. Aber was noch? Ich glaube, die meisten Eltern würden heute sagen, dass es nicht an ihnen ist – dass die Kinder ihren eigenen Weg gehen und ihre eigenen Entscheidungen treffen müssen.

Es dürfte ziemlich schwierig sein, ein Kind darum zu bitten, es möge sagen, was auf seinem Torawimpel stehen soll, oder es solle sich das Wissen, das es braucht, selbst ins Haar flechten. Linda Woodhead freilich ist der Meinung, die Initiationsrituale beim Übergang in die Erwachsenenwelt seien zwar weitgehend verschwunden, doch die westliche Gesellschaft sei trotzdem so tief durch ihre uralten christlichen Traditionen geprägt, dass sie diese Rituale vielleicht gar nicht mehr benötige:

> *Wir sind nach wie vor eine moralisch sehr kohärente Gesellschaft. Das erkennt man beispielsweise ganz deutlich, wenn es zu kollektiven Tragödien kommt. Dann tauchen sofort die traditionellen christlichen Werte auf – Liebe, Solidarität, sich um andere kümmern, sich gegen das Böse zur Wehr setzen. Obwohl sich die Kirchen auf dem Rückzug befinden, sind all diese Dinge noch immer tief verwurzelt. Es herrscht ein sehr ausgeprägter moralischer Konsens.*

Natürlich proklamieren auch viele andere Religionen diese Werte. Für Linda Woodhead legt ihre Beständigkeit nahe, dass es selbst in der multikulturellen Konsumgesellschaft Europas nach wie vor einen festen moralischen Rahmen zu geben scheint, innerhalb dessen junge Erwachsene – vielleicht freier als je zuvor – die Entscheidungen treffen können, die ihr Leben bestimmen werden – nicht wie die Gesellschaft es für sie vorgesehen hat, sondern wie sie selbst es sich wünschen.

Kapitel 9

Lasset uns beten

«Allmächtiger Gott! dem alle Herzen offen, alles Verlangen bekannt, und vor dem keine Geheimnisse verborgen sind ...»
(Allgemeines Gebetbuch der anglikanischen Kirche)

«Ich zeige Euch das Leiden und das Ende des Leidens.» (Buddha)

«Im Namen Allahs, des Barmherzigen, des Gütigen.» (Koran)

«Oh Großer Geist, dessen Stimme ich in den Lüften höre ...»
(Gebet der amerikanischen Ureinwohner)

«Heilige Maria, Mutter Gottes, bitte für uns Sünder, jetzt und in der Stunde unseres Todes ...» (römisch-katholische Liturgie)

«Höre, o Israel, Gott ist unser Gott, Gott ist der Eine und Einzige.» (Tora)

Zu Beginn des 20. Jahrhunderts war es eines der beliebtesten Bilder in Europa und Amerika. Im sanften Licht der Abenddämmerung ruhen ein Mann und eine Frau von der mühseligen Arbeit der Kartoffelernte aus und verharren im stillen Gebet. Jean-François Millets *L'Angélus*, eine Feier der traditionellen Frömmigkeit auf dem Land, wurde 1857 gemalt und rasch

Nachfolgende Doppelseite: Jean-François Millets Gemälde *L'Angelus* von 1857 wurde vielfach reproduziert. Dieser Stich wurde 1881 gedruckt.

zu einem Sinnbild katholischer Identität in Frankreich, zu Tausenden reproduziert in Stichen wie diesem und in zahllosen billigeren fotografischen Versionen. Zum Missfallen der Nation wurde es schon bald von einem Amerikaner gekauft, ehe es 1890 von einem französischen Sammler für eine enorme Summe – das 750-Fache des ursprünglichen Preises – erstanden und triumphal wieder nach Paris zurückgebracht wurde. Heute hängt das Bild im Musée d'Orsay.

Auf dem Stich erkennt man im Hintergrund deutlich die Turmspitze der Dorfkirche, wo soeben die Abendglocken geläutet haben. Sie gemahnen alle daran, die Arbeit für einen Augenblick zu unterbrechen und das Angelus-Gebet zu sprechen. Es gilt dem Engel, der der Jungfrau Maria Empfängnis und Geburt Jesu verkündete und der für alle Sünder betet. Das Angelus-Läuten ruft die Menschen nicht zum Gottesdienst: Es fordert sie auf, zu bleiben, wo sie sind, aber ihre Gedanken von ihren unmittelbaren Alltagsangelegenheiten hin zu Gott zu wenden. Es ist eine öffentliche Aufforderung zu einem privaten Akt.

Es ist unschwer zu erkennen, warum dieses Bild friedlichen Landlebens auf die Menschen, die in den neuen Industriestädten lebten, wo die Fabrikarbeit nie aufhörte, so großen Eindruck machte: Zu der Zeit, als unser Stich entstand, nämlich 1881, kannten die meisten Europäer, die in den Städten lebten, die Tradition des Angelus-Läutens, ja die bloße Vorstellung, inmitten des Tagwerks innehalten und beten zu dürfen, allenfalls noch aus der Erinnerung. Doch Millets Bild brachte auch noch eine andere, vielleicht noch tiefere nostalgische Saite zum Klingen. Inmitten der antiklerikalen Politik der Dritten Französischen Republik, die schließlich 1905 zur endgültigen Trennung von Staat und Kirche führte, zeugte dieses Bild auf beruhigende Weise von einem Frankreich, wie es angeblich vor der Französischen Revolution von 1789 bestanden hatte – einer Nation, die in ihrem katholischen Glauben geeint war und sich darüber definierte (→ Kapitel 28). Es ist sicher kein Zufall, dass das Angelus-Läuten in einem anderen Land, das sich bis vor kurzem ganz ähnlich definierte – nämlich in Irland –, noch immer zu hören ist (trotz inzwischen beträchtlichen öffentlichen Protests), und zwar um zwölf Uhr mittags im irischen Rundfunk und um sechs Uhr abends im staatlichen Fernsehen.

Ähnlich ist für Millionen Muslime in Europa und jenseits davon der Ruf des

Muezzin regelmäßiger, vertrauter Teil des Lebens. Fünf Mal am Tag halten Muslime überall für ein paar Minuten inne, genauso wie die christlichen Bauern auf Millets Bild. Sie unterbrechen die Tätigkeit, mit der sie gerade beschäftigt sind, richten ihre Gedanken auf Gott und wenden sich, wo auch immer auf der Welt sie sich befinden, gen Mekka, um *ṣalāh* zu verrichten: das islamische Gebetsritual aus Rezitation, Verbeugung, stehender Position, Niederwerfung und Sitzen.

Gebetet wird natürlich vor allem im Kontext der allwöchentlichen Zusammenkünfte in der Synagoge, der Kirche oder der Moschee. Insofern mag es etwas seltsam erscheinen, wenn wir uns in einem Buch, das sich in erster Linie mit dem Glauben als gemeinschaftlichem Unterfangen befasst, hier einer Tätigkeit widmen, die so extrem persönlich ist wie das private Gebet – also die individuelle und komplexe Suche jeder Seele nach dem, was der anglikanische Priester und Poet George Herbert in seinem Gedicht *Prayer* in erhabener Schlichtheit als «something understood», als «etwas Eingesehnes» bezeichnet hat. Da dazu üblicherweise auch gehört, die Verpflichtungen des Alltagslebens für eine Weile beiseite zu legen, kann das Gebet – zumindest für einen Außenstehenden – als eine Form des gesellschaftlichen Rückzugs erscheinen. Doch wie das Angelus-Läuten und der islamische Gebetsruf zeigen, kann das, was als die am stärksten individualisierte spirituelle Tätigkeit erscheint, ein zutiefst gemeinschaftlicher Akt sein.

Wir werden am Schluss dieses Kapitels noch einmal auf dieses Paradoxon zurückkommen, doch beginnen möchte ich mit dem eher praktischen Problem, wie Menschen sich auf das Beten vorbereiten, insbesondere wenn sie nicht an einem Ort der Anbetung versammelt sind. Fast alle religiösen Traditionen beschäftigen sich mit dieser Frage, wie man allein betet. Dafür nämlich brauchen die meisten Menschen eine Hilfestellung, und sei es nur, um einige unvermeidliche Folgen unseres Menschseins zu überwinden – dass wir lebhafte Körper und einen recht regen Geist haben, die sich beide nicht so einfach zur Ruhe bringen lassen; dass wir den Wunsch nach Kontrolle und Sicherheit verspüren, der sich nicht so einfach beiseite wischen lässt; und dass wir unser Inneres als abgeschlossenen Raum betrachten, in den wir das Göttliche nicht so einfach

40%
10:41 AM
https://qiblafinder.withgoogle.com/intl/
OK, let's face Qibla
We will use your camera and current location to guide you.
GOT IT

BrauAG
AUSTRIA GOLD
Export Lager

hineinlassen. Wie also lassen sich diejenigen, die beten wollen, nieder? Und wenn sie zur Ruhe gekommen sind, wie öffnen sie sich, damit sie nicht nur sprechen, sondern auch zuhören können?

Hilfsmittel für das moderne Gebet (*im Uhrzeigersinn von oben links*): *qibla*-App für das Smartphone; katholischer Rosenkranz; buddhistische Gebetsmühle aus Kaschmir, gefertigt aus einer Bierdose; islamischer Gebetsteppich aus Saudi-Arabien.

Anders, als man vermuten würde, lösen wir uns von unserer physischen Umgebung offenbar am besten dadurch, dass wir uns zunächst auf unseren physischen Körper konzentrieren – auf unsere Haltung, auf unseren Atem – und dann Gegenstände wie etwa einen Rosenkranz verwenden, die wir berühren und zählen können. Diese materiellen Gegenstände helfen uns für einen Augenblick dabei, die materielle Welt hinter uns zu lassen. Bei einigen von ihnen handelt es sich um wunderschöne und wertvolle Kunstwerke aus Buchsbaum und Kristallen, Elfenbein und Edelsteinen. Die meisten physischen Gebetshilfen sind freilich von eher geringem ästhetischem oder kommerziellem Wert – manche wie die buddhistische Gebetsmühle, mit der man Mantren und Gebete fortwährend wiederholt, können aus erkennbar wiederverwertetem Material hergestellt werden, das gerade in seiner Gewöhnlichkeit bezaubert. Bei Gegenständen wie diesen geht es weniger darum, was sie sind, als darum, was sie tun.

Für einen Muslim, der sich aufs Gebet vorbereitet, stellt sich stets eine dringliche Frage: Woher weiß ich, wo Mekka liegt, damit ich mich beim Gebet entsprechend ausrichten kann? Dafür benötigt man einen *qibla*, einen «Richtungsbestim-

«Richtungsbestimmer» aus Elfenbein mit Sonnenuhr, hergestellt in Istanbul im 16. Jahrhundert.

mer», und es gibt wohl kaum einen formschöneren *qibla* als den, der 1582 oder 1583 in Istanbul aus Elfenbein und Gold gefertigt wurde und heute im British Museum zu besichtigen ist. Er ist kreisrund und sieht wie eine etwas überdimensionierte Puderdose aus. Die kleinere Scheibe unter dem Deckel ist im Grunde Kompass und Sonnenuhr zugleich. In der Mitte ist ein schwarzer Kubus umgeben von einem roten Zaun aufgemalt: Er steht für die Kaaba, das heilige Gebäude, das mit Abraham und Mohammed in Verbindung gebracht wird und das Zentrum der Großen Moschee in Mekka bildet (→ Kapitel 14). Der Kompass zeigt an, in welche Richtung man das Gesicht gen Mekka und Kaaba wendet, während die kleine goldene Sonnenuhr kundtut, wann man zu beten hat: Wenn kein Muezzin in Hörweite ist, verkündet sie einem die Zeit für die täglichen Gebete.

Dr. Afifi al-Akiti vom Oxford Centre for Islamic Studies erklärt:

Sobald man weiß, in welche Richtung man sein Gesicht zu wenden hat, sorgt man als nächstes dafür, dass man sich in der richtigen geistigen Verfassung befindet. Man reinigt sich zunächst physisch und vollzieht dann die rituelle Waschung – was Muslime als wuḍū' bezeichnen. Anschließend begibt man sich zu seinem Gebetsteppich. Im Grunde muss man versuchen, einen sakralen Raum zu schaffen. Es ist ein wenig wie bei Aladin, der sich auf den fliegenden Teppich stellt. Du bist der Pilot, du überprüfst einzeln alle Instrumente, um sicherzugehen, dass du alle Vorkehrungen für den Flug getroffen hast. Und sobald du bereit bist, kannst du abheben zum Gebet.

Allerdings sei daran erinnert, dass für die meisten Gebete die Richtung nicht besonders wichtig ist. Im Koran heißt es: «Gott gehört der Osten und der Westen. Er führt, wen er will, auf einen geraden Weg.» Der berühmte Theologe al-Rumi sagte: «Ich suchte in Tempeln, Kirchen und Moscheen, doch gefunden habe ich das Göttliche in meinem Herzen.» Die Richtung ist somit nur für diese Form des regelmäßigen täglichen Gebets namens ṣalāh von Bedeutung, das formelle liturgische Gebet, das ein Gefühl der Einheit vermitteln soll. Doch das innere Gebet muss tief im Herzen stattfinden. Es ist nicht an Zeit oder Ort gebunden.

Wie alle Muslime hat auch Dr. al-Akiti seine *qibla* und seinen Gebetsteppich, um seinen Körper und damit sein Gebet auszurichten, wenngleich die moderne

Butterlampen brennen neben der Hand des Buddhas.

Technik auch hier Einzug gehalten hat: Viele Muslime haben heute eine App auf ihrem Smartphone, die ihnen sofort anzeigt, in welche Richtung sie ihr Gesicht wenden müssen.

Den Buddhisten auf Sri Lanka hilft, wie Sarah Shaw vom Oxford Centre for Buddhist Studies schildert, ein ganz anderer Gegenstand dabei, den Geist zur Ruhe zu bringen und sich kontemplativ zu versenken: eine kleine Keramikschale, die nur ein paar Rupien kostet und als Lampe fungieren kann. Indem man sie entzündet, erweist man der Statue Buddhas als dem Inbegriff des vollständig erwachten Geistes seine Verehrung. Um sie in Gang zu setzen, braucht man nur etwas Ghee oder Kokosöl und ein paar zerrissene Baumwollstreifen:

> *Reißt man einen Baumwollfaden ab und dreht ihn in entgegengesetzte Richtungen, wird die Spannung in der Mitte irgendwann so stark, dass sich ein Knoten bildet und ein Docht daraus entsteht, der lange hält. In Sri Lanka sagt man, ein derartiger Docht, der sich durch eine solche Spannung gebildet hat, verkörpere den Mittleren*

Weg Buddhas, den Mittelpunkt zwischen zwei Extremen – und verweise somit auf die Erleuchtung. Die Lampe anzuzünden ist ein tiefgründiges Ritual, es erdet, beruhigt und sorgt für große Zufriedenheit, wie das bei Ritualen oft der Fall ist. In symbolischer Hinsicht ist es natürlich das Licht, das die geistige Finsternis vertreibt.

Zu diesem Ehrerweis zu Beginn des Gebets gehört auch das, was Buddhisten als «Zufluchtnahme» bezeichnen: Man muss sich zuallererst göttlichem Schutz unterstellen. Diese Vorstellung findet man auch in muslimischen Gebeten, die oft beginnen mit «Im Namen Allahs, des Barmherzigen, des Gütigen». Und Bruder Timothy Radcliffe, Dominikanermönch und Theologe, erklärt uns, dass es zu Beginn eines katholischen Gebets einen vergleichbaren Vorgang gibt:

Wir beginnen damit, dass wir uns im Namen des Vaters, des Sohnes und des Heiligen Geistes bekreuzigen. Damit stellen wir uns in Christus hinein. Christus ist niemand, an den man sich wendet, er ist jemand, den man bewohnt, in dem man zu Hause ist. Wichtig ist anschließend, dass unser Körper gut platziert ist. Wir sind Tiere, vernunftbegabte Tiere, und deshalb ist es wichtig, dass unser Körper, wenn wir beten wollen, fest verankert ist, gut sitzt, ruhig atmet. Wenn man theologische Schriften liest, klingt das oft furchtbar abstrakt. In Wirklichkeit geht es darum, uns wieder zu erden, uns auf unseren physischen Körper, wie er lebt und atmet, zurückzuziehen.

Sobald der Körper zur Ruhe gekommen ist, wartet das nächste Hindernis für ein konzentriertes Gebet: der unstete menschliche Geist. Für Sarah Shaw wie für Timothy Radcliffe ist auch dabei Ausgangspunkt das Atmen: Wir können unseren Atem bewusst steuern, wir können uns aber auch entspannen und das Atmen geschehen lassen:

Tatsächlich ist das für die Meditation vonnöten, wenn der Geist voll auf das Denken konzentriert sein soll. Man vergleicht das oft mit einer Biene, die zu einer Blume fliegt: Sie weiß, wo sie hin will, aber sie muss auch darum herumkreisen und die Blüte immer und immer wieder erkunden. Wiederholt man einen Gesang oder ein kleines Mantra, erlaubt man ganz einfach diesem sehr diskursiven, zerstreuten Teil des Geistes, sich zu sammeln, sich zu vereinen und auf einem Objekt niederzulassen. Ich finde Singen deshalb sehr hilfreich, denn der Teil meines Geistes, der den ganzen Tag über beschäftigt ist – wie eine Biene, die überall hinschwirrt –, hat damit die Möglichkeit, sich auf nur einer Blume niederzulassen.

Doch wie jeder, der es versucht hat, bestätigen wird, ist es deutlich schwerer, als es aussieht, diese Art von Konzentration zu erreichen und zu halten. Insofern überrascht es nicht wirklich, dass die meisten Religionen repetitive Gebetsformen entwickelt haben, die bei der Reise in die konzentrierte Stille helfen sollen.

Glaubt man Timothy Radcliffe, so wird diese Reise häufig durch Gebetsketten oder Rosenkränze gefördert:

Ich glaube, im Islam, im Buddhismus und im Christentum kommen irgendwann Gebetsperlen ins Spiel: Wir zählen unsere Perlen feinsäuberlich, eine nach der anderen. Das ist ein sehr taktiler, greifbarer Akt, der den Gang durch das Gebet begleitet. Als körperliche Wesen brauchen wir meiner Ansicht nach physische Praktiken wie diese, die uns ganz durchdringen.

In den ersten Jahrhunderten der Christenheit war das Beten ein durch und durch physischer Akt, wie es das bei den Gebetsritualen im Islam heute noch ist. Die Menschen standen, sie verneigten sich, fielen nieder, beugten die Knie, wie das Muslime noch immer tun. Doch im 16. Jahrhundert scheint das Beten eine stärker mentale, abstraktere Sache geworden zu sein. Die Puritaner verboten jegliches Tanzen und Singen, und wir haben viel von dieser körperlichen Dynamik unseres Gebets verloren, während es die Muslime – klugerweise, wie ich meine – beibehalten haben. In der katholischen Kirche versuchen wir das jetzt wiederzubeleben.

Wenn wir von einer Perle zur nächsten gehen, beten wir mit unseren Fingern und unserem Körper. Der Rosenkranz hilft dabei, den Geist durch Wiederholung zu beruhigen. Die Perlen geleiten einen durch den Zyklus des Lebens in zehn Ave Marias, die sich zu Beginn an die heilige Jungfrau wenden, da sie Jesus empfängt, und sie am Ende bitten, für uns zu beten in der Stunde unseres Todes. Und dann gibt es die größere Perle für das Vaterunser. Die Wiederholung der vertrauten Gebete ist eine sehr wirkungsvolle Methode, um die Sorgen und Belange des Augenblicks zu vertreiben.

Dr. al-Akiti entdeckt eine ganz ähnliche Praxis – mit ganz ähnlicher Intention – in vielen islamischen Traditionen:

> *In manchen Kreisen hört man nur eine einzige Silbe – hoo, hoo, hoo, hoo –, die hundert oder tausend Mal rezitiert wird und beim Meditieren helfen soll. Denn laut Koran ist es so, dass man nur durch das Gedenken Allahs und durch Meditation Frieden und Zufriedenheit im Herzen findet.*

Diese Form von repetitivem Gebet lässt sich überall verrichten, ob im Privaten oder im öffentlichen Raum. Man kann allein oder in informellen Gruppen beten, und das Entscheidende dabei ist: Man braucht keinen Priester oder Imam, der es anleitet. Es handelt sich um eine Laientätigkeit. Was allerdings in der christlichen wie in der islamischen Tradition an diesen regelmäßig wiederholten individuellen Gebeten – dem Rosenkranz oder dem *ṣalāh* – auffällt, ist die Tatsache, dass es darin nie um den Einzelnen geht: Sie definieren den Betenden oder die Betende unmissverständlich als Mitglied einer Gemeinschaft. Wenn einzelne Muslime beten, vereinigen sie sich mit Muslimen überall, denn sie alle wenden sich gen Mekka. Die beiden Bauern auf dem Feld in Millets *L'Angélus* vereinen sich mit allen im Dorf, weil sie im gleichen Augenblick beten. Die Eingangsworte des Vaterunser lauten eben nicht «Mein Vater im Himmel», sondern «Vaterunser im Himmel», und auch im Fortgang des Gebets ist nur von «wir» und «uns» die Rede, nie aber von einem Ich. Nur Gott ist singulär, nur ihn gibt es in der Einzahl. Wie auch immer wir beten – ob wir dabei knien, sitzen, stehen oder uns niederwerfen –, es sind immer «wir», die beten. Wie bei fast allen religiösen Ritualen bedeutet die Verbindung mit Gott, dass wir uns stärker miteinander verbinden.

Der öffentliche Aufruf zum privaten Gebet kann freilich nicht nur Gemeinschaften enger zusammenbringen, sondern sie auch spalten. Im Frankreich des späten 19. Jahrhunderts wie im modernen Irland galt das Angelus-Läuten als Symbol nationaler Identität, die ganz bewusst – und gegen den Willen vieler – eine christliche war. Im heutigen Mitteleuropa kulminieren die hitzigen Auseinandersetzungen um eine abendländische kulturelle Identität im Streit um die kon-

Der umstrittene Bau von Minaretten wie hier in Wangen führte 2009 zu einer Volksabstimmung in der Schweiz.

kurrierenden Klänge der Kirchenglocken und des muslimischen Gebetsrufs, den viele als inakzeptables Vordringen des Islam in den öffentlichen Raum empfinden. Die zugrunde liegende Frage lautet dabei: Ist Europa eine im Kern christliche Kultur oder nicht? In Deutschland protestiert die Pegida-Bewegung gegen eine angebliche Islamisierung des Abendlands; in Frankreich hat man das islamische Gebet auf offener Straße verboten (→ Kapitel 28); und in der Schweiz sprach sich bei einer Volksabstimmung 2009 eine Mehrheit gegen den Bau neuer Minarette aus. Doch es sind nicht nur historisch christliche Länder, die ihre traditionelle Identität zu verteidigen suchen. So erlaubt beispielsweise Saudi-Arabien nicht den Bau christlicher Kirchen, vom Glockengeläut oder Beten in der Öffentlichkeit ganz zu schweigen. Das Beten, die intimste spirituelle Tätigkeit, kann, wenn es in Gemeinschaft praktiziert wird, politischer Sprengstoff sein.

Kapitel 10

Die Macht des Gesangs

Der protestantische Sonntag stand in keinem besonders guten Ruf. Statt willkommener Tag der Ruhe und der Entspannung zu sein, war er jahrhundertelang gleichbedeutend mit dem erzwungenen Verzicht noch auf die harmlosesten Freuden. Es gibt jedoch eine (oftmals übersehene) Sonntagsgewohnheit der Protestanten, zu der zweifellos Feier und Freude gehören, die Menschen ungewöhnlich fest zusammenschweißt, die enormen Einfluss auf die westliche Kultur hatte und die keineswegs Gefahr läuft, verboten zu werden: das gemeinsame Singen von Kirchenliedern oder genauer: das Phänomen einer Gemeinschaft, die sich über das Singen eines Kirchenlieds definiert.

In der Welt vor und jenseits der abrahamitischen Religionen bedeutete «Gemeinschaftsgottesdienst» in der Regel die paar Feste im Jahr, zu denen alle zusammenkamen, um den Wechsel der Jahreszeit, wichtige Opferrituale oder ähnliche Zeremonien zu feiern (→ Kapitel 15). Den Rest des Jahres hingegen wurden die heiligen Orte – Tempel, Schreine oder Haine – üblicherweise nur von kleineren Gruppen von Priestern oder Gläubigen besucht, die regelmäßige, oft auch tägliche Rituale und Tätigkeiten verrichteten. Einzelne mochten häufiger vorbeikommen, die ganze Gemeinschaft aber versammelte sich nur selten.

Doch dann – und das ist noch gar nicht so lange her – änderte sich das alles. Der Aufstieg des Christentums und des Islams zu wahrhaft globalen Religionen brachte einem Großteil der Welt das jüdische Modell eines *wöchentlichen* Anbetungszyklus, in dessen Mittelpunkt die Zusammenkunft der Gemeinde stand. Die-

Ein prächtiger protestantischer Kirchenpelz aus Transsilvanien (Ende des 19. Jahrhunderts).

ses Muster menschlichen Tuns soll das Tun Gottes wiederholen, wie es im Buch Genesis berichtet wird – seine Erschaffung der Welt in sechs Tagen und sein Ausruhen von den Mühen am siebten Tag. Wenn der Freitagabend in den Samstag übergeht, feiern die Juden Sabbat oder Schabbes, den Tag, an dem sie sich jeder Tätigkeit enthalten und in die Synagoge gehen. Und so versammeln sich Muslime jeden Freitagnachmittag zum gemeinsamen Gebet, wie es im Koran vorgeschrieben ist: Das arabische Wort für Freitag bedeutet einfach nur «Tag der Versammlung». Und der Sonntag ist für die meisten Christen der «Tag des Herrn» – und das bedeutet: Gottesdienst. Diese wöchentlichen Zusammenkünfte holen die Menschen aus ihrem Zuhause in einen gemeinsamen Raum, wo sie im Gebet ihr Einssein als Gemeinschaft vor Gott bekräftigen. In allen drei Glaubenstraditionen nehmen die Menschen große Mühen auf sich, um diesen Übergang zu markieren, den Übergang vom gewöhnlichen Leben hin zu einer Zeit, die dafür vorgesehen ist, dass die Gläubigen sich Gott und der Gemeinschaft hingeben.

Dass an diesem Tag der Schwerpunkt des Lebens ein anderer ist, lässt sich am offenkundigsten dadurch zeigen, dass man sich besonders schick anzieht, dass man, wie das in der christlichen Welt so schön heißt, seinen «Sonntagsstaat» trägt (im Englischen lautet das Wort dafür «Sunday best»). Und kaum ein Sonntagsstaat könnte besser sein als der, der sich heute im British Museum befindet. Es handelt sich um einen «Kirchenpelz», einen Schaffellmantel, der Ende des 19. Jahrhunderts in Transsilvanien gefertigt wurde, das damals zu Ungarn gehörte und heute im Westen Rumäniens liegt. Der ihn trug, gehörte zur deutschsprachigen Gemeinschaft der Siebenbürger Sachsen, die sich dort um 1200 als Bauern niedergelassen hatten und seither ihre ganz eigene Identität pflegten. Es handelt sich um das bei weitem spektakulärste Objekt im British Museum, das von einer lutherischen Identität zeugt.

Innen ist das Fell wunderbar warm; auf der ledernen Außenseite sind Verzierungen aus dunkelrotem und cremefarbenem Leder appliziert, und sie werden ergänzt durch feine Stickereien in Rot, Grün, Lila, Blau und Pink. Es handelt sich um ein freudvolles, farbenfrohes Meisterstück der Kunst und des Designs – das aber auch einen robusten Mantel abgibt, der Schutz vor dem kalten transsilvanischen Wetter bietet.

Einen solchen Kirchenpelz konnten sowohl Männer als auch Frauen beim Gottesdienst tragen. Es gab besonders wertvolle Exemplare, die für spezielle Gelegenheiten wie etwa die Konfirmation oder die Hochzeit gedacht waren. Doch bei dieser Art von Sonntagsstaat ging es um mehr, als in den Bankreihen respektabel auszusehen. Wer einen Mantel wie diesen trug, signalisierte damit öffentlich seine Verbundenheit mit der evangelischen Kirche, seine Identität als Siebenbürger Sachse und seine Zugehörigkeit zu einer besonderen deutschsprachigen Gemeinschaft, die, wenn auch in ihrer Zahl deutlich geschrumpft, bis heute in Rumänien lebt.

Noch wichtiger, als diesen Kirchenpelz im Gotteshaus zu tragen, ist für uns hier das, was sein Besitzer dort machte; und für evangelische Gemeinden in Transsilvanien bedeutete das – wie

Sonntagsstaat: Siebenbürger Sachsen mit ihrem Kirchenpelz in Braşov (Kronstadt), Rumänien (1983).

für Lutheraner überall – stets Singen. Eine von Luthers größten Erkenntnissen nämlich war, dass kaum etwas ganz unterschiedliche Leute rascher und wirkungsvoller zusammenbringt als das gemeinsame Singen eines Liedes, das alle kennen.

John Butt ist Dirigent und Organist und lehrt als Gardiner Professor Musik an der University of Glasgow:

> *Für einen Lutheraner besteht die gängige Art, Gott die Ehre zu erweisen, seit dem 16. Jahrhundert bis heute im Singen von Chorälen: Chorliedern der Art, wie Luther selbst sie einführte. Sie thematisieren nicht nur einzelne Bestandteile der Lehre und des Glaubens, sondern bilden das Gesamtgerüst eines Gottesdienstes als Gemeindelieder, oftmals eingeleitet durch Orgelspiel, das Stimmung oder Geist des Liedes vorgibt.*

Natürlich hat Luther Kirchenlieder und gemeinschaftliches Singen nicht erfunden, aber er hat beides grundlegend verändert und in den Mittelpunkt der Gottesverehrung gerückt. Vor der Reformation wurde religiöse Musik zumeist von ausgebildeten Spezialisten gesungen, während die versammelte Gemeinde überwiegend stumm blieb. Die vertonten Texte waren, wie die gesamte Liturgie, fast ausschließlich lateinisch. Laien waren zwar nicht wirklich passiv, aber ihre Beteiligung beschränkte sich darauf, die Sprache zu verstehen, und der Gottesdienst wurde von «Profis», religiösen wie musikalischen, bestimmt und gestaltet. Als sich Luthers Verständnis der christlichen Lehre änderte, veränderte sich auch seine Vorstellung davon, was allwöchentliche Anbetung sein konnte und sollte. Noch einmal John Butt:

> *Luther verkündete die Lehre vom Priestertum aller Gläubigen: dass also das besondere Sakrament des Priestertums nicht ausschließliches Vorrecht einer elitären Klasse von Geistlichen ist, sondern jedem Gläubigen zusteht. Das hatte die beinahe magische Wirkung, dass nunmehr jeder als Individuum für seinen eigenen Glauben verantwortlich war; damit einher ging jedoch auch ein neues Gefühl gemeinsamer Verantwortung, dass nämlich die Glaubensgemeinschaft zusammen daran arbeiten muss, dass jeder Einzelne Fortschritte im Glauben macht. Ein protestantischer*

Choral spiegelt das wider und unterstützt es, indem er den Einzelnen und die Gemeinschaft auf besonders wirkmächtige Weise zusammenbringt. Luther erkannte, dass das gemeinsame Singen, ob nun geistlicher oder weltlicher Lieder, einen tiefen gemeinschaftlichen Nachhall erzeugte, ein Zugehörigkeitsgefühl, und so begann er sogleich damit, diesen Gesang zu entwickeln, während er sich immer weiter von der katholischen Kirche entfernte.

Musik als Teil der Luther-Legende: Gustav Spangenbergs Gemälde von 1866 stellt sich vor, wie Luther Laute spielt, während seine Kinder singen.

Letztlich schuf Luther das moderne Deutsch, indem er die Bibel in eine schnörkellose Sprache übersetzte, die für Menschen aus allen Teilen der deutschsprachigen Welt verständlich war. Er wollte, dass sie das Wort Gottes nicht nur verstanden und sprachen, sondern auch singen konnten; deshalb begann er damit, Lieder und Musik für die neuen Kirchengemeinden zu schreiben. «So predigt Gott das Evangelium auch durch die Musik», erklärte er seinen Anhängern. 1524, gerade einmal sieben Jahre nach seinem berühmten Thesenanschlag, der die

Ein Christenlichs lyed Doctoris Martini Luthers/die vnaussprechliche gnad Gottes vnd des rechttenn glauwbens begreyffenndt.

¶ Nun frewdt euch lieben Christengemayn/ Vnd laßt vns frö-lich springen/ Das wir getröst vnnd all in eyn/ Mit lust vñ lyebe singen/ Was gott an vnns gewendet hatt/ Vnd seyn syesse wunder thatt/ Gar theüwr hatt ers erworben/

¶ Dem teuffel ich gefanngen lag/ Ym todt wardt ich verlorenn/ Mein sünd mich quellet nacht vnd tag/ Darinn ich war geporñ/ Ich fiel auch ymmer tieffer dreyn/ Es war kain gütts am lebenn meyn/ Die sünd hatt mich besessen.

¶ Mein gütte werck die golten nicht/ Es war mit inn verdorbẽ/ Der frey will hasset gots gericht/ Er war zům gůtt erstorbẽ/ Dye angst mich zů verzweyflen trib/ Das nichts dann sterben bey mir blyb/ Zůr hellen můßt ich sinckenn.

¶ Da yammert Gott in ewigkait/ Mein ellend über massen/ Er dacht an sein barmhertzigkait/ Er wolt mir helffen lassenn/ Er wanndt zů myr das vatter hertz/ Es war bey im fürwar kaynn schertz/ Er ließ sein bestes kostenn.

¶ Er sprach zů seinem lieben sun/ Die zeytt ist hie zůr barmenn/ Far hyn meins hertzů werde kron/ Vnd sey das hayl den armẽ/ Vnnd hilff in auß der sünden nott/ Erwürge für inn den pittern todt/ Vnd laß in mit dir lebenn.

¶ Der sun dem vatter gehorsam wardt/ Er kam zů mir auff erden/ Von eyner Junckfraw rayn vnd zart/ Er solt mein brůder werden/ Gar haymlich fürt er seyn gewalt/ Er gyeng in meyner armen gestalt/ Den teuffel wolt er fachen.

¶ Er sprach zů mir halt dich an mich/ Es sol dir yetz gelynngen/ Ich gyb mich selber gantz für dich/ Da wil ich für dich ryngenn/ Dann ich bin deyn vnnd du bist mein/ Vnd wa ich bleyb solt du sein/ Vnns soll der feynd nicht schaydenn.

¶ Vergyessen wirt er mir mein plůt/ Dartzů mein lebẽ raubẽ/ Dz leyde ich als dir zů gůtt/ Das halt mit vestem glawben/ Den todt verschlingt das lebenn mein/ Mein vnschuld tregt dz leben dein/ Da bist du selig worden.

¶ Geen hymel zů dem vatter mein/ Far ich von disem leben/ Da will ich seyn der maister dein/ Den gayst wil ich dir geben/ Der dich im trůbnus trösten soll/ Vnnd leernen mich erkennen wol/ Vnd inn der warhaite layttenn.

¶ Was ich gethon hab vnd geleert/ Das solt du thon vñ leeren/ Damit das Reych Gottes werdt gemeertt/ Zů lob vnnd seynen eeren/ Vnd hůt dich vor menschenn gsatz/ Darvonn verdürbt der edle schatz/ Das laß ich dir zůr letze.

A ij

Luthers erstes Gesangbuch, das *Achtliederbuch* von 1524.

Reformation ausgelöst hatte, veröffentlichte er die erste evangelische Liedersammlung, das sogenannte *Achtliederbuch*. Vier der acht darin enthaltenen Gesänge stammten von Luther selbst, darunter die Nachdichtung von Psalm 130 (*De Profundis*): «Aus tiefer Not schrei ich zu Dir». Das Gesangbuch fand so viel Anklang, dass er noch im gleichen Jahr ein weiteres veröffentlichte, diesmal mit 26 Liedern. Bibelpassagen und Reflexionen darüber wurden in Reimverse verwandelt und dann mit Melodien versehen, die jeder sich leicht merken und singen konnte. Diese neuen «Protestanten» ergriffen von der Bibel nicht nur als Buch, in dem sie in ihrer eigenen Sprache lesen konnten, Besitz, sondern auch in Gestalt von Liedern, die selbst diejenigen, die kaum des Lesens mächtig waren, verstehen und in ihrem Kopf sowie in ihrem Herzen mit sich tragen konnten. Choräle wurden auf Wachtürmen rezitiert und auf der Straße gesungen. Das Wort Gottes war den Menschen auf eine völlig neue Art und Weise zuteil geworden. Der Erfolg der Reformation war bekanntermaßen auch der Erfindung des Buchdrucks geschuldet; für John Butt hatte er aber auch mit der Macht des Gesangs zu tun:

> *Der Reim ist natürlich eine sehr wichtige Memorialtechnik, um sich bestimmte Texte merken zu können – mitunter bleiben sie einem dann so sehr im Kopf haften, dass man sie gar nicht mehr loswird. Luther nahm die gängigen Prosatexte der lateinischen Messordnung und verwandelte sie in Verse, die dank des Reims über Klang und Echo verfügten. Er erwies sich nicht nur selbst als Meister darin, sondern animierte auch andere dazu, bestehende Melodien so anzupassen, dass sie wunderbar reimende Gestalt gewannen. Man könnte sogar behaupten, dass der Luther'sche Choral die Entwicklung der abendländischen musikalischen Phrasierung in den folgenden Jahrhunderten nicht unwesentlich beeinflusste. Es handelte sich in gewisser Hinsicht um eine Revolution, auch wenn es in anderer Hinsicht von Kontinuität zeugte. Denn Luther griff zum Teil auf bereits bestehende Lieder zurück, gestaltete – man könnte auch sagen: reformierte – sie jedoch völlig um. Viele außerhalb des Luthertums waren ausgesprochen neidisch auf die Art und Weise, wie es ihm gelang, dieses Gefühl eines gemeinsamen Glaubens zu erzeugen, wie das andere christliche Konfessionen zumindest zu Luthers Zeit nicht schafften.*

Wie bedeutsam das alles war, um die Entschlossenheit der frühen protestantischen Gemeinden zu stärken und neue Mitglieder zu gewinnen, steht außer Zweifel. Sozialpsychologen wissen schon seit langem, wie wichtig Aktivitäten, wie Luther sie entwickelte und an denen häufig die gesamte Gruppe beteiligt ist, für den Zusammenhalt von Gemeinschaften und das gesteigerte Wohlbefinden der Einzelnen sind. Steve Reicher ist Professor für Sozialpsychologie an der Universität von St. Andrews:

> *Physische Synchronisation ist sehr wirkungsvoll, wenn es um die psychologische Synchronisierung geht. Je stärker wir in einem körperlichen Sinne zusammen sind, desto leichter wird es, auch in psychologischer Hinsicht zusammen zu sein und ein Gefühl gemeinsamer Identität zu entwickeln. Singen, Skandieren, Stehen, Marschieren – das alles ist absolut entscheidend, um ein «Wir-Gefühl» zu erzeugen.*
>
> *Man könnte sogar sagen, dass Menschen, die sich an derartigen Aktivitäten be-*

teiligen, Teil meines erweiterten Ichs werden. Dass eine gemeinsame Identität unsere sozialen Beziehungen verändert, und zwar in Richtung Intimität. Wenn wir über eine gemeinsame Identität verfügen, betrachten wir Menschen nicht mehr als «Andere». Sie sind wie wir, sie gehören zu uns, sie sind mit uns. Wir vertrauen ihnen stärker und kooperieren lieber mit ihnen. Wir helfen ihnen, wir unterstützen sie stärker.

Diese Einsicht gilt natürlich für viele Religionen, aber auch für Armeen überall auf der Welt. Es ist für viele Muslime ein zentraler Aspekt des Freitagsgebets, wenn eine große Zahl an Gläubigen gleichzeitig steht, niederkniet, sich bewegt und betet (→ Kapitel 9). Jedes totalitäre Regime hat sich des Marschierens, des Singens und der synchronisierten Bewegung – wenn viele Menschen handeln, als seien sie eins – bedient, um Beteiligten wie Zuschauern die feste Überzeugung von einem gemeinsamen Ziel zu vermitteln.

Es ist unschwer zu erkennen, was dieses gestärkte Gemeinschaftsgefühl im Deutschland der 1520er und 1530er Jahre für die kleinen Gruppen von Lutheranern bedeutete, die die Macht ihrer lokalen Regenten, der römisch-katholischen Kirche oder gar des Kaisers in Frage stellten. John Butt verweist noch auf eine weitere Dimension. Der Akt des Singens, so behauptet er, verändere auch den geistigen und physischen Zustand des Einzelnen und steigere die Empfänglichkeit:

Wenn wir auf das 16. Jahrhundert blicken, so wissen wir, dass gemeinsames Beten und Singen in der Gemeinde sehr emotional sein konnten. Die Menschen waren durch das Erlebnis der Musik zu Tränen gerührt, ganz gleich, ob sie nun selbst sangen oder anderen dabei zuhörten. Wenn man singt, verändert sich der Atem. Mal ist man außer Atem, mal hat man mehr Sauerstoff als üblich. Man erlebt eine Art Rausch, eine körperliche Veränderung, die über den Klang der Musik hinausgeht.

Eine seltene Erstausgabe des Bay Psalm Book, das für das gemeinsame Singen der Protestanten in Massachusetts gedruckt wurde. Die meisten Exemplare wurden benutzt, bis sie völlig zerfleddert waren.

Weil gemeinsames Singen den Gläubigen dabei hilft, die Heilige Schrift zu verinnerlichen, weil es sie zutiefst anrührt und die Solidarität innerhalb der Gemeinde stärkt, überrascht es nicht, dass das Luther'sche Modell, volkssprachliche Texte in

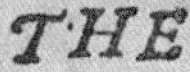

THE VVHOLE BOOKE OF PSALMES

Faithfully

TRANSLATED *into* ENGLISH

Metre.

Whereunto is prefixed a diſcourſe declaring not only the lawfullnes, but alſo the neceſſity of the heavenly Ordinance of ſinging Scripture Pſalmes in the Churches of God.

Coll. III.

Let the word of God dwell plenteouſly in you, in all wiſdome, teaching and exhorting one another in Pſalmes, Himnes, and ſpirituall Songs, ſinging to the Lord with grace in your hearts.

Iames V.

If any be afflicted, let him pray, and if any be merry let him ſing pſalmes.

Imprinted

1640

Reimform zu gießen und zu vertonen, von den meisten anderen protestantischen Kirchen begeistert übernommen wurde. Mit besonderem Elan wurde es von den extremeren Kirchenreformern aufgegriffen, die gerne die biblische Basis ihrer Gottesverehrung betonten, indem sie einzig und allein die Psalmen sangen. Diese alten hebräischen Gedichte, die angeblich von König David persönlich verfasst worden waren, wurden nun als leicht zu merkende gereimte Verse ins Deutsche, Französische und Englische übersetzt. Die Psalmen in der eigenen Sprache zu singen, entwickelte sich rasch zum Markenzeichen einer neuen reformierten Glaubensidentität, wobei sich einzelne Gruppen durch spezifische Übersetzungen und die sie begleitenden Melodien auszeichneten.

Das war eine äußerst erfolgreiche Strategie. Überall in Nordeuropa und Nordamerika sangen sich Protestanten jeglicher Couleur zu neuen und widerstandsfähigen Gemeinschaften, die bis heute Bestand haben, und allen voran gilt das für die puritanischen englischen Siedler, die in den 1630er Jahren mit der Massachusetts Bay Company nach Boston segelten. Diese Glaubensflüchtlinge waren ebenso gebildet wie fromm: Der Grundstein für die Harvard University wurde 1636 gelegt, und zwei Jahre später wurde sie mit einer Druckerpresse ausgestattet. Der gelehrte Klerus der jungen Kolonie stellte schon bald eine neue englische Version der Psalmen zur Verfügung, die makellos genau übersetzt war, ergreifende Melodien aufwies und sich auf beruhigende Weise von allem unterschied, was von anderen Siedlern gesungen wurde. Das Bay Psalm Book, das erste Buch, das im britischen Nordamerika gedruckt wurde, erschien 1640. Es definierte und einte die Protestanten Bostons für über 100 Jahre. Bei einer Versteigerung im November 2013 wurde eine Erstausgabe zum teuersten gedruckten Buch weltweit.

Anglikaner, Methodisten und Baptisten folgten dem lutheranischen Beispiel, und im 19. Jahrhundert erkannte dann auch die katholische Kirche die Macht des gemeinsamen Gesangs und nahm volkssprachliche Kirchenlieder in ihre Liturgie auf. Doch es waren vor allem Afroamerikaner, die dieses Modell bereicherten und veränderten: Sie verknüpften europäisches Liedgut mit alten musikalischen Traditionen Afrikas und schufen daraus Lieder von unvergleichlicher Kraft und Eindringlichkeit, die ein Gefühl der Verbundenheit stifteten unter den Sklaven – die schwarzen Spirituals.

Ein englisches Lied aus dem 18. Jahrhundert belegt eindrucksvoll, was diese Mischung aus schlichter Sprache, Reim und Musik in unterschiedlichen Kontexten bewirken kann: «Amazing Grace». Der Text wurde 1772 vom örtlichen Vikar John Newton für die armen – und ungebildeten – Mitglieder der Pfarrgemeinde Olney in Buckinghamshire verfasst.

Amazing grace, how sweet the sound,
That saved a wretch like me!
I once was lost, but now I am found,
Was blind, but now I see.

Wundersame Gnade, wie süß der Klang,
Die einen armen Teufel wie mich errettete!
Ich war einst verloren, aber nun bin ich gefunden,
War blind, aber nun sehe ich.

Newton versammelt hier in der ersten Strophe eine Reihe von Verweisen auf vertraute biblische Motive (das Gleichnis vom verlorenen Sohn, der gute Hirte, der die verirrten Schafe sucht, Jesus, der die Blinden heilt) und kleidet sie in rhythmische, gereimte Verse. Nur ein einziges Wort – bezeichnenderweise ist es gleich

«Amazing Grace» zur Melodie von «New Britain» (1847).

das erste – besteht aus mehr als nur einer Silbe. Die Theologie – die wundersame Erlösung der sündigen Menschheit allein durch göttliche Gnade – ist lupenreines Luthertum und unmittelbar verständlich: Heilige Schrift und Glaubenslehre in vier knappen Zeilen.

Gut siebzig Jahre später, Ende der 1840er Jahre, wurden diese Verse mit der traditionellen Melodie «New Britain» verknüpft und in einer vereinfachten Notenschrift in Gesangbücher überall in Amerika aufgenommen. Die Wirkung, insbesondere bei der Bevölkerung im Süden, die kaum lesen und schreiben konnte, war enorm. Dort hatte das Lied einen ganz besonderen Beiklang: Vor seiner Konversion und der Entscheidung, Geistlicher zu werden, war Newton Sklavenhändler gewesen. Er sprach ganz offen über sein früheres sündiges Dasein und schloss sich später William Wilberforce im Kampf für die Abschaffung des transatlantischen Sklavenhandels an. In Harriet Beecher Stowes berühmtem Anti-Sklaverei-Roman *Onkel Toms Hütte* von 1852 singt der Hauptprotagonist, der Sklave Onkel Tom, im Moment schlimmster Pein Verse aus Newtons Lied, um Kraft daraus zu ziehen. Natürlich ist das Fiktion, aber trotzdem ist es genau das, was Luther zu erreichen hoffte. Ein kaum gebildeter Mensch, allein und in Not, findet durch die Musik zu den Worten, die seinen Glauben stärken und ihm Hoffnung geben – Worte, die ihm durch das Singen in der Kirche vertraut sind, und damit Worte, die er, wie er genau weiß, mit einer großen Gemeinschaft teilt, der er nach wie vor angehört. Das ist in der Tat *amazing*. Beecher Stowes Roman wurde zu einem Weltbestseller und «Amazing Grace» zu einem der Befreiungslieder, wie es in den Gesangbüchern zu finden war, die man den Soldaten des Nordens im Amerikanischen Bürgerkrieg mit auf den Weg gab.

Spätestens ab den 1940er Jahren wurde das Lied von Sängern der schwarzen Bürgerrechtsbewegung wie Mahalia Jackson auf Konzerten zum Besten gegeben, und es wurde zur Bestärkung des gemeinsamen Ziels von Tausenden gesungen, als sie mit der Forderung nach Bürgerrechten in den 1950er und 1960er Jahren in den US-Südstaaten durch die Straßen zogen. Das mag mit dem Deutschland des 16. Jahrhunderts wenig zu tun haben, aber einer der Anführer dieser Bürgerrechtsbewegung hieß nicht zufällig Martin Luther King. Heute gehört «Amazing Grace» zu der Handvoll Lieder, die vermutlich alle Amerikaner jeder Generation auswendig können. 2015 wurde in Charleston im US-Bundesstaat South Carolina Reverend Clementa Pinckney, der am Lutheran Theological Southern Seminary studiert hatte, bei einem rassistisch motivierten Attentat in seiner Kirche erschossen – zusammen mit acht weiteren Afroamerikanern. Bei der Trauerfeier für die Opfer stimmte US-Präsident Barack Obama am Ende seiner bewegenden

Rede – ganz allein – «Amazing Grace» an. Die Reaktion kam sogleich: Binnen einer Minute hatten alle eingestimmt. Das hätte weder Martin Luther noch den Mann im Kirchenpelz überrascht.

Präsident Obama stimmt bei der Trauerfeier für Reverend Clementa Pickney in Charleston 2015 vor der versammelten Gemeinde «Amazing Grace» an.

Die Beliebtheit des Luther'schen Modells gemeinsamen Singens und Musizierens ist ungebrochen. In Ländern, in denen die Zahl der traditionellen Kirchenbesucher zurückgeht – rasant in Europa und in geringerem Tempo in den USA –, florieren Gemeinden, deren Basis die Musik ist, insbesondere solche, die sich an afroamerikanischen Vorbildern orientieren. Weltweit spielt das gemeinsame Singen bei den am schnellsten wachsenden christlichen Bewegungen eine zentrale Rolle. So hat die Hillsong Church der Pfingstbewegung im australischen Sydney inzwischen in aller Welt Kirchen, die mit ihr verbunden sind: Der New Yorker Ableger etwa lockt jeden Sonntag mehr als 6000 Menschen zum Gottesdienst, in dem man an ausgelassenem Singen, Jauchzen und (nicht immer perfekt synchronisiertem) Skandieren teilhaben kann.

Im evangelischen Modell des Sonntagsgottesdiensts, so John Butt, haben gut ausgebildete Profis zwar nicht mehr das Monopol aufs Musizieren, aber ausgeschlossen sind sie deswegen keineswegs – tatsächlich sind sie nach wie vor wichtiger Bestandteil der Messe:

> *Luther scheint ein Gespür dafür gehabt zu haben, wie wichtig es für die Gläubigen ist, gemeinsam der Musik zu lauschen und zusammen zu musizieren. Das Luthertum war schon immer sehr flexibel, wenn es um die Beteiligung der Gemeinde geht, hat dabei aber die spezielleren, komplexeren Formen musikalischer Andacht nicht geopfert. Wenn man beispielsweise einen guten Chor hat, dann gibt es auch ein spezielles Stück für diesen Chor, dem die versammelte Gemeinde lediglich lauscht, ohne selbst mitzusingen.*

Doch die Gläubigen, so behauptet John Butt, würden anders zuhören. Dieser spezifisch evangelische Ansatz verändert die Art und Weise, wie eine Gemeinde Musik wahrnimmt, gerade weil sie selbst Musik macht. Und das schuf die Voraussetzungen für einige der großartigsten Kompositionen europäischer Musikgeschichte – Johann Sebastian Bachs Vertonungen der Leidensgeschichte Jesu:

> *Denkt man an die Liturgie, für die Bach seine Passionen schrieb, so sorgt die Tatsache, dass die Gemeinde am Anfang, in der Mitte und am Schluss einen Choral singt, dafür, dass die Gläubigen in einen besonderen geistigen Zustand versetzt werden, sie werden zu einem Resonanzraum, zu einem aufnahmebereiten Raum; selbst wenn sie also während der Passion überhaupt nicht selbst singen, wird ihnen eine Art aktiver Kontemplation ermöglicht, weil sie alle Anteil an dieser gemeinsamen Rahmung des gesamten Ereignisses haben.*

Dieses Mischmodell aus Zuhören und eigener Beteiligung erlebt in der protestantischen Welt seit Jahrhunderten auf allen Ebenen musikalischen Könnens eine Blüte – ein Vermächtnis Luthers, das sich heute allerorten in Chorgemeinschaften, Kirchenchören und noch den bescheidensten Weihnachtsgottesdiensten besichtigen lässt. John Butt erkennt aber auch noch einen weiteren, viel allgemeineren und vollkommen säkularen Widerhall dieser Tradition:

> *Zumindest im angloamerikanischen Kulturraum scheint sie Eingang in die Welt der Popkonzerte gefunden zu haben, wo die Besucher den Interpreten lauschen, aber auch mit bemerkenswerter Hingabe selbst mitsingen. Sie kennen die Texte und die Gesten, und dadurch entsteht eindeutig ein Gemeinschaftsgefühl. Protestantische Kulturen verfügen über eine angeborene Tradition, sich im Lied, im Gesang zu vereinen.*

Das ist in der Tat ein betörender Gedanke – Woodstock und das Glastonbury Festival als unerwartete, späte Blüten des protestantischen Sonntags.

TEIL III

THEATER DES GLAUBENS

Alle religiösen Traditionen messen der öffentlichen Inszenierung spirituellen Lebens große Bedeutung bei. In solchen Zeremonien sind die Angehörigen einer Glaubensgemeinschaft Mitwirkende und Zuschauer zugleich, eine Doppelrolle, die für die Schaffung spirituellen und sozialen Zusammenhalts von zentraler Bedeutung ist.

In diesem öffentlichen Raum des Glaubens sind das Politische und das Religiöse unausweichlich miteinander verbunden. In Sakralbauten und in rituellen Handlungen und Gaben artikulieren Gesellschaften ihre Sicht einer angemessenen Weltordnung. Und in Feiern, die von Generation zu Generation wiederholt werden, definieren sie die spirituelle Gemeinschaft und verleihen ihr die Kraft, über das einzelne Leben des Gläubigen hinaus fortzubestehen.

Kapitel 11

Das Haus Gottes

Die Ausgrabungsstätte Göbekli Tepe ist außerhalb archäologischer Kreise kaum bekannt. Dennoch ist sie von zentraler Bedeutung für die Geschichte religiöser Bauwerke. Sie liegt in der Südosttürkei unweit der Grenze zu Syrien, und ihr Name bedeutet bauchiger Hügel. Angesichts seiner Höhe von 15 Metern, kann man eigentlich kaum von einem Hügel sprechen. Um ihn herum wächst heute nur karges Gestrüpp; Ausgrabungen, mit denen man 1996 begann, belegen jedoch, dass hier etwa 11 000 oder 12 000 Jahre zuvor ein Volk von Jägern und Sammlern zusammenkam, um ein gewaltiges Monument aus Steinen zu errichten. Es umfasst mindestens 200 megalithische Pfeiler, von denen einige fast sechs Meter hoch sind. Die meisten von ihnen sind kreisförmig angeordnet, und einige von ihnen tragen Reliefs mit Darstellungen von Figuren und Tieren – meist nicht von den Hirschen, die der lokalen Bevölkerung als Nahrungsquelle dienten, sondern von gefährlichen wilden Tieren wie Löwen, Schlangen und Aasgeiern. Wozu waren sie da?

Der größte Teil des Areals wartet noch darauf, ergraben zu werden, jedoch vertritt der Archäologe Klaus Schmidt, der die Ausgrabungen in den späten 1990er Jahren leitete, die Ansicht, dass es sich bei dieser riesigen geheimnisvollen Anlage nicht um eine Siedlung, sondern um ein Heiligtum handelte – um einen Ort regelmäßiger Versammlungen, der vermutlich dem Totenkult geweiht war. Er fand Tierknochen, die auf große, über mehrere Jahrhunderte mehrfach abgehaltene Festgelage, jedoch nicht auf kontinuierliche Besiedlung hinwiesen. Schmidt zog

König Gudea von Lagasch, Erbauer des Tempels von Girsu (im heutigen Irak), in Anbetung des Gottes Ningirsu (um 2130 v. u. Z.).

Ausgrabungen am Göbekli Tepe im Südosten der Türkei, der als älteste religiöse Stätte der Welt gilt.

daraus die Schlussfolgerung, dass die Anlage des Göbekli Tepe, die ganze 6000 Jahre vor Stonehenge errichtet wurde, das älteste religiöse Großbauwerk auf der ganzen Welt ist.

Wenn das stimmt, dann repräsentiert dieser Fundort den Schlüsselmoment der Geschichte, in dem Menschen zum ersten Mal eine Kolossalanlage schufen, um darin religiöse Rituale zu feiern. Wie Newgrange war dieser Ort offenbar unter hohem Aufwand von einer großen Gemeinschaft mit einer Reihe gemeinsamer Glaubensvorstellungen erbaut worden. So gesehen war es eine umfassende Weiterentwicklung dessen, was wir am Eingang zur Höhle des Löwenmenschen in Kapitel 1 zu erkennen glauben, ein Ort, an dem Menschen von weither zu rituellen Feiern zusammenkamen.

Schmidt glaubte, dass Göbekli Tepe sogar noch bedeutender sein könnte: dass ein gemeinsames Glaubenssystem weithin verstreute Menschen nicht nur dazu brachte, sich hier zu versammeln, sondern es ihnen auch ermöglichte, übergreifender zusammenzuarbeiten als je zuvor. Er argumentierte, dass Jäger und Sammler später in der Lage waren, gemeinsam in Städten zu leben und zu arbeiten, weil sie sich ähnliche Formen der Kooperation zunächst bei der Schaffung eines solchen Ortes für religiöse Zeremonien angeeignet hatten. Die Planung und Errichtung eines bedeutenden Sakralraums war der nötige Probelauf für die urbane Zivilisation – oder wie er es schlagend formulierte, indem er die klassische Abfolge umkehrte: «Zuerst kam der Tempel, dann die Stadt». Mit anderen Worten: Wir lebten mit den Göttern, bevor wir eng beieinander zusammen lebten.

In den letzten beiden Kapiteln haben wir gesehen, wie die Menschen versuchen, mit dem Göttlichen in Kontakt zu treten, wie durch Kontemplation, Beten und Singen Strategien entwickelt wurden, die uns dabei helfen, unsere alltäglichen Belange beiseite zu schieben, um uns stattdessen auf eine Welt jenseits unserer unmittelbaren Bedürfnisse zu konzentrieren. Aber so wichtig es auch ist, *wie* wir mit dem Göttlichen Kontakt aufnehmen, so bedeutend war es immer schon, *wo* wir das tun. In den meisten Städten und Kulturen sind die sakralen Gebäude die prächtigsten, kostspieligsten und beständigsten und oftmals der Mittelpunkt des Gemeindelebens. Das gilt für den Artemis-Tempel in Ephesos (→ Kapitel 16), für die große Stupa in Sarnath (→ Kapitel 14) und für den Kölner Dom (→ Kapitel 14). Aber wie gestaltet man solche Gebäude – Orte, an denen die Götter zu ihrem Volk kommen können und das Volk zu seinen Göttern?

Wir können nur darüber spekulieren, welche Vorstellungen oder politischen Ideen hinter den komplexen Formen und Skulpturen von Göbekli Tepe stehen, auch wenn wir immer mehr erfahren, je weiter die Ausgrabungen voranschreiten. Die ältesten Sakralbauten, über die es erhaltene Schriftstücke gibt – aufgrund derer wir also ziemlich sicher sagen können, was die Menschen dachten und wie der Bauprozess geplant war – befinden sich einige hundert Kilometer südlich von Göbekli Tepe in Mesopotamien. Sie wurden etwa acht Jahrtausende später errichtet, kurz vor 2000 v. u. Z. Das British Museum besitzt sowohl Texte als auch Objekte einer dieser heiligen Stätten – ein Tempel in einer Stadt, die unmittelbar nördlich des Zusammenflusses von Euphrat und Tigris liegt. Damals hieß diese Stadt Girsu, das heutige Tello im Irak.

Girsu war das religiöse Zentrum von Lagasch, einem kleinen, etwa 1600 Quadratkilometer großen Stadtstaat, der mehrere bedeutende und für die

Gegenüber: Vier Götter aus Kupfer setzen Gründungspflöcke für den Tempel in Girsu.

Links: Steintafel, die von König Gudeas Erneuerung des Tempels in Girsu berichtet: «Gudea, Herrscher von Lagasch, der die Geschicke wieder in richtige Bahnen lenkte.»

damalige Zeit große Städte umfasste. Lagasch war durch Ackerbau und Handel reich geworden. Es importierte Gold aus dem Sinai, Kupfer aus Arabien und Zedernholz aus dem Libanon; und durch den Schutz seines wichtigsten Gottes Ningirsu, Herrscher über Regen und Donner, Ackerbau und Krieg, hatte es seine Nachbarn erfolgreich in ihre Schranken verwiesen. Der Haupttempel dieses Gottes in Girsu war das bedeutendste religiöse Gebäude in Lagasch.

Der erste Schritt zur Schaffung dieses Sakralraums war ein göttlicher Besuch bei Gudea, dem König von Lagasch, so erzählt es ein Gedicht, das als Keilschrifttext im Louvre aufbewahrt wird. Der Gott erschien dem König im Traum und wies ihn an, auf einem gewöhnlichen Stück Land einen Tempel für Ningirsu zu errichten. Gudea wollte dem natürlich Folge leisten und verfügte über genügend Reichtümer. Er wusste jedoch nicht recht, wie er vorgehen sollte: «Ningirsu, deinen Tempel werde ich dir bauen. Aber einen Plan habe ich nicht. Held, allzu Erhabenes hast du verkündet, Sohn Enlils, Herr Ningirsu, sein Inneres kann ich nicht verstehen.» Er fand offensichtlich bald jemanden, der wusste, was zu tun war, denn das British Museum besitzt den

Beweis für das, was als nächstes geschah: vier etwa 15 bis 20 Zentimeter hohe Statuetten aus Kupferlegierung. Sie zeigen vier bärtige Männer, die sich auf ein Knie niedergelassen haben. Jeder von ihnen hält eine Art Nagel aus Kupfer in der Hand, der mehr ab halb so groß ist wie sein ganzer Körper. Sebastien Rey, Kurator des British Museum und derzeit in Tello mit Ausgrabungen beschäftigt, erklärt, dass diese Männer keineswegs aussehen wie gewöhnliche Bauarbeiter aus der Bronzezeit:

> *Es sind Götter: Sie tragen jeder eine Tiara mit vier Hörnern, das Symbol der Göttlichkeit. Sie halten Gründungspflöcke in Händen. Ihre Aufgabe ist es, den Boden zu segnen, und man vergrub sie, um die Grenzen der heiligen Tempelstätte zu markieren. Tafeln, die man in die Fundamente einließ, teilten den Göttern – und damit letztendlich uns – mit, dass dieser Tempel Eninnu genannt wurde, was «Haus 50» bedeutet. Der Name erscheint seltsam, aber 50 war die geheime Zahl Enlils. Er war der oberste Gott des Pantheons von Lagasch und der Vater von Ningirsu. Im Innern des Tempels befanden sich viele verschiedene Artefakte – Statuen, Gedenktafeln und Gefäße mit Inschriften, die alle den Göttern geweiht waren.*

Herr der Wildnis: der Gott Ningirsu als Sturmvogel (um 2500 v. u. Z.).

Es gab sicher auch Statuen von Ningirsu selbst in seiner menschlichen Gestalt, aber keine von ihnen ist erhalten: Sie bestanden aus Holz und Edelmetallen – Silber und Gold, die später vermutlich eingeschmolzen wurden. Im British Museum befindet sich jedoch noch ein Relief aus Kupferlegierung, das von einem benachbarten Tempel stammt. Darauf sehen wir Ningirsu in seiner nichtmenschlichen Gestalt – als herabschießenden Sturmvogel, einen Adler mit Löwenkopf. Er ist der Herr der Wildnis, der seine Krallen in die Hinterteile zweier Hirsche mit kampfbereit erhobenem Geweih schlägt. Er ist so kraftvoll, dass sein Kopf die obere Begrenzung des Rahmens sprengt und in den Raum des Betrachters hineinragt. Mit seinem Flügelschlag erzeugt er Sturm. Er weist die Mächte der Natur in ihre Schranken. Er ist der Beschützer von Lagasch.

Die Statuen von Ningirsu in Menschengestalt befanden sich vermutlich ganz im Innern des Tempels, in einem geschlossenen Raum, neben Skulpturen des Königs Gudea: Gott und Bauherr Seite an Seite. Wir wissen, wie Gudea aussah, denn er war ein eifriger Tempelbauer, und viele seiner Statuen sind erhalten. Eine von ihnen befindet sich heute im British Museum. Ihm von Angesicht zu Angesicht gegenüber zu stehen, ist eine irritierende Erfahrung. Die Statue ist nahezu lebensgroß, in Dolerit gehauen, ein hartes, grünschwarzes Gestein, weshalb seine Gesichtszüge stark schematisiert sind. Sein Kopf ist vollständig rasiert, seine Augenbrauen bestehen aus einem kräftigen gewölbten Bogen. Er trägt ein Gewand, das eine Schulter und seine gefalteten Hände frei lässt. Es ist die Darstellung eines mächtigen Mannes, der ganz und gar auf sein Gebet konzentriert ist und sich nicht darum schert, wer ihn gerade ansieht. Sebastien Rey erklärt weiter:

> *Gudeas Statue stand im Allerheiligsten, dem ehrwürdigsten Platz im Tempel, so dass er den Gott Ningirsu anblicken und ihm auf ewig huldigen konnte, sogar noch nach seinem eigenen Tod. Seine Augen sind so groß, weil er Ningirsu vor sich sieht; er hat große Ohren, weil er die Stimme und die Botschaft Ningirsus vernimmt. Und wie der König dem Gott huldigt, so huldigen die Betrachter beiden – dem Gott und dem König.*

Nicht alle Anbetenden hatten zu allen Teilen des Tempels Zutritt. Im Innern gab es unterschiedliche Grade von Heiligkeit: Schwellen, markiert durch riesige steinerne Türeinfassungen und lange Korridore, über die nur manche gehen durften. Das Ansehen bestimmte, wer welchen Eingang benutzen konnte, und wie weit man sich dem inneren Heiligtum – und damit Ningirsu selbst – nähern durfte. Der Tempel war für die Einwohner von Lagasch der Palast Gottes, und genau wie in einem Königspalast war es dem größten Teil des Volkes nur erlaubt, sich draußen auf dem Vorplatz aufzuhalten. Unser Wort «Basilika», das im Griechischen soviel wie königlicher Gerichtshof bedeutet, zeigt, wie stark diese Gleichsetzung von Göttlichem und Königlichem später die Gestaltung christlicher religiöser Bauwerke beeinflusste. Aber in Girsu war der Tempel wortwörtlich die Heimstatt des Gottes mit privaten Gemächern, die für alle Bedürfnisse ausgestattet waren. Es gab dort Küchen und Speisesäle, Wohnzimmer und Räumlichkeiten für Gäste. Hier und in anderen vergleichbaren Tempeln hatten die Götter ihre eigenen Betten, und wir besitzen bis ins erste Jahrtausend vor Christus zurück datierende Zeugnisse für aufwändige priesterliche Rituale, in denen ihnen Kleider, Gefäße und andere Objekte dargebracht wurden. Noch einmal Sebastien Rey:

> *Die neu gefertigte Statue eines Gottes wurde durch das Ritual der Mundwaschung in etwas Lebendiges verwandelt – in ein lebendes Wesen. Danach wurden diese Kultstatuen von den Priestern so behandelt, als wären sie menschliche Geschöpfe. Sie wurden morgens geweckt, sie wurden angekleidet und bekamen jeden Tag zwei Mahlzeiten. Wenn der Tag sich neigte, wurden sie in ihren eigenen Räumen im Tempel zu Bett gebracht.*

Auf dem Schoß einer Statue König Gudeas im Louvre befindet sich ein Grundriss des Ningirsu-Schreins. Er zeigt deutlich den abgetrennten heiligen Bereich, in dem Ningirsu wohnt und angebetet wird. Starke Mauern und von Türmen flankierte Tore schirmen ihn vor der Stadt ab.

Es war demnach nicht nur so, dass wir Menschen mit den Göttern leben wollten, sondern die Götter sollten auch mit uns leben. Und sie waren nicht auf ihre Tempel beschränkt. Ihnen gehörte das Land von Lagasch, und so wurden ihre Statuen mehrmals im Jahr aus ihren Heiligtümern geholt, in Wagen oder Booten herumgefahren oder in großen Prozessionen über die Felder getragen. Die Figur eines Gottes wie Ningirsu zog auch aus, um anderen Gottheiten einen Besuch abzustatten, vor allem seinen Verwandten, deren Haus-Tempel in anderen Städten von Lagasch standen: der seiner Schwester Nansche in Nigin (das heutige Tell Surghul), der seiner Gattin Ba'u nebenan in der gleichen Anlage in Girsu, und so weiter. Diese Prozessionen von Göttern und Menschen spielten eine wichtige Rolle für das, was wir heute als Staatenbildung bezeichnen würden. Sie erinnerten die Einwohner von Lagasch daran, dass sie, obwohl sie in verschiedenen Städten lebten, Teil eines Staates waren, Untertanen desselben Herrschers, eine Gemeinschaft durch die Anbetung derselben Götter.

Der Ningirsu-Tempel wurde vor über 4000 Jahren gebaut, ausgestattet und genutzt. Dennoch sind die Muster und Vorstellungen, die diese heilige Stätte im alten Lagasch prägten, noch heute in ganz Eurasien erstaunlich präsent. Die Türen von St. Paul's Cathedral in London tragen eine Inschrift, die den Besucher zumindest metaphorisch daran erinnert, dass es sich hier um ein Heiligtum, zugleich jedoch um eine Wohnstätte handelt: «Hier ist nichts anderes als das Haus Gottes». Im Innern wurden Denkmäler errichtet, um Gott für siegreiche Schlachten und den Schutz des Landes zu danken: Die Verbindung von weltlicher und göttlicher Macht könnte kaum anschaulicher sein. In Hindu-Tempeln auf der ganzen Welt ruhen die Götter. Man weckt sie zu bestimmten Tageszeiten und kümmert sich um sie. In römisch-katholischen Kirchen findet man für gewöhnlich Bilder der Schutzheiligen, denen sie geweiht sind, ähnlich den Bildnissen Ningirsus, die über seinen Tempel wachen – und in Südeuropa und Lateinamerika besuchen diese Heiligen andere Heilige in den übrigen Kirchen der Stadt, so wie Ningirsu Jahrtausende zuvor seine Familie besuchte.

Die Zutrittshierarchie, die in mesopotamischen Tempeln schon so früh klar geregelt ist, wird später auch im übrigen Eurasien nachgeahmt. In Girsu war der Zutritt zum innersten Sanktum des Tempels, wo die Götter wohnten, den Allermeisten verwehrt. Sie blieben im Vorhof. Im Jerusalemer Tempel gab es über tausend Jahre später ein vergleichbares System strikter Graduierung, das zwischen Heiden, Frauen, Männern und Priestern unterschied. In zoroastrischen Tempeln dürfen sich nur Priester dem heiligen Feuer nähern und es hüten (→ Kapitel 2). In weiten Teilen der Geschichte des Christentums waren Altäre auf ähnliche Weise abgetrennt, und der Raum um sie herum war dem Klerus vorbehalten. In den griechisch- und russisch-orthodoxen Kirchen haben bis heute ausschließlich die Priester Zutritt zum Allerheiligsten, das die Laien weder sehen noch betreten dürfen. Über die Jahrtausende hinweg wurden Statuen von Stiftern und Erbauern in christlichen Kirchen und Kathedralen möglichst nah am Altarbereich aufgestellt, wo sie, wie in Girsu, nicht nur auf ewig, sondern auch in privilegierter Nähe zu Gott betend dargestellt sind. Die mesopotamischen Gedenktafeln und Skulpturen im British Museum zeigen die Anfänge solch erstaunlich beständiger Muster; Muster, in denen Macht Zugang sichert und Zugang Macht verstärkt.

Architekturmodell für die Herz-Jesu-Kathedrale in Kericho, Kenia.

Gegenüber König Gudeas Traum und den Gründungspflöcke haltenden Göttern stehen am anderen Ende der dokumentierten Zeitskala die 2012 angefertigten Pläne und Modelle der britischen Architekten John McAslan + Partners für eine neue Kathedrale im kenianischen Kericho, etwa 200 Kilometer nordwestlich von Nairobi. Hier scheinen die räumlichen Voraussetzungen komplett anders zu sein. Der hierarchisch geregelte Zutritt, die Abgrenzung bestimmter Areale, die rigide Trennung von Innen- und Außenbereich, das alles ist verschwunden. Während Ningirsus Tempel viele Merkmale der königlichen Palastarchitektur nachahmt, verdeutlicht die Gestaltung hier den Wunsch nach Transparenz und demokratischer Offenheit. Diese Gesellschaft begegnet ihren Göttern auf einer ganz anderen Basis.

Die Kathedrale von Kericho steht hoch auf einem Hügel mit weitem Ausblick über ausgedehnte Teeplantagen am Rande des Rift Valley. Ihr rotes Ziegeldach ist kilometerweit sichtbar. Im Mai 2015 geweiht, wurde sie zum Wahrzeichen ihrer Region. Sie veranschaulicht einige der Fragestellungen, mit denen sich Architekten heutzutage auseinandersetzen müssen, wenn sie sich der jahrtausendealten Herausforderung stellen, Sakralräume für große Gemeinden zu

Eine Kathedrale, die sich erweitert: um den Altar herum erreicht die Kathedrale von Kericho ihre größte Ausdehnung.

bauen, in diesem Fall eine Diözese von etwa 250 000 Menschen. Die einfachen Linien des Architekturmodells zeigen, dass es im Innern keine Schranken gibt, keine abgegrenzten Räume: Der Innenraum erweitert sich nach und nach, wird breiter und höher mit jedem Schritt, den der Besucher von der Türe im Westen zum Altar am östlichen Ende geht. Er wird geformt und eingefasst von zehn freiliegenden Betonrippen in Gestalt von umgedrehten «V»s und ist mit Holzlamellen ausgekleidet, die das starke afrikanische Licht filtern. Ein Stifter aus dem Ausland stellte die finanziellen Mittel zur Verfügung. Aber während die großen Tempelbauer des Altertums – Gudea in Lagasch oder Salomon in Jerusalem – exotische Hölzer und Metalle aus fernen Gegenden heranschafften, waren sich die Architekten hier darüber einig, dass dies ein afrikanisches, genau genommen ein kenianisches Gebäude werden sollte. Aidan Potter, einer der Architekten, erläutert ihre Überlegungen:

Wir wollten keines der Materialien importieren. Es ist ein Gebäude von gewaltigen Dimensionen, aber wir wollten nicht, dass es den Eindruck vermittelt, als sei es ein Schaustück europäischer oder amerikanischer Generosität, das hier eingeflogen und dem Ort aufgedrängt wurde. Die Böden sind aus kenianischem Granit und Blau-

stein, die Skulpturen aus lokalem Speckstein gefertigt. Das Holz für die Deckenlamellen, die Türen und das Mobiliar lieferten Zypressen aus Kericho. Und das rote Dach ist mit Ziegeln aus der Region gedeckt. Auch wenn es durch die Großzügigkeit und Menschenliebe eines Stifters möglich wurde, dieses Gebäude zu finanzieren, wollten wir sicherstellen, dass es eine gewisse Bescheidenheit ausstrahlt.

Als die Materialien einmal ausgewählt waren, wurde die Gestaltung mit dem Bischof von Kericho, Emmanuel Okombo, besprochen, und man entschied sich, die räumlichen Trennungen, die man oft in traditionellen Kirchen vorfindet, aufzulösen:

Dem Bischof war sehr daran gelegen, dass die Gemeinde stärker in die Messfeier eingebunden wird. Und so weicht die Kathedrale von der klassischen Struktur des lateinischen Kreuzes ab. Raum und Volumen erweitern sich, je näher man dem Altar rückt: Die Idee dahinter war, dafür zu sorgen, dass eine maximale Anzahl von Menschen um einen sehr großen Altar Platz fand – so konnte die Gemeinde an der Messfeier visuell und sozial bestmöglich Anteil haben.

Bemerkenswerterweise stellte Aidan Potter fest, dass eine der wichtigsten Fragen bei der Gestaltung des neuen Gebäudes genau die war, welche die Erbauer von Newgrange 5000 Jahre zuvor offenbar stark beschäftigt hatte (→ Kapitel 4): Wie kommt das Licht herein?

Wie schafft man einen Sakralraum? Vieles hängt von der sorgfältigen Planung des Lichteinfalls ab. An bedeutenden mystischen Orten wird dem Licht stets besondere Aufmerksamkeit gewidmet. In unserer Kathedrale wählten wir ein Oberlicht, damit sich ein Lichtstreifen durch das Mittelschiff der Kirche zieht und schließlich den Altar beleuchtet. Wir wollten, dass die Randbereiche des Gebäudes ein wenig schummrig, etwas dunkler bleiben, um den dramatischen Lichteffekt zu verstärken. Das Ergebnis war ein dezenter, freundlicher Raum, der durch das lokale Holz wundervoll leuchtete. Das trägt zu einer interessanten Dynamik des Sakralraums bei: Es können sich problemlos zwei oder 1500 Menschen darin aufhalten – erfahrungsgemäß, ohne dass jemand an irgendeiner Stelle zu kurz kommt.

Nicht nur die Architekten und der Bischof, sondern auch die Gläubigen spielten eine wichtige Rolle bei der Planung. Wie die Auswahl der lokalen Materialien den Geschmack der Gemeinde spiegelt, so spiegelt die Gestaltung die Weise, in der sie zum Gottesdienst kommen. Zwar wird dieser Sakralraum von festen Mauern eingefasst, verstärkt durch Skulpturen, welche die Stationen des Kreuzweges zeigen, doch ist diese Umgrenzung auf besondere Weise durchlässig. Aidan Potter führt das weiter aus:

> *Der Bischof hatte eine schöne Idee: entlang beider Seiten der Kathedrale viele Türen einzulassen, die am Ende des Gottesdienstes alle weit geöffnet werden sollten. Die Idee bestand darin, dass nach der Messe jeder ausziehen sollte, als sei er, wie die Apostel, von Christus selber in die Welt gesandt worden. Die Zahl der Gläubigen, die zur Kathedrale von Kericho kommen, ist so groß, dass der nächste Schwung von Menschen immer schon draußen Schlange steht und darauf wartet, an einem der folgenden Gottesdienste teilnehmen zu können. Wenn sich alle Türen öffnen und die erste Gemeinde hinausströmt, entsteht meist ein Gewühl von Menschen, die aus dem Gottesdienst kommen und nun draußen Freunde treffen. Das ist ein fantastischer Moment – eine sehr afrikanische Eigenheit, die durch die Form der Kathedrale ermöglicht und auch gefördert wird. So wird dem Gebäude durch die Menschen und seine Umwelt Leben eingehaucht. Und so entsteht auch über den Ort hinaus eine Gemeinschaft, denn viele soziale und geistliche Aktivitäten spielen sich draußen ab. Das ist eine Lektion, die wir von Afrika lernen können: dass der Glaube auch außerhalb der konventionellen Mauern, die wir errichten, praktiziert und gefeiert werden kann.*

Zwischen der Kathedrale von Kericho und dem Tempel in Girsu könnte kaum mehr Abstand liegen, weder im Hinblick auf ihre Entstehungszeit, noch auf ihre Konzeption. Kericho veranschaulicht einen weltweiten radikalen Wandel in der christlichen Architektur der letzten Jahrzehnte. Diese Kathedrale ist zwar immer noch als ein Haus Gottes konzipiert, aber sie ist ein Haus Gottes, in dem alle Menschen gleich sind. Es gibt im Innern keine räumlichen Schranken, um Hierarchien zu behaupten oder verschiedene Gruppen der Gemeinde voneinander zu trennen. Es ist ein Raum, von dem aus sich das Heilige in die umliegende Landschaft ausbreiten kann. Wie der Tempel in Girsu, wie alle religiösen Bauwerke, spiegelt die Kathedrale von Kericho in ihrem Entwurf wie in den gewählten Materialien Bestrebungen und Ideale, die ebenso politisch wie religiös sind.

Die Funktionsweise von Sakralräumen kann sich wandeln, aber die Erfahrungen, die man in ihrem Innern macht, bleiben meist so, wie sie immer schon waren. Diese Räume sind geheiligt durch die Präsenz voriger Generationen, die oftmals über Jahrhunderte hinweg dort gebetet haben – eine Atmosphäre von Heiligkeit, die man nicht erklären kann und dennoch unschwer wahrnimmt, und die den Gläubigen das Gefühl gibt, dem Göttlichen näher zu sein. Vielleicht erklärt sich so der erstaunliche Zuwachs an Gottesdienstbesuchern in englischen Kathedralen, den man in den letzten Jahren verzeichnete – auch Menschen ohne festen Glauben werden von der Musik, der Schönheit der Gebäude und dem Gefühl einer beständigen Ordnung und Gemeinschaft, in der sie einen Platz haben, angezogen.

Das ist einer der Gründe, warum die Aufgabe heiliger Stätten oft so problematisch ist. Auch wenn viele westliche Länder zunehmend säkular sind, entstehen häufig gemischte Gefühle, die auch öffentlich formuliert werden, wenn etwa entweihte Kirchen als Wohnraum oder zu wirtschaftlichen Zwecken genutzt werden. Viele von ihnen wurden zu Gemeindezentren, Kunstgalerien oder Konzerthäusern und blieben so Orte der Zuflucht vor den Sorgen der Außenwelt, an denen sich Menschen versammeln, um mit etwas in Berührung zu kommen, das jenseits ihrer selbst liegt – eine Art säkularer Sakralraum.

Dieser anhaltende Respekt vor heiligen Orten zeigt sich am deutlichsten, wenn eine Gebetsstätte – eine Moschee, ein Tempel, eine Synagoge oder Kirche – entweiht wird. Auch wenn niemand verletzt wird, begreift man ein solches Ereignis allgemein als Angriff, nicht nur auf ein Gebäude, sondern auf eine ganze Gesellschaft. Angefangen von der Zerstörung des Tempels in Jerusalem 70 u. Z. (→ Kapitel 27) über den Abriss der Hugenottenkirche von Charenton 1685 (→ Kapitel 28), der Moschee von Ayodhya 1992 (→ Kapitel 28) und der orthodoxen Kirchen und Moscheen auf dem Balkan im gleichen Jahrzehnt, erschüttern und bedrohen solche Übergriffe die Menschen, wie nur wenige Anschläge auf das eigene Hab und Gut das könnten: Menschen, Glaube und Gebäude werden instinktiv als Einheit begriffen.

Kapitel 12

Geschenke für die Götter

Von Zeit zu Zeit finden die Reinigungskräfte des British Museum am Abend, wenn die Besucher fort sind, kleine Gaben wie Früchte oder Blumen, die sorgsam vor einer Statue niedergelegt wurden. In der Regel ist es eine Hindu-Statue, bevorzugt Ganesh. Diese Funde sind der rührende Beweis für eine Gewohnheit, die tief in der hinduistischen Glaubenspraxis wurzelt. Natürlich beschränkt sich dieser Brauch keineswegs nur auf den Hinduismus: In den meisten Religionen ist das tägliche Leben mit den Göttern nicht zu trennen von regelmäßigen Gaben für diese – oder von Spenden für wohltätige Zwecke in deren Namen. Dieses Muster des Gebens bekräftigt eine fortdauernde Beziehung wechselseitiger Gewährung und Verpflichtung.

Das Museum ist voll von solchen Opfergaben, einfacher oder extravaganter Ausdruck menschlicher Hoffnungen, Bedürfnisse oder Gebefreudigkeit aus allen Jahrtausenden und aus der ganzen Welt. Die meisten dieser Geschenke für die Götter wurden eindeutig von Einzelpersonen dargeboten, und zu den eindringlichsten unter ihnen gehören kleine Nachbildungen von Körperteilen, billig hergestellt aus Ton, Metall oder Wachs, dargebracht in der Hoffnung auf Heilung oder noch häufiger als Dank für die Genesung. Sie sind ergreifend, aber geben ihren Spender meist in keiner Weise preis. Hinter ihnen stehen oft obskure Kulte oder Biographien und Geschichten, die sich uns niemals erschließen werden.

Der Schatz des Guatavita-Sees: eine Goldfigur der Muisca, die um 1500 v. u. Z. rituell in den See geworfen wurde.

Wir erhalten jedoch Aufschluss darüber, wie ganze Gesellschaften den Göttern Geschenke machten, und warum sie es als Gemeinschaft taten. Auch das scheint ein universales Phänomen zu sein, und in diesem Kapitel geht es um zwei besonders hervorstechende Beispiele. Beide kamen in spektakulären Szenerien zum Einsatz, die man wahrhaft als Theater des Glaubens bezeichnen kann – die Laguna de Guatavita hoch in den kolumbianischen Anden und der Parthenon in Athen. Sie erzählen uns viel über die Götter, die dort verehrt wurden, und, wie nicht anders zu erwarten, noch mehr über die Menschen, die sie verehrten.

Und so war die Zeremonie: In jener Lagune baute man ein großes Floß aus Bambusrohren, schmückte es und richtete es aufs Schönste her.

Zu diesem Zeitpunkt zogen sie den Thronfolger nackt aus, salbten ihn mit einem klebrigen Lehm und bestäubten ihn mit pulverisiertem und gemahlenem Gold, so dass er ganz mit diesem Metall bedeckt war. Sie brachten ihn auf das Floß, wo er aufrecht stand, und zu seinen Füßen legten sie eine große Menge Gold und Smaragde, damit er sie ihrem Gott opfere. Mit ihm betraten die vier bedeutendsten Kaziken das Floß, ebenfalls nackt, geschmückt mit Federschmuck, Bemalungen, goldenen Kronen, Armreifen und Ohrringen, und jeder hatte Opfergaben dabei. Als das Floß vom Ufer abstieß, erschallten Trompeten, Muschelhörner und andere Instrumente, und zugleich hob ein großes Geschrei an, das durch Berg und Tal dröhnte, bis das Floß in der Mitte der Lagune war, von wo aus mit einer Fahne das Signal gegeben wurde, zu schweigen. Der vergoldete Indianer brachte sein Opfer dar und warf alles Gold, das zu seinen Füßen lag, in die Mitte der Lagune, und die anderen Kaziken, die ihn begleiteten, taten das Gleiche. Als das getan war, senkten sie die Fahne, die sie die ganze Zeit der Zeremonie über erhoben gehalten hatten, und als das Floß zum Ufer zurück fuhr, setzte wieder das Geschrei ein und die Schalmeien und Hörner, und es gab sehr viel Tanz und Ausgelassenheit. Mit dieser Zeremonie empfingen sie den neuen Erwählten, und dieser war als oberster Herr anerkannt. Von dieser Zeremonie kommt der berühmte Name El Dorado, *der so Viele ihr Leben und Vermögen gekostet hat.*

Dies ist Juan Rodríguez Freyles berühmter, etwa 1636 verfasster Bericht über die «Krönungszeremonie» der Muisca-Indianer, die im Norden des heutigen Kolumbien lebten und hundert Jahre zuvor von den spanischen Eroberern unterworfen worden waren. Zur Entstehungszeit von Freyles Bericht war *El Do-*

Der Goldene Mann, bedeckt mit Goldstaub in Vorbereitung auf seine «Krönungs»-Zeremonie am Guatavita-See (aus Freyles Bericht über *El Dorado*).

rado, der vergoldete Mann, den Europäern bereits wohl bekannt und zum Symbol einer fantastischen Welt voller Reichtümer geworden, die sie, wenn sie erst einmal dort angelangt waren, nach Belieben plündern konnten. Versuche, das zu tun, hatten, wie Freyle schrieb, viele Leben gekostet, überwiegend auf Seiten der Indios, aber auch Hunderte europäischer Abenteurer starben, darunter Sir Walter Raleigh, der 1595 und erneut 1617 vergeblich versuchte, das goldene Königreich zu erreichen und zu berauben. Nachdem er zwei Mal mit leeren Händen heimgekehrt war und befehlswidrig die spanischen Besatzer angegriffen hatte, wurde Raleigh 1618 im Tower of London hingerichtet. Was ihn gelockt hatte und alle Europäer faszinierte, war die gewaltige Menge an Gold, das die Muisca den Berichten zufolge besaßen. Jedoch waren diejenigen, die dort schließlich ankamen, irritiert darüber, dass die Muisca Gold keineswegs als eine Art von Geldwert ansahen, sondern als Teil einer kosmischen Choreographie von Balance und Wiederausgleich – als etwas, das man am besten den Göttern gab, so wie es sich gehörte.

Im British Museum befindet sich eine kleine Auswahl von Objekten, die ehemals durch *El Dorado* oder einen seiner Nachfolger feierlich im See versenkt

Der Guatavita-See in den kolumbianischen Anden, Schauplatz der *El Dorado*-Zeremonie. Deutlich sichtbar ist der Keil, der 1580 bei dem Versuch, den See trocken zu legen und sein Gold zu bergen, in die Uferbegrenzung getrieben wurde.

und viel später von raffgierigen Europäern wieder zu Tage gefördert worden waren: Unter ihnen befinden sich eine kleine Anzahl von Klangkörpern (wie sie Freyle erwähnt) aus Stein oder Schiefer und einige fein gearbeitete Figürchen aus Ton und Gold. Jago Cooper ist Leiter der Amerika-Abteilung im British Museum:

Die Laguna de Guatavita ist einer der schönsten Seen der Welt. Sie ist ein kleiner Schmelzwasser-See hoch in den Kordilleren Ostkolumbiens, im Herzen einer Region, die von den Muisca-Indianern bewohnt wurde: ein Volk von Eingeborenen, das zwischen 600 und seinem ers-

ten Kontakt mit den Europäern in den 1530er Jahren seine kulturelle Blütezeit erlebte und das einige der besten Goldschmiede der Welt hervorbrachte.

Die flache, fast zweidimensionale und kaum sieben Zentimeter hohe Figur eines Mannes, den man im frühen 20. Jahrhundert auf dem Grund des Guatavita-Sees gefunden hat, führt diese Handwerkskunst vor Augen (→ S. 198). Er wurde etwa um 1500 aus einer Gold-Kupfer-Legierung hergestellt, und es sieht aus, als trage er eine Krone und aufwändige Ohrringe. In einer Hand hält er eine Kalebasse, in der Kokablätter zum Kauen aufbewahrt wurden. Kleine Unebenheiten am Rand der Figur, die Spuren winziger Kanäle, durch die das geschmolzene Metall floss, zeigen, dass sie mit Hilfe des Wachsausschmelzverfahrens hergestellt wurde: Eine Figur wird in Bienenwachs modelliert, man lässt sie aushärten und ummantelt sie dann mit Ton; wird der Ton erhitzt, so schmilzt das Wachs, läuft heraus und hinterlässt einen Hohlraum, in den wiederum das flüssige Metall gegossen werden kann. Sobald dieses kalt wird und erstarrt, entsteht eine goldene Statue.

In dieser Technik brachten es die Muisca zu großer Meisterschaft. Tatsächlich wissen wir, dass sie verschiedene Arten von Bienen hielten, um Wachse mit unterschiedlichen Formbarkeitsgraden gewinnen und so möglichst präzise modellieren zu können. Die Anfertigung dieser Goldskulptur war jedoch nicht nur die Meisterleistung eines geübten Kunsthandwerkers. Wie Jago Cooper berichtet, wurde die Herstellung gewissermaßen auch als religiöser Akt betrachtet und so praktiziert:

Die Muisca glaubten, dass die Menschen integraler Bestandteil eines Systems verschiedener ökologischer Beziehungen in einer dualistisch geprägten Welt seien – männlich/weiblich, Licht/Dunkel, flüssig/fest, nass/trocken und so weiter. Sie hatten individuelle Gottheiten, aber diese Gottheiten waren im Grunde nur Teil eines großen kosmischen Gleichgewichts; sie verkörperten Gegensätze, die zusammengeführt werden mussten, durch Menschen, die mit dieser spirituellen Welt in Kontakt treten konnten. Man könnte sagen, dass die Balance selbst die ultimative Gottheit der Muisca und vieler anderer indigener Bevölkerungsgruppen in ganz Südamerika war.

Wenn diese Balance in irgendeinem Lebensbereich ins Wanken geriet – wenn es zum Beispiel eine lange Trockenperiode gab –, dann wurden Opfer dargebracht, um die Dinge wieder ins Lot zu bringen. Der Herstellungsprozess einer solchen kleinen Goldfigur verkörperte diese alles durchdringende dualistische Vorstellung: Wachs schmolz und verschwand, flüssiges Metall wurde fest, und ein völlig neues Objekt kam zum Vorschein. Es war ein Prozess, den man als Ritual der Wandlung und Erneuerung begriff, und derjenige, der mit Wachs oder Metall umzugehen wusste, wurde meist auch als eine Art Priester angesehen. Das so entstandene Objekt war damit seinem Wesen nach eine ideale Opfergabe, die dabei helfen konnte, das Gleichgewicht auf der Welt wiederherzustellen, wenn man sie den Göttern an den Pforten ihrer Welt darreichte – sie in Höhlen oder unter Steinen vergrub oder in Seen versenkte.

Die Muisca machten zwar auch selbst von Gegenständen und Schmuckstücken aus Gold Gebrauch, Archäologen schätzen jedoch, dass etwa die Hälfte ihrer Goldschmiedearbeiten angefertigt wurden, um sie den Göttern zu opfern, sie im Wasser zu versenken und für immer verschwinden zu lassen. Es ist also durchaus möglich, dass die sichtbare Lebenszeit dieser Goldgegenstände, bei denen es sich teilweise um aufwändige Kunstwerke handelte, nur einige Stunden betrug. Unsere kleine Figur wurde vermutlich hergestellt, um quasi unverzüglich den Wassern des Sees übergeben zu werden, wo man sie Jahrhunderte später fand. Individuen mögen privat einzelne Objekte verschenken, so Jago Cooper, in einer «Krönungszeremonie» fiel der Opferakt jedoch dem neuen Herrscher zu. Jago Cooper erklärt, was geschah:

Wenn ein «Zipa», ein neuer Häuptling eingeführt wurde, setzte man ihn auf ein Floß aus Balsaholz und fuhr ihn auf den Guatavita-See hinaus. Für die Muisca war dies ein ganz besonderer Ort, denn es war die Heimat Bachués, der Muttergottheit der gesamten Menschheit. Dort tauchte der Zipa selbst in einem Akt der rituellen Reinigung unter und warf Objekte, wie sie sich heute im British Museum befinden, in den See, während tausende Menschen diese Zeremonie verfolgten. Diese ungeheuer eindrucksvolle öffentliche Opferhandlung, zu der vermutlich Angehörige aller Schichten Gaben beisteuerten, sollte ein neues Gleichgewicht sichern: Wenn sie ein solches Geschenk bekamen, dann würden sich die Götter bestimmt revanchieren und ihrerseits zum Wohle der Muisca und ihres neuen Herrschers ihre Gunst verteilen.

Die berühmteste erhaltene Goldschmiedearbeit der Muisca, heute im Goldmuseum von Bogotá, macht diese Zeremonie anschaulich. Auf einem etwa 20 Zentimeter langen Floß steht eine große, prächtig gekleidete Figur. Um sie herum sind 12 kleinere Gestalten mit Jaguar-Masken versammelt, die Fahnen und Stöcke in Händen halten. Bei einigen von ihnen handelt es sich vermutlich um Ruderer, die den Zipa zur Mitte des Sees rudern, wo sogar solch eindrucksvolle Stücke wie dieses dem Wasser übereignet wurden.

Soweit Historiker das beurteilen können, hatten die Muisca kein materielles Zahlungsmittel für den Handel mit Erzeugnissen und Rohstoffen. Sie waren eine Gesellschaft ohne Währung: Wert bestand vor allem in der Schaffung eines friedvollen Gleichgewichts zwischen Himmel und Erde durch das regelmäßige Opfern schöner, glänzender, in mühevoller Kleinarbeit hergestellter Dinge. Jago Cooper schildert den Kontrast zu den fremden Invasoren:

Die Europäer, deren religiöse und ökonomische Prämissen natürlich grundlegend andere waren, versuchten umgehend, an sich zu bringen, was die Muisca den Göttern geschenkt hatten. 1580 hub ein Spanier einen großen Keil aus der Uferbegrenzung aus, ließ den See etwa 20 Meter weit ab und fand riesige Mengen Gold, die er dem König von Spanien sandte. In den 1890er Jahren verbrachte eine britische Kompanie zwanzig Jahre mit der Planung und dem Bau eines breiten Tunnels, durch den der See bis auf den Grund trocken gelegt wurde. Man begann auf der Stelle mit den Ausgrabungen und fand zahlreiche Kostbarkeiten, am nächsten Tag jedoch war der Schlamm so fest wie Beton, und es war nichts mehr aus ihm herauszuholen. Einige der Objekte, die geborgen werden konnten, wurden versteigert – darunter unsere kleine goldene Figur – und 1910 durch das British Museum erworben.

Die Lagune von Guatavita ist heute gesetzlich vor Schatzjägern geschützt.

Nachfolgende Doppelseite: Die spektakulärste erhaltene Goldschmiedearbeit der Muisca, die vermutlich die El Dorado-Zeremonie zeigt. Bei der großen Figur handelt es sich wahrscheinlich um den Zipa.

Auch in Europa wurden den Göttern seit jeher kostbare Dinge geopfert und, wie bei den Muisca, wertvolle Metallgegenstände im Wasser versenkt. Man fand Schwerter, Schilde und Helme in Flüssen oder Sumpfgebieten auf dem ganzen Kontinent, die zweifellos bewusst als Opfergaben dorthin gelangt waren. Dieser Brauch lebt heute auf mysteriöse Weise weiter in der Gewohnheit, Münzen in Brunnen, Quellen und Flüsse zu werfen, in der unbestimmten Erwartung, dass das irgendwie Glück bringt. Im Trevi-Brunnen in Rom landen jeden Tag Tausende von Euro (das Geld wird eingesammelt und für wohltätige Zwecke verwendet). Aber in Europa gibt es nichts, das wirklich mit der Lagune von Guatavita vergleichbar wäre. Die großen gemeinschaftlichen Opferzeremonien wurden meist in Städten abgehalten und konzentrierten sich auf die Tempel der Götter.

Im British Museum stehen vier große weiße Marmorblöcke. Sie sind alle fast gleich groß, etwa 80 Zentimeter hoch, 45 Zentimeter breit und 15 Zentimeter tief; sie entstanden etwa 400 v. u. Z. und tragen eine Inschrift aus feinsäuberlich eingemeißelten Zeilen mit griechischen Buchstaben. Es sind Handelsbücher, die von «Buchhaltern» aus dem antiken Athen im wahrsten Sinne des Wortes in Stein gemeißelt wurden. Ihr Auftraggeber war praktisch die Göttin Athene selbst, nach der die Stadt benannt war – in der Antike ein ungewöhnlicher Akt der Huldigung – und diese Steine sind das Verzeichnis der Schätze im Innern ihres Tempels, dem religiösen Zentrum der Stadt, dem Parthenon.

Diese Bestandsaufnahmen wurden jährlich aktualisiert. Sie verzeichnen Gegenstände wie Weinschalen, silberne Becher und Trinkhörner, Räuchergefäße, Opfertabletts, eine goldene Statue der Siegesgöttin nebst ihren Flügeln, ihrem Armreif und ihrer Krone und vieles mehr. Auf dem Parthenon-Fries sieht man Figuren mit ganz ähnlichen Dingen in Händen, denn hier sind die Bürger dargestellt, die Athene ihre Gaben bringen. Einige dieser Objekte, so können wir den Inventaren entnehmen, waren Geschenke von Einzelpersonen, andere von ganzen Städten, aber alle sollten garantieren, dass man der Göttin in den Zeremonien, die man ihr zu Ehren abhielt, angemessen und prunkvoll huldigen konnte. Ähnlich wie der Guatavita-See eine besondere Bedeutung für die Muisca hatte, bestand eine merkwürdig enge Beziehung zwischen den Athenern und ihrem Parthenon: Oberflächlich betrachtet könnte man denken, dass diese beiden Opferhandlungen einander im Grunde gleichen. Es gibt jedoch signifikante

Unterschiede, nicht zuletzt den, dass die Objekte, die in den Parthenon gebracht wurden, dort gezeigt werden und – was ebenso wichtig war – zu einem späteren Zeitpunkt wieder mitgenommen werden konnten. Die Geschenke, die die Athener ihren Göttern machten, waren eine alles in allem unverbindlichere – und verhandelbare – Angelegenheit.

Die Marmor-Inventare des Parthenon für die Jahre 426 bis 412 v. u. Z.

Tim Whitmarsh, Leventis-Professor für Griechische Kultur an der Universität Cambridge, erläutert die Zusammenhänge:

> *Der Parthenon war ein sehr ungewöhnlicher Tempel: Er war wirklich ein Instrument des Staates. Heutzutage neigen wir zu der Ansicht, es müsse eine absolut klare Grenze zwischen Sakralem und Staatlichem oder Politischem geben. Begriffe wie «Opfer» oder «Votivgaben» verstehen wir als religiöse Phänomene. Das Faszinierende am Parthenon und dem, was er enthielt, ist jedoch das Oszillieren zwischen beiden Kategorien, dem Religiösen und dem Politischen.*

Die Inschriften im British Museum gehörten zur Rhetorik der Bürokratie: Sie sind alle gleich groß und enthalten formelhafte Phrasen, die uns darüber in Kenntnis setzen, wer zu jener Zeit federführender Beamter war, wer Schatzmeister oder Sekretär etc. Aber neben ihrer pragmatischen Funktion, die heiligen Besitztümer der Athene zu inventarisieren, dienten diese Inschriften dazu, die staatliche Souveränität Athens zu demonstrieren.

Souveränität im griechischen Sinne bedeutet ein zentralisiertes Finanzwesen, die Organisation des Steuersystems und die Zusammenführung aller Einnahmen an zentraler Stelle. Der Parthenon ist nicht nur das Produkt der lokalen Steuer, sondern der Besteuerung des athenischen Imperiums, und die dort verwahrten Dinge sind Ausdruck des Wohlstandes und der Macht Athens. Einige der im Inventar aufgeführten Objekte konnte man für rituelle Handlungen verwenden – Messer und Schalen zum Beispiel –, aber es gibt wenige Anhaltspunkte dafür, dass im Parthenon wirklich Rituale abgehalten wurden. Vielmehr wurde er um 438 v. u. Z. als Schatzkammer des athenischen Imperiums erbaut: ein riesiger Speicher, in dem Reichtümer gehortet wurden. Er gehörte der Göttin Athene und unterstand ihrer Aufsicht, konnte jedoch bei Bedarf in den Dienst der Staatsfinanzen gestellt werden.

Die Athener spenden ihre Opfergaben augenscheinlich mit ganz anderen Absichten als die Muisca; offensichtlich geht es hier nicht um unwiderrufliche Geschenke, durch die eine kosmische Balance wiederhergestellt werden soll. Zweifellos umgab man die Göttin im Parthenon zum einen ostentativ mit Prunk, damit sie ihr Volk weiter beschützte, zum anderen aber demonstrierte diese Anhäufung von Reichtümern auch die bemerkenswerten Leistungen – und die Macht – der Athener selbst.

Der Parthenon über dem antiken Athen war nicht nur ein Tempel. Er war auch ein Lagerhaus für Opfergaben, und er diente der Demonstration athenischen Wohlstands.

Inventare wie diese offenbaren nur einen kleinen Teil der unermesslichen Schätze, die im Innern des Parthenons bewahrt wurden. Sie sind jedoch nützlich, weil wir mit ihrer Hilfe Jahr für Jahr verfolgen können, was mit bestimmten Objekten geschah. Wir können sehen, wann sie fort genommen und vermutlich eingeschmolzen wurden – in Krisenzeiten oder wenn dem Staat Gefahr drohte, ist ein rapider Anstieg solcher Entnahmen verzeichnet. Tim Whitmarsh weist darauf hin, dass Tafeln wie die aus dem British Museum vermutlich ein Beispiel dafür liefern:

> *Eine dieser Inschriften weist ein interessantes Detail auf. Sie zeigt die Verzeichnisse für zwei aufeinanderfolgende Jahre: für die Jahre 414 und 413 v. u. Z. Beide Auflistungen sind fast identisch – nur fehlt für 413 ein Lustrationsbecken, ein silbernes Becken für reinigendes Wasser, das bei rituellen Handlungen versprengt wurde. Warum dieses Lustrationsbecken fehlt, ist unklar. Es wird nirgends erwähnt, dass es verkauft oder eingeschmolzen wurde oder ähnliches. Es handelt sich jedoch um ein markantes Datum, denn es ist die Zeit der verhängnisvollen Sizilienexpedition der Athener, bei der die Bevölkerung von Athen stark dezimiert wurde, eine Zeit, in der die Spartaner an Macht gewinnen und einen für Athen strategisch wichtigen Standort belagern. Es waren also Jahre schwerer Verluste und großer finanzieller Unsicherheit in Athen. Dieses eine fehlende silberne Lustrationsbecken war vermutlich nur die Spitze eines gewaltigen Eisberges von Objekten, die man dem Tempel entnahm.*

Vielleicht ist das der zentrale Unterschied zwischen diesen beiden Arten von Opfer. Die Gaben für Athene kamen aus einer Welt des Geldes. In dieser besaßen Bronze, Silber und Gold einen realen Handelswert, den sie nie ganz verloren. In einer Notlage konnten die Geschenke der Gemeinschaft der Göttin wieder entzogen und zu Geld gemacht werden, um die Interessen ihrer Stadt zu wahren – jedenfalls zeitweilig. Aber es gab einen Haken, wie Tim Whitmarsh erklärt:

> *Die Athener trennten zwischen Staatsfinanzen und sakralen Finanzen. Und obwohl diese Grenzen durchlässig waren, gab es die Übereinkunft, dass ein religiöser Gegenstand, den man zum Ausgleich der Staatsfinanzen nutzte, nicht etwa ein Geschenk vonseiten Athenes an den Staat war. Der Parthenon war das heilige Zentrum der Stadt, und man konnte sich die Dinge nicht einfach gratis nehmen. Man musste sie zurückgeben. Die Göttin musste entschädigt werden.*

Um einen anachronistischen Vergleich anzustellen, könnte man sagen, dass der Parthenon partiell die Funktion einer Zentralbank oder des Internationalen Währungsfonds übernehmen konnte – man konnte in Krisenzeiten Anleihen machen, aber unter der strengen Auflage, diese zu gegebener Zeit zurückzuzahlen. Während die Geschenke der Muisca scheinbar unwiderruflich und – wie sie

Ein römischer Silberdenar aus dem Jahr 74 v. u. Z., der die Göttin Juno Moneta zeigt, von deren Namen sich das Wort «money» ableitet.

glaubten – für die Ewigkeit waren, blieben die Opfergaben der griechischen Antike stets provisorisch.

Eine so enge Beziehung zwischen dem Tempel einer Göttin und den Staatsfinanzen finden wir keineswegs nur in Athen. In vielen Städten der Antike befand sich die öffentliche Schatzkammer in einem Tempel. In Rom war der Tempel der Juno Moneta auf dem Kapitol der Ort, an dem die Maße und Gewichte der Stadt hinterlegt und viele bedeutende Archive untergebracht waren. Der Grund dafür war nicht nur die sichere Aufbewahrung: Man glaubte, dass die Göttin sowohl für geschichtliche Authentizität als auch für ehrlichen Handel bürgte. So war es nur angemessen, dass ihr Tempel die römische Münzprägeanstalt beherbergte. *Moneta* ist heute das italienische Wort für Kleingeld. Und wenn wir im Englischen das Wort «money» benutzen, konstatieren wir jedes Mal indirekt, dass Sakrales und Finanzen eine lange gemeinsame Geschichte haben.

Im nächsten Kapitel werden wir den antiken Tempel in einer anderen wichtigen Funktion sehen – diesmal nicht als Bank, sondern als Schlachthof.

Kapitel 13

Heiliges Töten

Im mexikanischen Saal des British Museum befindet sich ein Messer, etwa 30 Zentimeter lang, mit einem Griff aus *Cedro*-Holz und einer spitzen, sorgfältig gezahnten Klinge aus Chalcedon. Der Griff ist wunderschön: Das dunkle, fein duftende Holz (das man in Mexiko schätzt, weil es vor allem gegenüber Termiten sehr widerstandsfähig ist) ist besetzt mit einem Mosaik aus hellem Türkis und dunkelgrünem Malachit, durchzogen von den leuchtenden Akzenten drei verschiedener Muschelarten – Perlmutt, weißes Muschelhorn und rotdornige Auster. Da man zunächst damit beschäftigt ist, das Muster und seine Farbkontraste zu bewundern, kann es einen Moment dauern, bis man bemerkt, dass hier eigentlich ein kauernder Azteke dargestellt ist. Sein Gesicht schaut aus dem offenen Schnabel eines Adler-Kopfschmucks hervor, was darauf hinweist, dass es sich um einen hochrangigen «Adlerkrieger» handelt; sein Kinn liegt nicht weit vom Ansatz der furchterregenden Klinge auf, er bleckt die Zähne, und seine Augen fixieren mit scharfem Blick das spitze Ende der Klinge.

Die virtuose Handwerkskunst dieses Objekts und der nüchterne, ruhige Raum, in dem es ausgestellt ist, geben kaum einen Anhaltspunkt dafür, wo oder wozu dieses Messer benutzt wurde. Um seinen Zweck zu erfassen, muss man den Blick weg von der feinen Gestaltung des Griffes, die jeden einzelnen Zahn des Kriegers erkennen lässt, auf die Klinge selbst richten. Der Grund für die gierige Erwartung des kauernden Mannes wird nun deutlich: Er wartet auf Blut – menschliches Blut.

Ein aztekisches Steinmesser aus dem 15. Jahrhundert, mit dem man den menschlichen Opfern rituell die Herzen herausschnitt.

In den Jahren um 1500 wurden solche Messer – möglicher-

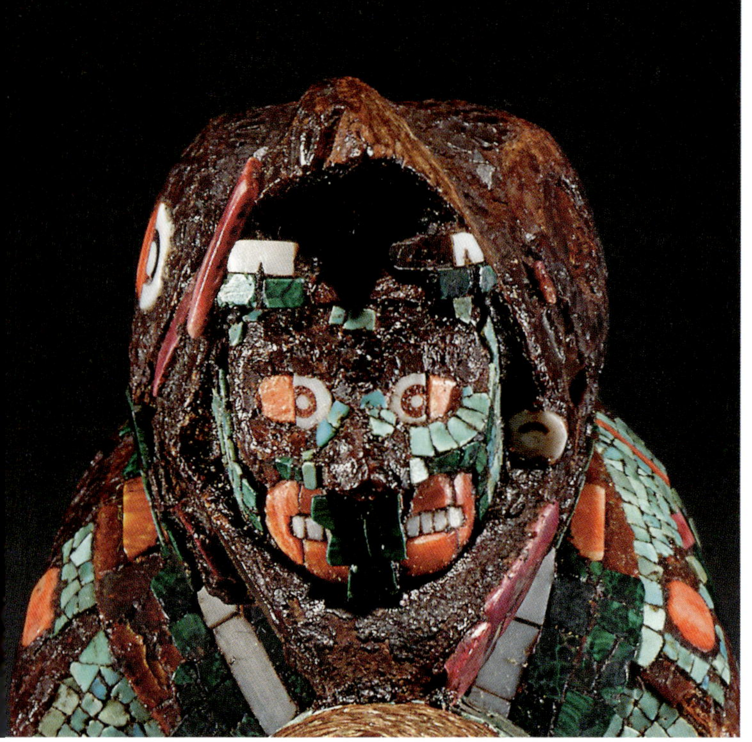

Links: Aztekenkrieger mit Adlermaske auf dem Griff des Opfermessers. *Unten:* Opfergefäß aus Basalt, in das man die Herzen der Opfer legte, auf der Vorderseite mit einer strahlenden Sonne, am Rand mit menschlichen Herzen verziert.

weise genau dieses Messer – benutzt, um die Haut über dem menschlichen Bauchraum aufzuschlitzen und sich anschließend vom Unterrand des Brustkorbes aus in die Tiefe bis zu den Muskelfasern des Zwerchfells vorzuarbeiten. Ein Tempelpriester schob dann seine Hand mit schneller und effizienter Bewegung in die entstandene Höhlung, führte sie weiter nach oben und riss das Herz aus seiner Verankerung. Während es noch schlug, legte er es in ein flaches, in Basaltstein gehauenes Becken, dessen Sockel nur zu diesem Zweck mit Sonnenstrahlen und einem Kranz von eingemeißelten Herzen verziert worden war. Der sterbende Körper des Opfers wurde dann die Stufen des Tempels hinabgestoßen.

Dieses blutige, qualvolle Schauspiel wurde von Tausenden jubelnden Zuschauern verfolgt, begleitet von Trommelorchestern und Tanzvorführungen. Ein solches Ritual verband sich meist mit einer kriegerischen Handlung. Es war eine Art imperialer Triumphzug, der durch das Töten des Opfers das Recht der Azteken bekräftigte, ihr Reich unter dem Schutz des Kriegs- und Sonnengottes Huitzilopochtli auszudehnen.

Opfer. Der lateinische Ursprung des Wortes (*sacrificium*) bedeutet nichts weiter, als etwas Sakrales oder Heiliges tun. Dieses Tun von «etwas Heiligem» geht jedoch weit über die Vorstellung reinen Schenkens oder Gabendarbringens hinaus, und das sagt eine Menge aus über die religiösen Traditionen des antiken Mittelmeerraums und darüber, wie tief sie unsere Denkgewohnheiten geprägt haben. Opfer bedeutet nicht nur, etwas Kostbares, wie das Gold der Muisca, für immer außerhalb unserer Reichweite zu bringen, sondern es tatsächlich zu zerstören, im Glauben, dass dies eine höhere Macht besänftigen und einem übergeordneten Zweck dienen kann. Das Ausgießen von Wein in die Erde als Trankopfer oder das Abbrennen von kostbarem Räucherwerk sind augenfällige Beispiele – beides kann niemals mehr benutzt werden. Aber ein Opfer kann viel weiter gehen – und tut dies meist auch: Zerstörung kann bedeuten, dass Blut vergossen oder Leben vernichtet wird.

Wenngleich sich unser – englisches – Wort «sacrifice» von römischen Traditionen und Praktiken ableitet, so scheint die Vorstellung selbst doch beinahe universal. Wenige Themen haben Religionshistoriker über die letzten Jahrzehnte mehr beschäftigt als Opferbräuche, insbesondere das öffentliche und rituelle Töten von Tieren oder Menschen. Einige Forscher sahen in diesen Praktiken einen Weg, die Gewalt als Teil der menschlichen Existenz anzuerkennen, sie einzugrenzen und die aus ihr resultierende kollektive Schuld zu mindern und zu exorzieren. Andere konzentrierten sich auf die Rolle, die Opferhandlungen bei der Herausbildung von Gemeinschaft und Solidarität spielen. Verständlicherweise werfen nur wenige Themen mehr unbequeme Fragen darüber auf, was es überhaupt bedeutet, Mensch zu sein. Nur wenige gehen so sehr in die Tiefe.

Jago Cooper, Leiter der Amerika-Abteilung im British Museum, ist der Ansicht, dass man erst verstehen muss, was Krieg für die Azteken bedeutete, bevor man in die Gedankenwelt hinter diesem aztekischen Steinmesser und den Menschenopfern, für die es angefertigt wurde, eintauchen kann:

Gegenüber: Tezcatlipoca, der aztekische Gott des Wandels durch Konflikte, schneidet einem Opfer das Herz heraus (aus einem Aztekenkodex des 14. Jahrhunderts).

Links: Eine spanische Darstellung aus dem 16. Jahrhundert, die aztekische Adler- und Jaguarkrieger zeigt.

Das Reich der Azteken bestand nur relativ kurz, kaum hundert Jahre lang: Es entstand um 1428 und war ununterbrochen von Krieg bestimmt. Es wuchs und gedieh und umfasste bald große Teile des heutigen Mexiko und des Südens der Vereinigten Staaten, bis schließlich 1521 der spanische Konquistador Hernán Cortés dort ankam. Er unterwarf die Azteken innerhalb kürzester Zeit und bereitete ihrem Reich ein Ende. In diesem ganz auf die Kriegsführung ausgerichteten Staat war der Rang des «Adlerkriegers» eine der höchsten Stufen der offiziellen Hierarchie. Um ein «Adlerkrieger» zu werden, musste man in der Schlacht einen Gefangenen machen und ihn mit in die Heimat bringen. Dort wurde er eingesperrt, als Sklave gehalten – oder öffentlich geopfert.

Während sich das Reich der Azteken ausdehnte, war England in die Rosenkriege verstrickt. Die europäische Kriegsführung forderte zu dieser Zeit auf allen Seiten viele Opfer: tödliche Pfeilhagel, Tausende gut ausgerüsteter Männer, die einander mit scharfen Metallwaffen angriffen und versuchten, sich gegenseitig totzuschlagen. Wie auch immer es ausging, auf beiden Seiten gab es Hunderte von Verwundeten oder Verstümmelten, die qualvoll auf dem Schlachtfeld verendeten.

Die Kriegsführung der Azteken war grundlegend anders. Die Brutalität der europäischen Kämpfe und das Niedermetzeln so vieler Menschen wäre für sie verabscheuenswert gewesen. Das Ziel der Azteken war nicht das Töten. Sie wollten erobern – und gefangen nehmen. Oftmals packte eine Gruppe von Kriegern ein Opfer und brachte es mit zurück in die Hauptstadt. Anders zu handeln hätte keinen Sinn ergeben: Die Azteken waren angewiesen auf Abgaben der Völker, die sie unterworfen hatten, Abgaben, die von jenen produziert wurden, die aus dem Krieg heimkehrten. Also nahmen sie sich einen Stellvertreter der feindlichen Armee, anstatt diese vernichten zu wollen. Die Person, deren Herz vielleicht mit diesem Messer herausgeschnitten wurde, war höchstwahrscheinlich ein Kriegsgefangener. Das war in der Welt der Azteken die gebräuchlichste Form des Menschenopfers.

Man kann sich leicht vorstellen, welch abschreckende Wirkung es auf mögliche Gegner der Azteken gehabt haben muss, einen Opfermord wie diesen mit eigenen Augen zu sehen. Und es ist ein faszinierender, wenn auch widersinniger

Gedanke, dass dieses vorsätzlich blutrünstige Ritual ausgerechnet dazu dienen sollte, das zum Krieg gehörende Morden und Leiden zu verringern. Wir können jedenfalls sicher sein, dass es den Spaniern sehr gelegen kam, die Brutalität des Volkes, das sie abschlachteten, und des Reiches, das sie plünderten, hochzuspielen.

Die beiden zentralen Aspekte der aztekischen Kriegsführung – die Opferung ausgewählter Gefangener und die Abgaben, die sie den besiegten Völkern auferlegten – werden durch das Messer auf dramatische Weise symbolisiert und zugleich materiell verkörpert. Die einzelnen Bestandteile seiner Dekoration – Türkise und Malachite, Dornen-Auster und Perlmutt – waren alle sehr kostbar. Sie stammen aus verschiedenen, viele hundert Kilometer voneinander entfernten Teilen des Reiches, und sie tauchen regelmäßig in erhalten gebliebenen Tributlisten auf. Sie wurden vor Ort eingetrieben und dann in die Hauptstadt gebracht, wo die Kostbarkeiten des gesamten Reiches vereint und in prächtige zeremonielle Gegenstände verwandelt wurden.

Wie Jago Cooper beschreibt, hatten Menschenopfer für die Azteken neben der handfesten psychologischen und wirtschaftlichen Komponente auch eine wichtige religiöse Bedeutung:

> *Der Kriegsgott der Azteken, Huitzilopochtli, wurde mit der brennenden Sonne assoziiert. Die Azteken glaubten, dass die Götter sich einst selbst geopfert und ihr Blut vergossen hatten, um menschliches Leben zu erschaffen. Das menschliche Herz wurde behalten, weil es einen Tropfen der Essenz der Sonnenkraft hier auf der Erde verkörperte. Indem er ein Herz aus einem menschlichen Körper riss und es den Göttern darbrachte, beglich der Azteken-Priester also einen Teil der riesigen Schuld, in der die ganze Menschheit stand. Dieser Tribut sollte auch dazu beitragen, dass die Sonne weiterhin ihre festgelegten Kreise zog – daher die Sonnenstrahlen auf dem Sockel des Beckens, in das man die gerade entnommenen Herzen legte. Den Opfertod zu sterben, galt also – in einer Gesellschaft, in der es von großer Bedeutung war, wie man starb – als guter und sinnvoller Tod.*

Wie wir im vorigen Kapitel gesehen haben, werden die Götter oft beschenkt, um im Gegenzug etwas von ihnen zu erhalten. Das Ergebnis, auf das die Azteken bauten, bestand im Erhalt sowohl ihres Reiches als auch der kosmischen Ordnung durch das Vergießen menschlichen Blutes.

Das Nereidenmonument ist ein riesiges aus Stein gehauenes Grabmal aus Xanthos in der heutigen Westtürkei. Es trägt seinen Namen aufgrund der vielen schmückenden Figuren tanzender Meeresnymphen, sogenannter Nereiden. Es wurde im frühen 4. Jahrhundert v. u. Z. als Grabmal für den dort ansässigen Fürsten Arbinas in Form eines griechischen ionischen Tempels errichtet und mit zahlreichen Skulpturenfriesen reich verziert. Sie sind heute hellgrau, waren jedoch früher einmal leuchtend bunt bemalt. Sie zeigen Arbinas in verschiedenen politischen und militärischen Rollen, wie er Gesandte begrüßt, ein Bankett veranstaltet und vieles mehr. Zwei dieser Friese zeigen jedoch einen anderen bedeutenden Aspekt des öffentlichen Lebens in diesem Königreich – die Opferung von Tieren.

Unter einem Sonnenschirm sitzend begrüßt Arbinas, Fürst von Xanthos in der Westtürkei, ankommende Gesandte (aus dem Nereidenmonument, um 390 bis 380 v. u. Z.).

Vieh auf dem Weg zur Schlachtbank: Tiere werden zum Opferaltar gezerrt (aus dem Nereidenmonument, um 390 bis 380 v. u. Z.).

Nach den spektakulären Ritualmorden der Azteken meinen wir vielleicht, dass uns das Nereidenmonument in die beruhigende Obhut der griechischen Götter zurückkehren lässt: klassische Gewänder und Tuniken und eine klare, in Stein gemeißelte Ästhetik. Aber auch hier finden wir brutale Gewalt vor. Eine der Figuren versucht, einen Bock an seinen Hörnern vorwärts zu

ziehen, wogegen sich das Tier mit all seiner Kraft wehrt, indem es seine Hufe in die Erde stemmt und sich zurücklehnt, während der Mann es vorwärts schleift. Direkt dahinter wird ein Stier herangeführt. Im zweiten Panel wird klar, was sie beide erwartet: ein Opferaltar. Auf der einen Seite steht eine Art Priester, auf der anderen ein Mann, der seine Oberbekleidung abgelegt hat, um sie sauber zu halten. Es wird nur noch Sekunden dauern, bis das Ritual beginnt und die Tiere anfangen zu brüllen: bis das Fleisch zerfetzt wird, das Blut spritzt und Fliegen kreisen, angelockt durch den Geruch der öffentlich präsentierten Eingeweide der Tiere. Der Vorhof eines griechischen Tempels wurde nicht selten zu einem heiligen öffentlichen Schlachthof.

Solche Opferrituale, in denen man regelmäßig Haustiere tötete, waren im gesamten antiken Mittelmeerraum üblich – bei den Griechen, den Römern und

Phöniziern und im jüdischen Tempel von Jerusalem. Es handelte sich eindeutig um eine widerliche Angelegenheit, übel riechend, mit vielen tierischen Überresten, und dennoch war sie das Herzstück einer ernsthaften, privat oder öffentlich ausgeführten religiösen Handlung. Esther Eidinow, Professorin für Alte Geschichte an der Universität Bristol führt das weiter aus:

Vorbereitungen zur Tötung der Opfertiere (aus dem Nereidenmonument, um 390 bis 380 v. u. Z.).

> *Es ist ein Schlüsselritual, durch das man mit den Göttern in Kontakt tritt. Da man sie nicht sehen kann, ehrt man sie und dankt ihnen durch Tieropfer. Anhand der entnommenen Organe kann man sehen, ob sie günstig gestimmt sind, und sie um Dinge bitten.*

Anders gesagt übernahm das Tieropfer in der antiken Welt die gleiche Funktion wie das Gebet in der christlichen Tradition: Es ist die rituelle Ausdrucksform, in der man mit einer Gottheit sprechen und ihr zuhören kann. In der römischen Welt untersuchte ein Experte vor einer Schlacht die Leber von geopferten Tieren, um die Absichten der Götter zu erkennen. Opfer konnten privat zu Hause oder in kleinen Gruppen dargebracht werden, aber die großen öffentlichen Zeremonien fanden natürlich im Tempel statt.

> *Man wusste, dass im Tempel ein Opferritual gefeiert wurde, weil man es roch. In einer Prozession wurde ein mit Kränzen geschmücktes Tier zum Altar geführt. Dieses Tier wurde jedes Mal sorgfältig ausgewählt, denn es musste ein edles Exemplar sein, schön, wertvoll und den Göttern gefällig. Der Altar war meist genau vor dem Tempel aufgestellt – draußen, an der frischen Luft, damit die Götter das Opfer sehen und riechen konnten. Der Priester wandte sich für gewöhnlich nach Osten, in Richtung der aufgehenden Sonne. Der Gesamteffekt war der eines farbenprächtigen, für ein großes Publikum angelegten Bühnenbilds.*

Man erwartete, dass sich die Götter unter die Zuschauer mischten. Während einer Opferhandlung ging man also davon aus, dass eine göttliche Präsenz anwesend war – um Gebete zu hören und zu beantworten, um den Weihrauch und die brennenden Überreste der Tiere zu riechen und um die Musik zu hören, die alles begleitete. Theoretisch mussten die Tiere damit einverstanden sein, geopfert zu werden (ähnlich wie die Seehunde in Kapitel 5): So wurden die Köpfe der größeren Tiere mit Wasser bespritzt, damit sie nickten, bevor man sie tötete. Esther Eidinow erklärt dazu:

> *Wenn es sich um ein großes Tier wie einen Ochsen handelte, betäubte man ihn erst und schnitt ihm dann die Kehle durch; war es ein kleineres Tier, wurde seine Kehle einfach ganz schnell mit einem langen Messer durchtrennt. In dem Moment, in dem die Tiere geschlachtet wurden, begannen die Frauen in der Menge zu ululieren – eine Art rituelles Geheul –, das der allgemeinen sinnlichen Erfahrung der Opferhandlung noch eine Ebene hinzufügte.*

Einige Forscher sind der Meinung, dass durch aufwändige Rituale dieser Art die schockierende Natur des Tötens vor Augen geführt und anerkannt werden sollte. Wenn Blut vergossen wird, dann muss dies öffentlich geschehen, feierlich, vor der im Angesicht der Götter versammelten Gemeinde. Das Opfertier muss geehrt werden, denn es gibt sich hin, zum Wohle aller im rituellen Rahmen der moralischen Ordnung. Sakralisiertes Schlachten anerkennt die Schuld, die jeder angesichts der Ungeheuerlichkeit des Beendens von Leben fühlen soll und muss; aber es findet einen Weg, diese zu büßen oder wenigstens zu mindern.

Wie bei den Azteken der Ritualmord, eine für uns heillos brutale und fremde Zeremonie, zutiefst moralisch aufgeladen ist.

Wenn das Tier im griechischen Tempel erst einmal feierlich getötet worden war, verstärkte ein neues Element diesen Ansturm auf die Sinne: das Knistern und der Geruch von röstendem Fleisch. Auf ein Opfer für die Götter folgte meist ein Festmahl für jedermann, zu dem auch die Götter geladen waren. Im ersten Buch der *Ilias* gibt Homer eine einprägsame Beschreibung eines Opferbanketts für Apollo, das von Odysseus und seinen Kriegsgefährten ausgerichtet wurde:

Das Rösten des Opferfleisches, das unter dem Volk verteilt wird. Auf dem für die Götter entzündeten Altar erkennt man das Horn eines Ochsen (attische Vase, entstanden um 450 bis 430 v. u. Z.).

Aber nachdem sie gefleht, und heilige Gerste gestreuet:
Beugten zurück sie die Häls', und schlachteten, zogen die Häut' ab,
Sonderten dann die Schenkel, umwickelten solche mit Fette
Zwiefach umher, und bedeckten sie dann mit Stücken der Glieder.
Jetzo verbrannt' es auf Scheitern der Greis, und dunkeles Weines
Sprengt' er darauf; ihn umstanden die Jünglinge, haltend den Fünfzack.

Die Friese des Nereidenmonuments, die das Opfer und die begleitenden Bankett-Szenen zeigen, verleihen der Hoffnung ihres Erbauers Ausdruck, für immer an solchen heroischen Festivitäten teilnehmen zu können, in denen der Fürst selbst oft auch die Rolle des Priesters annahm. So gesehen, bedeutet ein Opfer nicht nur, ein Haustier zum Wohle aller abzutreten: Es führt die Gemeinschaft in politischer und religiöser Solidarität zusammen, um miteinander und mit den Göttern ein Mahl zu teilen. Für viele Griechen war dies der einzige Anlass, zu dem sie Fleisch aßen. Esther Eidinow erklärt uns die strengen Regeln, die auch hier zu befolgen waren:

Der Körper des Tieres wurde aufgeteilt – einige Teile waren für die Götter bestimmt, einige für die Menschen. Die Oberschenkelknochen, das Kreuzbein und der Schwanz wurden ausgelöst und für die Götter verbrannt, denen der Rauch als Nahrung dienen sollte. Die Eingeweide wurden nach Zeichen untersucht, die verrieten, ob die Götter das Opfer angenommen hatten, und dann auf Spieße gesteckt und gegrillt. Der übrige Körper wurde zerstückelt und möglicherweise auf der Stelle zubereitet und verzehrt. Mitunter gab es Speisesäle unweit des Hauptbaus eines Heiligtums, wo sich die Leute einfinden konnten, um zu essen, oder man nahm das Fleisch mit nach Hause und aß es dort. Es wurde gerecht verteilt – das Opferfleisch wurde Teil der Versorgung innerhalb der Gesellschaft.

Die «Liturgie» von Tieropfern in der griechischen Welt war damals ein Vorgang, der die Beziehung zwischen Menschen und Göttern, aber auch der Menschen untereinander stärkte. Sie durchliefen gemeinsam eine emotional stark aufgeladene und die Sinne in höchstem Maße herausfordernde Erfahrung. Sie aßen zusammen. Sie aßen in Gegenwart der Götter, aber dass die Götter nur Rauch

Christus, das göttliche Opferlamm, verströmt sein Blut in den Kelch auf dem Altar (zentraler Ausschnitt aus dem Genter Altar von Hubert und Jan van Eyck, 1432).

zu sich nahmen, erinnerte daran, dass sie eine andere kosmische Sphäre bewohnten. Die Ordnung der Welt – in der Menschliches, Tierisches und Göttliches getrennt und doch verbunden, ja voneinander abhängig waren – war von neuem bekräftigt worden.

Der nachhaltige Einfluss dieses großen gesellschaftlichen und religiösen Rituals der Griechen, das die Römer später übernahmen und überall in ihrem Reich praktizierten, kann kaum genug betont werden. Ein rituelles Opfer wird von einem Priester dargebracht, ein Opfer, das, wie die Menschen hoffen, angenommen wird. Weihrauch steigt auf. Das Blut des Opfers wird getrunken, der Körper verteilt und von der Gemeinde gegessen, die durch diesen Vorgang geeint und gestärkt wird. Die Christen, die aus dieser klassischen Welt hervorgingen, beschrieben das zentrale Ritual ihres neuen Glaubens als das Opfer und das Mahl des Lammes.

of Bathe

Quod this Somonour and I bishrewe me
But if I telle tales two or thre
Of freres er I come to Sidyngborne
That I shal make thyn herte for to morne
ffor wel I woot thy pacience is gon
Oure hoost cride pees and that anon
And seyde lat the womman telle hir tale
Ye fare as folk that dronken were of ale
Do dame telle forth youre tale and that is best
Al redy sire quod she right as yow lest
If I haue licence of this worthy frere
Yis dame quod he tel forth and I wol heere

Heere endeth the wyf of Bathe hir prologe And bigynneth hir tale

In tholde dayes of kyng Arthour
Of which that Britons speken greet honour
Al was this land fulfild of ffairye
The elf queene with hir ioly compaignye
Daunced ful ofte in many a grene mede
This was the olde opinion as I rede
I speke of manye hundred yeres ago
But now kan no man se none elues mo
ffor now the grete charitee and prayeres
Of lymytours and othere holy freres
That serchen euery lond and euery streem
As thikke as motes in the sonne beem
Blessynge halles chambres kichenes boures
Citees burghes castels hye toures
Thropes bernes shipnes dayeryes
This maketh that ther been no ffairyes
ffor ther as wont to walken was an elf
Ther walketh now the lymytour hym self
In vndermeles and in morwenynges
And seyth his matyns and his holy thynges
As he gooth in his lymytacioun
Wommen may go saufly vp and doun
In euery bussh or vnder euery tree
Ther is noon oother incubus but he
And he ne wol doon hem but dishonour
And so bifel that this kyng Arthour
Hadde in hous a lusty bacheler
That on a day cam ridynge fro ryuer
And happed that allone as he was born
He saugh a mayde walkynge hym biforn

Kapitel 14

Pilgern

Kühn von Gesicht und schön wie Milch und Blut,
War sie ein wackres Weib, das ihrer Zeit
Fünf Männer an der Kirchenthür gefreit,

Hin nach Jerusalem zum heil'gen Land
War dreimal sie gepilgert. Auch bekannt
War ihr Santiago in Galizia, Rom,
Boulogne, Köln und mancher fremde Strom;
Und auf der Wandrung lernte sie nicht wenig.

Von allen Pilgern in Geoffrey Chaucers *Canterbury Tales* ist das Weib von Bath sicherlich die temperamentvollste Figur, und sie wäre vermutlich die unterhaltsamste Gesellschaft gewesen. Die meisten von ihnen haben einen Fundus von derben Geschichten, aber sie ist bei weitem am vulgärsten, wenn sie ausgelassen damit prahlt, durch ihre unersättlichen Forderungen im Bett einen Ehemann nach dem anderen verschlissen zu haben, und ihr Benehmen gewandt mit durchaus treffenden Zitaten aus dem Alten und Neuen Testament zu rechtfertigen weiß. Außerdem ist sie gewiss von allen Mitreisenden am weitesten herumgekommen. Die Liste der Orte, die sie «auf der Wandrung» gesehen hat, zeichnet uns eine Karte der Welt, wie sie sich die

Chaucers vulgäres Weib von Bath reitet am Rand des Ellesmere-Manuskripts der *Canterbury Tales.*

Pilger, die Abzeichen mit Jakobsmuscheln an ihren Hüten tragen, beten die Statue des heiligen Jakobus von Compostela an. Im Hintergrund wird der Heilige enthauptet.

(wohlhabenden) frommen Europäer gegen Ende des 14. Jahrhunderts vorstellten – eine spirituelle Geographie, die fast ausschließlich von Reliquien und Pilgerstätten bestimmt ist. Dies waren die großen Sehenswürdigkeiten und Orte der Welt, die man bis dahin kannte, die heiligen Stätten *par excellence*.

Boulogne war für Reisende aus England, die sich auf den Kontinent aufmachten, leicht zu erreichen: Es gab dort eine weithin verehrte Statue der Jungfrau Maria mit Krone, Szepter und Jesuskind auf dem Arm, die offenbar irgendwann in grauer Vorzeit ganz allein in einem Boot ohne Besatzung dort ankam, schließlich begann, Wunder zu wirken und Gläubige anzog. Eine große Zahl englischer Pilger zog weiter bis ins ferne Rom, vor allem in Zeiten, in denen der Papst einen besonderen Ablass in Aussicht stellte. In Santiago de Compostela waren die Gebeine des heiligen Apostels Jakobus eine große internationale Attraktion, und in Köln wurden die Knochen der Drei Könige verehrt, die einst das Christuskind angebetet hatten. An beiden Orten konnte

Der Dreikönigsschrein, der die Reliquien der Heiligen Drei Könige im Kölner Dom beherbergt und eigens für diesen Zweck umgebaut wurde.

man den Überresten von Menschen, die Jesus gesehen und berührt hatten, fast zum Greifen nah sein. Im Heiligen Land konnte man genau die Stätten besuchen, an denen Jesus geboren worden war, gelebt und gelehrt hatte, wo er gestorben und auferstanden war. Es kam nicht oft vor, dass jemand Boulogne, Köln, Compostela und Rom gesehen hatte, und Jerusalem mehr als ein Mal besucht zu haben war absolut außergewöhnlich; das Weib von Bath aber, wohlhabend dank ihrer Fertigkeiten als Tuchmacherin (und ihrer vielen verstorbenen Ehemänner), war offenbar eine der großen «Vielfliegerinnen» des mittelalterlichen Pilgerwesens. Sie hatte nicht weniger als drei Mal Jerusalem besucht und war nun auf dem Weg zum berühmtesten Schrein Englands, zum Grab und zu den Reliquien von Thomas Becket in der Kathedrale, in der der Märtyrer-Erzbischof ermordet worden war, der Kathedrale von Canterbury.

Andenken, die das Weib von Bath erworben haben könnte (im Uhrzeigersinn von oben links): eine Bleiflasche für heiliges Öl oder Wasser aus der Grabeskirche in Jerusalem; Pilgerabzeichen mit den Köpfen der Heiligen Petrus und Paulus aus Rom; Pilgerabzeichen aus Canterbury mit dem Kopf von Thomas Becket; Pilgerabzeichen, das die Statue der Muttergottes aus Boulogne mit dem Jesuskind in einem Boot zeigt.

Sie mag reich gewesen sein, aber sie war auch mutig. Die meisten dieser Pilgerfahrten waren lang und kostspielig, und sie waren immer beschwerlich und riskant. Viele, die aufbrachen, wurden ausgeraubt oder starben auf der Reise. (Es wurde empfohlen, seinen letzten Willen aufzusetzen, bevor man die Heimat verließ.) Dennoch machten sich eine Menge Leute auf den Weg. Das wissen wir aus zeitgenössischen Berichten und noch unmittelbarer aufgrund der vielen erhaltenen Pilgerabzeichen oder anderer Dinge, die sie aus den großen Pilgerzentren mit zurück nach England brachten. Es sind im Großen und Ganzen billige Souvenirs, nur wenige Zentimeter hoch: persönliche kleine Andenken einer großen religiösen Reise. Natürlich sollten sie Freunden und Nachbarn demonstrieren, dass man weit herumgekommen war, vielleicht sollten sie einen aber auch an die eigene enge Kontaktaufnahme mit dem Göttlichen erinnern, an einen Moment der Gnade, der mit Hilfe dieses Andenkens wieder aufleben konnte.

Im British Museum gibt es vielerlei Souvenirs von solcher Art, wie sie das Weib von Bath durchaus auf ihren Reisen erstanden, an ihren (von Chaucer als prächtig beschriebenen) Hut genäht oder mit sich getragen haben könnte, um sie ihren Weggenossen zu zeigen. Aus Jerusalem ein kleines, um den Hals zu tragendes Bleifläschchen, eine Ampulle, in die man über Reliquien gegossenes und so mit deren Heiligkeit angereichertes Wasser oder Öl füllte; ein Mützenabzeichen aus Rom mit den päpstlichen Schlüsseln und den Heiligen Peter und Paul, deren Gräber sehr verehrt wurden; ein weiteres Pilgerzeichen stammt aus Boulogne und zeigt, wie die wundertätige Statue in ihrem Boot dort ankommt; eine grob in Blei gearbeitete Muschel sollte bezeugen, dass man den Weg nach Compostela gegangen oder zu Pferd dorthin gelangt war; außerdem gibt es viele Souvenirs aus Canterbury, von denen eines Becket mit seiner erzbischöflichen Mitra zeigt, so wie er auch auf seinem Reliquienschrein in der Kathedrale dargestellt war.

Betrachtet man diese kleinen, vermutlich damals an Ständen für die Pilger ausgelegten Metallobjekte, die viele Assoziationen wachrufen und verführerisch

SPE + SPA

in der Hand liegen, dann versteht man, warum eine fadenscheinige Fortsetzung der *Canterbury Tales* mit dem Titel *Tale of Beryn* berichtet, dass zwar die meisten von Chaucers Reisenden ihre Souvenirs kauften, zwei von ihnen jedoch – der Müller und der Ablasshändler – sie einfach stahlen. Das passierte gewiss häufig, und vermutlich wurden auch einige der Abzeichen des British Museum einfach eingesteckt. Über einige dieser Andenken wissen wir tatsächlich mehr, und was sie zu erzählen haben, ist eher ernüchternd.

Viele Abzeichen, die heute in Museen aufbewahrt werden, besonders die der Londoner Museen, wurden im Schlamm der Themse gefunden. Wenn die Pilger wieder wohlbehalten im Hafen angelangt waren, warfen sie womöglich eines ihrer Abzeichen ins Wasser als Dankopfer für ihre sichere Rückkehr nach einer gefährlichen Reise. Aber was war es, das Menschen aller Schichten in so großer Zahl dazu brachte, die Ausgaben, Entbehrungen und Risiken auf sich zu nehmen, die mit einer Pilgerfahrt verbunden waren? Was sollte das bezwecken?

Eamon Duffy ist Professor für Kirchengeschichte an der Universität Cambridge:

> *Die grundlegende Motivation ist, einen besonders heiligen Ort aufzusuchen und dort zu beten. Das Christentum ist eine materialistische Religion. Sie stellt die materielle Welt und den menschlichen Körper als Vehikel des Göttlichen in den Vordergrund. Deshalb finden es die Leute vermutlich hilfreich, den Spuren Jesu zu folgen und die Orte zu sehen, an denen er lebte und starb, um dort zu beten.*
>
> *In einem sehr frühen Stadium begannen die Christen, die Gräber von Märtyrern in großen Kirchen unterzubringen, oftmals unter dem Altar. So entwickelt sich eine Beziehung zwischen dem Leib Christi und dem Körper des Märtyrers. Die Menschen gehen dorthin, um ihm nah zu sein, ihn zu küssen, um in irgendeiner Form mit den Reliquien in Berührung zu kommen.*
>
> *Die meistverehrte Reliquie Beckets in Canterbury war das Wasser, in dem sein Gehirn angeblich gewaschen wurde und das sich mit seinem Blut vermischt hatte. Dieses Wasser wurde unendlich verdünnt, und kleine Tropfen wurden in Bleikapseln gefüllt, die man versiegelte und mit einem Wappen von Canterbury versah. So konnte man etwas von der Heiligkeit mitnehmen.*

Das glühende Verlangen, den Heiligen und Märtyrern nahe zu sein, machte Reliquien zu den mit Abstand wertvollsten beweglichen Objekten des mittelalterlichen Europas. Sie waren hart umkämpft. Ihr Besitz brachte Ansehen, zog Pilger an und ließ einige der feinsten Metallarbeiten und großartigsten Bauwerke entstehen. Die Sainte-Chapelle in Paris, ein gotisches Meisterwerk, das in den 1240er Jahren von Ludwig dem Heiligen erbaut wurde, um die Dornenkrone aufzunehmen, kostete 40 000 Livres: Die Reliquie selbst, die Jesus während der Kreuzigung auf dem Haupt getragen haben soll, war mehr als dreimal so teuer.

Wenn Reliquien nicht käuflich zu erwerben waren, dann konnte man sie stehlen oder gewaltsam entwenden. San Marco in Venedig war erbaut worden, um die Gebeine des Heiligen, den venezianische Kaufleute im Auftrag des Dogen 828 aus Alexandria raubten, mit angemessener Pracht aufzunehmen. Und als der deutsche Kaiser Friedrich Barbarossa 1162 Mailand eroberte, nahm er den kostbarsten Besitz der Stadt mit sich – die Knochen der Drei Könige, die das Christuskind angebetet hatten – und brachte sie nach Köln. Dort wurden sie in ein unvergleichlich prunkvolles goldenes Reliquiar gebettet, und eine neue Kathedrale wurde ihnen zu Ehren errichtet – die größte gotische Kathedrale Nordeuropas. Genau diesen Reliquienschrein in eben dieser neuen Kathedrale besuchte das Weib von Bath auf ihrer Reise, und man kann ihn dort noch heute sehen.

Der absolute Höhepunkt einer Pilgerfahrt war natürlich der Anblick des Schreines selbst, und die Pilger näherten sich ihm am Ende ihres Weges oft auf Knien. Was all diese Plätze, nah oder fern, boten, war die Möglichkeit, dem Göttlichen näherzurücken, effektiver beten zu können, um, vielleicht durch die Hilfe eines bestimmten Heiligen, Heilung oder Vergebung zu erlangen. Dazu musste man jedoch immer sein Zuhause und seine tägliche Routine hinter sich lassen und sich auf den Weg machen, meist in einer Gruppe, ein spirituelles Ziel klar vor Augen.

Eamon Duffy erklärt die Bedeutung des Reisens:

> *Die Reise selbst ist schon Teil des Ziels. Die Metapher der Lebensreise ist sehr alt. Der Fachterminus für die Sterbesakramente, die letzte Kommunion, die man am Lebensende erhält, ist* viaticum, *«Wegzehrung». Beide, Leben und Tod, stellte man sich lange Zeit als Reisen vor – als Reisen ins Unbekannte.*

Gefahr und Unannehmlichkeiten waren ebenfalls wesentlicher Bestandteil des Pilgerns – die Reisenden wussten, dass sie am Ende fußlahm und ermattet ankommen würden:

> *Viele Pilgerfahrten waren Bußgänge. Denen, die Böses getan hatten, wurde als Buße auferlegt, eine Reise zu unternehmen. Die Menschen gingen also an Wendepunkten ihres Lebens auf Pilgerschaft, vor allem, um ihre Gedanken zu ordnen. Gehen oder Reisen kann dabei helfen, sich von der Welt, in die man normalerweise verstrickt ist, zu lösen und das eigene Dasein durch das Erleben von Gefahr und Unannehmlichkeiten auf neue, radikal einfache Weise zu betrachten.*

Mit anderen Worten: Der Ort, an dem sich die Dinge verändern, ist nicht unbedingt der Schrein oder das Heiligtum. Oft passiert das auf der Reise selbst. Auf dieser ist man, ohne Halt durch familiäre Strukturen und tägliche Routine und ohne große Besitztümer, ganz auf Weggefährten oder Fremde angewiesen. Und wenn man in seine alten Muster zurückkehrt, dann sollte man in der Lage sein, diese, sich selbst und Gott klarer zu erkennen.

Pilgerfahrten spielen in vielen Religionen eine große Rolle, und erstaunlicherweise funktionieren sie überall auf nahezu gleiche Weise. Die Menschen glauben, dass das Göttliche an einigen Orten unmittelbarer präsent ist, vor allem an Orten, an denen die Glaubensgründer auf Erden gewirkt haben. Christen, die ins Heilige Land reisen, wollen Bethlehem und Nazareth sehen, den See von Galiläa und Golgatha. Sikhs pilgern nach Amritsar, wo der *Guru Granth Sāhib*, der heilige Text, der immerwährende Orientierung für die Gläubigen ist, im Goldenen Tempel aufbewahrt wird (→ Kapitel 25).

Den Anhängern Buddhas werden vier große Pilgerstätten nahegelegt, die sich allesamt im Nordosten des indischen Subkontinents befinden: Lumbini, der Geburtsort Buddhas in Nepal; sein Sterbeort Kushinagar im indischen Bundesstaat Uttar Pradesh; Bodhgaya im indischen Staat Bihar, Heimat des Bodhi-Baums, unter dem Buddha die Erleuchtung erlangte; und nicht zuletzt, nur einige Kilometer nordöstlich der großen hinduistischen Pilgerstadt Varanasi gelegen, der Wildpark zu Sarnath, wo der erleuchtete Buddha seine ersten Pre-

Pilger umrunden die Stupa im Wildpark zu Sarnath bei Varanasi in Nordindien, wo Buddha seine erste Predigt hielt.

digten hielt (→ Kapitel 19). Eine riesige runde Stupa markiert heute diesen Ort, die die Pilger – trotz der Verbotsschilder – mit kleinen Blattgold-Blättchen bekleben. Devdutt Pattanaik, der über das religiöse Leben in Indien schreibt, fasst es in ähnliche Worte wie Eamon Duffy:

> *Ich denke, dass man durch das Abschreiten dieses Weges mit Buddha in Kontakt trat. Menschen begnügen sich nicht nur mit Vorstellungen. Wir brauchen etwas Handfestes. Wir müssen unsere Ideen an etwas binden, dass wir berühren und spüren können, gegebenenfalls an einen Ort oder Zeitpunkt. Ein Fluss, ein Berg oder ein Wildpark ist greifbare Realität, eben genau der Platz, an dem Buddha lebte und*

wandelte und atmete. Wir brauchen diese Greifbarkeit, um mit dem Göttlichen in Berührung zu kommen.

In der Nähe der Stupa in Sarnath stehen Unterkünfte und Tempel, die im Stil der unterschiedlichen Länder gestaltet sind, aus denen die Pilger kommen – es gibt dort Tempel aus Japan, Myanmar, Tibet und Sri Lanka, Thailand und China –, und so hat man bei einem Rundgang durch die Stadt das Gefühl, als durchquere man im Schnelldurchlauf die gesamte religiöse Architektur Ostasiens. Insofern ist Sarnath mehr als nur ein Ziel individueller Pilgerreisen: Hier versammelt sich die gesamte buddhistische Welt im Gebet.

Es gibt jedoch eine große Wallfahrt, die sich von allen anderen abhebt: der Haddsch, die jährliche Pilgerfahrt der Muslime nach Mekka. Dort errichtete Abraham dem Koran zufolge die Kaaba, den Granitbau, welcher die heiligste Stätte des Islams darstellt, dort sprudelte Wasser aus der Zamzam-Quelle, um Abrahams Sklavin Hagar und ihren Sohn Ismael zu laben, und dort wurde Mohammed geboren und reinigte die Kaaba von Götzenbildern. Im Islam gibt es fünf «Säulen», fünf Elemente, die für das Leben der Gläubigen von zentraler Bedeutung sind. Die ersten vier sind Glaube, Gebet, Armensteuer und Fasten. Die fünfte Säule fordert, dass jeder Muslim, der körperlich dazu in der Lage ist und die finanziellen Mittel aufbringen kann, mindestens ein Mal im Leben während des Monats Dhu l-Hiddscha die Pilgerfahrt nach Mekka unternimmt. Eine solche Reise kam meistenteils in der Geschichte für die Mehrheit der Muslime, vor allem für Frauen, gar nicht erst in Betracht. Dank des Luftverkehrs können allerdings heute Millionen von Menschen jedes Jahr den Haddsch unternehmen. Sie alle besuchen die großen Moscheen von Mekka und Medina und stellen die Behörden damit vor enorme logistische Herausforderungen. Die Sicherheit der Pilger zu gewährleisten ist für die Könige Saudi-Arabiens oberste Pflicht und Ehrensache. Diese Aufgabe müssen sie erfüllen, trotz aller politischer Spannungen oder Spaltungen innerhalb der islamischen Welt, und sie gewinnen dadurch beispielloses Ansehen: Ihr stolzester Titel ist «Hüter der heiligen Stätten».

Batool Al-Toma ist Leiterin des New Muslims Project, einer in Großbritannien gegründeten Organisation, die Islam-Konvertiten unterstützt. Es wäre zwar in jeder anderen Hinsicht unangemessen, sie mit dem Weib von Bath zu vergleichen, doch sie begab sich beachtliche dreizehn Mal auf den Haddsch:

> *Jede Pilgerreise tut der Seele gut. Menschen, die zu einer Pilgerfahrt aufbrechen, suchen etwas, um sich regenerieren zu können, um ihre spirituellen Bedürfnisse zu stillen, um wieder mit Gott in Verbindung zu treten. Und sie müssen einige Vorbereitungen treffen. Man muss seine Familie in guten Händen wissen, während man fort ist, und sicher sein, dass für sie gesorgt ist. Das nimmt man nicht auf die leichte Schulter. Dann bereitet man sich selbst vor. Die praktische Seite ist wirklich wichtig, denn «ein Gast Gottes» zu sein, wie wir zur Pilgerschaft sagen, kann eine Herausforderung darstellen. Man ist abhängig von Fremden. Aber die Menschen sind so herzlich, gastfreundlich und großzügig. Sie schenken einem Gebetsperlen, die sie gerade gekauft oder selbst benutzt haben, und bitten einen, sie ins Gebet mit einzuschließen.*

Millionen von Pilgern kommen jedes Jahr nach Mekka, um in Richtung des schwarzen Kubus der Kaaba, hier sichtbar im Zentrum des riesigen Moscheenkomplexes, zu beten.

Ein Pilger, oder «Haddschi», ist dazu berufen, sich aus seiner alltäglichen Umgebung zu lösen und auf eine Reise zu begeben, die einige Monate oder länger dauern kann. Er wird eine Zeitlang Teil einer viel größeren, allein auf Gott konzentrierten Gemeinschaft, in der Reichtum und Ansehen nichts gelten sollten. Diese Erfahrung kann er schließlich wieder mit zurück in sein gewohntes Umfeld bringen. Batool Al-Toma fährt fort:

Wenn man zum Haddsch aufbricht, hat man das Gefühl, dass alle Mitreisenden gleich sind, denn man kleidet sich bescheiden. Männer tragen Gewänder, die zwei großen Badetüchern ähneln. Sie bestehen aus Frottee und werden nicht zusammengenäht. Ein Teil wird um die Hüfte geschlungen und reicht bis etwa zur Mitte der Unterschenkel, während der andere einfach wie eine Art Schal oder Umhang über die Schultern geworfen wird. Sie treten den Haddsch nur mit diesen beiden Kleidungsstücken an und beenden ihn auch so. Den Frauen wird nahegelegt, ein Kleid zu tragen. Viele Frauen entscheiden sich für

Die gleichmachende Demut des *Haddsch*: drei gegenwärtige und künftige Könige von Saudi-Arabien in den einfachen Gewändern der Pilger: (v.l.n.r.) die Könige Abdullah, Fahd und Faisal.

Weiß, weil die Männer in Weiß gehen, aber jede Farbe ist erlaubt, solange das Kleid sauber, bequem und dezent ist.

So angezogen, ist es unmöglich zu sehen, wer arm und wer reich ist. Sie alle sind Pilger. Wenn man ankommt, sieht man Menschen aus der ganzen Welt, und das rückt die kleinen Diskussionen, die wir zu Hause über unseren Glauben führen, in ein neues Licht. Es hilft uns, über diese unbedeutenden Haarspaltereien hinwegzukommen. Man steht auf einmal mitten im realen Leben, und man beginnt sich zu fragen: «Was brauche ich wirklich? Was will ich eigentlich in dieser Welt?»

Im Islam, wie auch im Christentum, ist diese Frage selbst einer der Gründe, warum man diese schwierige und teure Reise auf sich nimmt. Aber während das entscheidende Ziel der christlichen Pilgerfahrt darin besteht, ein heiliges Objekt zu sehen, zu berühren oder einfach an einem heiligen Ort zu verweilen, fordert der Haddsch Einsatz. Die Pilger, alle Männer unter ihnen in gleicher Kleidung, laufen sieben Mal um die Kaaba, ziehen dann zu der Stätte, an der Satan symbolisch gesteinigt werden muss, verbringen die Nacht in der Wüste, gehen wie Hagar auf die Suche nach Wasser und kehren dann wieder zur Kaaba zurück. Diese Stationen oft bei großer Hitze mit Hunderttausenden anderen Gläubigen zu durchlaufen, ist eine erschöpfende und erhebende, reinigende und gleichmachende Erfahrung.

Wenn Haddschis von ihrer transformativen Reise nach Hause zurückkehren, wollen sie, wie alle Pilger, Erinnerungsstücke oder Geschenke von den heiligen Orten mitbringen. Diese, ob mittelalterlich oder modern, zeigen natürlich seltener Bilder als christliche Andenken, und es handelt sich häufiger um Dinge, die mit praktischen Aspekten der Anbetung verbunden sind: ein *qibla*-Kompass, welcher die Richtung von Mekka anzeigt, Gebetsmatten, -kappen und -perlen. Einige bringen Flaschen mit Wasser der Zamzam-Quelle mit, das die Gläubigen in Momenten spiritueller Not stärken soll (→ Kapitel 3). Aber der Sinn und Zweck all dieser Dinge ist der gleiche wie bei den mittelalterlichen Abzeichen zu Beginn dieses Kapitels: Sie sollen die Pilger an einen Ort und einen Moment intensiver Hingabe erinnern, als sie Gott nahe und Teil eines größeren Ganzen waren.

Weil der Haddsch jedes Jahr Muslime aus der ganzen Welt innerhalb eines kurzen Zeitraums nach Mekka bringt, führt er mit besonderer Kraft die Vorstellung des Islam als globaler Gemeinschaft vor Augen, vor Gott gleich, vielfältig in jeder Hinsicht, aber im Gebet vereint. Man kann sich schwer einen anderen Weg zur Verwirklichung dieses Ziels vorstellen als die Pilgerschaft.

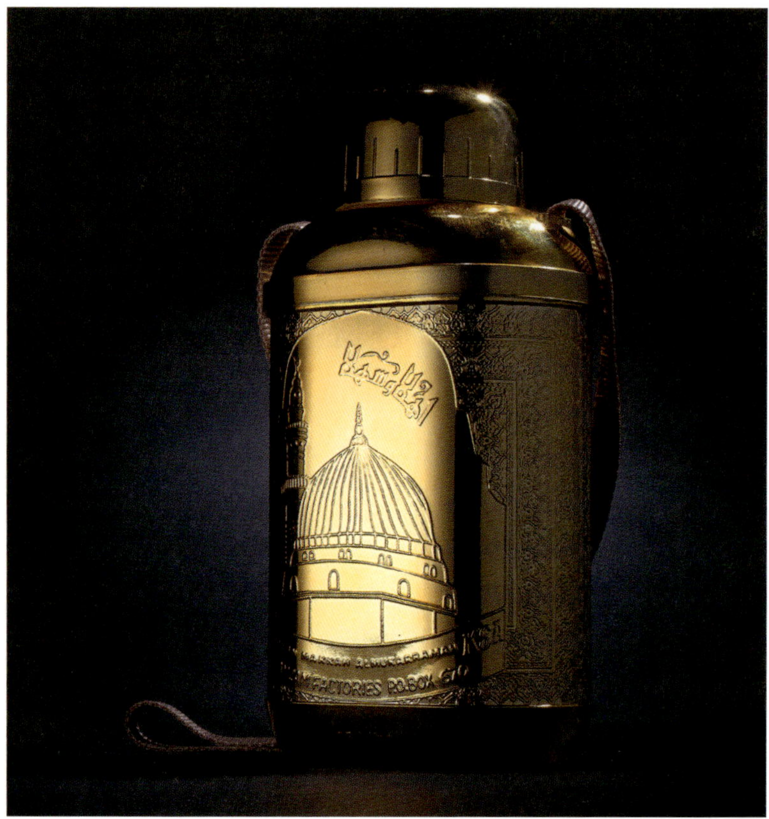

Eine goldene Souvenirflasche aus Plastik, in der die Haddschis Zamzam-Wasser aus Mekka mit nach Hause bringen. Nach dem Koran entsprang Zamzam aus dem Wüstenboden, als Hagar nach Wasser für ihren Sohn Ismael suchte.

Heute haben Pilgerfahrten Konjunktur wie nie zuvor. Nicht nur Mekka muss immer größere Menschenmengen aufnehmen, auch in Indien können durch das verbesserte Transportsystem Millionen von Menschen gleichzeitig während der Kumbh Mela am rituellen Bad der Hindus im Ganges teilnehmen (→ Kapitel 3 und 30), und ebenso ziehen die mit dem Leben Buddhas verbundenen Orte wachsende Scharen von Glaubenstouristen an, die aus ganz Ostasien eingeflogen werden. Seit den 1990er Jahren nahmen auch die christlichen Pilgerreisen zu, allerdings hat sich ihr Fokus während der letzten anderthalb Jahrhunderte vom Greifbaren zum Immateriellen verschoben: Anstatt zu den Reliquien und Orten, die Chaucers Pilger anlockten, reisen die Menschen heute zu den Schauplätzen von Visionen und göttlichen Offenbarungen. Für die Katholiken stehen die Erscheinungen der Jungfrau Maria im Mittelpunkt, innerhalb Europas an Orten wie Lourdes (das sehr schnell für wundertätige Heilungen berühmt wurde), Fatima, Knock und Međjugorje; in Mexiko ist Guadalupe ein solcher Wallfahrtsort (→ Kapitel 16), in Südindien das im Bundesstaat Tamil Nadu gelegene Velankanni und auf den Philippinen Manaoag. Jedes Mal erschien die Madonna Kindern von einfacher Herkunft ohne große Bildung, und obwohl nicht alle Orte durch den Vatikan anerkannt wurden – Međjugorje und Velankanni stehen noch zur Diskussion –, ziehen sie alle jedes Jahr enorme Zahlen von Pilgern an, getrieben von der Hoffnung, dass einfache Frömmigkeit den Weg zur transformativen Kontaktaufnahme mit dem Göttlichen weisen könnte. Innerhalb Frankreichs bietet nur Paris mehr Hotelzimmer als Lourdes: Über sechs Millionen Besucher strömen jährlich dorthin.

Es gab immer schon eine umstrittene Seite der Pilgerschaft. In jeder Tradition und in jedem Jahrhundert wurde Kritik geübt am schlechten Benehmen der Pilger, an der Habgier jener, die sie aufnehmen und beköstigen, und an der Kommerzialisierung von heiligen Stätten. Vielen Leuten, vor allem Angehörigen monotheistischer Religionen, ist die implizite Vorstellung, Gott könnte der Menschheit an manchen Orten näher sein als an anderen, nicht geheuer. Seit dem 16. Jahrhundert hielten die meisten Protestanten all das schlichtweg für überflüssig: Es war verschwenderisch teuer, ja geradezu götzendienerisch, und vor allem steht in der Bibel nirgends geschrieben, dass es erforderlich sei. Pilgerschaft war für sie der tägliche Kampf, ein gottgefälliges Leben zu führen, ein Kampf, der genauso viel Mut und Ausdauer verlangte wie das physische Reisen. Die «Pilgerreise zur seligen Ewigkeit» bestand in der Überwindung spiritueller Hürden und Schwierigkeiten, sei es der «Jahrmarkt der Eitelkeiten» oder der «Pfuhl der Verzweiflung», um den richtigen Weg zu Gott zu finden. Aber, so gibt Eamon Duffy zu bedenken, nur weil das Pilgern in der Bibel nicht explizit diskutiert wird, heißt das nicht, dass es dort nicht vorkommt:

> *Glaubenspraktiken werden vor allem von der Bilderwelt der Heiligen Schrift geprägt, und diese Bilderwelt ist voll von Pilgerreisen: etwa die Suche Abrahams nach dem*

> *Gelobten Land oder die Wanderschaft Moses und der Israeliten durch die Wüste nach ihrem Auszug aus Ägypten. Schon im Alten Testament beginnt die Schilderung äußerst tiefgehender Bilder von Pilgerschaft.*

Sowohl das Judentum als auch das Christentum verstehen diese Bilder von Abraham und Moses, die ihr Volk in die Wüste führen, als Wandlungsreisen, als Pilgerfahrten an Orte, an denen die Menschen Gott näher sein können. Eine neue Art von gottesfürchtiger Gemeinde kann so entstehen. Diese Vorstellung wird im Brief des Apostels Paulus an die Hebräer wortgewandt und detailliert ausgeführt: «Aufgrund des Glaubens gehorchte Abraham dem Ruf ...; und er zog weg, ohne zu wissen, wohin er kommen würde.» Diese biblischen Reisen sind allerdings Pilgerfahrten sehr spezieller Art. Sie dienen nicht dazu, verändert wieder zum Ausgangsort zurückzukehren, sondern vielmehr im richtigen Geist den Platz zu erreichen, wo Gott auf angemessene Weise verehrt werden kann und eine neue Gesellschaft möglich wird. Wenn Jesus an Pessach oder am Versöhnungstag sagt: «Nächstes Jahr in Jerusalem», wird damit nicht die Hoffnung auf einen kurzen Besuch ausgedrückt, sondern darauf, dass alle Juden zurückkehren und bleiben können, um die Ankunft des Messias zu erleben.

Diese Art von spiritueller Reise ist ein Kernstück des Gründungsmythos der Vereinigten Staaten. Als eine Gruppe andersdenkender Puritaner 1620 von Plymouth aus lossegelte, um in Neuengland eine Kolonie zu gründen, wo sie ihre Religion nach ihren Vorstellungen leben konnten, betrachteten sie sich selbst als Nachfolger Abrahams und Moses, die sich aufgrund des Glaubens aufmachten, um eine neue Gemeinde an einem gottgefälligen Ort zu bilden, «eine Stadt, die auf einem Berg liegt». William Bradford, der an Bord der *Mayflower* war, später Gouverneur der von den Aussiedlern gegründeten Kolonie wurde und ihre Geschichte niederschrieb, hat es unmissverständlich in Worte gefasst: «Sie wussten, dass sie nur Pilger waren und ... hoben ihre Augen zum Himmel, ihrem liebsten Lande». In diesem ganz und gar biblischen Sinne werden sie bis heute überall in den Vereinigten Staaten als Pilgerväter verehrt.

Kapitel 15

Festzeit

Pilgerschaft fordert Menschen dazu auf, vielleicht nur ein Mal im Leben, aufgrund ihres Glaubens, an einen besonderen Ort zu reisen. Feste laden ganze Gemeinschaften dazu ein, sich über Generationen hinweg ein Mal im Jahr am gleichen Platz geistig zu erneuern. Während jedoch Pilgerfahrten in der Regel Entbehrungen und Gefahren mit sich bringen, vereinen die meisten Feste die Verehrung des Göttlichen mit einer rauschenden Party: Es wird nicht nur mit den Göttern gelebt, sondern auch mit ihnen gefeiert. Das «Blasenfest» der Yup'ik, um das es in Kapitel 5 ging, war traditioneller Ausdruck einer tiefen spirituellen Verflechtung von Menschen- und Tierwelt. Die Feste in diesem Kapitel dagegen verändern sich im Laufe der Zeit und erzählen uns deshalb fast ebenso viel über Politik wie über Religion.

Unser gewöhnliches Leben, unsere täglichen Termine, unsere Pläne für die Zukunft – all das wird zu Zeiten, in denen man feiert, beiseite geschoben. Stattdessen denken wir für einige kurze, intensive Stunden oder Tage über viel umfassendere Zusammenhänge des Lebens nach und bekommen auch wirklich ein Gefühl für diese. Zwar finden wir uns in ihnen wieder, aber sie reichen auch weit über uns hinaus. Und weil jedes Fest eine Art Neuinszenierung all seiner Vorgänger ist, gelangen wir zu der wertvollen Erkenntnis, dass das gemeinschaftliche wie auch das kosmische Leben kein einsamer Einakter mit Anfang und Ende ist, sondern ein großer dramatischer Zyklus, dessen Ende – wenn es eins gibt – außerhalb unserer Lebenszeit liegt.

Nachfolgende Doppelseite: Mitte des 19. Jahrhunderts aus prähistorischem Mammut-Elfenbein gefertigtes Modell des Ysyakh-Festes, der Sonnwendfeier in Ostsibirien.

In fast jeder religiösen Tradition gibt es Feste, die eng an den

Lauf der Sonne, des Mondes und der Jahreszeiten gebunden sind, und in den nördlichen Breiten, wo das Tageslicht im Verlauf des Jahres großen Schwankungen unterworfen ist, markieren die meisten Kulturen auf ihre Weise den längsten und den kürzesten Tag des Jahres (→ Kapitel 3). Im British Museum wird man zum privilegierten Betrachter eines solchen Brauchtums: Auf den ersten Blick erscheint es wie ein Fest in Liliput. Auf ein einfaches Brett aus unbehandeltem Nadelholz ist eine Gruppe von etwa zwanzig kleinen, feingearbeiteten, teils farbig gefassten Menschen aus Elfenbein montiert, die versammelt sind, um an einer Art Zeremonie teilzunehmen. Es ist ein bescheidenes Kunstwerk, aber zugleich die seltene Nachbildung eines Ereignisses, das für die Sacha, eine der größten indigenen Bevölkerungsgruppen Sibiriens, von außerordentlicher Bedeutung war. Die Darstellung zeigt Ysyakh, die traditionelle Feier der Sommersonnenwende und für die Sacha bis heute das wichtigste Fest des Jahres. Im Grunde genommen ein Ritual zu Ehren der Naturgeister, ist Ysyakh ein bemerkenswertes Beispiel dafür, was religiöse Zeremonien bedeuten und bewirken können. Wie die meisten Feste hat es die Jahrhunderte überdauert und sich verändert. Es bietet ein Mal im Jahr Gelegenheit, den Göttern zu danken, mit Freunden zu feiern und – trotz enormer politischer, ökonomischer und kultureller Brüche während der letzten 150 Jahre – zu bekräftigen, dass eine Gesellschaft in der Lage ist, sich selbst und ihre Überzeugungen aufrechtzuerhalten und anzupassen.

Irgendwann um 1300 zog das turksprachige Nomadenvolk der Sacha vom Baikalsee aus nordwärts und siedelte sich am Fluss Lena an, in einer Region, in der die kältesten Winter der nördlichen Hemisphäre herrschen. Temperaturen unter -50°C sind dort nicht ungewöhnlich. Als sie einen passenden Flecken Erde gefunden hatten, riefen sie, ihrer Tradition gemäß, die Geister an, die ihnen antworteten, indem sie Vögel als Nahrung und saftiges Gras für ihre Pferde sandten. Seit dieser Zeit kommen die Sacha zu Beginn der neuen Vegetationsperiode aus weiter Ferne zusammen (die heutige Republik Sacha oder Jakutien, Teil der Russischen Föderation, ist fast so groß wie Indien), um die Gründung ihrer Heimat zu zelebrieren. Geführt von ihren Schamanen, die in ekstatischen Trancezuständen privilegierten Zugang zur Geisterwelt haben, feiern sie mit Essen und Trinken, Tänzen, Liedern und Pferderennen. Sie bringen den Göttern Opfergaben dar, um ihnen dafür zu danken, dass sie den Winter überlebt haben, und um ihre Hilfe für die Zukunft zu erbitten. Man könnte vielleicht sagen, dass dieses Fest für die Sacha fast das Gleiche ist wie Thanksgiving in den Vereinigten Staaten.

Tatiana Argounova-Low von der Universität Aberdeen ist gebürtige Sacha aus Jakutsk, der Hauptstadt der Republik Sacha (Jakutien), etwa 5000 Kilometer östlich von Moskau.

> *Es gibt Berichte über das Ysyakh-Fest, die bis ins 17. oder 18. Jahrhundert zurückreichen. Aber es ist vermutlich früher entstanden, in der Zeit, in der die Sacha erstmals nordwärts zogen und sich an einem in ihren Augen perfekt geeigneten Ort an den Ufern des Flusses Lena ansiedelten.*

Zwar stammen die schriftlichen Quellen über das Festival aus früherer Zeit, unser um 1860 angefertigtes Modell ist jedoch von besonderem Interesse, weil es das älteste bildhafte Zeugnis darstellt:

> *Die Menschen lebten zu dieser Zeit unter sehr rauen Bedingungen. Die Sacha waren seit jeher ein Hirtenvolk, das sich hauptsächlich mit der Zucht von Pferden und Rindern über Wasser hielt. Die Tiere durch sechs Monate eisigen Frosts zu bringen, war also immer eine Herausforderung. Pferde waren die wichtigsten Nutztiere: Die Sacha brauchten sie als Transportmittel – und als Nahrungsquelle. Selbst bei -40°C oder -50°C waren Pferde in der Lage, Gras unter dem Schnee hervorzuholen, um sich Futter zu beschaffen. Dennoch stand das Überleben der Menschen oft auf Messers Schneide.*

Früh im Juni fängt das Gras kräftig an zu wachsen, und Früchte beginnen zu reifen. Im Juli, August und September widmete man sich mit aller Kraft dem Heumachen und der Obsternte, um genügend für den nächsten Winter einzulagern. Zur Sommersonnenwende, wenn der Boden befahrbar und das Wetter warm war, konnten die Sacha also zusammenkommen, bevor die Monate intensiver Arbeit begannen:

> *Sie waren in der Stimmung, das Leben zu feiern, bevor die neue Arbeitssaison anbrach. Sie versammelten sich also auf dem Fest, das normalerweise von einem*

Der kniende Schamane führt eine Prozession an, in der während des Ysyakh-Festes vergorene Stutenmilch als Opfergabe dargebracht wird.

reichen Grundbesitzer organisiert wurde. Er lud jedermann ein, in erster Linie seine Verwandten, aber auch arme Leute, die nicht viel hatten, um gemeinsam zu essen und zu genießen. Man war gesellig, machte Musik und freute sich am Leben.

Etwas von dieser Lebensfreude kann man sogar noch in den steifen Schnitzfiguren unseres Modells erkennen. Die Gastgeber des Festes – vermutlich die lokalen Landbesitzer – sitzen in der Mitte auf zwei Bänken. Die fünf hohen Pfosten dienten den Menschen, die von weither kamen, dazu, ihre Pferde anzubinden. In einer Ecke ist eine kegelförmige Jurte aufgebaut, ein mobiles Zelt aus Birkenrinde, gehalten von elastischen Holzstäben, mit einer verzierten Türklappe. Auf der gegenüberliegenden Seite stehen, zwischen stark stilisierten Bäumen, zwei große Bottiche für *kumys*, ein leicht alkoholisches Getränk aus vergorener Stutenmilch. Neben der Jurte befindet sich eine Gruppe singender Männer und Frauen, andere verfolgen einen Ringkampf. In der Mitte gehen einige Figuren hintereinander her, Trinkgefäße für Stutenmilch in Händen, während der Anführer der Prozession kniend ein Bittgebet für Urung Aiyy Toyon, den wichtigsten der Götter, singt: den «weißen Schöpfergott», den «Vater des Lichts», den die Sacha mit der Sonne selbst gleichsetzen. Tatiana Argounova-Low beschreibt es so:

> *Die Menschen dankten den Göttern für ihren Schutz. Im Modell kann man sehen, dass der Zeremonienmeister, der vermutlich so etwas Ähnliches wie ein Schamane ist, die Mädchen und Jungen in das besondere Ritual des Feuer-Nährens einführt. Das ist im Grunde eine Art, mit Göttern und Geistern zu kommunizieren und ihnen ein Dankopfer aus Stutenmilch, Butter, Fleisch und Eierkuchen darzubringen. Dabei bitten sie auch für die kommenden Jahre um Schutz und Führung.*
>
> *Es ist extrem wichtig, dass Ysyakh draußen mit möglichst vielen Leuten gefeiert wird, denn für die Sacha ist jedes einzelne Element der Natur und der Landschaft durch Geister belebt und zu Empfindungen fähig. Die gesamte Umgebung ist ein spirituelles Lebewesen.*

Unser Modell wurde auf der riesigen Weltausstellung in Paris 1867 gezeigt und vielleicht nur zu diesem Zweck angefertigt. Die Länder der Welt präsentierten dort die Produkte ihrer neuen Industrien und waren zudem aufgefordert, einige ihrer Volkstraditionen vorzustellen, die jedoch in vielen Fällen bereits im Untergang begriffen waren. Schuld daran trugen nicht zuletzt die rasanten Entwicklungen im Transport- und Kommunikationswesen und im Bereich der Technologie, die solche großen internationalen Ausstellungen überhaupt erst möglich machten. Das war damals ein europaweites Phänomen. In Großbritannien war 1861 das erste National Eistedfodd von Wales in Aberdare abgehalten worden, und in Schottland sollte einige Jahrzehnte später das Royal National Mód folgen – dennoch waren damals Walisisch und Gälisch dabei zu verschwinden, da sich die Kommunikationsmöglichkeiten verbesserten, die Zentralregierung eine bedeutendere Rolle spielte und Englisch überall dominierte. Unser kleines Modell des Ysyakh-Festes entstand möglicherweise im Zuge einer vergleichbaren Entwicklung. Als das zaristische Russland seinen politischen Zugriff auf Ostsibirien verstärkte, begann die öffentlich geförderte Verbreitung der russischen Sprache und des orthodoxen Christentums, einheimische Traditionen und Glaubensvorstellungen zu schwächen. Das in Paris, der «Hauptstadt des 19. Jahrhunderts», ausgestellte Modell sollte demonstrieren, dass das moderne, westlich orientierte Russland noch immer seine ländlich-malerische asiatische Vergangenheit besaß. Allem Anschein nach würde diese turkische, nicht-christliche, sibirische Glaubensfeier jedoch bald untergehen oder dem charmanten, aber harmlosen Reich der Folklore angehören.

Wie Tatiana Argounova-Low erklärt, verschwand das Ysyakh-Fest tatsächlich fast von der Bildfläche. Die Kultur der Sacha litt sogar noch mehr unter dem zentralisierenden Atheismus der Sowjets, als sie unter den Zaren gelitten hatte. Ihr heutiges Wiederaufleben begann erst nach dem Zusammenbruch der Sowjetunion in den frühen 1990er Jahren:

Ich habe nie ein Ysyakh mitgefeiert, bis ich Ende dreißig war. Ich habe das verpasst, und einer ganze Generation sowjetischer Kinder erging es genauso. Es gibt so viel Wissenswertes über unsere Gemeinschaft, das unsere Eltern uns weitergeben wollten. Sie konnten es aber nicht aufgrund der sowjetischen Ideologie, die ein von den Kulturen ethnischer Minderheiten gesäubertes Umfeld schuf. Ysyakh wurde zu dieser Zeit vermutlich in kleinen Dörfern gefeiert, jedoch weder in der Größenordnung noch in den spirituellen Dimensionen wie zuvor: Es drehte sich alles um die sowjetische Ideologie – dank Lenin und Marx.

Deshalb ist das seit den 1990er Jahren wiederbelebte Ysyakh-Fest eine Feier ethnischer Zugehörigkeit: durch die Schönheit von Liedern und erzählten Geschichten, mit traditionellen Kostümen, Schmuck und Silberwaren, Tänzen und Pferdereiten – aber auch Modenschauen und Popkonzerten. Es erinnert mich gelegentlich an die Eröffnungsfeier der Olympischen Spiele in London 2012. Menschen aus der ganzen Region kommen zu dieser alljährlichen Zeremonie. Wir sprechen hier von Zehntausenden von Menschen, die im Auto oder mit dem Flugzeug anreisen, nur um gemeinsam feiern zu können.

Es ist sicherlich kein Zufall, dass diese Wiederbelebung – und Neuerfindung – der Sacha und ihrer fast erloschenen Traditionen zur gleichen Zeit stattfand wie das erneute Aufblühen der keltischen Kultur und Sprache – und eines politischen Selbstbewusstseins – in Schottland und Wales:

Bei all dem hat Ysyakh jedoch nie seine spirituelle und religiöse Dimension verloren: Es geht immer noch darum, sich an die Gottheiten und Geister zu wenden, damit sie den Menschen dabei helfen, den Winter zu überleben – nicht einmal die Sowjetideologie konnte das Klima verändern.

Diesem Klima verdanken wir das Elfenbein, aus dem die Figuren unseres Modells geschnitzt sind: Es stammt nicht von Elefanten, sondern vom Stoßzahn eines Mammuts, und so handelt es sich erstaunlicherweise um das gleiche Material, das benutzt wurde, um den Löwenmenschen aus Kapitel 1 zu schnitzen. Mammuts starben in Sibirien vor mindestens 5000 Jahren aus, aber ihre Körper und Stoßzähne, die im Dauerfrost konserviert wurden, findet man noch heute, wenn Fluten die Ufer der Lena fortspülen. Dieses uralte Material, das man in den 1860er Jahren verarbeitete, spielt nun eine kleine Rolle in der fortdauernden Entwicklung des Ysyakh-Festes.

2015 reiste das Modell aus dem British Museum nach Jakutsk. Dort wurde es eingehend studiert und als wertvolles Dokument

Seit dem Ende der Sowjetära leben Ysyakh-Feste wieder auf. Die Jurten auf dieser 2016 abgehaltenen Feier erinnern deutlich an die des Modells aus dem 19. Jahrhundert.

betrachtet, das bei der Planung und Authentisierung zukünftiger Feste hilfreich sein kann. Überraschend stellte sich in Jakutsk heraus, dass das Modell ursprünglich größer war und zusätzliche Figuren und Handlungen zeigte: Die fehlenden Teile werden nun rekonstruiert, indem man die vorhandenen Figuren als Anhaltspunkt nimmt. So zeichnet sich eine frappierende Schicksalswende ab: Zwar demonstrierte das Modell zunächst den Abstieg der Zeremonie zur pittoresken Folklore, doch dient es heute, wie das Fest selbst, dazu, die traditionelle Glaubensvorstellung einer beseelten Natur zu bekräftigen, Menschen, Götter und Land miteinander zu verbinden und so die Identität der Sacha in der modernen Welt wieder zu stärken.

Trotz der massiven russischen Zuwanderung, der nachhaltigen Christianisierung im 19. Jahrhundert und der atheistischen Indoktrination im 20. Jahrhundert, ergab eine 2012 durchgeführte Studie, dass fast 150 000 Einwohner von Sacha (Jakutien), dessen Bevölkerung insgesamt weniger als eine Million Menschen umfasst, den traditionellen jakutischen Schamanismus als ihre Religion ansehen. So scheint eine der kleineren Religionen der Welt im Aufblühen begriffen.

Verglichen mit einem vielfigurigen, aus uralten sibirischen Mammutstoßzähnen geschnitzten Modell, erscheint eine kommerzielle Weihnachtskarte, die den Weihnachtsmann mit Geschenken zeigt, denkbar unspektakulär; aber sie dokumentiert auf ihre Weise ebenso deutlich die außergewöhnliche Kraft religiöser Feste, sich zu erneuern und sich politischen wie ökonomischen Entwicklungen anzupassen.

Aus den Evangelien erfahren wir nicht, ob Christus im Sommer oder im Winter geboren wurde, und erst irgendwann später, mit der zeitlich nicht näher bestimmten Ankunft der Weisen aus dem Morgenland, die Gold, Weihrauch und Myrrhe bringen, werden Geschenke überhaupt erst erwähnt. So wurde lange darüber spekuliert, wie und warum es dazu kam, dass die christliche Welt am 25. Dezember Weihnachten feiert.

Die Sklaven werden die Herren sein und die Herren die Sklaven. Was sich anhört wie ein radikales religiöses oder politisches Credo, war ein zentraler Aspekt der römischen Saturnalien, eines mehrtägigen Festes zu Ehren des Gottes Saturn.

Laubbekrönte Sklaven feiern die Saturnalien, das römische Fest zur Zeit der Wintersonnenwende (Kalendermosaik aus dem 3. Jahrhundert, gefunden in El Djem im heutigen Tunesien).

Es begann jedes Jahr am 17. Dezember, endete um den 23. Dezember herum, und es gab keinen römischen Feiertag, dem man mehr entgegenfieberte – der Dichter Catull bezeichnete die Saturnalien als «besten Tag». Die Römische Republik und später das Römische Reich hallten wider vom Klang des Rufes «*Io Saturnalia!*», «*Hurra Saturnalien!*». Haushalte kamen zusammen, man feierte und tauschte Geschenke aus – häufig Töpferwaren oder Wachsfiguren. Sklaven konnten den Anspruch erheben, von ihren Herren bedient zu werden oder sogar mit ihnen gemeinsam am Tisch zu sitzen und zu speisen. So erklärte Saturn selbst mit den Worten, die der Satiriker Lukian ihm in den Mund legte:

> *Aber auch während dieser sieben Tage ist es mir nicht zugestanden, irgend etwas Wichtiges und Ernsthaftes zu verfügen. Ein Räuschchen trinken, jubeln, schäkern, würfeln, Festkönige wählen, die Sclaven tractiren, nackend singen und springen und*

den Takt dazu schlagen, bisweilen auch das Gesicht mit Ruß mir beschmieren und mich kopfüber ins kalte Wasser werfen lassen – Das sind die Dinge, die ich treiben und treiben lassen darf.

Ein langersehntes, heiß geliebtes römisches Fest am Ende des Monats Dezember. Geschenke und Spiele. Die Arbeit wird unterbrochen, um Zeit für die Familie zu haben. Alkoholische Getränke stehen bereit, damit die Gespräche fließen und die Menschen es mit ihren Verwandten aushalten – *Frohe Weihnachten!* würden wir heute sagen.

Eine solch simple Aneignung des Festes einer Religion durch die andere wäre eine elegante – häufig vorgebrachte – Erklärung für das Datum und die Gebräuche von Weihnachten, aber das ist keineswegs die ganze Geschichte. Diarmaid MacCulloch, Professor für Kirchengeschichte an der Universität Oxford, weist darauf hin, dass ziemlich unklar ist, wie Weihnachten entstand und wann die Menschen begannen, es zu feiern:

Wir wissen nicht, wann Jesus geboren wurde. Die Christenheit hat es in die dunkelste Zeit des Jahres gelegt, und man glaubt natürlich, das sei deshalb so geschehen, weil zu dieser Zeit viele Feste stattfanden. Eines davon waren zum Beispiel die Saturnalien – über die wir auch nicht viel wissen –, und es gibt auch das Fest des Sol Invictus, des unbesiegten Sonnengottes. Es könnte allerdings auch so gewesen sein, dass beunruhigte römische Herrscher im Zuge der bedrohlichen Ausbreitung des Christentums nicht-christliche Feste anregten, um ein Gegengewicht zu den Aktivitäten der Christen zu schaffen.

Weihnachten entstand vermutlich im 3. Jahrhundert: Es ist also antik, aber eindeutig nicht biblisch. Später hoben protestantische Christen das hervor, um Weihnachten ganz abzuschaffen. Die Feier des Osterfestes hingegen ist im protestantischen Sinne angemessen, da der Zeitpunkt von Ostern mit Hilfe der Bibel zu ermitteln ist. Weihnachten jedoch ist ein Eindringling. Und natürlich haben die Protestanten im Grunde recht: Es war in der Frühkirche kein Fest.

Zusammengesetzte Weihnachten: Ein heidnischer Weihnachtsbaum aus Deutschland, arktische Rentiere, eine gotische Kirche und ein türkischer Heiliger aus New York und den Niederlanden.

A Merry Christmas
Copyright 1906, P. Sander N.Y.

Nach der Reformation feierten die meisten protestantischen Gemeinden Weihnachten auch weiterhin, wie die Katholiken, als ein großes Fest. Aber die Abneigung der Puritaner gegen einen Festtag ohne biblische Berechtigung war groß, und so blieb Weihnachten – umso erstaunlicher angesichts seiner heutigen Beliebtheit in allen Teilen der Gesellschaft – 200 Jahre lang Gegenstand erbitterter religiöser und politischer Streitigkeiten. Die Pilgerväter, die 1620 in Amerika ankamen, erhoben es zum Prinzip, an Weihnachten zu arbeiten, da es in der Bibel keinen Anhaltspunkt dafür gab, etwas anderes zu tun. Unter Cromwell wurde der Feiertag in England durch die puritanische Mehrheit im Parlament verboten (was große öffentliche Proteste auslöste) und erst 1660 zusammen mit der Monarchie wieder eingeführt. Das schottische Parlament schaffte 1640 jede feierliche Begehung dessen ab, was als gefährliches Papistenfest angesehen

Die vielen Übertragungen des heiligen Nikolaus (*von links nach rechts*): Der orthodoxe Heilige in der Kirche in Myra (Südtürkei, 12. Jahrhundert); der Wohltäter mittelloser junger Frauen in den Niederlanden im

wurde – die Christmesse –, und seine Hauptfeier zu Mittwinter wurde auf Neujahr verlegt. Noch 1958 war der erste Weihnachtsfeiertag in Schottland ein normaler Arbeitstag.

Wie kamen wir also zu unserem allumfassenden heutigen Weihnachten mit seiner vertrauten Bilderwelt? Weil die Laien normalerweise bei der Gestaltung religiöser Feste eine ebenso wichtige Rolle spielen wie der Klerus, sind diese wundervoll formbar und spiegeln fast unverzüglich den Wandel des allgemeinen Geschmacks, indem sie neue Elemente aus ganz unterschiedlichen Quellen ergänzen und aufnehmen (wie wir das beim Hindu-Fest Durga Puja in Kapitel 17 sehen werden). Deshalb überdauern sie die Zeiten und erfüllen beständig ihre wichtige gesellschaftliche Funktion. Beeinflusst von den Schriften der heiligen Birgitta, entstand im Mittelalter, entsprechend der sich wandelnden

15. Jahrhundert; mit dem Schwarzen Peter und seinen Gehilfen über die Dächer Hollands galoppierend und Geschenke durch die Schornsteine werfend (1850); Weihnachtsfreude nach Bengalen bringend (2016).

Spiritualität, ein vollkommen neues Bild des westeuropäischen Christfestes (wie in Kapitel 18 zu sehen sein wird). Unsere heutige Form des Festes verdankt sich in weiten Teilen populären Schriftstellern oder politischen und ökonomischen Veränderungen: Weihnachten ist, wie Diarmaid MacCulloch erklärt, vor allem eine Erfindung des 19. Jahrhunderts, und – die Pilgerväter wären sicher überrascht gewesen – viele seiner Komponenten haben ihre Ursprünge in New York:

> *Dem frühen nordamerikanischen Protestantismus kam Weihnachten tatsächlich abhanden, weil er eine puritanische Kultur war. Aber nach dem Unabhängigkeitskrieg, als die Amerikaner versuchten, einen eigenen Festkalender für die neue Republik aufzustellen, räumte die eine oder andere Gruppierung Elementen der alten europäischen Traditionen mehr Gewicht ein. Als New York in Opposition zum englischen Kolonialismus seine niederländischen Wurzeln neu entdeckte, wurde die von dort stammende Tradition des heiligen Nikolaus – ursprünglich Bischof von Myra in der Südtürkei –, dessen Name zu Sinterklaas umgewandelt worden war, wieder aufgenommen. Dieser Bischof der Frühkirche war in den Niederlanden trotz der Reformation eine beliebte Figur geblieben und hielt nun Einzug in das amerikanische Weihnachtsfest. Mit der Zeit ähnelte er immer weniger einem Bischof. Er wurde stattdessen zu einem lustigen alten Mann, und sein Name änderte sich einmal mehr. Santa Claus ist in Wahrheit ein globalisierender Eindringling aus den Vereinigten Staaten.*

In der niederländischen Tradition besucht der heilige Nikolaus am Vorabend seines Festtags am 6. Dezember jedes Haus, um den (guten) Kindern Geschenke zu bringen. In Nordamerika wurde dieses Mitbringen von Geschenken, das nun den zusätzlichen Reiz einer antibritischen Geste hatte, um ein paar Wochen verschoben, um mit Weihnachten zusammenzufallen – ein Fest, das im protestantischen Nordamerika (außer natürlich unter Puritanern) in privaten Haushalten und in der Kirche gleichermaßen gefeiert wurde. Der niederländische Sankt Nikolaus, schließlich Santa Claus, kam traditionsgemäß zu Pferd mit einem Helfer, Zwarte Piet oder Schwarzer Peter genannt. Aber auch das änderten die Amerikaner. Sie beschlossen, ihn mit einer vollkommen anderen Mittwinter-Tradition zu kombinieren, und so kam der Bischof aus dem antiken Mittelmeerraum ungeheuerlicherweise zu einer Herde arktischer Rentiere.

All das hätte einfach nur ein kurioses neuenglisches Gemisch aus Tradition und Erfindung bleiben können, wenn nicht 1823 ein Theologieprofessor aus New York, Clement Moore, dieses Allerlei religiöser Versatzstücke in ein Gedicht gefasst hätte:

T'was the Night before Christmas, when all through the house
Not a creature was stirring, not even a mouse;
The stockings werde hung by the chimney with care,
In hopes that Saint Nicholas soon would be there.

In der Nacht vor dem Christfest, da regte im Haus
sich niemand und nichts, nicht mal eine Maus.
Die Strümpfe, die hingen paarweis am Kamin
und warteten drauf, daß Sankt Niklas erschien.

Es war Unsinn, aber rhythmischer und einprägsamer Unsinn, der auf beiden Seiten des Atlantiks rasch zum Bestseller wurde:

When, what to my wondering eyes should appear,
But a miniature sleigh, and eight tiny reindeer,
With a little old driver, so lively and quick,
I knew in a moment it must be Saint Nick.

Acht winzige Rentierchen kamen gerannt,
vor einen ganz, ganz kleinen Schlitten gespannt!
Auf dem Bock saß ein Kutscher, so alt und so klein,
da ich wußte, das kann nur der Nikolaus sein!

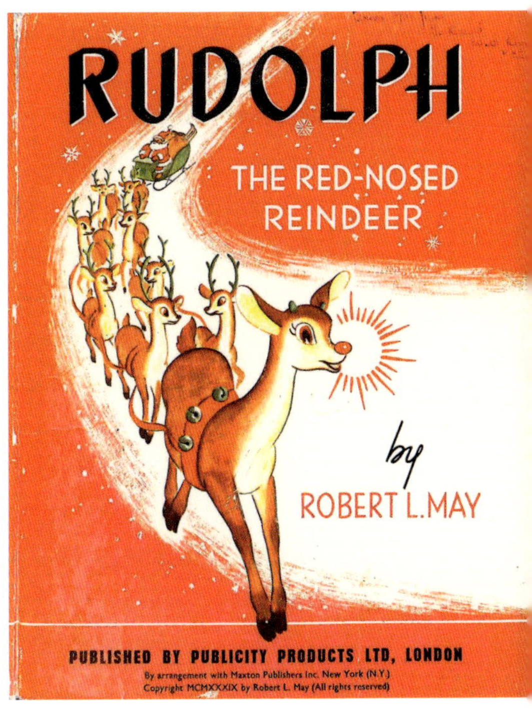

Rudolph, das rotnasige Rentier, kam 1939 hinzu, um seine acht Kollegen aus den 1820er Jahren anzuführen.

Der Geist von Weihnachten noch kommend. Eine Illustration zu Charles Dickens' Bestseller *Eine Weihnachtsgeschichte.*

Im englischsprachigen Raum ist Weihnachten seither von diesem Gedicht geprägt. Beiderseits des Atlantiks verlagerte sich der Schwerpunkt des Festes nun auf die Kinder. Der heilige Nikolaus, der Geschenke auf seinem Schlitten mitbrachte (gezogen von seinen acht Rentieren, die von Moore alle einen Namen bekommen hatten – Prancer, Dancer, Vixen etc.), wurde wichtiger Teil eines Festes, das sich nun auch um das Schenken drehte: Es begann die Zeit der Weihnachtseinkäufe. Und es war das Weihnachtsgeschäft, das ein Jahrhundert später das neunte und berühmteste aller Rentiere ins Spiel brachte: 1939 veröffentlichte die Kaufhauskette Montgomery Ward in den USA ein Werbeliedchen, das die Weihnachtskunden anregen sollte – und Rudolphs rote Nase leuchtet bis heute.

Die amerikanische Neuerfindung von Weihnachten in den 1820er Jahren wurde von den Briten begeistert übernommen – und dann in ebenso überraschende Richtungen weiterentwickelt, vor allem unter dem Einfluss von Charles Dickens' 1843 erschienener Erzählung *A Christmas Carol*. Die kurze Geschichte über den Geizhals Scrooge war auf der Stelle ein Erfolg, und bereits im ersten Jahr wurden 13 Auflagen verkauft. Seither hat diese Geschichte fast jeden Aspekt des englischen Weihnachtsfests geprägt. Der Höhepunkt des traditionellen Weihnachtsessens zum Beispiel war lange Zeit Gans; die erste Tat des geläuterten Scrooge ist es jedoch, einen riesigen Truthahn zu kaufen, um diesen seinem armen Angestellten Bob Cratchit zukommen zu lassen. So wurde der Truthahn schnell zur ersten Wahl, und sein Widerwille, für Weihnachten zu stimmen, wurde sprichwörtlich.*

Weitaus wichtiger war jedoch Dickens' Hervorhebung von Weihnachten als der Zeit des Jahres, in der die Reichen sich auf ihre Verpflichtungen gegenüber den Armen besinnen sollten, oder, wie Scrooges großzügiger Neffe es formuliert, die Zeit, «da die Menschen einträchtig ihre verschlossenen Herzen auftun und die andern Menschen ansehen, als wären sie wirklich Reisegefährten nach dem Grabe und nicht eine ganz andere Art von Geschöpfen, die einen ganz andern Weg gehen». Wie Dickens nahelegt, sollte Weihnachten nicht einfach ein

* Die Wendung «wie Truthähne, die für Weihnachten stimmen» wurde in England zur Metapher für eine Wahl gegen die eigenen Interessen. Anm. d. Übers.

Scrooge's third Visitor.

religiöses Fest, sondern eine Feier sozialer Harmonie, eine Zeit der Freigiebigkeit, der Solidarität zwischen verschiedenen gesellschaftlichen Schichten sein. Das war eine Überzeugung, die im Viktorianischen England großen Anklang fand, vor allem in den Industriestädten. Und sie wird dort noch immer sehr ernst genommen. Heutzutage verzeichnen alle britischen Wohlfahrtsorganisationen, die sich um sozial Benachteiligte kümmern, an Weihnachten die höchsten Spendengelder des Jahres.

Wie alle Feste entwickelt sich Weihnachten weiter, da es sich Jahr für Jahr wiederholt. Jede einzelne Feier lässt bewusst oder unbewusst die anderen nachklingen und regt von neuem zum Nachdenken an. Wenn Scrooge von den Geistern der vergangenen, der gegenwärtigen und der zukünftigen Weihnacht Besuch erhält, dann bleibt ihm und dem Leser kein Zweifel an der Rolle, die ihnen beiden in diesem Kreislauf zukommt, der jedes einzelne Leben formt, sich weit darüber hinaus fortsetzt und die Generationen miteinander verbindet. Als Scrooge am Weihnachtsmorgen geläutert erwacht, verkündet er das Fundament seiner neuen warmherzigen Weisheit: «Ich will in der Vergangenheit, in der Gegenwart und in der Zukunft leben.» Und genau das ist das Wesentliche an einem Fest.

Es gibt ein Element, um welches das heutige Weihnachten im 19. Jahrhundert ergänzt wurde und das unsere Feierlichkeiten mit der Welt des Ysyakh-Festes in Sibirien verbindet. In vielen traditionellen Religionen des nördlichen Eurasiens glaubt man, der immergrüne Nadelbaum vereine aufgrund seiner Wurzeln, seines Stammes und seiner Zweige die Unterwelt mit dieser Welt und dem Himmel. An seine Zweige werden glänzende totemartige Objekte gehängt, die ursprünglich die spirituellen Kräfte der Natur repräsentierten. In Skandinavien und Deutschland herrscht an Weihnachten der Brauch, einen immergrünen Baum – Teil des natürlichen Waldes – ins Haus zu holen. In England wurde dieser Brauch durch Königin Victoria und Prinz Albert populär, der die Tradition aus Coburg mitbrachte: Das Bild des königlichen Paares, friedlich mit seinen Kindern um den Weihnachtsbaum in Schloss Windsor versammelt, wurde 1848 in den *Illustrated London News* veröffentlicht und war bald im ganzen Land bekannt. Es war das Jahr, in dem die Revolution Europa erschüttert und schließlich der französischen Monarchie ein Ende bereitet hatte. Der Druck zeigte die britische Königsfamilie für ihre Untertanen bewusst nicht in herrscherlicher Pose, sondern lebensnah, fast als gehörten sie der achtbaren Mittelschicht an: Ihr Weihnachtsbaum wurde überall von denen, die es sich leisten konnten, kopiert – was auf familiäre Weise ebenfalls einen harmonischen sozialen Zusammenhalt bekräftigte. Außerdem war es der letzte Schritt in einem langen Prozess der Verschmelzung, der schließlich zu unseren Weihnachtskarten und dem heutigen Erleben von Weihnachten führt: dem beliebtesten Fest einer nahöstlichen Religion, das vieles mit einem Feiertag der römischen Antike gemein hatte, aus Deutschland die Verehrung der Natur übernahm, in New York umgestaltet und in ein Gedicht gefasst wurde und letztendlich der Grund dafür ist, dass auf der ganzen Welt Bäume in geschmückten Warenhäusern neben Aufzügen stehen, die Kinder zu *Santa's Grotto*, zur Höhle des Weihnachtsmannes, bringen. (Wann kam er nun wieder *dazu*?)

Die Puritaner lehnten Weihnachten ab, weil das Fest einer biblischen Grundlage entbehrte. Heutzutage nehmen Kritiker Anstoß an Maßlosigkeit und kom-

Während der europäische Kontinent 1848 durch Revolutionen erschüttert wurde, versammelte sich die britische Königsfamilie um ihren Weihnachtsbaum auf Schloss Windsor.

merziellen Exzessen, aber Diarmaid MacCulloch ist der Ansicht, dass dabei ein wesentlicher Aspekt außer Acht gelassen wird:

> *Weihnachten war schon immer recht materialistisch, in dem Sinne, dass es dabei um Ausgelassenheit und Freude geht, und das hat seit jeher für Ärger gesorgt – mittelalterliche Kirchenmoralisten haben zu allen Zeiten gegen wollüstiges Tanzen und dergleichen gewettert. Das ist das Problem am Feiern: Es hat immer zwei Seiten. Feste haben einen sakralen Charakter, wenn es sich um religiöse Ereignisse handelt. Aber wenn sie etwas taugen, dann finden sie stets auch Eingang ins tägliche Leben. Die Menschen amüsieren sich – deshalb erinnern sie sich an solche Feiern und behalten sie weiter im Blick.*
>
> *Weihnachten ist heutzutage erstaunlich religiös. Enorm viele Menschen, die normalerweise nicht daran denken, in die Kirche zu gehen, tun es an diesem Tag. Sie fühlen sich zu einer unwiderstehlichen Vorstellung hingezogen – ein hilfloses Baby, das eine tiefe Bedeutung für uns alle hat –, und sie mögen das, was die Kirche daraus macht. Es fällt auf, dass die Kirchen an Weihnachten wesentlich voller sind als an Karfreitag, dem Gedenken an Christi Kreuzigung, oder sogar als an Ostern, der Feier seiner Auferstehung. Beide Vorstellungen machen es den Menschen, die am Rande der Kirche stehen, viel schwerer, Mitgefühl zu empfinden. Weihnachten funktioniert, weil es eine grundlegende Botschaft vermittelt, der wir uns nicht entziehen können: Wir werden alle hilflos geboren, und eine Geburt ist ein feierlicher Moment außerordentlicher Freude.*

Religiöse Feste, ob im mittwinterlichen Großbritannien oder zur Sommersonnenwende in Sibirien, bringen uns dazu, über uns selbst und unsere Mitmenschen jedes Jahr zur gleichen Zeit erneut nachzudenken. Die meisten von uns erinnern sich an die Weihnachtsfeste (oder Eids, Diwalis oder Hanukkahs) ihrer Kindheit und an die bereits Verstorbenen, mit denen wir sie gefeiert haben; und wir gehen davon aus, dass unsere Kinder und Enkelkinder sie lange nach unserem eigenen Tod noch immer feiern werden. So bekräftigen Feste also immer von neuem das Erbe, das wir teilen, und unseren eigenen flüchtigen Platz im Gefüge der Zeit.

TEIL IV

DIE MACHT DER BILDER

Die vorangegangenen Abschnitte haben sich mit Glaubensgemeinschaften beschäftigt. In diesem Teil wollen wir der Vorstellung einer Bildgemeinschaft nachgehen. Gottgegebene Bilder geben Anlass zu außergewöhnlicher Verehrung, ja sie können sogar für die gesamte Nation stehen und damit im Grunde die Rolle eines Staatsoberhaupts übernehmen. Doch auch menschengemachte Bilder, die hergestellt, umgestaltet und unablässig reproduziert werden, können als Mittel, Menschen miteinander zu verbinden, wirkungsvoll sein. Sie vereinen diejenigen, die sie in einem gemeinsamen Zugehörigkeitsgefühl herstellen, und diejenigen, die sie über die Jahrhunderte betrachten, in der gemeinsamen Überzeugung, dass ihnen diese Bilder Orientierung und Schutz bieten. Skulpturen und Gemälde können uns in Welten entführen, die über Worte und über uns selbst hinausweisen, Welten, die normalerweise Dichtern, Propheten, Mystikern und Schamanen vorbehalten sind. Die Vieldeutigkeiten und Widersprüche des Glaubens, mit denen die Sprache kämpft, können ihren Ausdruck finden oder sogar aufgelöst werden. So spielen Bilder für die meisten Gesellschaften seit jeher eine Schlüsselrolle im Leben mit den Göttern.

Kapitel 16

Die Beschützerinnen

Im Jahr 1568 schilderte ein englischer Reisender, Miles Philips, ein auffallendes Verhalten der Einheimischen im kolonialen Mexiko. Was sie taten, erschien ihm zwar eigentümlich, jedoch durchaus erwähnenswert:

> *Es gibt dort ein Bildnis der Jungfrau Maria in Silber und Gold, das in Höhe und Breite einer großgewachsenen Frau gleicht ... Wann immer auch ein Spanier an dieser Kirche vorbeikommt, wird er, selbst wenn er auf dem Rücken eines Pferdes sitzt, anhalten, in die Kirche gehen und vor dem Bildnis kniend zu Unserer Lieben Frau beten, damit sie ihn vor allem Unheil beschützen möge ... Jenes Bildnis nennen sie auf Spanisch* Nuestra señora de Guadalupe: *Unsere Liebe Frau von Guadalupe.*

Papst Johannes Paul II. sitzt während einer Messe in der Basilika Unserer Lieben Frau von Guadalupe am 23. Januar 1999 unter der «Königin von Mexiko» und vor einer riesigen mexikanischen Fahne, auf der der Aztekenadler zu sehen ist.

Etwas mehr als dreißig Jahre zuvor (so die Legende) ging ein junger Mann mexikanischer Abstammung, genannt Juan Diego, am Rande der neuen spanischen Hauptstadt Mexiko seiner Wege, als eine seltsame junge Frau vor ihm auftauchte, die sich in seiner Muttersprache Nahuatl – der Sprache der Azteken – an ihn wandte. Sie stellte sich ihm als Gottesmutter Maria vor und trug Juan Diego auf, er solle an genau diesem Ort, am Fuße des Berges Tepeyac in Guadalupe, eine Kirche für sie bauen lassen.

Da der lokale Erzbischof sich skeptisch zeigte, bat Juan Diego sie schließlich um ein Zeichen, das beweisen konnte, wer sie war. Er bekam zur Antwort, dass durch ein Wunder auf dem kargen Hügel (es war der 12. Dezember) Blumen wachsen würden, die er in seiner *tilma* – einer Art Mantel oder Schürze, wie sie die Eingeborenen trugen – sammeln und dem Erzbischof bringen sollte. Als Juan Diego die Blumen, die in dieser Gegend eigentlich keine Blütezeit hatten, präsentierte, erschien auf seiner *tilma* in klaren Umrissen ein erhabenes Bild der Gottesmutter Maria: Sie stand auf einer von einem Engel gehaltenen Mondsichel, bekleidet mit einem goldenen Gewand und einem blauen sternenbesetzten Mantel. Die Kunde von diesem wundersamen Bildnis, von den wiederkehrenden Erscheinungen der heiligen Jungfrau und ihren ermutigenden, tröstenden Worten verbreitete sich zusehends. Bald schon wurde ein Schrein errichtet, der in seinem Innern Juan Diegos von Gottes Hand verwandelte *tilma* barg. Sie war nun kein ärmliches Kleidungsstück mehr, sondern wurde aufgestellt und präsentiert wie ein Altargemälde.

Durch all die politischen Wirren Mexikos hindurch und trotz des Bombenanschlags eines kirchenfeindlichen Revolutionärs in den 1920er Jahren hängt es seither an diesem Ort. Pilger, die nun nicht mehr wie die von Miles Philips beobachteten Reiter zu Pferde, sondern in Touristenbussen kommen, beten noch immer zur Jungfrau von Guadalupe, damit diese sie «vor allem Unheil beschützen möge». Allerdings ist es heute schwerer, vor ihr niederzuknien: Die Menschenmassen sind so dicht, dass sie sich zäh an dem Gnadenbild vorbeidrängen müssen, allesamt durch ein Laufband langsam vorwärts getragen.

Wie die Kulturhistorikerin Marina Warner bemerkt, kann man anhand der Souvenirs, welche die Pilger mitnehmen, sehen, dass dieses Bild – in vielerlei Hinsicht eine konventionelle katholische Darstellung der Epoche – eine hervorstechende Besonderheit aufweist:

> *Ein wichtiges Element dieses Bildes ist ihre dunkle Haut. Es gibt Schwarze Madonnen in Europa, die bis ins Mittelalter zurückdatieren, aber sie sehen nicht aus wie Menschen mit schwarzer Hautfarbe und noch weniger wie die einheimische Bevölkerung. Unsere Liebe Frau von Guadalupe dagegen gleicht tatsächlich einer eingeborenen Mexikanerin – einer «Indiofrau», um die heutige Terminologie zu verwenden. Dies ist also ein wundersames Gnadenbild der Jungfrau Maria, auf dem sie nicht als Europäerin erscheint, wie die neuen Kolonialherren, sondern als*

eingeborene Mexikanerin. Sie spricht mit Juan Diego auf Nahuatl. Auch auf diese Weise behauptet die Kirche in Mexiko ihre indianische Identität. Das ist wichtig angesichts der Politik der katholischen Kirche, ihren Einfluss auf alle Völker auszuweiten.

Der Aspekt der ethnischen Inklusion der Jungfrau von Guadalupe hat seine Kraft nicht verloren. Während viele Mariendarstellungen in katholischen Kirchen auf der ganzen Welt noch immer eine junge hellhäutige Frau zeigen, entstammt die Madonna, die uns hier begegnet, trotz ihrer europäischen Kleidung eindeutig der Region. Dieses Bild steht für eine Kirche, die ethnische Barrieren überwindet und alle Mexikaner aktiv einbezieht, ungeachtet ihrer Abstammung. In einer populären Zeremonie, in der Knaben, bekleidet mit einer Miniaturkopie von Juan Diegos *tilma*, zur Basilika ziehen, tragen sogar Teilnehmer rein europäischer Herkunft mexikanische «Indio»-Gewänder. Sie werden stolz fotografiert in ihrer neuen Rolle als *Dieguitos* – kleine Juan Diegos. Darin zeigt sich wahrhaft die Jungfrau von Guadalupe – und zugleich von ganz Mexiko. Marina Warner führt dies weiter aus:

Sie ist zur Verkörperung der Nation geworden, weit über das rein Religiöse hinaus. Der Kult um Unsere Liebe Frau von Guadalupe wird von Mexikanern überall auf der Welt gepflegt, einschließlich den USA. Es geht dabei um Identitätsbehauptung, häufig von Menschen, die sich diskriminiert fühlen. Sie spendet ihnen Trost und Stärke.

Wie Warner betont, rief das Bildnis weitreichende – und ungeahnte – Reaktionen hervor. Eine Vision, die sich nur ein Dutzend Jahre nach der Zwangsbekehrung durch die spanischen Eroberer ereignet hatte, wurde zunächst zum Symbol eines indigenen amerikanischen Katholizismus und schließlich im 19. Jahrhundert ein Mittel zur Definition mexikanischer Nationalidentität in Opposition zur spanischen Macht. Dieser «patriotische» Aspekt des Kultes wurde über die Jahrhunderte sowohl von den religiösen als auch von den weltlichen Machthabern gepflegt und weiter gefördert. Nach der Rebellion gegen die spanische Krone, aus der Mexiko um 1820 als unabhängige Republik hervorging, setzte der erste Präsident des neuen Staates ein triumphales Zeichen und erklärte seine tiefe

Loyalität, indem er seinen Namen änderte. Er nannte sich fortan nicht mehr José Miguel Fernández y Félix, sondern – Guadalupe Victoria.

Auf den Unabhängigkeitskrieg folgten weitere Kämpfe gegen die rasant wachsenden Vereinigten Staaten und schließlich gegen die einmarschierenden Franzosen. Durch all diese Zeiten hindurch riefen diejenigen, die für die Freiheit des Landes kämpften – jedweder politischer Couleur –, stets die Jungfrau von Guadalupe um Schutz an. Um 1870, nachdem die Franzosen vertrieben worden waren, hielt der radikale Aktivist Ignacio Manuel Altamirano Rückschau und erklärte schlicht:

> *An dem Tag, an dem die Jungfrau von Tepeyac (Guadalupe) in diesem Land nicht mehr angebetet wird, soviel steht fest, wird nicht nur die mexikanische Nationalität, sondern auch die Erinnerung an die Bewohner des heutigen Mexiko überhaupt ausgelöscht sein.*

Erstaunlicherweise konnten nicht einmal die gewaltsam gegen die Kirche vorgehenden Regierungen der 1920er und 1930er Jahre den volkstümlichen Brauch, in Zeiten persönlicher Krisen oder

Mexikanische Landarbeiter marschieren während eines Streiks in Kalifornien 1966 unter dem Banner Unserer Lieben Frau von Guadalupe, der Beschützerin armer Mexikaner auf der ganzen Welt.

Ein einfaches Souvenir: eine Jungfrau Maria, die die Züge mexikanischer Eingeborener trägt und Nahuatl spricht.

politischer Unterdrückung die Jungfrau von Guadalupe anzurufen, ernsthaft verdrängen. 1945 erklärte Pius XII. sie zur Königin Mexikos und zur Kaiserin der beiden Amerikas. Ihre Basilika, die über 10 000 Menschen fasst, gilt heute als die meistbesuchte römisch-katholische Pilgerstätte der Welt. Millionen Mexikaner in den Vereinigten Staaten beten regelmäßig zu ihr.

Dieser weit zurückreichende politisch-religiöse Prozess findet sein Sinnbild in einem einfachen mexikanischen Souvenir, das sich heute im British Museum befindet – dem knallgelben Strohhut eines Mädchens. Wie ein mittelalterliches Pilgerzeichen ist seitlich eine kleine Karte angeheftet, ein unbeholfener Farbdruck, auf dem jedoch auf den ersten Blick die Jungfrau von Guadalupe zu erkennen ist. Darunter ist nicht etwa ein Segensspruch oder ein religiöser Text abgedruckt, sondern die Worte *Simbolo de Mexicanidad* – Symbol der «Mexikanität». Die Jungfrau von Guadalupe steht für alles, was ihr Volk ausmacht.

Wie die mexikanische Kultstätte angeblich der bedeutendste Ort für katholische Pilger der modernen Welt ist, so war das Heiligtum der Artemis oder Diana in der großen Handelsstadt Ephesos, deren Ruinen heute in der Westtürkei liegen, der bei weitem berühmteste Tempel des antiken Mittelmeerraums. Es existieren Hinweise auf den Kult einer ephesischen Gottheit, die bis ins Bronzezeitalter

Rechts: In der Antike hätte jeder die unverwechselbare vielbrüstige, zwischen ihren beiden Hirschen stehende Artemis/Diana erkannt, die Beschützerin von Ephesos und der Epheser.

Links: Artemis herrscht in ihrem Tempel in Ephesos, wie es diese römische Silbermünze zeigt (um 50 u. Z.).

zurückreichen. Der erste bekannte Artemis-Tempel entstand im 8. Jahrhundert v. u. Z. Irgendwann im 6. Jahrhundert wurde ein neues Gebäude errichtet, das man später zu einem der Sieben Weltwunder erklärte – der einzige Tempel unter ihnen und dreimal so groß wie der Parthenon. Stephanie Lynn Budin verfasste zu ihm eine spezielle Studie:

> *Es handelte sich um einen gigantischen, absolut überwältigenden Tempel, und außerdem war er enorm reich: Ganze Städte, ebenso wie Privatpersonen, von einfachen Leuten bis hin zu ausländischen Gesandten, brachten dieser Gottheit ihre Opfer dar. Die Reichtümer der Welt wurden hier zusammengetragen.*
>
> *Von ihrem Tempel aus blickte Artemis über die Stadt und beschützte sie und ihre Bewohner. Sie hielt für die Menschen von Ephesos und alle, die ihr huldigten, Segnungen des Friedens, der Fruchtbarkeit und allerlei Wohltaten bereit.*

Wie die Jungfrau von Guadalupe auf Juan Diegos *tilma*, war das Bildnis der Artemis, das in Ephesos die Geschicke lenkte, seinem Wesen nach heilig, denn – so das entscheidende Argument – es war nicht von Menschenhand gemacht: Wie man sich erzählte, war es auf Zeus' Befehl hin direkt vom Himmel gefallen. Und

wie das mexikanische Bildnis der Madonna war die ephesische Artemis unverwechselbar: Man erkannte sie in jeder ihrer Nachbildungen sofort wieder, eine Beschützerin, die ihre lokale Identität behielt, auch als sie weltberühmt wurde.

Wie Stephanie Lynn Budin betont, weist Artemis, Göttin der Natur und der Jagd, hier neue, überraschende Merkmale auf:

> *Wie üblich wird sie von Hirschkühen flankiert und trägt einen «Polos», die Krone der Götter. Ihr Oberkörper ist jedoch erstaunlicherweise mit etwas bedeckt, das verschiedentlich als eine Anhäufung von Brüsten oder Stierhoden, womöglich Opfergaben, interpretiert wurde. Es gibt sogar noch eine dritte Möglichkeit: Bei diesen markanten Wölbungen könnte es sich um Taschen handeln, die man mitunter an Gottheiten in Anatolien (in der heutigen Türkei) gefunden hat. Sie enthielten Geschenke für die Menschen, von Speisen und Getränken bis hin zu Reichtümern und Kindern.*
>
> *Hauptsächlich durch Seehandel und Kolonisierung verbreitete sich der Kult der Artemis von Ephesos über die Jahrhunderte hinweg ostwärts ins Schwarze Meer und westwärts bis nach Spanien. Diese besondere – und merkwürdige – Version der Göttin wurde überall kopiert, nicht zuletzt in ihrem Tempel in Rom. Wann immer uns eine solche Statue begegnet, ist es eben genau die Artemis von Ephesos mit allen an diesen Kult gebundenen Assoziationen; es ist unverkennbar Artemis, ausgestattet mit der Macht und dem Ansehen dieser reichen und bedeutenden Stadt.*

Solche Assoziationen waren nicht nur mit den großen Statuen, die überall in den Tempeln der antiken Welt errichtet wurden und heute meist zerstört sind, verknüpft. Sie waren ebenso in den kleinen tragbaren Versionen der ephesischen Artemis aus Keramik oder Metall gegenwärtig, die in ihrem Schrein als Geschenke oder Andenken zum Mitnehmen angeboten wurden. Sie sind in großer Zahl erhalten und alle auf den ersten Blick wiederzuerkennen. Die ursprüngliche Statue der Göttin, die anscheinend aus Holz bestand, wurde vermutlich im Jahr 356 v. u. Z. bei einem großen Brand zerstört. Die erhaltenen Darstellungen bestehen meist aus relativ günstigen Materialien – kostbarere Statuen wären zu verschiedenen Zeiten eingeschmolzen worden, um das Metall anderweitig zu verwenden. Aber wir wissen aus der Apostelgeschichte,

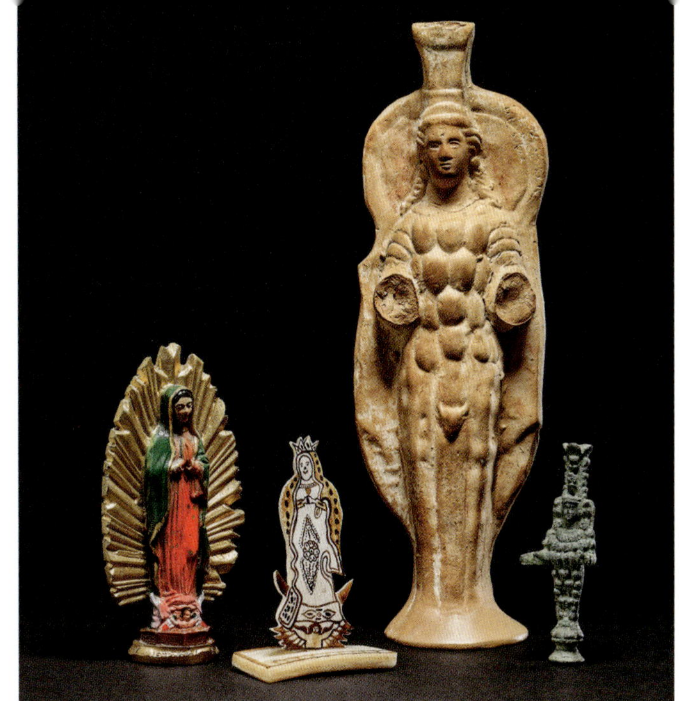

Tragbare Bildnisse Unserer Lieben Frau von Guadalupe und der Artemis der Epheser, aus verschiedenen Materialien für fromme Pilger angefertigt.

dass es einen blühenden Handel mit Luxusgütern wie solchen Statuen für wohlhabende Pilger gegeben hat.

Der heilige Paulus, der auf seinen Reisen gegen die heidnischen Götter und ihre Tempel predigte, verursachte verständlicherweise einige Aufregung in Ephesos, wo der bedeutendste Tempel von allen stand. Die Bibel erzählt uns, dass Paulus dort einen Aufstand auslöste, angeführt von einem «Silberschmied namens Demetrius, der silberne Artemis-Tempel herstellte und den Kunsthandwerkern viel zu verdienen gab». Sollte sich der neue Glaube durchsetzen, so befürchteten er und seine Männer, «so kommt nicht nur unser Gewerbe in Verruf, sondern auch dem Heiligtum der großen Göttin Artemis droht Gefahr, nichts mehr zu gelten, ja sie selbst, die von der ganzen Provinz Asien und von der ganzen Welt verehrt wird, wird ihre Hoheit verlieren». Das ökonomische Argument wird zügig durch das politische abgelöst, und eine wütende Menge versammelt sich:

> *Sie alle schrien fast zwei Stunden lang wie aus einem Mund: «Groß ist die Artemis der Epheser!» Der Stadtschreiber aber brachte die Menge zur Ruhe und sagte: «Männer von Ephesos! Wer wüsste nicht, dass die Stadt der Epheser die Tempelhüterin der großen Artemis und ihres vom Himmel gefallenen Bildes ist?»*

Der drohende Aufruhr blieb aus: Der Kult und sein Tempel waren viel zu berühmt und bedeutend, als dass es überhaupt vorstellbar gewesen wäre, sie könnten jemals untergehen.

Diese kurze biblische Schilderung lässt keinen Zweifel am religiösen Eifer der Bürger. Artemis war zum Inbegriff der Gemeinde selbst geworden, zur eigentlichen Identität der Stadt, und jedes Infragestellen dieser Idee wurde heftig bekämpft. Wie das moderne Mexiko konnte sich offenbar auch das antike Ephesos ohne seine Beschützerin, die vor Ort angebetet und zugleich auf der ganzen Welt verehrt wurde, nicht definieren.

Was aber bewirkte die ephesische Artemis durch das von Zeus selbst gesandte Bildnis tatsächlich in den Augen ihrer Anhänger, die ihr viel Hingabe entgegenbrachten? Stephanie Lynn Budin beschreibt es so:

> *Artemis und ihr Bruder Apollo werden nie erwachsen. Sie bleiben auf ewig Teenager. Artemis ist also das heiratsfähige Mädchen, das immer an der Schwelle zur Sexualität steht. Da sie diese Schwelle aber nie überschreitet, nutzt sie die Fruchtbarkeit, die sie in sich trägt, ohne sie auszuleben. So behält sie die Kontrolle über ihren eigenen Körper. Sie ist die Göttin der wilden Tiere, und in der griechischen Ideologie galten unverheiratete Mädchen ebenfalls als wild. Man behauptete, sie würden durch die Ehe gezähmt: Aber die Göttin der wilden Tiere kann niemals bezähmt werden. Sie ist eine universale Gottheit, die Frauen und Männer gleichermaßen schützt, und im Besonderen wacht sie über gefährliche Wandlungen – Frauen bei der Niederkunft, der Übergang von der Kindheit zum Erwachsenenalter etc.*

Wie Marina Warner erklärt, ist die Jungfräulichkeit der Artemis ein wichtiges Element ihres Kultes – allerdings nicht zwangsläufig deshalb, weil die Jungfräulichkeit an sich besonders hoch geschätzt wird:

> *Das Interessante ist, dass diese Vorstellung von der Jungfrau weniger mit dem Aspekt der sexuellen Keuschheit verknüpft ist als mit dem Gedanken, ungebunden und stark zu sein, was im Wesentlichen mehr der griechischen oder römischen Vorstellung der* virgo *entspricht. Das Wort selbst ist ebenso mit* vir *– der lateinischen Bezeichnung für Mann, für einen starken Mann – verbunden, wie mit* virtus, *dem Wort für Tugend.*

Es sind diese Kraftreserven, die es der Artemis von Ephesos erlauben, in direktem Kontakt mit dem Himmel die Verwundbaren in Momenten persönlicher Gefahr zu schützen. Für Marina Warner drückt sich das am deutlichsten in einer kleinen bronzenen Artemis-Statuette aus, die sie an eine Madonna della Misericordia der italienischen Renaissance erinnert:

> *Sie öffnet einladend ihre Arme und Hände, als wolle sie ihr Gegenüber umarmen. So heißt die Schutzgöttin der Stadt die Menschen willkommen und stellt sie unter ihr Protektorat. Sie breitet ihre Arme aus, um ihnen Zuflucht zu gewähren.*

Das ist eine Vorstellung, die in mancherlei Hinsicht an die Worte erinnert, die der verzagte Juan Diego von der Jungfrau während einer ihrer Erscheinungen zu hören bekam, als sein Glaube scheinbar ins Wanken geriet:

> *Bin ich denn nicht hier, deine Mutter? Bist du denn nicht in meinem Schatten, unter meinem Schutz? Bin ich nicht der Quell deines Lebens? Bist du nicht in den Falten meines Mantels, in der Beuge meiner Arme geborgen? Brauchst du noch mehr als das?*

Es ist gewiss die Kraft dieses Schutzversprechens, welche die zahlreichen noch heute in Guadalupe verkauften oder aus Ephesos erhaltenen Souvenirs erklärt. Das heilige Bildnis an seinem ihm eigens geweihten Ort ermöglicht einen besonders intimen Kontakt mit dem Göttlichen. Wie wir das bei den Pilgern in Kapitel 14 gesehen haben, kann man eine kleine Kopie, die an die tägliche Kontaktaufnahme erinnert, überall bei sich tragen, als leitende Präsenz und Trost im Alltag.

Ein besonderer Aspekt dieser Kulte ist die tief wurzelnde Liebe des Volkes zu seinen Beschützerfiguren. In Ephesos kam es zum Aufstand, weil seine Bürger ihre Artemis gegen die Kritik des Apostels Paulus zu verteidigen suchten, und ihr Kult blühte dort noch jahrhundertelang weiter. 1990, als Papst Johannes Paul II. entschied, Juan Diego selig zu sprechen, protestierte der Abt von Guadalupe mit der Begründung, die historischen Fakten reichten nicht einmal aus, um

Zahllose Bildnisse der Jungfrau von Guadalupe werden jedes Jahr an die Pilger verkauft, die ihren Schrein besuchen. Die Basilika von Guadalupe ist die meistbesuchte christliche Pilgerstätte der Welt.

auch nur seine Existenz zu beweisen. Angesichts der großen öffentlichen Entrüstung darüber trat der Abt zurück, die Seligsprechung wurde durchgeführt, und zwölf Jahre später, 2002, erklärte der Papst Juan Diego zum ersten indianischen Heiligen Amerikas.

Marina Warner ist der Auffassung, dass die jüngsten Fälle von Kindesmissbrauch in der Kirche das Vertrauen in den männlichen Klerus weltweit untergraben und zugleich die Sehnsucht verstärkt haben, sich dem Schutz einer mütterlichen Gottheit wie der Jungfrau Maria anzuvertrauen. Das führte zum Aufblühen spezieller Kulte wie dem Unserer Lieben Frau von Guadalupe. Finden wir im säkularen modernen Europa irgendeine Figur, die imstande wäre, ein vergleichbares Gefühl von Gemeinschaftszugehörigkeit und individuellem Schutz zu stiften?

Prinzessin Diana kam dem schon sehr nah. Das Meer von Blumen, als sie starb, und die erstaunliche Welle der Trauer entsprangen dem Gefühl, dass sie durch ihr Engagement für Aidskranke und Opfer von Landminen diese besondere Rolle der Beschützerin und Trösterin der Schwachen, vor allem junger Menschen angenommen hatte.

Eine Replik der Flamme der Freiheitsstatue in Paris wurde zum Schrein für Prinzessin Diana. Diese Fotografie entstand im August 2017, an ihrem 20. Todestag.

Warner weist darauf hin, dass man das besonders deutlich in Paris, nur einige Meter von der Seine entfernt, sehen kann, auf einem Platz über dem Tunnel, in dem die Prinzessin ihren tödlichen Unfall hatte. 1989 wurde dort ein Denkmal für die französisch-amerikanische Freundschaft errichtet – eine aus vergoldeter Bronze bestehende, etwa drei Meter hohe Replik der Flamme, die von der Freiheitsstatue gehalten wird. 1997, als Diana starb, okkupierte die Öffentlichkeit dieses Monument, ignorierte seine ursprüngliche Bedeutung komplett und wandelte es um in einen Schrein für die Prinzessin.

Zwanzig Jahre nach ihrem Tod ist die Bronzeflamme noch immer von Fotografien Dianas umgeben. Blumenspenden und handschriftliche Gefühlsbekundungen in vielen Sprachen, mit Worten des Dankes oder der Bitte um Hilfe, werden dort regelmäßig von Menschen niedergelegt, die man, so denke ich, als Pilger bezeichnen könnte. Die Behörden entfernen diese «Opfergaben», aber sie kehren immer wieder. Es könnte kaum ein deutlicheres Bild dafür geben, wie tief das Bedürfnis der Menschen nach einer Mutterfigur aus einer anderen Sphäre ist, die sie inspiriert, leitet und beschützt.

Kapitel 17

Das Kunstwerk im Zeitalter seiner spirituellen Reproduzierbarkeit

Bildnisse, die direkt vom Himmel gesandt wurden, haben zweifellos eine besondere Autorität. Die göttliche Macht, die, wie man glaubte, sowohl der Artemis der Epheser als auch der Gottesmutter von Guadalupe Gestalt verliehen hatte, machte beide nicht nur zum einflussreichen Sammelpunkt einer ganzen Gesellschaft, sondern auch zu idealisierten Leitfiguren einer Nation, auf die sich Politiker in ihrem Handeln beriefen. Doch auch Bildnisse, die fraglos irdischen Ursprungs sind und zudem vielfach reproduziert wurden, können eine zentrale Rolle im Leben einer modernen Nation spielen und für politische Ziele vereinnahmt werden. Von Menschenhand geschaffen, um das Göttliche in den Alltag jedes Einzelnen zu bringen, stiften die Ikonen und Statuen in diesem Kapitel ebenfalls einen tiefen Gemeinschaftssinn, indem sie soziale Schranken überwinden und Generationen umspannen. Diese Kraft beziehen sie nicht aus ihrer ästhetischen Qualität, sondern vielmehr aus der besonderen Art ihrer Gestaltung, aus der Weise, in der sie gebraucht und verehrt werden.

Ikone der Gottesmutter von Kasan in einer Version, die um 1850 in Jaroslawl entstand. Das Jesuskind steht uns zugewandt, um den Betrachter kindliche Demut zu lehren.

Solche für Millionen von Menschen bedeutsamen Bilder existieren ausschließlich jenseits unserer vertrauten westeuropäischen Kategorien von Kunst oder Kunstgeschichte, die vor allem auf der Vorstellung eines singulären Werkes, der Schöpfung eines großen Genies mit einer besonderen Vision und einem persönlichen Stil beruhen. Die meisten Betrachter etwa von Piero della Francescas *Taufe Christi* in der National Gallery in London sind wahrscheinlich mehr daran interessiert, was das Gemälde uns über Piero erzählt, als an der religiösen Botschaft des dargestellten Ereignisses. Den Tausenden von Menschen, die jeden Tag *Das Letzte Abendmahl* von Leonardo in Santa Maria delle Grazie in Mailand besuchen, geht es meist nur um eines: Es ist ein Leonardo. Obwohl es schwer beschädigt ist, gewährt uns das Original Einsichten in die Gedankenwelt eines großen Künstlers. Das Sujet selbst ist dabei oft nur die Kulisse, die es uns erlaubt, diesen individuellen Kosmos zu betreten und die Fähigkeiten des Meisters tief bewegt zu bewundern, indem wir den Lichteinfall verfolgen oder die Behandlung von Raum, Textur und Tiefe. Der ursprünglich spirituelle Zweck des Werkes wurde erdrückt durch den Kult um den Künstler, der es schuf.

Das ist ganz sicher nicht der Fall bei diesen beiden russischen Ikonen aus dem British Museum. Wir sagen oft über ein Kunstwerk, es sei «nicht von dieser Welt», oder es habe die Kraft, uns «mitzureißen». Solche Definitionen von «Kunst» treffen jedoch in diesem Fall nicht zu, und in einem engeren ästhetischen Sinn könnte man diese beiden Objekte getrost als gewöhnlich bezeichnen. Sie sind kleinformatig und vermutlich für den Hausgebrauch gefertigt. Was die Farbbehandlung angeht, so gibt es nichts, das unsere Aufmerksamkeit erregt, geschweige denn unsere Bewunderung. Die Künstler, die hier am Werk waren, beabsichtigten nicht, auf einer Holztafel ihre eigene spezielle Weltsicht darzulegen, sondern sie wollten einen Zugang zum Göttlichen eröffnen, indem sie eine Komposition wiederholten, die für jedermann sofort wiedererkennbar und so vertraut war wie ein Gebet oder ein Lied aus der Kindheit.

Beide Ikonen zeigen Maria, die ihren kleinen Sohn auf dem linken Arm hält und ihren Kopf zärtlich zu ihm hin neigt. Er steht aufrecht, bekleidet mit einer Tunika und einem goldenen Gewand, und hält feierlich seine rechte Hand erhoben, in einer Geste, die uns führt und zugleich Segen spendet. Eine natürliche Lichtquelle ist kaum auszumachen, dafür aber himmlisches Licht: Beide, Mutter und Sohn, sind von einem Heiligenschein umgeben, der sich bei der Jungfrau über die Begrenzung des inneren Rahmens hinweg fortsetzt. Es gibt nahezu keine Modellierung oder Andeutung räumlicher Tiefe. Nichts stört den Eindruck, dass es sich hier lediglich um Farbe auf einer planen

Ikone der Gottesmutter von Kasan in einer Version, die im 17. Jahrhundert in Moskau gefertigt wurde.

Fläche handelt. Eines der Bilder besitzt zudem eine schützende Emaille-Verkleidung, die während der Andacht geküsst werden darf, ohne dass am Bild zu viel Schaden entsteht. (Es ist ein großes konservatorisches Problem, dass russische Ikonen teilweise bis zur Unkenntlichkeit abgeküsst wurden.)

Beide Bilder wurden in unterschiedlichen Städten im Abstand von etwa 200 Jahren gemalt – die silbervergoldete Version entstand im 17. Jahrhundert in Moskau, die goldene während der ersten Hälfte des 19. Jahrhunderts in Jaroslawl. Dennoch hat sich in den zwei Jahrhunderten, die sie trennt, nur sehr wenig verändert – die Platzierung innerhalb des Rahmens, Ausdruck und Modellierung, Haltung und Gestik, Blicke und Stimmung, das alles ist im Grunde identisch. Und zwar deshalb, weil es sich bei beiden Werken um – auf den sofortigen Wiedererkennungseffekt hin angelegte – Kopien einer der berühmtesten und heiligsten Ikonen der russischen Geschichte handelt: der Gottesmutter von Kasan.

Die originale Ikone, die unseren beiden Versionen zugrunde liegt, kam offenbar kurz nach 1200 von Konstantinopel nach Kasan, einer großen Festung an der Wolga, rund 800 Kilometer östlich von Moskau. Als die Tataren Kasan im 15. Jahrhundert eroberten, wurde die Ikone versteckt und ging schließlich verloren. Nachdem Iwan der Schreckliche die feindlichen Heere 1552 vertrieben hatte, erschien die Jungfrau Maria einem jungen Mädchen im Traum und offenbarte diesem ihr Versteck. Seitdem wird das Bildnis, dem man schon bald wundertätige Fähigkeiten nachsagte, zum Schutz gegen weitere Eindringlinge auf russischem Boden angerufen – gegen die Polen im 17. Jahrhundert, die Schweden im 18. Jahrhundert und die Franzosen im 19. Jahrhundert, jedes Mal mit siegreichem Ausgang. Die Ikone wurde bald als die heilige Beschützerin Russlands verehrt. So wurden viele Kopien angefertigt und verbreitet. In Kasan selbst baute man ihr zu Ehren eine Kathedrale, und weitere Kathedralen, die diesem Bildnis der Gottesmutter von Kasan geweiht waren, entstanden in Moskau und St. Petersburg – beide beherbergen natürlich Kopien. Im Jahr 1904 wurde das Original gestohlen – ein Sakrileg, dem die Gläubigen zwei Katastrophen zuschrieben: die Niederlage des Landes im Russisch-Japanischen Krieg und die missglückte Revolution von 1905. Es wurde niemals wiedergefunden. Das originale Kunstwerk, welche ästhetischen Qualitäten auch immer es gehabt haben mag, ist verloren. Die himmlische Vision jedoch, die es verkörperte, lebt in zahllosen Kopien weiter, und so wird die

Unsere Liebe Frau aus Kasan wacht über ihr Treffen: Ein Gemälde aus den 1880er Jahren zeigt, wie sich Kutusow, Generalfeldmarschall der russischen Armee, während des Kampfes gegen Napoleon 1812 mit seinen Generälen berät.

Jungfrau des ursprünglichen Bildes noch immer tagtäglich von Millionen Menschen um Hilfe angerufen. Die beiden Ikonen im British Museum sind ein winziger Teil einer großen, weit verstreuten Familie.

Rowan Williams, ehemaliger Erzbischof von Canterbury, gibt dem Betrachter Anleitung zum Umgang mit solchen häufig vervielfältigten Bildnissen, die so weit von den uns vertrauten realistischen Darstellungskonventionen oder unseren Vorstellungen von künstlerischer Kreativität entfernt sind. Was können wir uns von ihnen erhoffen?

Das Wesentliche an dieser Ikone ist, dass sie Trägerin göttlicher Präsenz – und göttlichen Wirkens – ist. Sie übermittelt dieses Wirken, indem sie das Handeln Gottes buchstäblich abbildet. Wenn man also andächtig vor einer Ikone steht, dann ist die Idee dahinter, dass man sich in gewisser Weise tatsächlich für das Handeln Gottes öffnet. In unserem Fall einer Ikone der Madonna von Kasan sind wir eingeladen, bestimmte Dimensionen oder Aspekte der Beziehung des Christuskindes zu seiner Mutter zu betrachten – und damit auch der Beziehung Christi zum Gläubigen selbst, der hier durch die heilige Jungfrau vertreten wird. Es gibt verschiedene Ikonen-Traditionen, die unterschiedliche Aspekte dieser Beziehung ausloten.

In der Tradition Unserer Lieben Frau von Wladimir etwa sieht man, wie das Jesuskind sich ganz dicht an das Gesicht Mariens anschmiegt, während es einen Arm um ihren Nacken schlingt: Dieser Typus wird auch oft als Jungfrau der liebenden Güte bezeichnet. In der Tradition von Kasan sehen wir ein lehrendes Kind, das dem Gläubigen, mit seiner Hand den Weg weist, während die Gottesmutter Zeugin seines Handelns ist. Die Neigung ihres Kopfes und ihr Blick legen dem Gläubigen nahe, wie er Christus ansehen und sich ihm zuwenden soll.

Diese Darstellung ist recht ungewöhnlich, da sich Jesus hier in der Tat wie ein Erwachsener benimmt, während die Wladimir-Ikonen ein Kind zeigen, das sich auch wie ein Kind verhält, indem es sich an seine Mutter schmiegt. Das Bild von Kasan zeigt bereits eine Vorausdeutung auf den großen Lehrer, der Jesus später einmal sein wird, jedoch werden wir zugleich daran erinnert, dass er uns schon als Kind etwas lehrt: dass die vertrauensvolle Hingabe und Verletzlichkeit des Kindes Teil göttlichen Handelns ist.

Wenn das die Absicht dieser Darstellungen im Hinblick auf den Betrachter ist, wie muss dann der Künstler vorgehen? Ein Bild wie dieses zu erschaffen, bei dem es um ewige Beziehungen und nicht um flüchtige Erscheinungen geht, erfordert besondere Übung und Fertigkeiten, die über die simple Herstellung und Anwendung von Materialien hinausgehen. Anleitungen für Ikonen-Maler legen Wert auf den gekonnten Umgang mit lange bestehenden Konventionen für die Darstellung von Heiligen. Die Aufgabe des Malers ist es nicht, zu erfinden, sondern diese bereits bekannten und verehrten heiligen Bilder der Kirche zu «transkribieren». Darauf sollte sich der Künstler spirituell vorbereiten, durch Gebete und Fasten, damit seine Hand von Gott geführt wird.

Einige Ikonen-Maler sind natürlich talentierter als andere, und manche haben einen unverkennbar eigenen Stil – Andrei Rubljow ist dafür ein herausragendes Beispiel. Dennoch bleibt das Hauptziel die Fortführung einer Tradition, die kontinuierliche Übermittlung eines verehrten Motivs. Der Künstler versucht in diesem Prozess lediglich, den ihm zugedachten Platz einzunehmen. Seine eigene Leistung ist angesichts einer jahrhundertealten Beziehung zwischen den

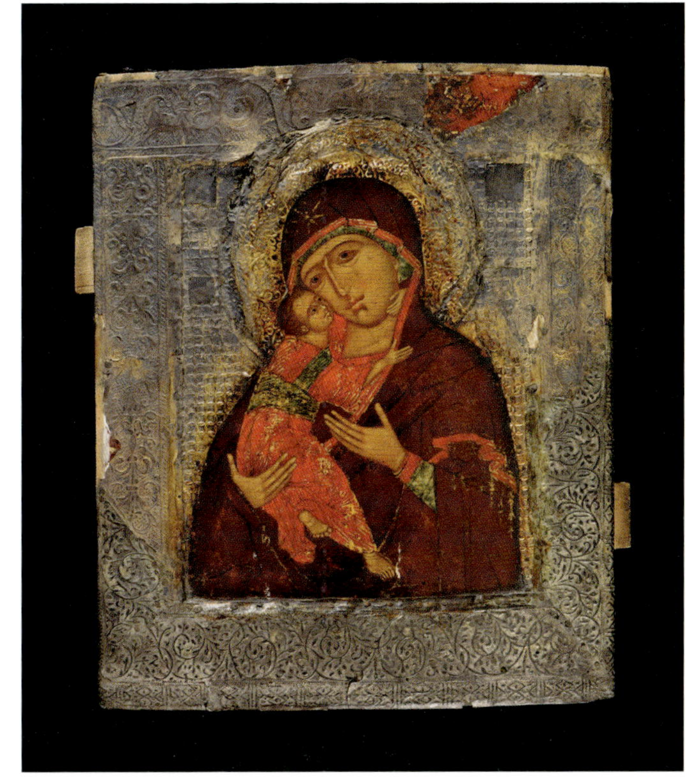

Ikone der Gottesmutter von Wladimir, in einer Fassung, die im 19. Jahrhundert in Moskau entstand. Das Jesuskind schmiegt sich liebevoll an seine allzeit Schutz gewährende Mutter.

Gläubigen und Gott zweitrangig. Rowan Williams erklärt, warum dieses bescheidene künstlerische Selbstbild solche Kraft entfalten kann:

> *Es ist Teil der allgemeinen östlichen, orthodoxen, christlichen Grundhaltung, die besagt, dass Originalität nichts Erstrebenswertes ist. Was es zu finden gilt, ist Beständigkeit, ein Zugang zum fortdauernden Strom des Gemeinlebens.*

Anders gesagt, bekräftigen Ikonen dieser Art die Vorstellung, dass ihr Betrachter Teil einer riesigen Gemeinschaft wird, einer Gemeinschaft von Lebenden und Toten, die einst ebenso vor einem ganz ähnlichen Bild gebetet haben – im «fortdauernden Strom» des Gemeinlebens. Für Rowan Williams stiften diese Darstellungen, obwohl sie meist zur individuellen Betrachtung oder für den Hausgebrauch geschaffen wurden, noch in anderer Hinsicht ein Gemeinschaftsgefühl:

> *Solange ich zurückdenken kann, seit vielen Jahrzehnten, bete ich täglich vor einer Ikone. Wenn man Stille bewahren möchte, wenn man sich dem Gebet hingeben und sich für etwas öffnen will, dann ist die Ikone das ideale Hilfsmittel.*
>
> *Dennoch ist das wahre Zuhause einer jeden Ikone die Kirche, wo sie Teil eines ganzen Dekorationssystems ist: Dort ist man umgeben von Bildern, anderen Ikonen, von denen jede einzelne verschiedene Aspekte göttlichen Handelns auf ihre Art verkörpert oder vermittelt. Wie ich es manchmal ziemlich respektlos ausdrücke, fühlt man sich in der Kirche wie in einer Art Sprudelbad. Die Energie der Bilder strömt von allen Seiten auf einen ein. Und selbst wenn man zu Hause für sich allein vor einer Ikone betet, dann ist einem bewusst, dass sie ihren Platz in diesem größeren Schema hat, so wie man selbst Teil einer größeren Gemeinde von Betenden ist. Eine Ikone ist also nie nur ein kleines Amulett, das man in der Hosentasche trägt. Sie verkörpert das gesamte betende, betrachtende, reflektierende Wirken der Kirche. Sie stellt den Weg dar, über den die Kirche einem selbst und allen Menschen die Energie göttlichen Handelns überträgt.*

Die Gottesmutter von Kasan wird meistens zu Hause oder in der Kirche angebetet, oft in Abgeschiedenheit. Durga hingegen ist eine Göttin der Straße, die vergnügt in der Menge badet – vor allem in den Menschenmassen Kalkuttas:

> *Sie steigt von ihrer göttlichen Wohnstatt herab, kommt jedoch nicht in einen Tempel: Sie kommt tatsächlich auf die Straßen, damit die Menschen sie tragen, halten, sehen können – und damit sie die Menschen sehen kann.*

Sunil Khilnani, der führende Historiker des modernen Indien, schildert, was sich in Bengalen jedes Jahr während des berühmten Festes Durga Puja abspielt.

Durga ist eine mächtige Kriegsgöttin, eine furchtbare Mischung aus Martialität und Mütterlichkeit. Sie ist ein Wesen mit einem zentralen Ziel: das Böse zu zerstören. Die Schriften des Hinduismus erzählen, dass die Götter dem Krieger Mahishasura nach einer Reihe von Heldentaten eine Gnade gewährten: Kein Mann sollte mehr fähig sein, ihn zu bezwingen. So errang er viele Siege, bis er schließlich seine Kraft gegen die bis dahin durchweg männlichen Götter selbst richtete, um sich ihrer Stärke für seine eigenen bösen Ziele zu bedienen. Aufgebracht hielten die Götter eine Versammlung ab. Ihr Ärger und ihre Empörung darüber, dass sie als Männer nichts gegen Mahishasura ausrichten konnten, verwandelten sich in Licht- und Energieblitze, denen eine Frau entstieg: Durga.

Jeder der männlichen Götter stattete sie mit einer Waffe aus, und sie gaben ihr einen Löwen als Reittier. So bewaffnet und beritten, zog sie in den Kampf gegen Mahishasura, der zuweilen die Gestalt eines Büffels annahm. Unerschrocken bezwang sie ihn, indem sie ihm den Kopf abschlug, und stellte so die Autorität der Götter und die moralische Ordnung der Welt wieder her. Das ist Durga, die Kriegsgöttin, die das Böse besiegt und ein Mal im Jahr zu den Menschen kommt. Sunil Khilnani beschreibt die Szenerie:

> *Es geschieht normalerweise Ende September oder Anfang Oktober – das kommt auf den Mond an. Götter und Göttinnen sind vielbeschäftigte Wesen. Sie haben zahlreiche Verpflichtungen, weshalb sie nur von Zeit zu Zeit auftauchen, und es bedarf vieler Vorbereitungen, um die Göttin empfangen zu können. Häuser werden gestrichen, Süßspeisen werden zubereitet, neue Kleider werden gekauft. Auf diese Weise wird die Göttin willkommen geheißen, als würde sie sich wirklich unters Volk mischen. Aber zunächst muss das Bildnis angefertigt werden, das sie während der Zeit des Festes bewohnen soll.*

In ganz Bengalen entstehen diese Bildnisse, bemalte Tonfiguren der Göttin, nicht von der Hand eines einzelnen Künstlers, sondern tatsächlich (wie das Feuer der Parsen in Kapitel 2) durch das Zusammenwirken der ganzen Gemeinschaft und nach festgeschriebenen Regeln. Von einem Strohgeflecht gestützt, besteht die Figur zum Großteil aus Erde. Es werden immense Anstrengungen unternommen, um zumindest kleine Mengen von Erde aus allen Teilen der Region einzuarbeiten, und etwas davon muss auf jeden Fall von den Ufern des Ganges stammen, da Durga eng mit dem Fluss verbunden ist. Außerdem muss ein Priester Erde vom Haus einer Prostituierten erbitten, die der Mischung am Ende zugefügt wird. Durga wird mit langen Armen und großen Händen im Augenblick ihres Sieges dargestellt: Mit ihrem Speer bezwingt sie den bösen, als Mensch oder Büffel gezeigten Mahishasura. Ihr Gesicht ist

Betender vor Durga in all ihrem Glanz während des Durga Puja-Festes, Kalkutta 2013.

geformt wie ein Betelblatt; ihr Mund ist klein, aber ihre großen Augen sind langgezogen, fast bis hin zu den Ohren. Ganz am Ende, wenn die Figur fertig ist, werden die Augen ausgemalt. Das übernimmt entweder ein Priester oder ein Künstler, dessen Arm durch den Priester geführt wird. Von diesem Moment an ist das Bildnis bereit, Durga als Wohnstatt zu dienen. Die riesigen Augen sind wichtig für den Kontakt zwischen ihr und dem Volk. Da diese keinen speziellen Fokus haben, kann Durga den Blick ihrer Anhänger aus jedem Winkel erwidern, und dieser Blickkontakt, die direkte Begegnung mit der Göttin von Angesicht zu Angesicht, ist ein außerordentlich wichtiger Aspekt der spirituellen Interaktion.

Da das Material für die Statue auf so besondere Weise zusammengetragen und kombiniert wird, sind im Bildnis, das Durga bewohnen soll, die gesamte Umgebung und die ganze Gemeinde physisch und symbolisch vertreten. Sunil Khilnani interpretiert das so:

Das Bemerkenswerte am Bildnis der Durga ist, dass es aus ganz einfachen Materialien besteht. Nichts daran ist wertvoll. Man findet weder Juwelen noch Gold oder Silber, wie etwa bei Ikonen. Dafür aber Ton, Holz, Stroh und Ölfarbe, und eben diese Alltäglichkeit ist Teil seiner Kraft. Es handelt sich um gewöhnliche Werkstoffe, denen dann vorübergehend, wenn sich die Aufmerksamkeit auf das Bild richtet, ein besonderer und transzendentaler Charakter verliehen wird.

Jedes Mitglied der Gemeinde trägt etwas zu seiner Entstehung bei – wenn nicht unmittelbar durch handwerkliche Arbeit oder das Heranschaffen von Materialien, dann doch durch Geldspenden. Jedes Viertel bekommt seine eigene Durga-Figur, und die Menschen fühlen eine sehr starke Zugehörigkeit zu diesem besonderen Bildnis, dessen Entstehung sie begleitet oder mitbezahlt haben.

Die Intensität dieser gemeinschaftlichen Bindung zeigt sich in der starken Rivalität zwischen den verschiedenen Vierteln Kalkuttas, die alle die eindrucksvollste temporäre Behausung – *pandal* genannt – für den Aufenthalt der Göttin bauen wollen. Einige dieser Bildnisse sind gigantisch groß und wirklich spektakulär. Die Menschen gehen von einem *pandal* zum anderen, vergleichen sie und wetteifern miteinander. Während der Festtage werden die Belange der Stadt und der Welt zu diesen *pandals* und damit vor Durga gebracht. Der Krieg mit China im Himalaya, Streiks in der Automobilfabrik von Tata, Sorgen wegen Umweltverschmutzung, Fluten, Tsunamis, Episoden aus *Harry Potter* – sogar der Tod von Prinzessin Diana – all das wurde über die Jahre in Miniaturform dargestellt und fand seinen Platz im *pandal*, unter den Augen der Göttin.

Dieser politische Aspekt des Durga Puja-Festes als Brennpunkt kommunaler Identität ist keineswegs neu, wie Sunil Khilnani betont:

Solche populären religiösen Feste werden natürlich schon seit sehr langer Zeit abgehalten, aber man kann doch sagen, dass sie seit dem späten 19. Jahrhundert als Mittel der Identitätsbehauptung gegenüber den Briten besondere Bedeutung erhielten. In Bombay feierte man stadtweit sehr beliebte Pujas zu Ehren Ganeshas, die ebenfalls sehr politisch wurden. Und diese Dimension war natürlich auch während der Durga Pujas in Kalkutta präsent. Sie boten eine Möglichkeit, gegenüber der britischen Herrschaft eine gewisse Form der Hindu-Identität zu behaupten. Heute versuchen Politiker noch immer, in das Fest eingebunden zu werden. In Kalkutta etwa komponierte Mamata Banerjee, die Regierungschefin von Westbengalen, Lieder für die Durga Puja.

So wie die Gottesmutter von Kasan zum Fokus russischen Widerstands gegen ausländische Eindringlinge wurde, nahm Durga eine politische Rolle in Opposition zum britischen Raj an. Diese Rolle behielt sie als Symbolgestalt bengalischer Identität seit der Unabhängigkeit Indiens.

Das British Museum besitzt neben diesen beiden Darstellungen der Gottesmutter von Kasan viele weitere Ikonen. Aber es findet sich in seiner Sammlung nicht ein einziges großformatiges Bildnis der Durga, wenngleich über die Jahrhunderte Tausende von ihnen angefertigt und weggeworfen wurden. Der Grund dafür ist einfach und überraschend: Mit dem Ende des Festes, das zugleich seinen Höhepunkt darstellt, kehrt Durga in ihre Heimat im Himalaya zurück. Die *pandals* werden abgebaut. Man bringt die Tonstatuen nicht in einen Tempel, um sie dort ehrfürchtig zu bewahren, sondern trägt sie, von lauten Fanfarenklängen und Tänzern begleitet, zu den Ufern des Ganges. Dort werden sie dem heiligen Fluss übergeben, um sich in ihm aufzulösen und in den Golf von Bengalen gespült zu werden. In den letzten Nächten des Festes werden allein in Kalkutta schätzungsweise nicht weniger als 1500 Statuen versenkt – zu Stoßzeiten alle fünf Minuten eine, so viele, dass sie für die Behörden der Region inzwischen ein Umweltproblem darstellen. Die Figuren werden nicht länger verehrt, weil die Göttin nicht mehr darin wohnt. Sie haben ihren Zweck erfüllt und sind wieder zu dem geworden, was sie immer waren: Erde, Stroh und Farbe. Sunil Khilnani erklärt, warum der Abbau dieser Statuen in jeder Hinsicht ebenso bedeutsam ist wie ihr Aufbau:

Es handelt sich um ein sehr soziales Ereignis. So viele Menschen wie möglich werden gegen Ende des Festes an der Versenkung des Bildes beteiligt sein, denn das ist der Moment, in dem Durga wirklich fortgeht. Mit dem Zerfließen des bemalten Schlamms im Wasser löst sich die Statue wieder in ihre irdischen Bestandteile auf. Alle versammeln sich, wenn sie ins Wasser hinabgelassen und verabschiedet wird, bis zu ihrem nächsten Besuch im darauffolgenden Jahr.

Die Statue der Durga löst sich im Ganges auf und treibt davon in den Golf von Bengalen.

Die Herstellung der Durga-Figur, an der die ganze Gemeinde symbolisch beteiligt ist, und ihre materielle Auflösung demonstrieren durch ebenso kraftvolle wie populäre Rituale, dass es sich hier nicht um eine Göttin für den Einzelnen, sondern für eine ganze Gesellschaft handelt. Mit den Ikonen der Gottesmutter von Kasan verhält es sich genauso. Sie wurden gemalt, um den Gläubigen daran zu erinnern, dass er bei der Betrachtung von Mutter und Kind in Gesellschaft von Millionen von Menschen ist, die zuvor eine nahezu identische Darstellung angebetet haben. In beiden Fällen sind die Bilder selbst von geringem Wert. Sie wurden immer und immer wieder hergestellt. Aber diese fortlaufende Nachbildung bietet ein Gefüge, in dem alle ihren Platz finden können – ein Gefüge der beständigen Verbindung zwischen Menschlichem und Göttlichem, und zwar eines, das eine Gesellschaft über Jahrhunderte hinweg formt und erhält.

Kapitel 18

Sinnzuwachs

Eine der beliebtesten Weihnachtskarten, die in der National Gallery in London verkauft wird, ist *Die Geburt Christi*, gemalt 1490 von einem niederländischen Künstler namens Geertgen tot Sint Jans. In der Dunkelheit des Stalls haben sich die Engel an der Krippe versammelt, um mit Maria das neugeborene Kind anzubeten, das, umgeben von Lichtstrahlen, die Szene erhellt. Ochs und Esel stehen hinter der Krippe und schauen zu. Weit in der Ferne berichtet ein Engel den Hirten, was gerade geschehen ist.

Die Szene ist den meisten von uns so vertraut, dass man sich ihre Komplexität oft nicht bewusst macht. Nicht zum ersten Mal in diesem Buch sehen wir, wie sich die Grenzen zwischen Himmel und Erde auf wunderbare Weise auflösen. Hier wechseln etwa die Engel mühelos von einer Sphäre in die andere. Auf die Frage, was hier dargestellt ist, würden die meisten Menschen antworten, dass Geertgen die Geschichte des Evangeliums illustriert. Aber er tut viel mehr als das. Diese Geburt Christi vereint drei sehr unterschiedliche Arten der Erzählung – eine historische, eine prophetische und eine mystische – in einem kraftvollen Bild.

Der Bericht des heiligen Lukas von der Geburt Jesu schildert offenbar eine historische Begebenheit, die sich zutrug, als Kaiser Augustus eine Volkszählung anordnete. Allerdings kommen weder Ochs noch Esel im Evangelium vor. Hunderte von Jahren zuvor weissagte der hebräische Prophet Jesaja, dass diese Tiere eines Tages den zukünftigen Herrn Israels, den Messias, erkennen würden. Sie wurden also vom Alten Testament ins Neue, in

Die Geburt Christi von Geertgen tot Sint Jans (um 1490): Die Geburt Jesu, wie die heilige Birgitta von Schweden sie in ihrer Vision sah.

den Stall von Bethlehem geholt, um das Christuskind zu begrüßen: Eine obskure prophetische Äußerung führte dazu, dass Tiere in Erscheinung treten, die heutzutage jedes Kind in der westlichen Welt kennt – eine allseits beliebte, aber selten richtig erfasste Ergänzung zur Geschichte des heiligen Lukas.

Der schimmernde Körper des neugeborenen Kindes, der Lichtstrahlen aussendet wie die Sonne, kommt im Evangelium ebenfalls nicht vor: Dieses Detail wurde von der heiligen Birgitta von Schweden überliefert, einer Mystikerin aus dem 14. Jahrhundert, die in einer ihrer Visionen die Geburt Christi selbst miterlebte. Ihr veröffentlichter «Augenzeugenbericht» – sie sah den hellen Glanz des Kindes im dunklen Stall, Maria, die ihren Sohn anbetet, und singende Engel – war um 1500 in Nordeuropa ungeheuer populär. Das ist es, was hier gezeigt wird, denn wir dürfen Birgitta auf ihrer mystischen Reise in die Vergangenheit begleiten und sehen, was sie sah, während wir zugleich an Jesajas Weissagung von der Ankunft des Messias teilhaben. Die straffe Erzählung des Evangeliums aus dem 1. Jahrhundert – «sie legte ihn in eine Krippe, weil in der Herberge kein Platz für sie war» – verschmilzt mit Träumen und Visionen, zwischen deren Niederschrift fast 2000 Jahre liegen. Und wir selbst überziehen diese wiederum mit unseren Kindheitserinnerungen und den Klängen von «Stille Nacht». Wie die meisten religiösen Bilder erzählt dieses nicht nur eine Geschichte, sondern mehrere – und wir dürfen unsere eigene hinzufügen.

Die Fähigkeit von Bildern, Gesehenes und Imaginiertes bruchlos zu kombinieren, wurde genutzt, wo immer Menschen spirituelle Erfahrungen weitergeben wollten. In ganz Südafrika begegnet uns Kunst aus vielen Jahrhunderten, gemalt auf Steinwände in zahllosen Höhlen und Zufluchtsorten, von Völkern, welche die Europäer seit langem irreführend als Buschleute bezeichnen. Obwohl sie unterschiedlichen Sprachgruppen angehören und es keinen Namen gibt, auf den sich alle einigen können, spricht man heute von ihnen meistens als «San» oder Buschleuten. Man betrachtet sie als autochthon, das heißt, sie leben noch immer in der gleichen Region wie 70 000 Jahre zuvor, als ihre Vorfahren (wie alle unsere Vorfahren) sich zu modernen Menschen entwickelt haben. Bis vor relativ kurzer Zeit waren sie noch hauptsächlich Jäger und Sammler (und sind es teilweise noch immer). Die Jäger erlegten Elands, eine Antilopenart. Außenstehende

Der Game Pass Shelter in den Drakensbergen (Südafrika), eines der herausragendsten Beispiele der Felsmalerei der San-Buschleute.

sind seit langem fasziniert von ihren Sprachen. Diese basieren auf einem System von Klicklauten, die für den Ungeübten erstaunlich schwer nachzuahmen sind und mehr deutlich hervorzubringende Konsonanten kombinieren als jede andere uns bekannte Sprache.

Ihre Felsmalerei ist ebenso faszinierend. Menschliche Gestalten, oft lang und feingliedrig, einige mit Tierköpfen, scheinen sich durch Landschaften zu bewegen. Manche halten Arbeitsgeräte verschiedener Art in Händen, möglicherweise Werkzeuge oder Waffen. Andere fliegen oder springen und sind dabei nicht immer klar zu unterscheiden von Tieren, die dasselbe tun.

Der nicht eingeweihte Betrachter wird zu gleichen Teilen Verwunderung und Enttäuschung empfinden. Wir wissen, dass diese Kunst von Menschen mit Gehirnen wie den unseren geschaffen wurde. Wir wissen, dass es hier einen verschlüsselten Sinn geben muss, den wir verstehen könnten, wenn wir

In dieser Felsmalerei der San-Buschleute in der südafrikanischen Provinz Freistaat gleiten Elenantilopen und Schamanen über die Oberfläche des Felsens auf ihrer Reise in die Geisterwelt.

nur den Schlüssel hätten. Die Bedeutung eines solchen Bildes zu erschließen ist ein wenig so, als entziffere man eine verlorene Sprache oder als versuche man herauszufinden, was bei einem Kricketspiel passiert, obwohl man die Regeln nicht kennt: Die Freude am Erkennen von Bedeutung und Zusammenhängen wird gedämpft durch das tiefempfundene Gefühl, als Ahnungsloser in eine andere Gedankenwelt eindringen zu wollen.

David Lewis-Williams von der Witwatersrand-Universität in Johannesburg kennt sich gut mit dieser Art von Frustration im Umgang mit der Kunst der San aus und ebenso mit den Früchten ausdauernden Bemühens, einen Zugang zu diesen Gedanken und Vorstellungen zu finden:

> *Für viele Arten von Felsmalerei auf der ganzen Welt besitzen wir keine entsprechenden verbalen Aufzeichnungen, die uns über die Vorstellungen und Gepflogenheiten der Völker, die sie erschufen, Aufschluss geben. Für die Kunst der San gibt es solche Aufzeichnungen. Jahrelang war es eine Frage des Hinsehens und Ratens: Wenn man*

lange genug hinsah, konnte man sich durch Raten dem Kern der Sache annähern. Aber ich fürchte, so funktioniert es nicht. Wir brauchen mehr als das. Und in diesem Fall haben wir es glücklicherweise. In den 1870er Jahren, ungefähr zu der Zeit, als die letzten Felsmalereien entstanden, kam ein deutscher Sprachforscher namens Wilhelm Bleek nach Südafrika, unterhielt sich eingehend mit den San – in einer San-Sprache, die heute nicht mehr gesprochen wird – und entwickelte eine phonetische Schrift, um alles festzuhalten, was sie sagten. Seine Schwägerin, Lucy Lloyd, trug die Ergebnisse zusammen: eine riesige Sammlung von Biographien und viele Berichte über Rituale und Mythen.

Dieser rechtzeitig im 19. Jahrhundert geleisteten Feldforschung verdanken wir es, dass wir heute unser Wissen über die Gedankenwelt und die Gebräuche der San dem, was wir in ihren Felsbildern sehen, zuordnen können, fast so wie wir das in der europäischen Kunst tun. David Lewis-Williams verdeutlicht das anhand eines Beispiels: Wenn wir ein Renaissancegemälde betrachten, und darauf einen Mann sehen, dem Wasser über den Kopf gegossen wird, während darüber eine Taube schwebt, dann wissen wir, dass es sich nicht einfach um die Abbildung eines Mannes handelt, der eines Tages duschte, als gerade ein Vogel vorbeiflog. Wir verstehen, dass die Taube in dieser Tradition den Heiligen Geist symbolisiert, dass das Wasser der rituellen Reinigung dient und dass deshalb die Taufe Christi dargestellt sein muss. Genauso funktioniert es auch mit der reichen Symbolik der San und ihrer Felsenkunst:

Es gibt entscheidende Details in diesem Bild (→ Seite 302), die es, von dem Moment an, in dem man sie versteht, sofort verwandeln – von etwas Banalem zur Darstellung einer Reise in die spirituelle Welt. Ein Fliegenwedel, gezeichnet als gerade Linie mit einem dickeren Stück, das nach unten hängt – ein Antilopenschwanz –, kennzeichnet einen Schamanen, einen Medizinmann. Das San-Volk, das diese Malereien schuf, benutzte Fliegenwedel nur während seiner Medizintänze – nicht, um im Alltag Fliegen zu verjagen. Und aus unseren Berichten geht hervor, dass Menschen, die in einen veränderten Bewusstseinszustand übergingen, um die Geisterwelt zu besuchen, Nasenbluten bekamen. Mit diesem Blut beschmierten sie dann die anderen, im Glauben, dass die Macht des Blutes und der Geruch des Blutes – denn Geruch und

Detail der Felsmalerei der San-Buschleute, das Figuren mit nach hinten ausgestreckten Armen zeigt.

Macht waren fast dasselbe – die bösen Geister fernhalten würden. Es gibt also viele Anhaltspunkte dafür, dass dieses Bild die Erfahrung eines Schamanen darstellt, der in die Geisterwelt übertritt und dabei von den anderen beobachtet wird.

Die Haltung einer dieser Figuren links im Bild bestätigt diese Vermutung. Ihre Arme sind seitlich hinter den Schultern ausgebreitet, eine Pose, die in ganz Südafrika so gemalt wurde und uns lange Zeit Kopfzerbrechen bereitete. Und dann, vor vielen Jahren, sprach ich schließlich in der Kalahari mit den Medizinmännern – die selbst niemals Abbildungen von Felsmalereien gesehen hatten. Während einer Gesprächspause stand einer der Männer auf und breitete seine Arme in genau dieser Weise aus. Er erklärte uns, dass einige Männer so tanzen, wenn sie Gott darum bitten, ihren Körpern mehr Kraft zu schenken, damit sie in die Geisterwelt eintreten und die Menschen heilen können. Nach all diesen Jahrzehnten des Rätselratens war das die Antwort. «Warum hast du uns das nicht früher erklärt?», entgegnete ich. «Du hast nie gefragt», lautete die Antwort.

Nach und nach beginnen wir wahrzunehmen, dass es hier verschiedene Bedeutungsebenen gibt. Was zunächst aussah wie eine einfache Jagdszene, wird zur Darstellung einer spirituellen Reise, noch dazu in eine andere Erfahrungswelt. Die Mischwesen aus Mensch und Tier sind Schamanen in einer Art Trance, die die Kraft der Tiere in sich aufnehmen, um leichter Zugang zur Geisterwelt zu finden. Bei ihrer Rückkehr haben sie möglicherweise Kunstwerke wie diese erschaffen, um den Menschen so zu erklären, wo sie gewesen sind, was sie gesehen und getan haben. David Lewis-Williams geht sogar noch weiter: Wenn die Schamanen eine andere Bewusstseinsstufe erreichen, so seine Annahme, dann ermöglicht es ein Wandgemälde wie dieses dem Rest der Gruppe, der nicht in Trance ist, die gesteigerte spirituelle Erfahrung der Schamanen zu teilen – sie in gewisser Weise auf ihrer Reise in eine andere Welt zu begleiten:

> *Etwa so, wie die ganze Gemeinde in einer Kathedrale die Empfindung teilt, in höhere Sphären gehoben zu werden, wenn der Chor Musik von Tallis singt. Ich denke, dass diese Gemälde dabei halfen, die Erfahrungen der Geisterwelt zu verbreiten, so dass gewöhnliche Menschen indirekt an dem teilhaben konnten, was die Schamanen erlebten.*

Wenn es sich so verhält, dann unterscheidet sich die Felsmalerei der San in ihrer Funktion nicht wesentlich von der *Geburt Christi* in der National Gallery, die es dem gewöhnlichen Betrachter ermöglicht, die Vision der heiligen Birgitta bei ihrem mystischen Besuch im Stall von Bethlehem nachzuempfinden.

Die Werke des Künstlers Grayson Perry basieren häufig auf Erzählungen. Viele handeln von seinen eigenen imaginären Erfahrungen, welche die Betrachter ganz allein entschlüsseln müssen. Als er gebeten wurde, die Felsmalerei der San oder Buschleute zu kommentieren, ohne Vorwissen über ihre Vorstellungen und Gebräuche, war es erstaunlich, wieviel er intuitiv erfasste. Zuerst dachte er, dass es sich um irgendwelche Jagdszenen handelte, was nicht weiter überraschte. Dann bemerkte er, dass die Gestalten von Tieren und Menschen vermischt worden waren, und dass die Szene, die auch die rückwärts ausgebreitete Armhaltung zeigt, die ekstatische Wirkung eines rituellen Tanzes vermittelt. Er spekulierte über die Bedeutung dieser Szene:

> *Man muss sich vorstellen, dass diese Menschen ein sehr raues Leben führten. Tiere waren nicht nur ihre Nahrungsquelle, sondern sie stellten auch eine Bedrohung dar – die Menschen waren selbst eine mögliche Beute für wilde Tiere. Ich frage mich, ob sie fast buchstäblich versuchten, in die Köpfe der Tiere zu schlüpfen, um so besser zu verstehen, wie sie diese entweder töten oder aber ihrem tödlichen Angriff entkommen konnten. Die Arme hinter dem Rücken auszubreiten macht einen sehr verletzlich: Man taucht mit Kopf und Gesicht in einen Raum ein, aber es fehlen einem die Arme, um sich zu schützen. Das bedeutet, dass man sich selbst dem ausliefert, was einem begegnet, wer oder was auch immer das sein mag.*

Grayson Perrys Eindrücke sind von außergewöhnlicher Klarsicht und Vorstellungskraft – vermutlich die Begabung eines versierten Künstlers, der damit vertraut ist, Menschen in seine eigene Vorstellungswelt zu entführen. Für ihn ist es nicht überraschend, dass religiöse Erfahrungen oftmals eng an die intensive Beschäftigung mit Kunstwerken gebunden sind:

> *Sinn und Schönheit in der Kunst sind allgemein akzeptierte Parameter. Die Menschen konstruieren, ausgehend von meinen oder von anderen Werken, ihre eigene Erzählung und bringen sich dabei wirklich selbst ein. Vor allem die Religion ist eng mit den emotionalen Bedürfnissen der Gesellschaft verbunden, und bei der Kunst geht es um die emotionale Hingabe an die Sache selbst, nicht um die Fakten, die sie möglicherweise umgeben oder nicht. Wir alle projizieren unsere eigene Lebensgeschichte und unsere Erfahrungen auf jedes Bild, das wir betrachten. Beide, Religion und Kunst, sind also Projektionen. Manche Menschen wollen genau wissen, was sie empfinden sollen. Sie wollen von einer Erzählung geleitet werden, die ihre Gefühle manipuliert, und so fühlt es sich für sie richtig an. Anderen genügt ein spontaner amorpher Impuls – eine sinnliche Reaktion. Kunst bedeutet für mich, Sinn zu stiften. Sie ist der Versuch, mitten im Chaos des Lebens bisweilen einen zarten Halt zu bieten.*

In diesem Chaos können Menschen durch Bilder Bedeutungen von nahezu grenzenlos fließender Komplexität erschaffen und weitergeben, die durch Worte nur schwer zu vermitteln wären. Die Felsmalerei der San oder Buschleute scheint eine Gemeinschaft von Jägern und Sammlern in die Geisterwelt zu führen. Wir können den umgekehrten Weg anhand eines kleinen japanischen Schreins aus dem 19. Jahrhundert verfolgen (→ Seite 307). Hier sind es die Geister, die eine seit langem sesshafte Agrargesellschaft besuchen. Die geschwungenen Türen eines kleinen, etwa 30 Zentimeter hohen Holzkästchens öffnen sich, um in seinem Innern eine schimmernde Welt aus geschnitztem vergoldeten Holz zu enthüllen. Auf einem verzierten Sockel sitzen, symmetrisch angeordnet, drei Füchse. Die Füchse rechts und links recken ihren Schwanz stolz in die Höhe und schauen gemeinsam zu uns heraus wie Wappentiere. Einer von ihnen hält einen Schlüssel im Maul. Der dritte, in der Mitte erhöht platzierte Fuchs trägt auf seinem Rücken eine große, füllige Frauengestalt, die ein Schwert in der einen und ein Herz in der anderen Hand hält. Streifen aus leuchtendem Rot – die einzige Farbe inmitten all des Goldes – zieren ihr Gewand.

Vor diesem Schrein, der ihm ebenfalls völlig neu war, entwickelte Grayson Perry ohne zu Zögern eine Erzählung:

> *Es geht um Überleben und Trost und gute Dinge und die Fortführung eines gesunden glücklichen Lebens, auch wenn mit Schwert und Herz der Tod über allem schwebt. Aber er ist im Grunde immer um uns, der Tod. Sogar in den Gaben der Erde und der Natur. Ohne den Zorn dieser Gottheit wären wir vielleicht ein wenig selbstgefällig.*

Es ist sicher ein Beweis dafür, dass wir Menschen in der Lage sind, den Geschichten anderer Gestalt zu verleihen und sie uns auch zu eigen zu machen, wenn es einem Künstler wie hier gelingt, vor einem unbekannten Bild einer fremden Tradition aus drei Füchsen, einer Frau und einem Schwert eine kohärente Erzählung über Tod, Leben, Überfluss und Gewalt zu entwickeln – oder, wie er es ausdrückt, Sinn zu stiften im Chaos des Lebens.

Es handelt sich hier tatsächlich um ein Bild, das die meisten Menschen in Japan sofort deuten könnten – auch wenn sie es nicht alle auf die gleiche Art deuten würden. Der Fuchs links mit dem Schlüssel signalisiert dem japanischen Betrachter, dass die Figur in der Mitte Inari, die berühmte Shintō-Gottheit oder *kami* sein muss. Die Göttin erscheint in einer frühen Rolle als Schutzherrin des Ackerbaus, im Besonderen der Reisernte: Der Schlüssel im Maul des Fuchses ist der Schlüssel zu einem Reisspeicher, und eine der möglichen Quellen für den Namen «Inari» ist die japanische Wendung *ine-nari*, was soviel heißt wie «Reis wächst». Viele Darstellungen zeigen Inari, die auf einem Fuchs vom Himmel zur Erde reitet. Die einen behaupten, das sei so, weil die Schwänze von Füchsen aussehen können wie Reisgarben, andere sagen, dass Füchse oftmals um Reisfelder gesichtet werden, da sie dort Körner pickende Vögel fangen. Wie dem auch sei, etwa ein Drittel aller Shintō-Schreine Japans – über 30 000 – sind heute Inari geweiht. Schreine in ländlichen Gegenden halten in der Regel Futter, traditionsgemäß gebratenen Tofu, für die Füchse dort bereit. So weit, so gut: Diese kleine Skulptur ist für einen Japaner scheinbar so leicht zu deuten wie die *Geburt Christi* für einen Europäer.

Es wird aber komplizierter. Inari wird nicht nur mit Reis, sondern darüber hinaus mit einer Reihe weiterer Dinge in Verbindung gebracht, unter anderem mit Tee, Sake, menschlicher Fruchtbarkeit, Gewerbe, Wohlstand und wirtschaftlichem Erfolg. Diese Gottheit besitzt ein breites, sich offenbar stetig erweiterndes Portfolio und ist überall präsent, von alten Legenden bis hin zu zeitgenössischen Mangas und Animes: Auf dem Dach des Hauptsitzes der riesigen Kosmetikfirma Shiseido in Tokio befindet sich ein berühmter Inari-Schrein, der Unternehmensgewinne und Reisernten gleichermaßen schützen soll. Noch verwirrender ist, dass Inari nicht unbedingt immer weiblich ist, sondern mitunter die Gestalt eines alten Mannes annimmt, der Reis auf seinem Rücken trägt. Wegen Inaris großer Popularität existieren viele zusätzliche, ergänzende oder miteinander konkurrierende Bedeutungen, die in einem Bildnis wie diesem miteinander verknüpft sind, das unterschiedliche Betrachter auf ganz verschiedene Weise auslegen.

Fuchs und Schlüssel: In diesem japanischen Hausschrein flankieren die Füchse Inaris (einer mit dem Schlüssel eines Reisspeichers im Maul) die Figur der Dakini in einer komplexen Verschmelzung spiritueller Erzählungen.

Die einen würden die Füchse hier als Boten interpretieren, die anderen als göttliche Wesen, die ihre eigene Berechtigung haben. Wieder andere sehen in der zentralen Figur eine zweite, ganz andere Gottheit enthalten. Als sich der Buddhismus seit dem 6. Jahrhundert vom asiatischen Festland aus nach Japan verbreitete, wurden die Götter der neuen Religion langsam – und bewusst – den Gottheiten der heimischen Shintō-Tradition gleichgestellt. Das war eine bemerkenswerte Assimilationsleis-

tung, in mancher Hinsicht vergleichbar mit der Verschmelzung der griechischen und römischen Götter. Neue Glaubensmuster überlagerten die alten und ergänzten diese, ohne sie jedoch zu verdrängen. Im Zuge dieser Entwicklung wurde eine ursprünglich indische Göttin, Dakini, Beschützerin und Zerstörerin zugleich, die menschliche Herzen entweder nährt oder aufisst, mit der Inari des Shintō gleichgesetzt und tatsächlich mit ihr vereint. Diese zusammengesetzte Gottheit ist es, die uns hier so eindrucksvoll gegenübersteht: Die zentrale Figur trägt ein Herz und ein Schwert, das Symbol der Dakini, die nun erstaunlicherweise in Inaris Geschichte auftaucht und diese sogar umgestaltet. Man könnte Dakinis Präsenz in Inaris Welt vergleichen mit dem Einzug des Weihnachtsmanns, ursprünglich der heilige Nikolaus, ein Bischof aus der Südtürkei, und der Rentiere vom Nordpol in die biblische Weihnachtsgeschichte (→ Kapitel 15). Ganz ähnlich verhält es sich mit der veränderlichen, sich ständig erweiternden Bedeutungsvielfalt Inaris.

Dieser Schrein, der zugleich für Inari *und* Dakini ist, führt die außergewöhnliche Kraft der Bilder vor Augen, Erzählungen zu kombinieren, die oberflächlich betrachtet unvereinbar sind. Er veranschaulicht außerdem die Fähigkeit der religiösen Kultur Japans, neue Elemente aufzunehmen, am sichtbarsten in der fortwährenden Einbindung von buddhistischen Glaubensinhalten und Gebräuchen. Nur ein Mal, als sie mit einer Religion – dem Christentum – konfrontiert waren, die einen solchen Austausch komplett ablehnte, verhärteten die Japaner ihren Sinn, wie wir in Kapitel 28 sehen werden. In der japanischen Tradition gibt es Raum für mehrere Wahrheiten, die nicht kompatibel erscheinen und doch nebeneinander existieren. Der Inari-Schrein zeigt, was passiert, wenn Glaubensgeschichten an Komplexität gewinnen und die Bilder dieser Geschichten sich wandeln, um den neuen Vorstellungen Einlass zu gewähren. Wie der Philosoph John Gray bemerkt, scheinen Religionen nur deshalb substanziell und dauerhaft zu sein, weil sie sich unentwegt unsichtbar verändern.

Das gegenwärtige, im Jahr 2000 eingeführte Wappen Südafrikas zeigt die Gestalt eines stehenden Mannes aus einer Felsmalerei der San, begleitet von einem Wahlspruch (etwa «Unterschiedliche Völker vereinen sich») in einer Sprache der San oder Buschleute, die von Bleek in den 1870er Jahren aufgezeichnet wurde,

Das Wappen des heutigen Südafrika. Die Figuren entstammen der Felsmalerei der San-Buschleute. Unterhalb befindet sich das Motto (etwa «Unterschiedliche Völker vereinen sich») in einer heute ausgestorbenen Khoisansprache.

heute aber ausgestorben ist. Ein Bild und eine Sprache, beide gleichermaßen fremd für jeden modernen Südafrikaner, erlauben es allen, gemeinsam in eine Welt der Zusammengehörigkeit und Harmonie aufzubrechen – eine politische, säkulare Transponierung einer schamanischen Reise der San.

Beide, die Felsmalerei und der Schrein, demonstrieren die Fähigkeit von Bildern, den Betrachter in Bedeutungsräume zu entführen, die weit jenseits von Sprachgrenzen und offenkundiger Rationalität liegen. In dieser wirkungsvollen, aber unbeständigen Mixtur kann niemand je sicher sein, welche Bedeutung verschwinden wird. So überrascht es auch nicht, dass Religionen Bilder über Jahrtausende hinweg zur Führung von Menschen einsetzten, sie aber genauso auch wieder verwarfen. Das wird Thema der folgenden beiden Kapitel sein.

Kapitel 19

Ändere dein Leben

In einem 1908 veröffentlichten Sonett fasste Rainer Maria Rilke in Worte, wie sehr ihn die intensive Betrachtung eines archaischen Torso des Apollo überwältigt hatte:

Aber
sein Torso glüht noch wie ein Kandelaber,
in dem sein Schauen, nur zurückgeschraubt,
sich hält und glänzt.

Zwar fehlte der Kopf, doch der aus Stein gehauene Körper war so erfüllt von unerschütterlicher und überschäumender Energie, dass es Rilke vorkam, als kehre sich das gewohnte Verhältnis von Skulptur und Betrachter um. Mehr noch: Als er die Skulptur ansah, blickte diese scheinbar mit jeder Stelle ihres Körpers auf ihn mit der klaren, stärkenden und verstörenden Anweisung: «Du musst dein Leben ändern».

In der Tat ist das der eigentliche Zweck vieler religiöser Bildnisse. Sie wurden geschaffen, um uns anzurühren, in ihren Bann zu ziehen oder so sehr zu verunsichern, dass wir an einen Punkt gelangen, an dem wir unser Leben ändern wollen. Nachdem wir ein solches Bild gesehen haben, sollen wir, sofern es seine Aufgabe erfüllt hat, nicht mehr dieselben sein.

Der herausfordernde Blick: Rainer Maria Rilke 1902.

Mein Volk, was habe ich dir getan,
womit nur habe ich dich betrübt? Antworte mir.

Aus der Knechtschaft Ägyptens habe ich dich herausgeführt.
Du aber bereitest das Kreuz deinem Erlöser.
Mein Volk, was habe ich dir getan,
womit nur habe ich dich betrübt? Antworte mir.
Was hätte ich dir mehr tun sollen und tat es nicht?
Als meinen erlesenen Weinberg pflanzte ich dich,
du aber brachtest mir bittere Trauben,
du hast mich in meinem Durst mit Essig getränkt
und mit der Lanze deinem Erlöser die Seite durchstoßen.

Diese Verse gehören zu den *Improperien* oder *Heilandsklagen*, Teil der Karfreitagsliturgie in der katholischen Kirche, in denen Gott sein Volk tadelt, weil es seine liebende Fürsorge über Generationen hinweg nicht angemessen erwidert. Sie erinnern uns an die herausragende Bedeutung eines einzelnen, stark aufgeladenen Bildes des westlichen Christentums: Jesus, der sterbend oder tot am Kreuz hängt, verbunden mit der Vorstellung, dass wir, die sündige Menschheit, für dieses Leid verantwortlich sind. Die Karfreitagsklagen halten uns vor Augen, dass das Leid, das Christus erdulden muss, die Folge unseres Handelns ist.

Ein kleiner Farbholzschnitt aus dem British Museum, der um 1500 in den Niederlanden entstand, fasst diese Reaktion auf das Leiden Christi in ein besonders gruseliges Bild: Wir befinden uns außerhalb von Jerusalem, auf Golgatha, der «Schädelhöhe» – daher die Totenköpfe und Knochen auf der Erde –, wo, den Evangelien nach, Christus gekreuzigt wurde. Die Darstellung zeigt, wie Blut aus dem Oberkörper Christi, aus seinem Kopf, seinen Beinen und seinen ausgestreckten Armen strömt. Allerdings tropft das Blut hier keineswegs realistisch aus den Wunden, sondern bildet einen dichten Vorhang aus gleichmäßig angeordneten vertikalen roten Strichen. Ganz ähnlich würde ein Kind einen Regentag malen, aber hier wird sehr deutlich unerträglicher Schmerz dargestellt. Die Szene ist emotional stark aufgeladen. Zwei der Stadttore im Hintergrund leuchten blutrot. An den Bildrändern finden wir jedoch etwas Unerwartetes: eine farbenfrohe, fast schon skurrile Einfassung, die unverkennbar Rosen, Nelken und Erdbeeren zeigt und so von Frühling und ersten

Die Vision der heiligen Birgitta von den Todesqualen der Kreuzigung: In einem niederländischen Holzschnitt aus dem 16. Jahrhundert kniet sie vor dem leidenden Christus.

Sommertagen erzählt. Das Bild des Leidens ist fröhlich von Blumen umrahmt. Was geht hier vor? Die Botschaft erscheint im Grunde klar: Wir alle haben dies Christus durch unsere Sünden angetan. Oder wie es in den Worten der *Heilandsklagen* am Karfreitag heißt: «Du aber bereitest das Kreuz deinem Erlöser». Wie sollen wir mit einem Bild wie diesem umgehen, einem Bild, das sich viele Menschen leisten und zu Hause aufhängen können? Und was soll es und was die es umgebenden Blumen wiederum in uns bewirken?

Die Religionshistorikerin Karen Armstrong, die einige Jahre lang katholische Nonne war, hält es für sehr schwierig, einen konstruktiven Nutzen aus diesem Druck zu ziehen:

> *Abaelard, der Philosoph des 12. Jahrhunderts, lehrte, dass uns die Betrachtung des Kreuzes mit Mitleid erfüllen soll, und dass uns dieser Akt des Mitleidens retten kann, dieser Moment, in dem uns das Herz bricht, wenn wir ein solches Bild ansehen. Aber diese Szene hier ist für mich so furchtbar, dass es eben gerade deshalb schwer ist, überhaupt Mitleid zu empfinden. Es wirkt so, als stünde Gott hinter*

dieser entsetzlichen Gewalt und Folter, als würde Gott sie irgendwie billigen, um die Welt zu retten. Das erscheint mir wie eine Perversion der christlichen Botschaft.

Auch die Künstler, die um 400 die ersten Darstellungen der Kreuzigung schufen, würden dieses Bild nicht verstehen. Sie würden sich fragen, was mit dem Triumph Christi über den Tod geschehen ist, für den das Kreuz doch eigentlich steht. Wo ist die göttliche Macht? Wo gibt es irgendeinen Hinweis auf die Liebe? Frühe Bilder der Kreuzigung führten all das sehr klar vor Augen. Sie zeigten Jesus in aufrechter stolzer Haltung hoch oben am Kreuz im Augenblick seines – und unseres – größten Sieges. Hier jedoch hängt er kraftlos da, halb verdeckt durch Ströme von Blut. Karen Armstrong betont, dass andere christliche Traditionen die frühe Auffassung beibehielten, während das westliche, katholische Christentum eigene Wege ging:

Die Darstellung eines stark blutenden Christus am Kreuz findet man weder in der griechisch- noch in der russisch-orthodoxen Kirche. Für beide ist das vorherrschende Bild nicht der am Kreuz leidende, sondern der verklärte Christus – und die durch ihn verklärte Menschheit. Einen besonderen Stellenwert hat für die orthodoxen Christen die Erzählung von Jesus, der mit seinen Jüngern auf einen Berg steigt, wo seine menschliche Gestalt vor ihren Augen verklärt wird. Sein Gesicht und sein Gewand beginnen zu leuchten, und wir bekommen einen flüchtigen Eindruck davon, was in einem menschlichen Wesen stecken kann. Wir können alle werden wie er, so die Botschaft, sogar in diesem Leben – vorausgesetzt, wir befreien uns von Selbstsucht, Gewalt und Hass, die unsere Humanität so oft zersetzen.

Die westliche Kirche, in der das Kreuz dominiert, hat uns stattdessen über die Jahrhunderte hinweg mit schrecklicher, endloser Schuld beladen, so dass wir im Sumpf unserer eigenen großen Unzulänglichkeit feststecken, gleich wie wir diese auch zu überwinden suchen. Diese Bürde lastet immer auf uns. Irgendwie glauben wir wohl, dass wir unseren Körper quälen müssen, damit wir uns mit Christus identifizieren können.

Heutzutage teilen viele Menschen Karen Armstrongs Widerwillen, wenn ein Bild wie dieses ausgestellt wird. Falls es ihr Handeln überhaupt beeinflusst, dann, indem es sie dazu bringt, sich abzuwenden und an etwas anderes zu denken. Doch das war natürlich nicht die Reaktion, die der Künstler beabsichtigte – und es ist wohl auch nicht die Wirkung, die der Druck in seiner Entstehungszeit auf die Gläubigen ausübte, die ihn zur privaten Andacht nutzten.

Der entscheidende Schlüssel liegt, oder besser gesagt: kniet in der unteren linken Ecke. Eine Frau im Habit einer Nonne, durch einen Heiligenschein gekennzeichnet, betet kniend den gekreuzigten Christus an. Es ist die heilige Birgitta von Schweden aus dem 14. Jahrhundert. Im letzten Kapitel erfuhren wir, wie Birgittas Vision die Darstellungen der Geburt Jesu veränderte. Ganz ähnlich verwandelten die ihr zugeschriebenen und in ganz Nordeuropa berühmten Gebete zu Christus am Kreuz die Vorstellung vieler Menschen vom Tod des Heilands. In der *Geburt Christi* sahen wir nur ihre Vision, aber hier unter dem Kreuz ist sie selbst anwesend. Wir sollen dieses Bild also nicht für uns allein betrachten, sondern werden aufgefordert, uns der heiligen Birgitta, ihrer Vision und ihren Gebeten anzuschließen. Sie kniet dort nicht etwa, um als Fürsprecherin für uns zu beten, sondern um uns zur wahren Bedeutung

Die orthodoxe Tradition betont nicht das Leiden Christi, sondern seinen Triumph und seine Transfiguration. Diese russische Ikone aus dem 15. Jahrhundert zeigt ihn in einem leuchtend weißen Gewand zwischen Moses und Elias.

dessen zu führen, was wir sehen. Und wenn wir mit ihren Augen sehen und mit ihrer Einsicht beten, dann erkennen wir unsere Schuld an diesem unerträglichen Leid und können auch das Heil ermessen, das es uns bringt: Es geht hier nicht einfach um die Hinrichtung eines Mannes, sondern um die Erlösung der Menschheit.

Wenn uns diese ursprüngliche Bedeutung wieder vor Augen steht, dann können wir auch unsere instinktive Abscheu vor der brutalen Darstellung des Leidens überwinden. Für Eamon Duffy handelt es sich um ein typisches Bild der Epoche, das in diesem Licht betrachtet werden muss:

> *Im 13. und 14. Jahrhundert bildet sich in Europa eine neue Art von spiritueller Innerlichkeit heraus, nicht nur in der Religion, sondern auch in der Liebeslyrik. Die Menschen interessieren sich mehr für das, was wir heute die menschliche Psyche nennen. Im Zuge dessen wird emotionalen Elementen in der Religion mehr Gewicht verliehen, was vor allem die Franziskaner, schließlich aber auch Persönlichkeiten wie der heilige Anselm und die Zisterzienser kultivieren. Dieser Glaubensansatz erfasst auch die Welt der Laien, in der die Menschen innerhalb ihrer religiösen Erfahrungen eine größere Bandbreite an Emotionen erkunden. Damit beginnt das Zeitalter der Weihnachtslieder, etwa angeregt durch zärtliche Gedanken an das Kind in der Krippe. So etwas gibt es im ersten Jahrtausend noch nicht. Und genauso wird betrübt über die Leiden des Gottmenschen am Kreuz nachgedacht.*
>
> *Bilder wie dieses werden zu einem spirituellen Werkzeug, mit dessen Hilfe die Menschen begreifen, wozu sie auf der Welt sind. Starke Gefühlsregungen, ob wir Liebreiz wahrnehmen, Zärtlichkeit empfinden oder die Grausamkeit spüren, mit der Christus behandelt wurde, alles dient unserem Erwachen. Das «Stabat Mater» etwa, ein Hymnus über Maria, die unter dem Kreuz das Leiden ihres Sohnes begleitet, sollte den singenden Gläubigen einen Teil ihrer Gefühle übertragen, damit sie angemessen auf das Geschehen reagieren konnten.*

Birgitta von Schweden gehörte zu einer Reihe von Mystikern der Epoche, deren Visionen und Schriften zu dieser zunehmenden Vertiefung der europäischen Spiritualität beitrugen. Weil sie als Hofdame und Mutter aktiv am weltlichen Geschehen teilgenommen hatte, reichte ihre Anziehungskraft weit über die

Ordenshäuser hinaus, und die ihr zugeschriebenen Gebete zu Christus am Kreuz waren unter den Laien weit verbreitet. Eamon Duffy führt das weiter aus:

> *Die Vertiefung in die Details der Passion, in die Wunden Jesu oder die Tropfen seines Blutes, stellte gegen Ende des Mittelalters eine populäre Form der christlichen Frömmigkeit dar. Eine Vielzahl von Bildern zeigt Jesus blutüberströmt. Er blutet jedoch nicht nur aus den fünf großen Wunden – den Nagelwunden an Händen und Füßen und der Seitenwunde durch den Lanzenstich –, sondern auch aus den Verletzungen der Dornenkrone an der Stirn und der Geißelung am ganzen Körper.*
>
> *Etliche Visionäre des Spätmittelalters, vor allem Birgitta von Schweden, zählten die Löcher im Körper Jesu auf, die Wunden, aus denen Blut floss, und dachten über ihre Bedeutung nach. Das beste englische Beispiel hierfür sind die Offenbarungen von Juliana von Norwich, einer Frau, die in den 1370er Jahren eine Reihe von Visionen hatte.*
>
> *Juliana erlebt den Anblick der Passion nicht nur als grausam. In ihren Augen ist sie schön und schrecklich zugleich. Sie ist sich darüber im Klaren, dass hier ein Mensch verblutet, aber darin sieht sie ein Bild für Gottes Liebe, die überströmt wie ein mächtiger Fluss oder ein gewaltiges Meer. Sie vergleicht das Blut, das in ihrer Vision vom verwundeten Haupt Christi rinnt, mit dem Regen, der bei Unwetter von der Dachtraufe eines Hauses fließt. Für sie offenbart sich in einem solchen Bild die Fülle der Liebe und Barmherzigkeit Gottes.*

Wenn die meisten Betrachter unseres Holzschnittes um 1500 in Christi Blutvergießen nicht Gemetzel, sondern Gnade gesehen haben sollten, dann ist es durchaus angemessen, dass die Szene von einem heiteren Rahmen aus Frühsommerblumen umgeben ist. So verwunderlich uns das auch erscheinen mag, ist dieses Bild doch eine Feier der Liebe – und als solche hat es die Kraft, unser Leben zu ändern. Wir tun es also der heiligen Birgitta nach und beten mit ihr den Heiland durch seine Wunden an – idealerweise mit den Worten ihrer weitverbreiteten Gebete. In diesen geht die Dankbarkeit für Jesu liebende Bereitschaft, diese Wunden zu tragen, direkt über in eine Bitte: «Oh süßester Jesus, verwunde mein Herz, auf dass die Tränen der Buße und Reue meine Nahrung seien bei Tag und Nacht und bekehre mich ganz zu Dir, damit mein Herz ewiglich Deine Wohnung werde und mein Wandel Dir wohlgefällig und angenehm sei.» Die Versenkung in das Leid der Kreuzigung soll zu neuem freudvollen Leben führen.

Diese Vorstellung wurde sicherlich bekräftigt durch die vielen anderen Bilder, welche die Gläubigen im Kopf hatten und von denen jedes einzelne die übrigen ergänzte und in ihrer Wirkung verstärkte. Eamon Duffy beschreibt die Situation genauer:

> *Mittelalterliche Kirchen waren randvoll mit Bildern. Das wichtigste Einzelbild war das Kreuz, aber daneben gab es für gewöhnlich bis zu drei oder vier Darstellungen der Jungfrau Maria: meist mit dem Jesuskind als Bild der zärtlich umsorgenden und nährenden Mutter, aber möglicherweise auch mit ihrem toten Sohn am Fuß des Kreuzes. Es gab vermutlich auch zahlreiche Darstellungen fröhlich dreinschauender Heiliger. Man muss also diese ziemlich grausamen Bilder in einem viel breiteren visuellen Kontext sehen.*
>
> *Vor diesem Hintergrund macht uns eine solch heftige Evokation der Passion das Ausmaß des Leidens bewusst, das Gottes Sohn aus freien Stücken für uns Menschen getragen hat. Aber das Entscheidende ist, dass es hier um Schuld geht, die vergeben wird, und eben nicht darum, dass die Menschen sich schlecht fühlen sollen. Nicht die sinnlose Erzeugung von Schuld ist der Punkt. Dieses Blut ruft nicht nach Vergeltung, es bringt Vergebung. Die Botschaft ist: Deine Sünde ist groß, aber Gottes Liebe ist größer.*

Eamon Duffy und Karen Armstrong, beide Spezialisten für katholische Theologie und Kirchenhistoriker, die intensiv über das Christentum nachdenken, sind sich über die Kraft dieses Bildes einig. Sie sind jedoch grundlegend verschiedener Meinung darüber, was diese Kraft in uns bewirkt.

> *Man sieht Buddha hier in der Yogahaltung sitzen. Seine Züge drücken Gelassenheit aus. Diesen Zustand kann ein Mensch erreichen. Anders als das westliche Christentum, das dazu neigte, den menschlichen Leib herabzumindern, feiern frühe buddhistische Texte die Pracht von Buddhas Körper. Leute, die schon früh zum Buddhismus konvertierten, taten das zum Teil aufgrund der Schönheit, des ruhigen Auftretens und der Anmut von Buddhisten, die das Selbst hinter sich gelassen hatten.*

Die meisten Menschen würden Karen Armstrongs Ansicht teilen, dass diese, vermutlich im 3. Jahrhundert im indischen Königreich Gandhara (heute Nordwest-Pakistan) entstandene heitere Figur aus grauem Schiefer (→ Seite 321) ein nahbareres und beruhigenderes Bild darstellt als der leidende, zutiefst verstörende Christus. Dennoch ist die Absicht dieser Skulptur im Grunde die gleiche, und auch sie fordert von ihrem Betrachter sowohl Vorwissen als auch Imaginationskraft, damit sie ihren Zweck erfüllen kann.

In Stoffe gehüllt, die deutlich von griechischen und römischen Vorbildern beeinflusst sind, wird Buddha hier in einem fortgeschrittenen Stadium seiner Entwicklung gezeigt, mit einem Heiligenschein hinter seinem Kopf, in bereits erleuchtetem Zustand. Der krönende Haardutt ist ein Attribut der Weisheit und Großzügigkeit. Buddha sitzt mit gekreuzten Beinen auf einem Kissen, sodass nur die Zehen seines linken Fußes hervorschauen. Mit halb geschlossenen Augen blickt er seelenruhig ins Jenseits. Seine Ohrläppchen sind langgezogen durch das Gewicht der Juwelen, die er als junger Fürst einmal getragen hatte. Hier fehlen sie, da er sich von allen Reichtümern losgesagt hat. Sein linker Daumen und Zeigefinger berühren sich knapp unter dem kleinen Finger der rechten Hand. Die schlichten weiten Falten seines Gewandes sind nahezu symmetrisch angeordnet, und sein Saum reicht bis in die untere Szene, in der eine andere, von zwei Männern und zwei Frauen flankierte Figur sitzt. Die ganze Statue ist etwa einen Meter hoch.

Wie hätten die Menschen wohl auf diese Figur reagiert, wenn sie ihr in ihrem ursprünglichen Tempel begegnet wären? Sarah Shaw ist Forschungsstipendiatin des Oxford Centre for Buddhist Studies:

> *Sie würden vielleicht Blumen, Weihrauch oder Butterlampen mitbringen, um ihre Ehrerbietung und ihren Respekt zu zeigen. Sie würden die Hände zum Gruß aneinander legen und vielleicht singen oder auf die Knie fallen. Sie würden den geraden Rücken sehen und daran denken, ihren eigenen Rücken gerade zu halten. Sie würden im Zuge ihrer Hingabe versuchen, einige der Eigenschaften, die sie vor sich sehen, in ihrem eigenen Wesen zu finden und in ihrem eigenen Körper wachzurufen.*
>
> *Aber sie würden sich nicht zu sehr anstrengen. Im Buddhismus gibt es eine Bewusstseinsstufe, von der man glaubt, dass nur die Erleuchteten sie erreichen. Und*

> *dieses Bewusstsein bringt die Art von Lächeln hervor, die man oft bei buddhistischen Statuen wie dieser sieht. Jeder, der vor einer solchen Figur steht, wird ihr Lächeln als beruhigend und stabilisierend empfinden, als lehrreich und als Vorbild zur Meditation.*

Etwas davon können wir hier sehen. Unter dem Kissen, auf dem Buddha sitzt, ist *en miniature* eine Gruppe von Menschen dargestellt. In der Mitte sitzt, mit Heiligenschein und Haardutt bekrönt, ein Bodhisattva: ein menschliches Wesen, das die Erleuchtung erlangt hat, den Übertritt ins Nirwana, den höchsten anzustrebenden Zustand des Nichtvorhandenseins aber noch aufschiebt, um andere auf ihrem Weg zur Erleuchtung zu begleiten. Der Bodhisattva wird von vier Figuren eingerahmt, sehr wahrscheinlich Stifter, die für diese Statue und den Schrein, in dem sie ursprünglich aufgestellt war, bezahlt haben, ganz ähnlich wie später auch Stifter in der christlichen Kunst auftauchen. Wie die heilige Birgitta die Betrachter der Kreuzigungsszene zu ihrer wahren Bedeutung führt, so gibt der Bodhisattva denjenigen, die sich um ihn scharen – und uns – betend Anleitung. Sarah Shaw erklärt, wie gut beide Darstellungen zusammenpassen, denn die Statue veranschaulicht vor allem das Lehren oder die Führung durch einen Lehrmeister:

> *Die Hände Buddhas zeigen das* dharmachakra pavatna mudra: *die Geste, die das Drehen des Rades symbolisiert. Das bezieht sich auf einen bestimmten Zeitpunkt im Leben Buddhas. Er hatte sich vom Pfad der extremen Askese abgewandt und durch Meditation und die Praxis des Mittleren Weges zwischen Zügellosigkeit und Selbstkasteiung die Loslösung von allem Leid und die Befreiung des Geistes erlangt. Seine ersten Reden über den Mittleren Weg hielt er vor fünf Asketen, die extreme selbstzerstörerische Praktiken anwandten. Sie waren tief beeindruckt von seiner strahlenden Schönheit und erkannten, dass etwas Außergewöhnliches passiert war: Er war erleuchtet worden. So baten sie ihn, ihr Lehrer zu werden.*

Sitzender Buddha, der in Sarnath seine erste Predigt hält. Der Saum seines Gewandes reicht in die Sphäre unterhalb, wo seine Regeln gelehrt werden (Ghandara, Pakistan, 2. bis 3. Jahrhundert u. Z.).

Das ist der Moment, den diese Statue zeigt. Der Überlieferung nach predigt Buddha seine Lehren zum ersten Mal im Wildpark

Der Anblick tiefsten Leids in der heutigen Welt, der den Betrachter erschüttern und ihn dazu bringen soll, sein Verhalten zu ändern (Zeitungsanzeige für die Hungerhilfe aus den 1970er Jahren).

von Sarnath, nah am Ganges bei der Stadt Varanasi. Heute steht eine riesige Stupa an diesem Ort, der zu einer der meistbesuchten buddhistischen Pilgerstätten geworden ist (→ Kapitel 14). Es handelt sich hier um einen Schlüsselmoment in der Geschichte der Weltreligionen, den Punkt, an dem der Buddhismus mit einer Reihe von Lehren und Praktiken seinen Ausgang nimmt: Das Rad, das hier in Bewegung gesetzt wird, symbolisiert unter anderem die Geschwindigkeit, mit der die buddhistische Lehre einen spirituellen Wandel in ihren Anhängern bewirken kann. Sie veränderte das Leben der fünf Asketen, welche die Predigt Buddhas hörten und sich bald mit vielen anderen Schülern zu einer neuen Gemeinschaft zusammenschlossen. Die Statue fordert uns Betrachter mit ihrer Geste dazu heraus, dem Beispiel dieser fünf – und der kleinen Figuren auf dem Sockel – zu folgen und uns auf den Mittleren Weg mit seiner anspruchsvollen Disziplin zu begeben. Der fallende Saum zeigt uns auf ermutigende Weise, dass die Welt, in der wir uns bemühen, immer mit der erleuchtenden Präsenz von Buddha selbst verbunden ist. Der Klang ist weniger schrill, die emotionale Tonlage weniger hoch als im Bild der Kreuzigung; es gibt hier keinen Hinweis darauf, dass das Erdulden von Leid irgendeinen Nutzen bringen könnte. Dennoch ist der Zweck beider Darstellungen der gleiche: uns davon zu überzeugen, dass wir uns ändern, zu besseren Menschen werden, ein besseres und sinnvolleres Leben führen wollen.

Bilder, die uns dazu herausfordern, unser Verhalten zu ändern, begleiten uns noch immer. Im säkularen Europa oder Amerika orientiert sich das Sammeln von gemeinnützigen Spenden nach wie vor stark an der franziskanischen Tradition, große Emotionen zu provozieren. Vor allem Spendenaufrufe für hungerleidende Menschen oder Kriegsopfer bedienen sich Bildern, die unerträgliches Leid zeigen, um Mitgefühl und Großzügigkeit zu wecken; und sie sind oft genauso wirkungsvoll wie einst die Darstellungen der heiligen Birgitta, die zu den Wunden Christi betete. Die Vorstellung von der göttlichen Erlösung mag im nachchristlichen Westen weitgehend verloren gegangen sein, aber der Anblick von Leid wird immer noch eingesetzt, um uns zum Handeln zu bewegen.

While you're eating between meals, he's dying between meals.

Publicity about the plight of the world's starving children is dying down. But their problem is greater than ever. All over the world children are dying for want of food.

For food, we need money. For money, Save the Children is looking to you.

Give what you can now. Or leave it to us in your will. Your money can never buy anything more precious than a child's life.

Please accept my donation of

I enclose cash/postal order/cheque/Giro No. 5173000

Or charge my Access account no.

Signature

Name (IN BLOCK CAPITALS)

Address

A receipt will only be sent if S.A.E. is enclosed.

121

Save the Children

The Save the Children Fund, 157 Clapham Road, London SW9 0PT

Wie die Felsmalerei der San oder Buschleute und der Inari-Schrein sind die beiden Bilder, um die es in diesem Kapitel ging, in anderen kulturellen Welten nahezu unverständlich. Ganz auf sich selbst gestellt, würden nur wenige von uns die mühevolle Entsagung und Abkehr erraten, zu der uns die gelassene Geste der Buddha-Statue auffordert, und noch weniger Menschen würden in unserem Kreuzigungsbild ein Gebet zur Liebe Gottes erkennen. Objekte wie diese bringen allerdings noch andere, gravierendere Schwierigkeiten mit sich: Wir können sie auf unterschiedliche Weise deuten, und die Gefühle, die sie womöglich hervorrufen, sind stark besetzt. So können sie ihre Betrachter in Richtungen lenken, die für die religiösen Autoritäten weder vorhersehbar noch kontrollierbar sind. Das lebensverändernde Bildnis ist unberechenbar. Auch aus diesem Grund standen die meisten protestantischen Reformer Bildern feindlich gegenüber. Wie viele religiöse Bewegungen waren sie der Überzeugung, dass der einzig verlässliche Weg, Glaubenswahrheiten zu vermitteln, über das Wort führte: Das Bild stellte eine Gefahr für den wahren Glauben dar und sollte daher am besten zerstört werden.

Kapitel 20

Ablehnung des Bildes, Verehrung des Wortes

Im März 2001 sprengte die fundamentalistische Taliban-Regierung in Afghanistan die Buddha-Statuen von Bamiyan. Zwei monumentale Bildnisse aus dem 6. Jahrhundert, mit 53 und 35 Metern Höhe die größten Darstellungen stehender Buddhas auf der ganzen Welt, wurden systematisch in Schutt und Asche gelegt. Ihre Zerstörung war eine Geste, die dazu dienen sollte, eine bestimmte Vorstellung von religiöser Reinheit zu proklamieren, die Aufmerksamkeit auf Afghanistan zu lenken und politische Gegner zu provozieren. Sie war in jeder Hinsicht erfolgreich. Fotografien der leeren Nischen gingen um die ganze Welt und riefen Entrüstung und Abscheu hervor. Der Ikonoklasmus war erneut in die Weltpolitik zurückgekehrt. Und er ist immer noch sehr präsent. Seit dem Jahr 2001 sind in Syrien und im Irak weitere Bildnisse aus vorislamischer Zeit durch den sogenannten Islamischen Staat vorsätzlich zerstört worden – mit ähnlicher Wirkung. In all diesen Fällen waren Religion und Politik unauflöslich miteinander verwoben, und auch diese Ereignisse zeigen auf brutalste Weise, dass es seit jeher viele Menschen gibt, für die Bilder praktisch Götzenverehrung darstellen. Nach ihrer Überzeugung kann nur das Wort zu Gott führen.

Man muss natürlich nicht im Islam suchen oder nach Afghanistan reisen, um Zeuge der Zerstörung religiöser Skulpturen zu werden. Sogar in den Cotswolds gab es solche Vorfälle, wie etwa zwei abgeschlagene Köpfe zeigen, die man in Gloucestershire fand. Der erste, während des 2. Jahrhunderts u. Z. kunstvoll aus grobem Cotswold-Kalkstein gehauen, zeigt Merkur,

Der entleerte heilige Raum: Nach der Zerstörung der Buddhas von Bamiyan bleiben nur Trümmer zurück (Afghanistan, März 2001).

Die Köpfe zweier Götter, Merkur (*links*) und Christus (*rechts*), abgeschlagen in Gloucestershire vor über 1000 Jahren.

den römischen Götterboten und Gott des Handels, lebensgroß, mit lockigem Haar, wachem Blick und jugendlichen Zügen. Die ursprüngliche Statue, die Merkur als Ganzes zeigte, stand in einem Tempel in Uley. Sie wurde aller Wahrscheinlichkeit nach um 400 von frühen Christen zerstört, die – in dieser Hinsicht kaum anders als die islamischen Fundamentalisten – entschlossen waren, heidnische Götzenbilder zu vernichten. Der Kopf jedoch blieb erhalten. Er wurde ehrfurchtsvoll beerdigt von Menschen, die ihrem vertrauten, stattlichen Merkur offenbar weiterhin treu ergeben waren und die fortwirkende Macht eines beleidigten Gottes fürchteten.

Mehr als tausend Jahre später trug sich nur wenige Kilometer entfernt eine verblüffend ähnliche Geschichte der Zerstörung – und Bewahrung – zu. Diesmal standen Christen gegen Christen. Der Kopf, um den es hier ging, ist viel kleiner und war ursprünglich Teil eines um 1100 in England entstandenen bemalten Holzkruzifixes, das in der Allerheiligenkirche von South Cerney hing.

Der Künstler stellte hier das gelassene Erdulden von Leid dar. Die Haare und der Schnurrbart Christi sind stark stilisiert, das längliche Gesicht ist ausgezehrt und von Kummer gezeichnet. Die Augen sind geschlossen, entweder vor Schmerz oder weil der Tod eingetreten ist. Während des 16. und 17. Jahrhunderts zerschlugen protestantische Reformer in ihrem Bestreben, die «Reinheit» der frühen Christen wiederherzustellen, Skulpturen wie diese, denn sie erschienen ihnen nicht weniger götzendienerisch als die Götter des heidnischen Rom. In ganz Nordeuropa wurden Gemälde, Kirchenfenster und Statuen zerstört. In South Cerney jedoch hatte man diese kleine Figur offenbar abgenommen, sorgfältig in einem Hohlraum in der Kirchenwand versteckt und so bewahrt. Hier wiederholte sich offenbar auf anrührende Weise das, was mit dem abgetrennten Haupt Merkurs geschehen war. Vermutlich wollten einige Gemeindemitglieder, die an der alten Tradition festhielten und vor dem Kreuz gebetet hatten, die Skulptur vor der Schändung bewahren und sie eines Tages vielleicht wieder an ihren ursprünglichen Ort zurückhängen. Durch die Feuchtigkeit in der Kirchenmauer verrottete das Kruzifix wohl größtenteils, der Kopf jedoch und einige Fragmente blieben erhalten.

Die Köpfe, die beide aus derselben Region Englands stammen, erzählen von einem universalen Phänomen. Sie sind ergreifende Beispiele für die Hingabe und Zuneigung, die Bilder hervorrufen können, und sie zeigen, wie schwer es den mit ihnen vertrauten Gläubigen fällt, ohne sie zu beten. Diese gegensätzlichen Empfindungen führten zur blutigen Teilung in der byzantinisch-orthodoxen Kirche und zu Kämpfen um den Ikonoklasmus, die fast ein Jahrhundert andauerten. Dennoch scheint die Anbetung ohne Bilder genau der Forderung des zweiten Gebots zu entsprechen, das Moses im Buch Exodus von Gott empfängt: «Du sollst dir kein Gottesbild machen und keine Darstellung von irgendetwas am Himmel droben, auf der Erde unten oder im Wasser unter der Erde.» Trotz dieser eindeutigen Worte machen die meisten Konfessionen innerhalb des Christentums von Bildern in Andacht und Gebet reichlich Gebrauch. Die anderen beiden abrahamitischen Religionen hingegen blieben konsequent. Die hebräischen Schriften verurteilen die Anbetung von Statuen scharf. Von Mohammed selbst wird berichtet, dass er alle Abbilder aus Mekka entfernen ließ. Im Judentum und im Islam ist es allein das

Wort, das als Weg zu Gott verehrt wird: Diese Verehrung brachte im Islam unübertreffliche Kunstwerke hervor und prägte das soziale Leben beider Religionen grundlegend.

Das British Museum hat nur eine kleine Sammlung von Judaika, da Bücher und Handschriften heute in der British Library aufbewahrt werden. Aber es besitzt eine kleine Hand, eine rechte Hand mit einem ausgestreckten Zeigefinger, in Silber gearbeitet und auf einen runden, etwa 30 Zentimeter langen silbernen Schaft montiert. Es handelt sich um einen *Jad* (was auf Hebräisch einfach «Hand» bedeutet), und trotz seiner geringen Größe spielt dieser Gegenstand im religiösen Leben jüdischer Gemeinden eine wichtige Rolle. Er hilft beim Lesen von Schriften in der Synagoge.

Wie die Rabbinerin Julia Neuberger erklärt, verlagerte sich der Fokus der Andacht und der religiösen Praxis nach der Zerstörung des Tempels in Jerusalem 70 u. Z. (→ Kapitel 27) weg von Ritualen und Opfern hin zur Konzentration auf Schriften und auf die rabbinische Tradition des Lesens und Zuhörens, des Abwägens und Interpretierens jüdischer Gesetze:

> *Schon vor der Zerstörung des Tempels hatte es verschiedene Arten der Anbetung gegeben, denn das Judentum war bereits eine weltweit – oder zumindest im Römischen Reich – verbreitete Religion. Wir wissen, dass der Anteil der jüdischen Bevölkerung im Römischen Reich über die Zeit hinweg etwa 10 Prozent betrug. Mit der Zerstörung des Tempels jedoch verschwanden die Rituale, die sich auf Jerusalem konzentriert hatten, und die Menschen versammelten sich in Synagogen und Studienhäusern: Synagoge ist einfach das griechische Wort für «zusammenkommen». Ob dabei die Anbetung oder im Gegensatz dazu das Studium mehr im Vordergrund stand, ist aus unserer Warte schwer zu beurteilen, aber sehr wahrscheinlich lasen die Menschen aus der Tora vor – den ersten fünf Büchern der Hebräischen Bibel, welche die Christen als Altes Testament bezeichnen – und aus den dazugehörigen Kommentaren.*
>
> *Man sagt, dass es deshalb so viele jüdische Anwälte gibt, weil die Juden so gut über Texte streiten können. Der alte Witz, dass zwei Juden drei Meinungen haben, ist eigentlich gar kein Witz. Er bezieht sich auf unsere Art, über Texte zu diskutieren*

und Bedeutungen abzuwägen. Und wir konzentrieren uns auf Worte, weil es uns verboten ist, Bilder zu gebrauchen. Wir nähern uns Gott durch das Wort.

Der zentrale Punkt ist natürlich die Idolatrie, die Verehrung von Götzenbildern anstelle der Anbetung des einen wahren Gottes. Ich stamme aus einer Familie, die von einer Seite her streng orthodox ist. Meinem Großvater oder Urgroßvater wurde angeblich eine Büste des Komponisten Rossini geschenkt, und da er der orthodoxen Überzeugung gemäß keine Bilder des menschlichen Körpers im Hause haben wollte, schlug er ihr die Nase ab. Ich weiß nicht, ob das bereits als Ikonoklasmus gilt.

Die in den 1760er Jahren erbaute Synagoge von Plymouth führt eindrucksvoll vor Augen, welche besondere Art von Sakralraum eine Religion erschaffen kann, die Worte über Bilder stellt. Erst ein Jahrhundert zuvor war es den Juden erlaubt worden, nach ihrer Verfolgung und Vertreibung Ende des 13. Jahrhunderts nach England zurückzukehren. Wie die Katholiken waren sie eher geduldet als willkommen, weshalb neu erbaute Synagogen wie diese diskret und unaufdringlich gestaltet wurden. Der Bau ist schlicht und rechteckig und sieht von außen aus wie eine nonkonformistische Kapelle oder ein Andachtshaus der Quäker. Angeblich handelt es sich um die älteste aschkenasische Synagoge in der englischsprachigen Welt, die noch in Gebrauch ist. Betritt man den Innenraum, so erblickt man unter dem Ostfenster überraschenderweise zuerst einen prachtvollen zweigeschossigen Aufbau mit Schnitzereien und klassischen Säulen, fein ausgearbeiteten Urnen und vergoldeten Kapitellen. Jemand, der mit der christlichen Tradition vertraut ist, könnte denken, es handle sich um einen barocken Hochaltar aus einer katholischen Kirche auf dem Kontinent, der sich nach Devon verirrt hat. Wo man allerdings ein Altarbild erwarten würde, befindet sich stattdessen ein roter Vorhang, zudem bekrönen Worte in hebräischer Schrift das ganze Gebilde. Es entstand in den Niederlanden, durch die viele aschkenasische Juden auf ihrem Weg von Deutschland und Osteuropa nach England reisten; anachronistisch ausgedrückt, wurde dieses Kunstwerk damals flach zusammengelegt, nach Plymouth verschifft und dort wieder aufgebaut. Im Kontrast zur Außenansicht ist dieses Herzstück der Synagoge alles andere als dezent. Und genauso sollte es auch sein: Dies ist nämlich der Aufbewahrungsort für die Tora – der Schrein, der das Wort selbst beherbergt. Julia Neuberger erklärt seine Bedeutung:

Die barocke Pracht der Synagoge von Plymouth: Zwischen den nach Jerusalem gerichteten Fenstern werden die Torarollen in einem goldenen, in den Niederlanden angefertigten Schrein aufbewahrt.

Er wird «Aaron Kodesh» oder «heiliger Schrein» genannt, der Schrein, in dem die Gesetzesrollen aufbewahrt werden. Jeder dieser Schreine ist so platziert, dass man in Richtung Jerusalem blickt, wenn man vor ihm steht. Sehr oft sind die zehn Gebote auch auf dem Schrein selbst zu lesen, entweder seitlich oder, wie in Plymouth, oberhalb. Interessanterweise wurde der Schrein von Plymouth in den Niederlanden vermutlich durch christliche Handwerker angefertigt, und aus diesem Grund sieht er einem Hochaltar sehr ähnlich.

Während in einer katholischen Kirche das Sehen der Messfeier am Hochaltar im Mittelpunkt steht, soll die Gemeinde in einer Synagoge, wie in den meisten protestantischen Kirchen, vor allem hören, wie das Wort Gottes vorgelesen und erläutert wird (→ Kapitel 28). Wie in allen anderen Synagogen begleitet auch in Plymouth ein aufwendiges Ritual die Entnahme der Gesetzesrollen aus dem Schrein, bevor sie feierlich verlesen werden. Julia Neuberger schildert, wie das vor sich geht:

In unserer Synagoge lesen wir die Tora nur am Morgen des Sabbat, und das ist der wichtigste Teil des Gottesdienstes. Die Tora wird zuerst in einer Prozession um die Synagoge getragen. Dabei können die Menschen den samtenen Toramantel mit ihren Gebetbüchern berühren. Und dann wird sie von den Kindern oder von einer anderen Person, der diese Ehre zukommt, «entkleidet». Zunächst werden die mit Glöckchen verzierten Aufsätze und der Toraschild abgenommen, und schließlich wird das Seidenband, das die Rolle zusammenhält, gelöst. Die Tora wird auf dem Lesepult entrollt, und die Gläubigen werden aufgerufen, um vorzulesen. Meist trägt einer der Rabbis aus der Tora vor, manchmal aber auch Jugendliche, die ihre Bar Mitzwa gefeiert haben, oder wir fragen ein Gemeindemitglied.

Und an dieser Stelle kommt der *Jad* ins Spiel:

Wenn wir aus der Tora vorlesen, dann berühren wir sie nicht. Einige Menschen glauben, der Grund dafür sei, dass sie heilig ist, aber in Wahrheit soll sie einfach nicht beschädigt werden. Sie ist auf Pergament geschrieben, auf Tierhäute, die – fast puderartig – beschichtet und dann eingefärbt werden. Deshalb ist sie extrem empfindlich. Das macht es noch schwerer, die hebräische Schrift zu lesen: Sie ist wunderschön von einem Schreiber zu Papier gebracht, aber sie weist keine Vokale auf. Deshalb muss man diese Sprache ziemlich gut kennen, um sie laut lesen zu können. Mit Hilfe dieser kleinen Silberhand und ihres ausgestreckten Zeigefingers kann man nachverfolgen, wo man gerade ist. Es würde mir vermutlich schwer fallen, die Tora ohne einen Jad vorzulesen.

Deshalb ist der *Jad* auch als *hidur mitzvah* bekannt, als «Verschönerung des Gebotes», die Tora zu lesen; und weil dies einen so wesentlichen Teil jüdischen

Lebens ausmacht, besitzen viele Menschen ihren eigenen *Jad*. Das Exemplar im British Museum stammt aus den ersten Jahren der jüdischen Gemeinde von Plymouth. Es besitzt eine silberne Kette und einen Vierkantgriff mit der Inschrift: «dieser *Jad* gehört Joseph, Sohn des Yahuda Yakov aus Schermbeck, hier in Plymouth im Jahre 1745». Schermbeck ist eine Stadt unmittelbar nördlich von Düsseldorf in Deutschland, und Yakov hatte offensichtlich schon mehr als fünfzehn Jahre vor dem Bau der Synagoge in Plymouth gelebt. Ein anderer *Jad*, der sich ebenfalls im British Museum befindet, führt auf seinem oktogonalen Griff die deutschen oder polnischen Namen von acht der Synagogengründer auf – ein Geschenk, das bekundet, dass sie in ihrer neuen Heimat, wie in ihrer alten, das taten, was Juden schon immer überall getan hatten: das Wort lesen und ehren. Jerusalem war unerreichbar und sein Tempel zerstört, aber die Tora war vor Ort in Plymouth.

Julia Neuberger weist auf etwas Besonderes hin, das in allen Synagogen vor dem Toraschrein zu sehen ist:

Der *Jad*, den Joseph Yakov 1745 der Synagoge von Plymouth schenkte (links) und die Rabbinerin Julia Neuberger mit ihrem *Jad* beim Lesen der Tora.

> *Dort hängt das ewige Licht, das ununterbrochen brennt, meist eine Öllampe. Es soll uns an die ewige Gegenwart Gottes in und um uns erinnern. Wir hängen das Licht vor den Toraschrein, denn das durch die Tora verkörperte Wort Gottes ist diese immerwährende Präsenz.*

Genau dieselbe Vorstellung steht hinter dem islamischen Brauch, Lampen mit Versen aus dem Koran zu versehen: Sie hängen in der Moschee und erinnern jeden daran, dass Gott gegenwärtig ist, nicht vermittelt durch ein Bild, sondern nahbar und wahrnehmbar in Licht und Wort.

Eine der schönsten Moschee-Lampen im British Museum entstand in den Jahren zwischen 1570 und 1575, kurz vor der Herrschaft des osmanischen Sultans

Süleyman des Prächtigen. Sie wurde nicht weit von Istanbul gefertigt und besteht aus einem taillierten Keramikkorpus, dessen leuchtend kobaltblaue Farbe von einzelnen türkisfarbenen und roten Akzenten durchbrochen wird. An ihren drei geschwungenen Griffen hängte man sie an der Decke auf, damit alle Menschen in der Moschee die auf tiefblauem Grund hell aufscheinenden Inschriften bewundern und viele sie auch lesen konnten: Auf dem unteren Teil steht ein Vers aus dem Koran, «Preis und Dank sei Gott; es gibt keine Macht oder Kraft außer bei Gott»; und um den Hals läuft die Schahāda, das Glaubensbekenntnis des Islam: «Es gibt keinen Gott außer Gott und Mohammed ist sein Prophet.»

Für das umfassende Verständnis der jüdischen Gesetze gilt es als äußerst wichtig, diese auf Hebräisch zu lesen. Im Islam bedeutet das Lesen des Korans in arabischer Sprache, dass man sich, vielleicht so weit wie überhaupt möglich, dem Göttlichen nähert: Man hört genau die Worte, die Allah in einer Reihe von Offenbarungen über mehr als zwanzig Jahre hinweg durch den Erzengel Gabriel an Mohammed richtete. Der Prophet gab schließlich das, was er gehört hatte, an seine Anhänger weiter, seine Worte wurden später niedergeschrieben und zusammengetragen zum «Koran» – was übersetzt so viel heißt wie «Lesung» oder «Rezitation». Es liegt daher nahe, dass der Koran die Bedeutung des Festhaltens und Wiedergebens von Worten klar hervorhebt: «Trag vor im Namen deines Herrn, der erschaffen hat ... der den Gebrauch des Schreibrohrs gelehrt hat, den Menschen gelehrt hat, was er zuvor nicht wusste.» (Sure 96, 1–5) Das geschriebene und das gesprochene Wort – eben die Worte Gottes – sind das Herzstück des Islam.

Das macht den Koran zu einer Art von Text, die sich grundlegend von der Heiligen Schrift des Christentums unterscheidet. So wie sie uns überliefert wurden, berichten die Evangelien in einer alten demotischen Form des Griechischen das, was Jesus eine Generation zuvor auf Aramäisch gesagt hatte. Es sind Übersetzungen von Erinnerungen, und die meisten Menschen lesen sie heute in einer zweiten Übersetzung aus dem Griechischen – und so mit noch mehr Abstand von den ursprünglichen Worten. Natürlich verehren auch die Christen die Bibel. Aber da die Juden wie die Muslime glauben, dass die Worte ihrer heiligen Texte direkt von Gott gesandt wurden, behandeln sie deren Verkörperung in den Exemplaren der Tora und des Korans mit größtem Respekt. Wie wir gesehen

Das Wort Gottes erleuchtet die Welt. Moschee-Lampe aus Iznik (16. Jahrhundert).

haben, wird die Tora mit äußerster Sorgfalt aufbewahrt, transportiert und gelesen. Dazu Dr. Afifi al-Akiti vom Oxford Centre of Islamic Studies:

> *Für die nicht-muslimische Welt ist das Erstaunlichste wohl die außerordentliche Verehrung, die dem gedruckten Wort Gottes, dem Buch selbst, entgegengebracht wird. Diese geht so weit, dass manchmal schon Leute angegriffen wurden, weil man glaubte, sie verhielten sich dem Koran gegenüber respektlos. Darin liegt eine gewisse Ironie, denn der muslimischen Rechtstradition nach ist einer der zulässigen Wege, einen kaputten oder etwa von Schädlingen befallenen Abdruck des Korans zu beseitigen, ihn zu verbrennen. Aber natürlich fühlen sich die Muslime zutiefst beleidigt, wenn jemand den Koran aus anderen Motiven verbrennt, etwa so, wie es Christen, die das Kreuz verehren, erginge, wenn jemand mit den Füßen darauf herumtrampelte.*

Dieser Vergleich ist noch schlagender, wenn wir an die Entscheidung der japanischen Machthaber im 17. Jahrhundert denken, verdächtige Christen zu zwingen, genau das zu tun, um eindeutig zu beweisen, dass sie sich von ihrem Glauben abgewendet haben (→ Kapitel 28). Und dieser Vergleich erklärt auch, warum die Muslime so sehr darauf achten, und das auch von anderen erwarten, dass der Koran niemals auf dem Boden abgelegt oder auf andere Weise leichtfertig entwürdigt wird. In privaten Haushalten wird dieses Buch behandelt wie ein Ehrengast. Einige Muslime kehren ihm nie den Rücken, wenn sie sich setzen.

Unsere Lampe zeigt eine besondere, vor allem im Islam gebräuchliche Art, dem Text Ehre zu erweisen: die Kalligraphie. Die Buchstaben sind nicht nur so gestaltet und platziert, dass sie den Raum, der für sie bestimmt ist, komplett ausfüllen, so wie das Wort Gottes die Schöpfung erfüllt, sondern sie tanzen zugleich in ansprechenden rhythmischen Mustern über die runden Formen der Lampe. «Eine schöne Schrift verleiht der Wahrheit Nachdruck», soll der Prophet Mohammed gesagt haben. Deshalb wurde die Kalligraphie im Laufe der Zeit die weitaus bedeutendste visuelle Ausdrucksform des Islam: eine sakramentale Kunst, das Erschaffen von Schönheit und schließlich die prägende Formensprache der islamischen Zivilisation. Afifi al-Akiti beschreibt diesen Impuls:

Um das 8. und 9. christliche Jahrhundert herum (das 2. Jahrhundert nach muslimischer Zeitrechnung) kam es im Islam zu einer Blüte der kalligraphischen Tradition, zunächst nur innerhalb der Moscheen, dann jedoch zunehmend auch außerhalb, wo die Kalligraphie bald häusliche Objekte aller Art zierte. Da diese Worte ursprünglich dazu dienten, das Göttliche widerzuspiegeln, war es nur naheliegend und sehr menschlich, für diese Widerspiegelung eine Form zu finden, die den Augen Genuss bereitete. Das geschah jedoch nicht geplant. Es ergab sich einfach so, durch die Annäherung von Göttlichem und Endlichem.

Aber wie so oft hatte die Schönheit ihren Preis:

Es ist oftmals ziemlich schwierig, besonders schöne Kalligraphien zu entziffern. Als ich ein ganzes Stück jünger war, half ich hier an der Universität von Oxford bei der Katalogisierung einiger der arabischen Manuskripte der Bodleian Library. Es dauerte eine ganze Weile, bis ich der Aufgabe gewachsen war, und ich verbrachte einige Zeit in Marokko, wo mir mehrere Lehrmeister beibrachten, die verschiedenen Schriften zu lesen. Bis heute sind viele arabische Manuskripte nicht zu entschlüsseln, bis man einen Meister gefunden hat, der sie lesen kann.

In vielen Moscheen geht die Kalligraphie weit über Objekte wie unsere Lampe oder über die Verzierung von Holz, Metall oder Fliesen hinaus. In der Scheich-Lotfolläh-Moschee in Isfahan zum Beispiel ziert sie Säulen, Wände und Kuppel. So stützt und füllt sie das gesamte Gebäude mit dem lebendigen Wort des Korans und anderer heiliger Schriften. Auch wenn man die Buchstaben nicht lesen kann, fühlt man sich während des Gebets in einer solchen Moschee doch ganz umgeben von der Präsenz Gottes, ja man taucht in sie ein oder lässt sich umarmen von dieser Gegenwart durch sein Wort, das sich Augen und Ohren zugleich offenbart. Es ist das durch Worte geschaffene Äquivalent zum Eintauchen in die Bildwelt einer orthodoxen Kirche, wie es Rowan Williams beschreibt (→ Kapitel 17).

Nachfolgende Doppelseite: Die Scheich-Lotfolläh-Moschee in Isfahan, Iran (errichtet um 1610). Das Wort Gottes umgibt die Gläubigen und stützt sie und zugleich das Gebäude.

Julia Neuberger schildert uns, wie diese Konzentration auf das Wort in beiden Religionen zwangsläufig Wissen und Alphabetisierung förderte:

> *Die Fähigkeit, zu lesen und zu schreiben war unter den jüdischen Frauen schon relativ früh verbreitet. Auch Kindern, vor allem Jungen, brachte man frühzeitig das Lesen bei – und oftmals nur das Lesen heiliger Texte. Es gibt wundervolle Geschichten von Kindern, die sich um eine Torarolle scharten, weil es nicht genügend Exemplare für alle gab. Einige von ihnen lernten nur, auf dem Kopf stehende Texte zu lesen.*

Afifi al-Akiti erzählt von einem ganz ähnlichen Lesehunger in Teilen der islamischen Welt:

> *In der Vormoderne finden wir Beispiele von Bauern, die in einem anderen kulturellen Kontext vermutlich Analphabeten geblieben wären, tatsächlich aber lesen und schreiben können. Sie kaufen Bücher, Handschriften, angefangen vom Koran bis hin zu anderen Arten von Erbauungsliteratur.*

In einer Welt, in der es keine gedruckten Bücher gab, und in der Handschriften rar und teuer waren, gab es für viele Bevölkerungsgruppen nur eine Möglichkeit, den heiligen Text zu teilen und zu studieren, wie Afifi al-Akiti erklärt:

> *Deshalb wurde es zur festen Tradition, den Koran zu memorieren und zu rezitieren. In einer typischen Madrasa würde man vermutlich etwa sechs bis neun Jahre brauchen, um ihn komplett auswendig zu lernen, aber einigen gelingt es, ihn innerhalb von weniger als drei Jahren praktisch im Kopf zu haben. Noch heute, in einer Zeit, in der gedruckte Bücher leicht erschwinglich sind, können erstaunlich viele Menschen den gesamten Koran aus dem Gedächtnis wiedergeben.*
>
> *Den 17. Tag des Ramadan würdigen die Muslime als den Tag, an dem der Koran dem Propheten Mohammed zum ersten Mal offenbart wurde. Deshalb versuchen heute Muslime auf der ganzen Welt während des Monats Ramadan, den Koran in voller Länge zu rezitieren und bis zum 17. Tag damit abzuschließen. In verschiedenen muslimischen Seminaren und Koranschulen, zum Beispiel in Malaysia und Singapur, werden Koran-Rezitationswettbewerbe veranstaltet. Und es gibt sogar internationale Wettbewerbe – eine Weltmeisterschaft im Koranrezitieren.*

Doch diese sehr persönliche Form der Textaneignung bringt viele Herausforderungen mit sich. Afifi al-Akiti schildert genauer, inwiefern das Koran-Arabisch aus dem 17. Jahrhundert, vergleichbar mit dem Althebräisch der Tora, offen ist für viele verschiedene Interpretationen:

> *Während in der christlichen Tradition das Wort Gottes Fleisch wurde in Gestalt von Jesus Christus, so kam für die Muslime Gott durch sein Wort in die Welt. Und ebenso wie die Christen mit dem Problem der Fleischwerdung ringen, so müssen sich die Muslime mit dem Problem der «Inverbation», der Wortwerdung Gottes auseinandersetzen. Das ist schwierig, denn obwohl die Muslime glauben, dass der Koran die erhabene wortgetreue Botschaft Gottes ist, bedeutet das nicht, dass sie den Koran wörtlich nehmen können. Das sind zwei verschiedene Dinge. Es bedarf einer qualifizierten Ausbildung und guter Anleitung, um sicherzugehen, dass man den Koran nicht falsch versteht. Gelehrte, Juristen, Theologen, Sufis – solche Leute braucht man, um das erhabene Wort Gottes dem irdischen Verständnis gemäß zu deuten.*
>
> *Aber sogar muslimische Gelehrte räumen ein, dass niemand das Wort Gottes ganz ergründen kann. Wir müssen demütig bleiben und uns unsere Fehlbarkeit eingestehen. Niemand hat ein Monopol auf grenzenloses Wissen, außer natürlich, dem muslimischen Glauben nach, die Propheten. Was das betrifft, sehen wir uns heute vor Her-*

Jungen wetteifern beim Lernen und Rezitieren des Korans in einer Madrasa in Malaysia.

ausforderungen gestellt, da junge Muslime aufwachsen, ohne dafür ein Bewusstsein zu entwickeln, und sich dem Wort Gottes ohne sachkundige Erörterung ungefiltert nähern. Das kann vergiftende Wirkung haben, wenn man nicht Acht gibt.

Afifi al-Akiti bezieht sich hier natürlich auf die erbitterten Auseinandersetzungen innerhalb des modernen Islam um die angemessene Interpretation heiliger Texte, vor allem jener, die von Bildern handeln – womit wir wieder bei den Buddhas von Bamiyan wären –, und auf die Rechtfertigung der Gewalt durch radikale islamistische Bewegungen. Auch das Judentum ist stark gespalten durch verschiedene Schulen der Torainterpretation, deren Deutungen teilweise ebenfalls weitreichende politische Auswirkungen für den Nahen und Mittleren Osten haben. Man kann also verstehen, warum beide Religionen immer schon so sorgfältig und ängstlich mit dem Text umgegangen sind. Es war eine der bittersten Ironien der Reformation, dass das Wort, dem die Reformer eine solche Macht zusprachen, sich als ebenso missverständlich und polarisierend erwies wie die Bilder, die sie zerstörten. Die Kontroverse um die richtige Interpretation christlicher Texte wurde genauso verbissen und mindestens so blutig geführt wie die Auseinandersetzungen im Islam und im Judentum.

Die Zerstörung von Bildern während der europäischen Reformation: In Great Snoring, Norfolk, wurden die Gesichter der Jungfrau Maria und des Jesuskindes abgekratzt.

TEIL V

EIN GOTT, VIELE GÖTTER

Manche Gesellschaften erkennen nur einen einzigen Gott an, manche kommen mit vielen Göttern gut zurecht, und für andere stellt schon die Vorstellung von Göttern in der Mehrzahl einen Affront dar. Bei einer Vielzahl von Göttern denken die meisten Europäer sofort an die Mythologien des antiken Griechenlands und des alten Roms, wo jeder Gott und jede Göttin eine klar definierte Rolle haben. Viele Gemeinschaften, sowohl antike als auch moderne, denken jedoch überhaupt nicht in diesen Kategorien: Sie teilen sich vielmehr die Welt um sie herum mit lokalen Geistern oder mit übernatürlichen Wesen, die fortwährend ihre Gestalt ändern und bestimmte Orte bewohnen. Bei ihnen handelt es sich mit Sicherheit nicht um Götter im mediterranen Sinne. Ob eine Gesellschaft monotheistisch ist oder polytheistisch, hat weitreichende politische Folgen – besonders dann, wenn sich – wie im antiken Rom oder in Indien – die entscheidende Frage stellt, wie man nicht nur mit den eigenen Göttern lebt, sondern auch mit den Göttern der anderen.

Kapitel 21

Die Segnungen vieler Götter

Im Jahr 1844 wurde in einem Erdhügel nahe Felmingham Hall in Norfolk ein römisches Tongefäß ausgegraben, das wie ein kleiner runder Kochtopf aussieht. Es ist aus rötlich-braunem Ton gefertigt und verfügt über zwei Ringe, die als Griffe dienen – ein gewöhnlicher, alltäglicher, aber dennoch ausgesprochen hübscher Topf: Innen drin könnte man sich gut eine leckere Suppe oder einen feinen Eintopf vorstellen. Tatsächlich aber fanden die Ausgräber der 1840er Jahre in seinem Inneren ein ganzes Glaubenssystem – oder vielmehr mehrere Glaubenssysteme, die alle miteinander vermengt waren: einen Wust kleiner Bronzegötter, Gottheiten unterschiedlicher Art und Tradition. Gemeinsam vermitteln sie uns eine gewisse Vorstellung davon, wie die Bewohner des Römischen Reiches – oder zumindest im römischen Norden Norfolks um das Jahr 250 u. Z. – mit einer beachtlichen Vielzahl an Göttern lebten.

Die Gottheiten aus Felmingham sitzen heute gemeinsam in einer Vitrine im British Museum. Es handelt sich um drei Bronzeköpfe, die vermutlich ursprünglich Figuren aus Holz aufgesetzt werden sollten. Der größte und imposanteste von ihnen ist – wie es sich gehört – Jupiter, der Gott des Himmels und des Donners, Oberhaupt des römischen Götterhimmels, mit sorgfältig gestaltetem und gekämmtem Haupt- und Barthaar. Die Augen sind aus den Höhlen entfernt worden, was seiner gebieterischen Präsenz etwas Gespenstisches verleiht, und das Loch in seinem Hals lässt ziemlich sicher darauf schließen, dass er einst an einem Körper befestigt war. Neben ihm befindet sich ein weiblicher Kopf mit leicht geschürzten Lippen, der einen grandios verzierten Helm trägt – das ist seine Tochter, Minerva, die Göttin der Weisheit und der Militärstrategie. Zwischen diesen beiden ist ein jüngerer, hübscher Gott, Sol oder Helios, der eine Mondsichel zwischen den Sonnenstrahlen trägt, für die er steht. So weit, so konventionell römisch – doch dann wird die ganze Sache komplizierter, wie Professorin Mary Beard, Althistorikerin an der Cambridge University, erläutert:

> *Einige Stücke aus diesem Hortfund begeistern mich als absolut traditionelle religiöse Darstellungen aus dem Römischen Reich. Es gibt eine sehr hübsche kleine Figur eines Laren, eines Haushaltsgottes. Er trägt winzige Schühchen und ein kleines Kleid und hat eine Opferschale in der Hand: Statuen wie diese findet man überall dort, wo die Römer hingekommen sind.*
>
> *Dann ist da die schöne Minerva: Wann immer man eine Frau mit Helm auf dem Kopf erblickt, hat man es mit einer Göttin zu tun, und die Römer nannten diese Göttin Minerva, während sie bei den Griechen Athene hieß. Hier in Felmingham gibt es somit Götter und Göttinnen, die man überall in der römischen Welt erkannt hätte – allerdings mit anderen Namen und etwas anderen Rollen. Das Interessante dabei ist, dass sie mit Dingen vermischt sind, die eindeutig aus vorrömischer Zeit stammen, auch wenn ich sie nicht zwangsläufig als keltisch bezeichnen würde – religiöser Krimskrams. Wir finden das winzige Bronzemodell eines Rades, das oft mit einem der vorrömischen Götter in Britannien assoziiert wird. Dieser Fund ist jedenfalls eine wunderbare Mischung.*

Vor dem römischen Haushaltsgott gibt es zwei Miniaturvögel aus Bronze, möglicherweise ein Rabe und eine Taube, die in ihrem Schnabel jeweils etwas halten, das wie ein kleiner runder Stein aussieht. Solche Vögel finden sich in Siedlungen von Irland bis Mitteleuropa, sie sind Teil einer älteren Tradition, die einen Großteil des Kontinents umfasste, und in Britannien lange vor Ankunft der Römer nachweisbar. Sie hatten eindeutig symbolische oder rituelle Bedeutung, aber wie genau diese aussah, können wir nur vermuten. Dann ist da ein kleines Rad mit einem Durchmesser von etwa sechs Zentimetern. Speichenräder wie dieses waren mit einer wichtigen keltischen Gottheit namens Taranis verbunden: Der Name ist walisisch und bedeu-

Nachfolgende Doppelseite: Religiöse Gegenstände aus dem Hort von Felmingham mitsamt dem Tongefäß, in dem sie um 260 u. Z. in Norfolk vergraben wurden.

tet übersetzt «Donnerschlag». Zu der Zeit, als unser Schatz vergraben wurde, wurde der keltische Taranis oder Taranus bereits mit dem römischen Jupiter in Verbindung gebracht, ja mit ihm vereinigt – aus den beiden Donnergöttern war fast so etwas wie eine zusammengesetzte Gottheit geworden, die in zweierlei Form verehrt werden konnte, weshalb wohl auch zwei Exemplare in diesem Fund vorhanden sind. (Eine ganz ähnliche Vereinigung in Japan haben wir in Kapitel 18 beleuchtet.) In etwa zu der Zeit, als der Topf um 250 u. Z. in Felmingham vergraben wurde, wurde ein Altar in der Nähe von Chester dem Gott Jupiter Optimus Maximus Taranus gewidmet. Das ist eine typisch römische Situation, wie man sie überall im Reich findet: zwei Götter, einer von den Siegern, einer von den Besiegten, waren Nachbarn geworden, hatten einen gemeinsamen Nenner gefunden und existierten nicht einfach nur nebeneinander, sondern vermischten sich.

Wir wissen nicht, warum der Felmingham-Topf vergraben wurde, aber es scheint mit großer Sorgfalt geschehen zu sein. Vielleicht brach die Ordnung vorübergehend zusammen, und es bestand die Gefahr von Plünderungen. Oder vielleicht wurde ein Tempel, der womöglich Jupiter/Taranus geweiht war, geschlossen. Oder es handelte sich möglicherweise um eine dauerhaftere Sache – ein langfristiges Depot in der Erde an einem heiligen Ort, eine Opfergabe an all die Götter, die an diesem Ort verehrt wurden. Doch was immer auch der Grund gewesen sein mag: Diese Objekte erzählen zusammengenommen die Geschichte einer der größten polytheistischen Gesellschaften auf der Welt – Rom.

Als das Imperium Romanum sich immer weiter ausdehnte, wurden die römischen Götter in die neuen Provinzen exportiert, und man errichtete ihnen Tempel, damit ihnen dort geopfert werden konnte. Doch es waren keine eifersüchtigen Götter, und es handelte sich in keinster Weise um einen missionarischen Feldzug, mit dem die Ungläubigen bekehrt werden sollten. Die Götter der unterworfenen Regionen wurden keineswegs ersetzt, sondern weiterhin vor Ort verehrt und angebetet: Man hat sie vielleicht eingeladen, im römischen Pantheon Platz zu nehmen, und einigen – etwa dem levantinischen Baal, der in der hebräischen Bibel häufig erwähnt wird, oder der anatolischen Göttin Kybéle – hat man vielleicht sogar einen Tempel in Rom gebaut. Diese Praxis hatte schon früh, zu Beginn der territorialen Expansion Roms, mit der Übernahme und

Kooptierung von Göttern aus benachbarten Städten eingesetzt. Damals vereinnahmte man die Gottheiten der besiegten Etrusker im Norden und anschließend die der griechischen Kolonien in Süditalien. Jahrhunderte bevor der donnernde römische Jupiter dem britischen Taranus begegnete, war er mit dem griechischen Donnergott Zeus gleichgesetzt und vermengt worden, so wie Minerva mit der griechischen Göttin der Weisheit, Athene, verschmolzen war. Als sie nach Felmingham kamen, verfügten beide Götter somit bereits über eine doppelte Staatsbürgerschaft. Als Ägypten erobert wurde, wurden große Tempel für dessen Götter – darunter Isis und Osiris – ganz ähnlich in Rom errichtet, was einmal mehr zeigte, wie die Römer die Territorien, Völker und Gebräuche ihres wachsenden Imperiums absorbierten und integrierten. Das versetzte sie in die Lage, sich geographisch und kulturell fortwährend neu auszurichten und mental auf so gut wie jeden Teil der römischen Welt einzustellen. Sobald die Eroberung abgeschlossen war, marschierten Politik und Religion, die im Grunde nicht voneinander zu trennen waren, im Gleichschritt – und in der Regel handelte es sich um einen toleranten, alle einbeziehenden Gleichschritt. (Die bedeutsame Ausnahme war, wie wir in Kapitel 27 sehen werden, der eine Gott der Juden.) Wie Mary Beard erläutert, verliehen die Römer nicht nur eroberten Völkern die Bürgerrechte, sondern auch eroberten Göttern:

> *Die Römer behandelten ihre Götter und Göttinnen wie ihre Bürger. Wenn sie irgendeine Region eroberten, verliehen sie dem eroberten Volk in der Regel irgendeine Form der römischen Staatsbürgerschaft – sie nahmen die Menschen auf.*

Oben: Der kegelförmige Stein, der den levantinischen Gott Baal repräsentiert, wird auf dieser Goldmünze von 218–219 u. Z. im Triumph nach Rom gebracht. Dort wurde er unter seinem römischen Namen Elagabalus verehrt.

Unten: Dieser Altar in der Nähe von Chester, der dem Jupiter Optimus Maximus Taranus in etwa zur gleichen Zeit geweiht wurde, als das Gefäß bei Felmingham vergraben wurde, zeugt von der Verschmelzung imperialen römischen und indigenen britischen Glaubens.

> *Das war zum Teil eine Demonstration römischer Macht, zeigte jedoch auch, dass das römische Denken darüber, wer das Recht hatte, zu Rom zu gehören, fließend war. Mit den Göttern verhielt es sich in vielerlei Hinsicht genauso. Die Römer behandelten die eroberten Götter ein wenig so wie die eroberten Völker. Sie waren willkommen, aber es bestand nie auch nur der geringste Zweifel, wer das Sagen hatte.*
>
> *Die römischen Götter waren eine gastfreundliche Truppe. Ich glaube ja, dass Jupiter und Minerva in ihrem komfortablen Zuhause oben auf dem Kapitolshügel in Rom ganz genau wussten, dass sie die eigentlichen Herren hier im Haus waren. Es spielte insofern keine wirkliche Rolle, dass die neuen Götter etwas seltsam waren: Die Tatsache, dass man ihnen einen Tempel in Rom gewährte, sollte ihnen ja gerade diese Merkwürdigkeit austreiben. Dieser Schritt war Teil des Prozesses, der aus ihnen ein Wir machte.*

Der aus ihnen ein Wir machte: Dieses Denken, das vielleicht eher eine Gewohnheit als eine Strategie war, ermöglichte es dem Römischen Reich, zu einem außerordentlich erfolgreichen – und langlebigen – multiethnischen, multireligiösen Staat zu werden. Wenn man die Götter anderer Völker ehrt, erkennt man sie und die Menschen, die zu ihnen beten, als legitimen Teil der eigenen Gemeinschaft an. Sie und ihre Götter werden weniger fremd: Im Zuge dessen verändern sich beide, man selbst, also das Wir, und die anderen. Diese Haltung fand in Rom Rückendeckung auf höchster Ebene: Im Jahr 173 v. u. Z. verfügte ein Dekret des Senats: *iidem ubique Di immortales*, dass die unsterblichen Götter überall dieselben seien. Man kann sich nur schwer vorstellen, dass die Regierung irgendeines späteren europäischen Kolonialreichs jemals etwas Ähnliches formuliert hätte.

«Polytheismus» gehört heute in vielerlei Hinsicht zur Schurkengalerie abfällig gemeinter Wörter – wie etwa «Heiden», «Ungläubige» oder «Götzendienst». Über die Verehrung vieler Götter die Nase zu rümpfen gehört zum guten Ton der europäischen Aufklärung. Diese Ablehnung war höchst einflussreich, denn sie wurde geschürt durch die wirtschaftliche und kulturelle Macht der modernen Monotheismen sowie durch die Überzeugung aller drei abrahamitischen Religionen, sie stünden in einer bevorzugten Beziehung zu dem einen und einzigen Gott, und jede von ihnen verfüge in einem auf einzigartige Weise heiligen Text über die höchste, vielleicht auch einzige, Wahrheit. Das macht eine Koexistenz schwierig und oftmals sogar unmöglich. Mary Beard kommt zu dem Schluss:

> *Rom war in vielerlei Hinsicht ein wirklich typischer Polytheismus, und einer der großen Vorzüge, viele Götter zu haben, besteht meiner Ansicht nach darin, dass man mal mehr, mal weniger davon haben kann, ganz wie man möchte. Es gibt hier also nicht diese Art von direktem Zusammenprall, zu dem es kommt, wenn monotheistische Kulturen aufeinandertreffen.*

Mit vielen verschiedenen Göttern zu leben ermöglichte es also den Römern, in guter Beziehung zu vielen verschiedenen Völkern zu leben.

Wenn wir zeitlich noch ein Stück weiter zurückgehen, nämlich 1500 Jahre vor dem Römischen Reich, und ein wenig weiter Richtung Osten, zeigt uns das antike Mesopotamien, dass es auch noch andere Vorzüge haben kann, wenn man mehrere Götter hat – und wie nützlich es sein kann, wenn diese Götter nicht immer einer Meinung sind.

Ein Mann erhält den göttlichen Befehl, einen Kahn zu bauen. Sein Gott gibt ihm ganz genaue Anweisungen, bis hin zu Details, wie er das Schiff mit Pech versiegeln soll. Es muss sich um ein großes Schiff handeln, ja um eine Arche. Und an Bord dieser Arche werden ein Mann, seine Familie und viele Tiere einen großen Sturm und eine Flut überleben, während alle anderen zugrunde gehen. Nein, das ist nicht die Geschichte von Noah (→ Kapitel 5) im biblischen Buch Genesis. Es ist die Geschichte von einem Mann namens Utnapischtim, einem Protagonisten in einer der ältesten Dichtungen, die wir kennen, im mesopotamischen *Gilgamesch*-Epos. Dieser Abschnitt des Textes, die Geschichte von der Flut und der Arche, ist auf einer zerbrochenen Tontafel niedergeschrieben, die im 7. Jahrhundert v. u. Z. in Assyrien, im heutigen Irak, gebrannt wurde und sich jetzt im British Museum befindet.

Diese Flut-Tafel, wie man sie nennt, ist 15 Zentimeter lang und 13 Zentimeter breit und einer der berühmtesten Keilschrifttexte der Welt. Auf ihr finden sich zwei dicht beschriebene Spalten keilförmiger Buchstaben, die mit einer Rohrfeder in den feuchten Ton geritzt wurden. Sie erzählen eine Geschichte, die auffallende Ähnlichkeiten, aber auch bedeutsame Unterschiede zur Geschichte von Noah aufweist. Beide berichten von einer von Gott befohlenen Sintflut und von einer Familie, die dazu auserkoren war, diese Flut zu überleben. Und doch könnte die göttliche Rolle in diesen beiden Darstellungen kaum unterschiedlicher sein. In der hebräischen Bibel erhält Noah die Anweisung, sein Schiff zu bauen, vom einen und einzigen Gott, der allein alle Dinge erschaffen hat und nun dabei ist, die Welt zu überfluten und all ihre enttäuschend sündigen menschlichen Bewohner zu vernichten. Der Gott hingegen, der zu Utnapischtim spricht, ist einer von vielen.

Das *Gilgamesch*-Epos, eine Dichtung, die in den Stadtstaaten Mesopotamiens irgendwann vor 2000 v. u. Z. verfasst und rezitiert (und viel später erst niedergeschrieben) wurde, enthält auch die erste literarische Beschreibung eines Götterrats. Einzelne Gottheiten in Mesopotamien waren eng mit bestimmten Städten verbunden (→ Kapitel 11), wo sie im Grunde als eine Art lokale Gutsherren (oder mitunter auch Gutsherrinnen) fungierten, deren Tempel von den landwirtschaftlichen Überschüssen lebten. Doch obwohl die Götter jeweils ihre eigene Stadt hatten, gab es untereinander auch familiäre Verbindungen, und sie verwalteten gemeinsam in einer Art Föderalregierung ein großes Gebiet. Keine Stadt – und damit kein Gott – durfte dabei die Vorherrschaft erlangen. Es gab stets Diskussionen und, zwangsläufig, auch Meinungsverschiedenheiten. Diese Prozedur führte natürlich zu mancherlei Verwirrungen, aber sie war offenbar den Menschen in Mesopotamien lieber, als nur einen autoritären, zentralistischen, alles entscheidenden Gott zu haben.

Andrew George, Professor für das antike Babylon an der School of Oriental and African Studies, skizziert den Verlauf der entscheidenden Debatte im Götterrat:

Tontafel des *Gilgamesch*-Epos aus dem 7. Jahrhundert v. u. Z., auf der die ein Jahrtausend zuvor verfasste babylonische Version der Geschichte von der Sintflut festgehalten ist.

Die Götter hatten sich beraten und beschlossen, die Menschheit durch eine Flut auszulöschen. Der Grund dafür wird im Gilgamesch nicht genannt, dafür aber in anderen erzählenden Dichtungen: Es gibt schlicht zu viele Menschen – zum damaligen Zeitpunkt sind sie unsterblich und vermehren sich unablässig –, und sie veranstalten einen solchen Lärm, dass sie die Götter stören und um den Schlaf bringen.

> *Insbesondere Enlil, der König der Götter, ist von Schlaflosigkeit geplagt. Er sagt: So geht das nicht weiter, wir müssen diese Plagegeister loswerden, erst dann werden wir wieder Ruhe haben.*
>
> *Zunächst versucht er es mit Krankheiten, doch wie sich zeigt, ist mehr vonnöten. So tritt der Rat zusammen, und sie alle fügen sich den Wünschen von Enlil, so als wäre er ein Diktator. Doch später im Epos, nach der Flut, wird Enlil vorgeworfen, er übe seine Macht uneingeschränkt aus. Ich glaube, die babylonischen Dichter erkannten, dass solch übermäßige Macht in den Händen einer einzigen Person gefährlich war und mit einiger Wahrscheinlichkeit Probleme verursachte: Diktatoren können Länder in alle möglichen üblen Orte verwandeln, mit verheerenden Folgen. Ähnlich wie in der amerikanischen Verfassung hielten es auch die Babylonier für angebracht, die Macht mittels* checks and balances *zu beschneiden. Die Geschichte von der Flut dient, so glaube ich, als Beispiel dafür, was passieren kann, wenn die Menschen absoluter Macht anheimfallen.*

Ein Gott jedoch – Enlils jüngerer Bruder – ist mit Enlils diktatorischer Entscheidung nicht einverstanden. Wenn man die Menschen auslöscht, wer wird dann die Götter verehren und das Getreide für ihre Tempel anbauen? So beschließt er, als eine Art Whistleblower zu fungieren und den in seinen Augen falschen Schritt irregeleiteter Götter zu unterlaufen. Er findet eine Möglichkeit, einen Menschen zu warnen – Utnapischtim, den Mann auf unserer Flut-Tafel –, und erklärt ihm, wie er seine Familie und die Tiere durch den Bau einer Arche retten kann.

Man glaubt, sowohl das *Gilgamesch*-Epos als auch die spätere Geschichte von Noah bezogen sich auf eine gemeinsame Legende von einer großen Flut, die einen Großteil des heutigen Mittleren Ostens verwüstete, möglicherweise als der Meeresspiegel gegen Ende der letzten Eiszeit stieg. Nachdem das Hochwasser wieder zurückgegangen war, kam die Frage auf: Warum war das passiert? Und warum hatten einige – aber eben nur einige – Menschen und Tiere überlebt? Die Antwort lautete: Hier muss göttliches Ermessen im Spiel gewesen sein. In der biblischen Schöpfungsgeschichte liegt dieses Ermessen bei einem einzigen weisen Gott, der beschließt, die Sünder zum Tod durch Ertrinken zu verurteilen und den einzigen guten Menschen und dessen Familie zu retten. Im *Gilgamesch* gibt es in einer Gruppe dysfunktionaler schlafloser Götter zum Glück einen, der anderer Meinung ist und der die eine Person rettet, die er retten kann. Wie Andrew George deutlich macht, zeichneten sich Religion und Politik in der mesopotamischen Gesellschaft durch eine tiefgreifende Skepsis gegenüber der Weisheit ihrer Herrscher aus, ganz gleich, ob auf Erden oder im Himmel:

> *Das Problematische an den Göttern und ihrer Versammlung ist, dass sie dabei oft Bier trinken und ihre Entscheidungen deshalb nicht immer wohl durchdacht sind. Sie machen Fehler, und einer dieser Fehler war es gewesen, eine menschliche Spezies zu schaffen, die sowohl unsterblich als auch in der Lage war, sich ungehindert zu reproduzieren.*

Schlussendlich erkannte der mesopotamische Rat der Götter, dass die Flut nicht die richtige Antwort auf ihre Schlaflosigkeit war – oder auf all die anderen Probleme, die sie mit den immer zahlreicheren und immer lauteren Menschen hatten. Stattdessen brachten sie den Tod in die Welt, der fortan die Bevölkerung begrenzte und es den Göttern damit erlauben würde, etwas Schlaf zu finden. Sie erkannten, dass ihre Entscheidung, die Flut in Gang zu setzen, falsch gewesen war, und ein Abweichler hatte diesen Fehler wiedergutgemacht, was es ihnen ermöglichte, ihre kollektive Ansicht zu ändern. Dieses Regierungsmodell ist nur möglich, wenn man viele Götter hat und wenn diese Götter fehlbar sind und selbst um ihre Fehlbarkeit wissen.

Stellt man diese beiden Geschichten – die hebräische und die babylonische – nebeneinander, so werfen sie die gleiche grundsätzliche Frage hinsichtlich Naturkatastrophen auf, liefern jedoch radikal unterschiedliche Erzählungen und moralische Antworten. Für die Babylonier konnte eine tödliche Flut das Ergebnis betrunkener, irregeleiteter Götter sein. Doch wie Andrew George erklärt, steht eine solche Antwort Juden und Christen nicht offen, denn sie haben nur einen einzigen Gott, der sowohl allmächtig als auch ausnahmslos gerecht ist:

> *Die Babylonier erkannten, dass es in der Welt eine Art von willkürlichem Bösen gab, das mitunter aus den Handlungen von Göttern erwuchs, aber oft auch einfach so passierte und das von den Göttern abgewehrt und besiegt werden musste. Hat man jedoch einen Monotheismus, muss man natürlich eine andere Erklärung dafür fin-*

Dr. Bhimrao Ambedkar, der «Vater» der indischen Verfassung, wird hier einem tragbaren Pantheon indischer Götter hinzugefügt (Stand eines Straßenhändlers im Uttar Pradesh, 2017).

den, warum dieser eine Gott beschließt, der menschlichen Spezies Leid zuzufügen. Diese Frage und die zugehörige Erzählung findet man überall im Alten Testament: Wie ist es möglich, dass unser Gott uns schaden, uns Leid zufügen kann? Und die Antwort lautet natürlich: weil wir sündigen.

Im Buch Genesis wird Noah gerettet, weil allein Noah rechtschaffen ist. Diejenigen, die ertrinken, haben gesündigt: Die Opfer tragen selbst Schuld an ihrem Leid. Im *Gilgamesch*-Epos, so könnte man in der Sprache einer moderneren Katastrophe in Mesopotamien/Irak sagen, sterben die Menschen einfach deshalb, weil nun mal «Dinge passieren»; und schon vor 3000 Jahren gab es offenbar «unbekannte Unbekannte». Wusste Donald Rumsfeld im Jahr 2003, dass er mit solchen Worten in der reichen Tradition mesopotamischer Theologie stand?

Die Streitigkeiten im Olymp, die den Trojanischen Krieg auslösten und in die Länge zogen, verbindet mehr als nur eine beiläufige Ähnlichkeit mit den Meinungsverschiedenheiten im *Gilgamesch*. Dem Polytheismus mag es an dem mangeln, was wir als intellektuelle Kohärenz oder moralische Klarheit bezeichnen, aber Kohärenz und Klarheit sind möglicherweise nicht die höchsten und mit Sicherheit nicht die einzigen Tugenden in einem Glaubenssystem. Das Leben mit vielen Göttern ermöglichte es den Römern, ein erstaunliches Spektrum an neuen Völkern, von Ägypten bis Norfolk, in einen hochgradig erfolgreichen Staat zu integrieren, dessen Bürger sie alle sein konnten; und es bot den Menschen in Mesopotamien ein Weltbild, in dem Naturkatastrophen – die in einer von Erdbeben und Überschwemmungen geplagten Region nicht selten auftraten – nicht die Schuld derer waren, die darunter zu leiden hatten.

Der Polytheismus in seiner Durchlässigkeit, Anpassungsfähigkeit und Toleranz beschränkt sich natürlich nicht auf die Welt der Antike. So stößt man im heutigen Indien häufig auf Stände am Straßenrand, die religiöse Bilder feilbieten. Seite an Seite warten kleine Buddhastatuen, Lingams als Symbole der Gottheit Shiva und Figuren verschiedener Hindugötter darauf, käuflich erworben und mit nach Hause genommen zu werden. An einigen Ständen finden sich auch Zugänge neueren Datums zu diesem erlauchten Kreis. Hier haben wir, flankiert vom elefantenköpfigen Ganesha, dem Affengott Hanuman und der vielarmigen Durga (→ Kapitel 17), einen Mann mit Brille im Anzug. Es handelt sich um Dr. Ambedkar, den «Vater» der indischen Verfassung, einen führenden Vertreter der Unabhängigkeitsbewegung und Helden der Dalit, der niedersten Gruppe im hinduistischen Kastensystem (die man früher gerne als «Unberührbare» bezeichnete). Er, der selbst ein Dalit war, studierte an der London School of Economics, wurde Anwalt (er trug als sein Markenzeichen stets seine Anwaltsrobe), kämpfte zusammen mit Gandhi und Nehru für die Unabhängigkeit und stritt unermüdlich für die Abschaffung des Kastensystems. Aus Enttäuschung darüber, dass die Kongresspartei seine Vorschläge nicht umsetzte, konvertierte er in einer Massenzeremonie zusammen mit Tausenden seiner Anhänger zum Buddhismus, um so den Beschränkungen durch das Kastensystem zu entkommen. Die Neobuddhisten sind heute eine einflussreiche politische Kraft, und Ambedkars Anhänger verehren in ihm heute weit mehr als nur einen Politiker: Er, der diese Art der Verehrung verabscheut hätte, gilt nun als beinahe göttliches, erleuchtetes Wesen, das den Menschen wie andere Götter auch durch die Mühen des Lebens hilft. Daher findet er sich hier an diesem Stand. Ohne Texte, ohne Priester und ganz gewiss ohne die Unterstützung der Zentralregierung haben ihn die Menschen ihrem Pantheon hinzugefügt.

Die Religionspolitik muss in Gesellschaften mit vielen Göttern – heute genauso wie in der Antike – zwangsläufig pluralistisch sein. Eine solche Politik ist alles andere als primitiv, als was sie lange galt, sie kann sehr differenziert, aufnahmebereit und bewundernswert menschlich sein. Aber wie wir in Kapitel 25 sehen werden, kann der Polytheismus genauso wie der Monotheismus in der modernen Welt zu Exklusion und politischer Intoleranz führen.

Kapitel 22

Die Macht des einen Gottes

Die Flut-Tafel im vorangegangenen Kapitel hat gezeigt, wie ein ausgefeilter Polytheismus funktionierte. Auf einer anderen mesopotamischen Tafel, die bequem in eine Handfläche passt, finden wir vielleicht die Anfänge des Monotheismus:

Ninurta ist Marduk der Hacke
Nergal ist Marduk des Kampfes
Nabu ist Marduk der Abrechnung
Sin ist Marduk, Erheller der Nacht
Šamaš ist Marduk der Gerechtigkeit
Adad ist Marduk des Regens
Tišpak ist Marduk der Truppen
(——) ist Marduk von allem

Auf dieser kleinen Tafel vollzieht sich möglicherweise eine Revolution: Aus vielen Göttern, so scheint es, wird ein Gott. Dieser Erdklumpen, der vor 2500 Jahren in der babylonischen Sonne gebrannt wurde, stellt eine Art Gedankenexperiment dar und ist von seltener Unmittelbarkeit. Wir können einem babylonischen Priester oder Gelehrten aus der Zeit Nebukadnezars (um 580 v. u. Z.) förmlich dabei zusehen, wie er in dichter, winziger Schrift einen Einfall notiert – sozusagen eine Post-it-Notiz in Keilschrift. Er fragt sich, ob die vielen und mächtigen Götter Mesopotamiens,

Die mesopotamische Marduk-Tafel (um 580 v. u. Z.): In der linken Spalte finden sich die Namen von 14 wichtigen männlichen Göttern, während rechts in jeder Zeile der Name Marduks wiederholt wird.

deren Namen er aufzählt und von denen jeder für einen wichtigen Aspekt des Lebens zuständig ist – Landwirtschaft, Wetter, Krieg –, womöglich gar keine eigenständigen Götter, sondern in Wirklichkeit alle nur Facetten eines einzigen Gottes sind: von Marduk, der obersten Gottheit Babylons. Dummerweise ist der Name des letzten Gottes, der vielleicht schon eine übergreifende Rolle spielte, nicht mehr zu entziffern.

Gegen Ende des 19. Jahrhunderts spielte diese kleine Tafel aus dem British Museum eine zentrale Rolle in einer hitzigen internationalen Debatte: Wo begann der Monotheismus? Wer hatte zuerst die Idee, dass es nur einen Gott gibt? Waren es die Ägypter, die Babylonier oder die Juden? Diese Diskussion war Teil der umfassenderen Frage nach der Einzigartigkeit und historischen Zuverlässigkeit der hebräischen Bibel, bei der die Flut-Tafel ebenfalls eine wichtige Rolle spielte. Angesichts der vielen engen Verbindungen, die in der Antike im Nahen und Mittleren Osten bestanden, kommt die vermutliche Antwort wenig überraschend: Viele Menschen scheinen in etwa zur gleichen Zeit die gleiche Idee gehabt zu haben.

Jonathan Stökl von der Theologischen Fakultät des King's College in London ist der Ansicht, dass diese Tafel, anders als ihre Freunde im 19. Jahrhundert glaubten, kein eindeutiges Zeugnis für den Glauben an den einen Gott ist, sondern vermutlich die Ergebnisse eines «Brainstormings» unter babylonischen Intellektuellen festhält:

> *Das Ganze wirkt so, als würde dieser theologische Autor Ideen ausprobieren. «Was, wenn der Mondgott Sin gar keine eigene Gottheit, sondern einfach nur Marduk, unser Hauptgott ist, der scheint und die Nacht für uns erhellt?» Er stellt diese Frage ganz einfach und beantwortet sie mit Ja – aber er geht eben nicht weiter und sagt, was passieren würde, wenn das der Fall wäre. Wir haben es hier mit extrem gebildeten Denkern zu tun, die zu verstehen suchten, wie ihre Welt funktioniert: Die Vorstellung, dass es womöglich eine Kategorie des Göttlichen gibt, die größer ist als irgendein individueller Gott – dieser Gedanke dürfte für sie ziemlich aufregend gewesen sein.*

Diese kleine Tafel präsentiert eine neue Antwort auf das niemals endende Streben der Menschen, mit dem dieses Buch begann, nämlich unseren Platz im Universum zu begreifen. Und sie wirft Fragen auf, die heute so umstritten sind wie damals im antiken Babylon. Sind die Komplexitäten unserer Welt das Ergebnis eines Konflikts zwischen unterschiedlichen Kräften, oder gibt es eine bestimmende Kraft? Und wenn Letzteres der Fall ist: Wie sollten wir Menschen damit umgehen? Ist diese Kraft männlich oder weiblich, vielleicht beides oder keines von beiden? Ist es eine moralische Kraft? Oder ist die Vorstellung von einem Gott, der über alles gebietet, Teil eines politischen Winkelzugs, mit dem autoritäre Herrschaft legitimiert werden soll?

In Kapitel 11 haben wir gesehen, dass in Mesopotamien jeder bedeutsame Gott die Stadt beschützte, in der er seinen Haupttempel hatte, aber in einem deutlich größeren Gebiet verehrt wurde. Die Strukturen des Pantheon – des Götterrats – spiegelten im großen Maßstab das politische und wirtschaftliche Machtgleichgewicht zwischen den Städten wider. Als unsere Tafel beschrieben wurde – um 580 v. u. Z. –, veränderte sich dieses Gleichgewicht gerade. Babylon hatte nun eine viel größere Bevölkerung als alle seine Nachbarn, und Nebukadnezar war nicht nur der gefeierte König, der Jerusalem erobert und die Juden in die Gefangenschaft geführt hatte (→ Kapitel 27), sondern als Feldherr auch im unmittelbaren heimischen Umfeld erfolgreich. Jonathan Stökl erläutert:

> *Theologie ist zumeist politisch, und in der antiken Welt ist Politik meistens religiös: Es ist unsere nachaufklärerische, westliche Sichtweise, die zwischen beiden Bereichen strikt unterscheiden will. Im antiken Mesopotamien war beides mit Sicherheit nicht so klar getrennt.*
>
> *Zum ersten Mal nach sehr langer Zeit hatte Nebukadnezar Babylon nicht nur wieder zu einem kulturellen Zentrum gemacht, sondern zur wichtigsten politischen Macht in der Region. Es war jetzt die Stadt, in der alle politische und alle religiöse Macht geballt versammelt waren. Insofern ist es auch keine Überraschung, wenn unser Schreiber überlegt, ob nicht alle Götter in Marduk vereint sein könnten, dem Gott Babylons.*

Tatsächlich zeigt unsere Tafel möglicherweise nicht einen spekulativen Gelehrten, der kühn in Richtung eines hypothetischen Monotheismus drängt, sondern eine politisch motivierte Vermutung, wonach sich Babylons neue dominante Stellung auf Erden in der himmlischen Ordnung widerspiegelt. Es ähnelt vielleicht der Vorstellung aus dem 19. Jahrhundert, der zufolge die Vereinigten Staaten von Amerika eine «manifest destiny» hätten, eine «offensichtliche Bestimmung»: Ein theologisches Konstrukt bestärkt und bestätigt ein politisches Bestreben. Babylons Nachbarn hätten sich einer solchen Vorstellung natürlich vehement widersetzt, die Städte und Tempel all der anderen Götter, deren Priester selbstverständlich gegen eine Zwangsfusion mit – oder zu – Marduk gewesen wären. Jedenfalls hat es den Anschein, als sei nicht wirklich etwas passiert. Mochten die Gedanken auf unserer Tafel auch noch so radikal sein, so waren sie eben doch nichts als das – in Ton geritzte Gedanken. Die Verehrung all der aufgeführten Gottheiten scheint unverändert weitergegangen zu sein, die Eigeninteressen ihrer Priester und Tempel blieben unangetastet. Die Menschen, die sich für theologische Spekulationen nicht interessierten, blieben ihren traditionellen Göttern loyal verbunden.

Doch Jonathan Stökl erkennt auf dieser Tafel die Umrisse einer weiteren Vorstellung, mit ähnlichem Potenzial für kontroverse Diskussionen:

> *Es ist vielleicht bezeichnend, dass auf dieser Tafel nur von männlichen Gottheiten die Rede ist. Es wird keine einzige weibliche Gottheit erwähnt, obwohl es Hunderte davon gab. Aus diesem Grund meinten einige, diese Tafel bereite in Wirklichkeit einem göttlichen Paar den Weg. Ich glaube, das vereinfacht die Dinge ein wenig zu sehr, aber der Text ließe sich tatsächlich so interpretieren – man hätte also alle weiblichen Gottheiten auf einer Tafel, alle männlichen auf einer anderen.*

Gab es also noch eine weitere Tafel, auf der die Namen und Funktionen der Göttinnen aufgeführt waren und die Rede davon war, dass auch sie im Grunde nur eine Göttin waren? Sollte das der Fall gewesen sein, so wurde eine solche Tafel bislang nicht gefunden. Doch das verweist auf die unvermeidliche und für viele unangenehme Frage nach dem Geschlecht eines einzigen Gottes.

Rund 800 Jahre, bevor unsere babylonische Tafel beschrieben wurde, hatte ein ägyptischer Pharao bereits versucht, ihre zentrale Vorstellung für politische

Zwecke zu nutzen. Er beschloss, die Kulte der vielen traditionellen Götter Ägyptens wie etwa Osiris (→ Kapitel 5) und Amun abzuschaffen, und sie durch die Verehrung eines höchsten Gottes zu ersetzen, dessen Lobpreis fortwährend gesungen werden sollte.

Wie zahlreich sind deine Werke,
die dem Angesicht verborgen sind,
Du einer Gott, dessengleichen nicht ist!
Du hast die Erde erschaffen nach deinem Herzen, der du allein warst,
mit Menschen, Herden und jeglichem Wild,
allem, was auf Erden ist und auf seinen Füßen läuft,
allem, was in der Luft ist und mit seinen Flügeln auffliegt.

Diese Worte stammen aus einem Text, der um 1340 v. u. Z. von Pharao Echnaton verfasst wurde. Sie sind Teil eines langen Hymnus zu Ehren des Sonnengottes Aton, der, so glaubte Echnaton, allein alle lebenden Dinge erschaffen hatte und erhielt: «Du einer Gott, dessengleichen nicht ist!» Diese Worte aus dem Gesang und die darin enthaltenen Vorstellungen ähneln auf bemerkenswerte Weise denen der hebräischen Psalmen, insbesondere Psalm 104, der viele Jahrhunderte später niedergeschrieben wurde:

Herr, wie zahlreich sind deine Werke!
Mit Weisheit hast du sie alle gemacht,
die Erde ist voll von deinen Geschöpfen.

Der Lobgesang Atons lieferte der Debatte des 19. Jahrhunderts über die Ursprünge des Glaubens an einen einzigen Gott zusätzliches Futter. Doch wie in Babylon fiel er mit einem politischen Wandel zusammen: in diesem Fall einer Revolution in der ägyptischen Politik und der Einführung einer neuen, monotheistischen Staatsreligion.

Worte aus dem Gesang finden sich auf einem kleinen weißen Kalksteinrelief, das sich heute im British Museum befindet – oder zumindest auf der rechten Hälfte eines Flachreliefs, da die linke Seite fehlt. Es zeigt Echnaton, der auf einem gepolsterten Thron sitzt und nach links blickt, wo mit ziemlicher Sicherheit seine Frau Nofretete saß – ihrer beider Namen tauchen in den Hieroglypheninschriften auf. Echnatons Arme und Oberkörper sind nackt, aber er trägt eine blaue Krone und den langen weißen, kiltartigen Leinenrock der Pharaonen. Er badet in Sonnenstrahlen, von denen jeder einzelne deutlich und scharf in den Stein gemeißelt ist. Sie gehören zum Sonnengott Aton, von dem sie ausgehen, und wirken wie eine Art Schutzhülle für den Pharao. Die helle Farbe, mit der die Szene ursprünglich koloriert war, ist im Verlauf der 3500 Jahre etwas verblasst, doch wie Neal Spencer, im British Museum zuständig für das Alte Ägypten und den Sudan, erklärt, erstrahlt die Bedeutung des Fragments grell wie eh und je, denn das, was hier aufscheint, ist eine radikal neue Vorstellung vom Verhältnis zwischen dem Pharao, dem ägyptischen Volk und dem Göttlichen:

In der traditionellen ägyptischen Religion war der König der Vermittler zwischen dem Volk und den Göttern. Der Pharao schützt und erweitert die Grenzen Ägyptens, und im Gegenzug garantieren die Götter ewiges Leben und eine glückliche Herrschaft. Hier aber haben wir eine viel engere Beziehung zwischen einem Gott, Aton, und dem Pharao, Echnaton. Dies kommt auch an anderer Stelle in Echnatons Sonnengesang zum Ausdruck: «Aber auch dann bist du in meinem Herzen, denn es gibt keinen, der dich kennte außer deinem Sohn. Du lässt ihn kundig sein deiner Pläne und deiner Macht.»

Hier wird schlicht die Verbindung zwischen den Mächten des Himmels und der Erde konstatiert: Es gibt nur einen Gott, Aton, und sein Sohn, Echnaton, ist der Einzige, der ihn wirklich kennt. Die Sonnenstrahlen auf unserem Relief entsprechen auf vollkommene Weise der Zärtlichkeit in den Worten des Gesangs – jeder Sonnenstrahl weist an seinem Ende eine kleine Hand auf, die ausgreift, als wolle sie den Pharao auf seinem Thron sanft liebkosen oder ihm wie einem geliebten Kind über den Kopf streichen. Jonathan Stökl erklärt, was das zu bedeuten hat:

Der Pharao Echnaton wird, auf seinem Thron sitzend, von den Strahlen seines Vaters, des Sonnengotts Aton, berührt (ca. 1350 v. u. Z.).

24431

Schon unter der Regentschaft von Echnatons Vater war die Rolle des Sonnengottes in zunehmendem Maße betont worden. Doch Echnaton war ein Rebell und trieb diese Vorstellung weiter als je zuvor: Hier bricht er vollständig mit der traditionellen ägyptischen Religion. Er beschloss nicht nur, neue Tempel für den Sonnengott zu errichten, sondern auch eine vollkommen neue Stadt zu gründen, nämlich Amarna, die als angemessener Schauplatz für seinen Glauben an Aton fungieren sollte.

Schon nach ein paar wenigen Jahren auf dem Thron hatte der junge Pharao seinen neuen Glauben auf außergewöhnliche Weise kundgetan, indem er seinen Namen von Amenhotep («Amun ist zufrieden») zu Echnaton («der Aton dient») änderte. Getrieben von der Überzeugung, dass es nur einen einzigen Gott gebe, wandte er sich von den Tempeln und den Ritualen ab, die von seinen Vorgängern über Jahrhunderte eingerichtet und gefördert worden waren. Die alten religiösen Zentren in Theben und Karnak wurden zusammen mit den dortigen privilegierten Priestern vernachlässigt. Inschriften, in denen von Göttern im Plural die Rede war, wurden in den Singular abgewandelt. Sämtliche Ressourcen und Energien konzentrierten sich auf die Stadt, die in Amarna gebaut werden sollte. Es sollte in Ägypten eine neue religiöse Ordnung geben.

Doch das Experiment mit dem Monotheismus war nur von kurzer Dauer. Echnaton hatte keine wirklichen Schüler, die hätten fortsetzen können, was er begonnen hatte. Ähnlich wie später in Mesopotamien wollten die Menschen offenbar lieber bei ihren vertrauten Göttern in ihren vertrauten Tempeln bleiben, und die Priester dieser Götter standen allen Veränderungen natürlich stets feindselig gegenüber. Nach Echnatons Tod kehrten die Eliten Ägyptens deshalb rasch zur alten Ordnung zurück. Die traditionellen Tempel wurden wieder in Betrieb genommen, die vertrauten Kulte wieder gefördert. Andererseits wurden Statuen Echnatons zerstört, sein Grabmal wurde verwüstet und sein Name aus allen Inschriften getilgt. Die Mächte des Polytheismus hatten gesiegt. Echnaton, der einzige Pharao, der seinen Glauben an einen einzigen Gott bekundete, wurde aus der offiziellen ägyptischen Geschichte gestrichen, und bis Mitte des 19. Jahrhunderts, als Amarna ausgegraben wurde, blieb er im Grunde verschwunden.

Seinem Sohn hatte Echnaton den Namen Tutanchaton gegeben, «lebendes Abbild des Aton». Doch schon nach einem Jahr auf dem Thron kehrte Tutanch-

Die Lippen Echnatons aus dem Allerheiligsten des Großen Aton-Tempels in Amarna (1353–1336 v. u. Z.).

aton wieder zur Verehrung des obersten traditionellen Gottes Amun zurück und änderte, wie sein Vater, seinen Namen. Deshalb kennen wir ihn als Tutanchamun, dessen Grab 1922 auf spektakuläre Weise entdeckt wurde.

Sehen wir uns unser Relief etwas genauer an, so zeigt sich, dass hier womöglich auch noch etwas anderes im Gange war, etwas genauso Revolutionäres wie die einzigartig enge Beziehung zwischen Echnaton und seinem himmlischen Vater. Das führt uns zurück zu einer der Fragen, welche die Marduk-Tafel aufwarf: Welches Geschlecht könnte ein einziger Schöpfergott haben? Wie auf anderen Bildern Echnatons wird er hier auf eine Weise dargestellt, die in der Bildsprache ägyptischer Könige beispiellos ist, ob in der Malerei oder der Skulptur. Anders als der normale, körperlich kraftvolle Pharao ist er hier mit einem schlanken Oberkörper, zarten Gliedmaßen und einer runden weiblichen Brust zu sehen – ein irritierendes Bild androgyner Schönheit. Einige Wissenschaftler erkennen darin einen hermaphroditen Pharao und schwärmen von einem bahnbrechenden Stück Ikonographie, in dem die Universalität Atons als Mutter und Vater der gesamten Menschheit zum Ausdruck komme, ein Dualismus, der in seinem irdischen Sohn verkörpert sei. Dieser einzige Schöpfergott lässt sich nicht auf ein einziges Geschlecht reduzieren.

Die Kraft des Einen: William Blakes «Alter der Tage» erschafft ein geordnetes Universum, mathematisch vermessen mit Hilfe eines Zirkels, der lebendigen Lichtstrahlen gleicht.

Diese beiden frühen Manifestationen machen deutlich, welche Schwierigkeiten mit der Idee und Institutionalisierung des Monotheismus verbunden sind. Doch die Vorstellung, dass es nur einen allmächtigen Gott gibt, besitzt große intellektuelle und emotionale Anziehungskraft. Wenn es einen einzigen Willen gibt, einen einzigen Geist, der das Universum geschaffen hat und erhält, dann muss letztlich alles nach kohärenten, nachvollziehbaren Prinzipien organisiert sein. Der Glauben, die augenscheinlich zufälligen Ereignisse auf dieser Welt seien nicht einfach nur Dinge, die passieren (wie wir in der polytheistischen Welt des letzten Kapitels gesehen haben), sondern in Wirklichkeit Teil eines «göttlichen» Plans, vermittelt Sicherheit und enorme Stärke.

Diese Vorstellung steht denn auch hinter den Anfängen der modernen Naturwissenschaft und prägte eindeutig die Arbeit von Nikolaus Kopernikus, Galileo Galilei und Isaac Newton. Kinder des Monotheismus verfügen, ob angeboren oder infolge langer Übung, über ein ausgeprägtes Empfinden, wonach Einheit der eigentliche, ja der einzige, zufriedenstellende Endpunkt ihrer Suche nach Erklärung ist, und sie glauben fest daran, dass man im Prinzip immer zu einer Lösung kommen kann. Rowan Williams, ehemaliger Erzbischof von Canterbury, behauptet, darin lägen Anziehungskraft wie auch Errungenschaft des Monotheismus:

> *Diese Vorstellung garantiert Kohärenz und Stabilität in der Welt, in der wir leben, und in unserem Verständnis menschlichen Wohlergehens. Man hat nicht einen Gott für diese Gruppe und einen für jene Gruppe, die möglicherweise miteinander auskommen, vielleicht aber auch nicht. Man hat nicht einen Gott, der sich um dieses Stück des Universums kümmert, und einen anderen Gott, der für einen anderen Teil zuständig ist, ganz gleich ob diese Teile zusammenhängen oder nicht. Es gibt einen einzigen Zweck: eine ewige Beständigkeit, die sich stets in unvollkommenen und beschränkten Instanzen manifestiert, die deshalb im Universum nie vollkommen verwirklicht wird und von der doch das Universum immer abhängt, damit es sich weiterhin auf begreifbare Weise bewegen und wachsen kann. Dieses Gefühl einer tief verwurzelten, ultimativen Kohärenz ist einer der bedeutendsten Aspekte des Monotheismus.*

Dieser Traum von einer letztgültigen, allumfassenden Harmonie, der moralisch wie intellektuell so betörend ist, beseelte auch Joseph Addisons Hymnus auf die großen Gesetze des Kosmos, die kurz zuvor von Isaac Newton entdeckt worden waren. So wie Sonne und Mond, Planeten und Sterne einem universellen Gravitationsgesetz gemäß ihre festen Bahnen ziehen:

> *In Reason's ear they all rejoice,*
> *And utter forth a glorious voice;*
> *For ever singing as they shine,*
> *«The Hand that made us is divine.»*

> *Im Ohr der Vernunft frohlocken sie all*
> *Und jauchzen mit herrlichem Schall,*
> *künden in ihrem ewigen Schein:*
> *«Uns schuf Gottes Hand allein.»*

Kapitel 23

Ortsgeister

Elfen oder Elementargeister, Gnome, Kobolde oder Feen – das sind zarte und flinke Wesen, sie huschen umher, mal hierhin, mal dorthin, man bekommt sie nie zu fassen oder deutlich zu Gesicht, sie tun häufig unangenehme Dinge und tauchen in der Regel im Umfeld eines bestimmten Ortes auf, den jeder kennt. In William Shakespeares *Die lustigen Weiber von Windsor* ist es Hernes Eiche:

Man hat ein Märlein, dass der Jäger Herne
(Vor alters Förster hier im Windsorwald)
Im ganzen Winter jede Mitternacht
Um eine Eiche geht mit großen Hörnern.
Dann schädigt er den Baum, behext das Vieh,
Verwandelt trächtiger Kühe Milch in Blut
Und rasselt mit der Kette wild und greulich.
Ihr alle hörtet von dem Spuk …

Hernes Eiche im Wald von Windsor, wo Falstaff vom Geist des Jägers Herne und den ihn begleitenden Elfen geneckt wird. Gemälde von George Cruikshank (um 1857).

Die Geschichten von solchen Gestalten werden mündlich von Generation zu Generation weitergegeben. In einem beliebten englischen Volkslied liegt das Reich der Feen ganz hinten am Ende des Gartens. Sie sind verspielt, gewitzt und gefährlich, sie sind üblicherweise «not so very, very far away», aber nicht zu sehen, und in der englischen Folklore und Literatur befinden sie sich, von Chaucer bis Tolkien, ständig irgendwo ganz in der

Nähe. Bis vor kurzem gab es sie – zusammen mit ihren Cousins, den Kobolden und den Trollen – überall im ländlichen Europa, von Irland bis Sibirien – Überbleibsel uralter Überzeugungen, wonach Landschaften als belebt und bewohnt galten. Seit Jahrhunderten existierten sie auf provokante Weise neben dem offiziellen Christentum und wurden, wie vorherzusehen, von der Kirche oft aufs Schärfste missbilligt. Im 19. Jahrhundert zogen sie nicht zusammen mit uns in die Städte, und die meisten Europäer betrachten diese flackernden Spuren viel älterer Überzeugungen heute eher amüsiert als eine Mischung aus Aberglaube, Marotte und Mittelerde.

Doch das Leben von Millionen Menschen auf dieser Welt, insbesondere von denjenigen, die den Großteil ihres Daseins in einer einzigen, vertrauten Landschaft zubringen, wird noch immer durch die intuitive Wahrnehmung von Kräften und Wesen bestimmt, die ebenfalls in unserer Welt leben. Sie leben mit uns und sie interagieren mit uns, selbst wenn wir sie nur hin und wieder zu Gesicht bekommen. Nur eine kleine Gruppe in einer bestimmten Landschaft verfügt über diese Intuitionen. Wie früher in Europa werden sie innerhalb der Familie und Gemeinschaft tradiert, aber selten schriftlich festgehalten. Immer werden sie sehr ernst genommen: die Ortsgeister.

Wo genau leben solche unsichtbaren Geister? Das hängt natürlich davon ab, in welchem Land, in welcher Kultur Sie – und sie – sich befinden. Im British Museum gibt es ein kleines Holzhaus, das als Heimstatt für die Ortsgeister in Thailand gebaut wurde. Diese Geister sind körperlose Wesen und reichen von Dorfwächtern bis zu Krankheitsüberträgern; sie können Haushaltsgeister sein oder Männer und Frauen, deren Begegnung gewaltsam oder mit großem Unrecht endete. Geisterhäuser wie dieses werden angefertigt, um böswillige Geister zu besänftigen oder einen Schutzgeist dazu zu bewegen, sich hier niederzulassen – mitunter auch beides. Und sie bieten den Menschen einen Ort, wo sie den Geistern Opfer darbringen können. Dieses Geisterhaus hier dürfte einst ein hübsches Heim für diese Wesen abgegeben haben. Auf den ersten Blick wirkt es wie die Miniaturausführung eines buddhistischen Tempels aus Nordthailand, aus Holz geschnitzt, mit eingesetztem Glas und schließlich rot lackiert mit leuchtenden Goldeinsprengseln. Es ist über einen Meter groß und verfügt

Ein thailändisches Geisterhaus aus dem 19. Jahrhundert in Form eines buddhistischen Minitempels.

Geisterhäuser sind ein wichtiger Bestandteil auch des modernen Thailand und finden sich oft an öffentlichen Plätzen.

über einen zentralen Raum mit einem Steildach darüber, dessen Bildverzierungen den Mittelpunkt des buddhistischen Universums und mythische Schlangenwesen darstellen, die vor Wasser schützen und für Wohlstand sorgen und die irdische mit der spirituellen Welt verbinden. Das Geisterhaus stand vermutlich erhöht auf einer Säule, und die Menschen schmückten es mit Blumen, legten ringsum Essen und Getränke für die Geister ab und entzündeten davor Räucherwerk. Trotz der rasant fortschreitenden Urbanisierung im modernen Thailand sind Geisterhäuser wie dieses noch immer weit verbreitet: Man findet sie an Flughäfen, in Einkaufszentren, in Schulen und an besonders gefährlichen Streckenabschnitten von Schnellstraßen. Anders als viele der übernatürlichen Wesen, mit denen wir uns in diesem Buch befassen, waren die Geister in Thailand nie «Götter», welcher Art auch immer: Sie sind eine andere Art von Lebewesen. Wichtiger noch: Sie kommen nicht von irgendwo anders her – sie sind keine Touristen im Reich der Menschen. Das hier ist ihr Zuhause. Hier leben sie – zusammen mit uns, in einer Welt, die wir gemeinsam bewohnen.

Für diese Sphäre des Glaubens und Verhaltens fehlen uns Europäern oft die richtigen Worte. Unsere Sprachen und unser Denken sind so sehr vom Christentum und der antiken Welt geprägt, dass wir Mühe haben, ausreichend genaue und angemessene Ausdrücke zu finden für Wesen, die definitiv weder Götter noch Dämonen sind. Wenn wir die Vorstellung einer beseelten Landschaft in Worte kleiden wollen, dann schwingen darin zumeist despektierliche Konnotationen mit: Sie wird als kindische Fantasievorstellung oder spiritistischer Schwindel abgetan oder in besserwisserischer Manier lächerlich gemacht.

Aber die meisten Menschen haben Orte, die für sie mit kollektiven oder individuellen Erinnerungen, oftmals sehr eindringlichen, besetzt sind. Für diejenigen, die in großen und mobilen modernen Gemeinschaften leben, klingt darin ganz von fern und schwach die Erfahrung einer Landschaft an, in der wir und unsere Familie seit Generationen zu Hause waren. In einer solchen Gesellschaft, wie es sie mindestens bis zum 18. Jahrhundert in fast ganz Europa gab, ist so gut wie alles, was im Leben Bedeutung hat, mit dieser einen Landschaft verbunden und mit den Wesen – lebenden, toten oder nicht-menschlichen –, die sie bevölkern.

Bei Inselvölkern im Pazifik bestimmt die Landschaft heute nicht nur das Weltbild der Menschen, sondern auch die Sprache, in der sie diese Welt beschreiben. Lissant Bolton, im British Museum für die pazifischen Sammlungen verantwortlich, hat viele Jahre im Inselstaat Vanuatu gearbeitet:

In den Sprachen Nordvanuatus, die alle zur Familie der austronesischen Sprachen gehören, kann man nicht ohne Bezugnahme auf die Landschaft sprechen. Man kann also nicht sagen: «Dieses Glas steht vor dieser Tasse.» Stattdessen sagt man: «Dieses Glas steht auf der Seeseite dieser Tasse» oder «weiter weg vom Meer als die Tasse», denn das Positionsempfinden der Menschen orientiert sich daran, wo sich das Meer befindet. Die Art des Sprechens ist also aufs Engste mit der Landschaft verknüpft. Das eigene Leben ist so fest darin verankert, dass es furchtbar schwer ist, sich davon zu lösen.

Spaziert man durch eine derartige Landschaft, so wandert man durch ein ererbtes Netz aus gemeinsamen Geschichten. Lissant Bolton ist der Meinung, wir sollten eine solche Vorstellung nicht als gar so fremdartig empfinden:

Wenn du dein ganzes Leben in der gleichen Landschaft verbringst, machst du darin eigene Erfahrungen, aber auch die Erfahrungen aus den Geschichten deines Volkes, die an dich weitergegeben wurden. Du weißt, das ist die Höhle, wo diese oder jene Figur sich für immer versteckt hat, das ist der Pfad, den jemand anderer nahm, um den Vulkan zu besteigen. Die Landschaft setzt sich zusammen aus der Geschichte deines eigenen Lebens und aus den Leben der Menschen, die vor dir in dieser Landschaft waren.

In Vanuatu haben die Menschen in der Regel keine Götter verehrt. Aber sie waren sich immer bewusst, dass sie nicht die einzigen Bewohner einer Landschaft sind, dass auch andere Wesen zusammen mit ihnen in dieser Landschaft leben. Im Norden Vanuatus, auf der Insel Ambae, wissen die Menschen ganz genau, dass mwai *oder* vavi *zusammen mit ihnen dort wohnen. Sie kennen ihre Dörfer, sie wissen, wo sie tanzen, und sie interagieren mit ihnen. Auf der nahegelegenen Pfingstinsel im Norden Vanuatus sind ähnliche Wesen so stark in der Landschaft präsent, dass sie «nur ein Laubblatt breit» von den Menschen entfernt sind. Eini-*

gen geht man besser aus dem Weg, so wie man einen leicht verrückten Nachbarn meidet – Menschen, die ein bisschen gefährlich sind, denen man im Dunkeln auf der Straße nicht begegnen möchte, weil sie zu irgendeiner Bosheit oder heimtückischen Tat fähig sind.

Begibt man sich an einen Ort, von dem man weiß, dass es dort einen Geist oder ein anderes nicht-menschliches Wesen gibt, sollte man sich die Zeit nehmen und stehen bleiben, man sollte ihn ansprechen und sagen: «Ich will hier nur ein paar Mangos von diesem Baum pflücken; deswegen bin ich hier und ich gehe dann auch wieder.» So einfach kann das sein.

In Thailand ist man darauf bedacht, dass die Ortsgeister, die in dem Haus wohnen, das man speziell für sie gebaut hat, in der Nähe bleiben, damit sie die Örtlichkeit beschützen können und sich leicht verehren und milde stimmen lassen. In Vanuatu ist das Verhältnis zwischen den menschlichen und den nicht-menschlichen Mitgliedern der Gemeinschaft, wie gesehen, ein deutlich engeres, denn sie haben die Landschaft gemeinsam und treten gelegentlich direkt in Interaktion miteinander – denn die Geister leben «nur ein Laubblatt breit» entfernt, um noch einmal diese schöne Formulierung aufzugreifen.

In vielen Gesellschaften der australischen Aborigines ist diese Verbindung zwischen den Geistern einer Landschaft und den Angehörigen einer Gemeinschaft, den Lebenden wie den Toten, noch inniger und intensiver. Hier ist die Landschaft nicht nur das Terrain, auf dem die Vorfahren einst unterwegs waren und das ihre Geister noch immer bewohnen: Hier wird die Landschaft von den Ahnen geschaffen, und sie ist aus ihnen gemacht. Die ursprünglichen Ahnenwesen gestalteten und beseelten die Landschaft, und wer das begreift, der kann in jedem landschaftlichen Detail ihre Taten erkennen und spüren: in Flüssen und Hügeln, Bäumen und Pflanzen; in der Rundung der Kiesel in einem Bach und im Hauch des Windes. Und wenn jemand aus der Gemeinschaft stirbt, kehrt er ins «Land» zurück und wird Teil von dessen physischer Form. Soweit wir wissen, ist das seit 60 000 Jahren so, seit *Homo sapiens* erstmals seinen Fuß auf australischen Boden setzte. Die Frauen und Männer, die am anderen Ende der Welt den Löwenmenschen in Händen hielten, hatten nach allem, was wir wissen, ähnliche Glaubensmuster.

Die Wechselbeziehung zwischen Menschen, «Land» und Ahnen beginnt schon vor der Geburt, sie wird das gesamte Leben über gestärkt und dauert auch nach dem Tod fort. Die Menschen werden ins «Land» hinein geboren und bekommen Namen, die mit bestimmten Orten verbunden sind – etwa

Vorbereitungen zu einer *larrakitj*-Zeremonie in Yirrkala, Northern Territory (1946).

dem, wo ihr noch ungeborener Geist sich den Eltern erstmals ankündigte. Ihr ganzes Leben lang gewinnen sie zunehmend eine spirituelle Identität, die sie mit anderen Orten in Verbindung bringt; und nach dem Tod kehren die Geister der Toten wieder nach Hause auf das Territorium ihres Clans zurück. Die Erinnerung an sie klingt dann für alle Zeit vernehmbar an diesem Ort fort.

Das zeigt sich ganz deutlich an den Riten für die Toten, wie sie vom Volk der Yolngu in Arnhem Land im Norden Australiens praktiziert werden. Wenn jemand aus ihrer Gemeinschaft stirbt, werden seine sterblichen Überreste in einen *larrakitj* gelegt. Das sind große Pfähle, gefertigt aus den Stämmen ei-

nes bestimmten Eukalyptusbaums namens «Stringybark», die durch Termiten und Feuer ausgehöhlt wurden. Sie werden gefällt, dann wird die Rinde entfernt und das Splintholz freigelegt, das anschließend abgeschliffen und mit fein gearbeiteten Clanmustern verziert wird.

Zunächst wurde der Tote eine Zeitlang auf einer erhöhten Plattform den Elementen ausgesetzt. Als nur noch die Knochen übrig waren, wurden sie in den *larrakitj* gelegt, und dieser wurde neben den anderen platziert, die schon an einem bestimmten spirituellen Ort standen. Dann kümmerte man sich um den dritten und letzten Teil des Verstorbenen: Begleitet von Ritualen, Musik und Tanz, sollten die Bemalungen des *larrakitj* die Seele geleiten, wenn sie sich mit dem Gemeinschaftsgeist vereinte, der in heiligen Quellen oder Flüssen residiert.

Wukun Wanambi, ein Künstler vom Volk der Yolngu, formuliert es so:

Wir Yolngu begreifen das Leben des Geistes als einen Kreislauf. Wir glauben, dass der Geist im Wasser unterwegs ist, dass er so zu seiner Quelle zurückkehrt und erneut geboren wird. Der Körper löst sich auf und die Knochen kehren ins Land zurück, wenn der larrakitj *verwittert.*

Im British Museum findet sich ein von Wukun Wanambi als Kunstwerk geschaffener *larrakitj*. Anders als die meisten traditionellen *larrakitj* sind Wukuns Schöpfungen keine perfekten Holzzylinder. Sie haben eine weniger regelmäßige Form, da er die Splitter und Löcher in den Baumstämmen belässt, als Symbol für die Unebenheit und Vielschichtigkeit der Landschaft. Die Bemalungen auf diesem *larrakitj* verweisen auf einen ganz bestimmten Ort namens Bamurrunu, einen heiligen, alleinstehenden Felsen in Trial Bay.

Erinnerungspfahl (*larrakitj*), gefertigt aus dem Stamm eines Eukalyptusbaums von Wukun Wanambi (2014). Detail: Kleine Fische schwärmen in großer Zahl aus.

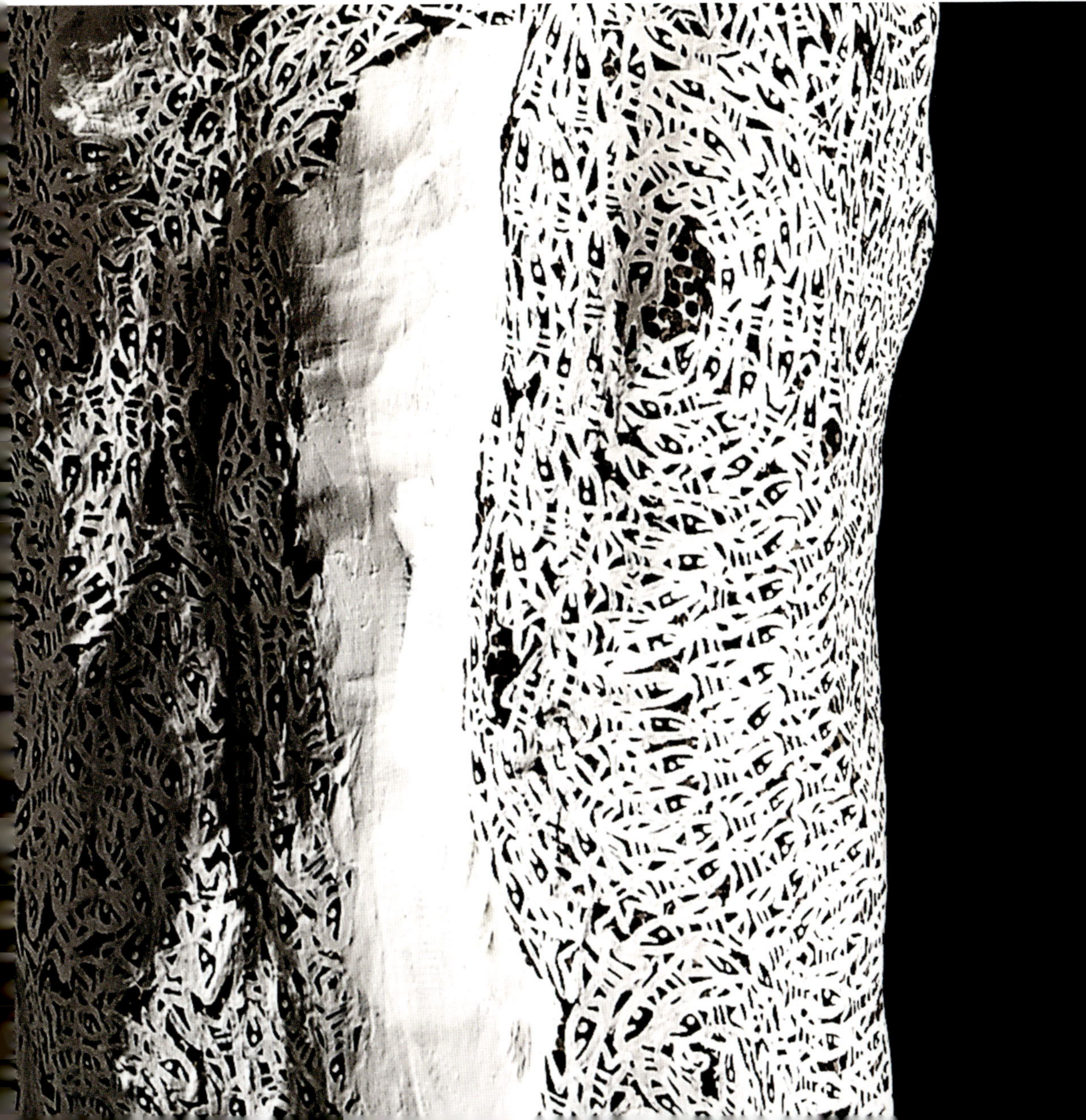

Die gesamte Oberfläche der beiden Pfähle ist von einem dichten Netzwerk gemalter Linien überzogen – weiß, rot und schwarz. Aus der Ferne sieht es aus wie ein feinmaschiges Netz, das um die Bäume gewickelt wurde und sie nun eng umhüllt. Doch wenn man nähertritt, erkennt man, dass in Wirklichkeit Abertausende winziger Fische um die Stämme schwimmen, um die Unebenheiten und die Auswüchse des Baumes herumwirbeln, viele verschiedene Schwärme, die sich in unterschiedliche Richtungen bewegen. Diese gemalten Fische verweisen auf heilige Orte in Trial Bay, einer Landschaft, die aus Wukuns Vorfahren besteht. Die wuselnde, in unaufhörlicher Bewegung befindliche Energie der Fische auf seinem *larrakitj* bringt zum Ausdruck, dass er spürt, wie die Kraft der Ahnen durch das Wasser der Bucht strömt.

Hört man Wukun und seinen Ausführungen zu, so wird deutlich, dass für ihn und die Yolngu «Ahnen» mehr sind als nur eine Liste von Menschen, aus denen der Stammbaum besteht. Sie reichen weit darüber hinaus, bis zu dem Punkt, an dem jeder Mensch mit jedem anderen belebten – aber auch unbelebten – Teil der Landschaft verbunden ist, denn all diese Teile sind Orte, die von der allgegenwärtigen Lebenskraft bewohnt werden.

Das ist eine vielleicht auf einmalige Weise kohärente Auffassung vom Dasein, die jedes individuelle Leben in einen dauerhaften Rahmen aus Zeit und Ort einbettet. In Kapitel 5 haben wir gesehen, wie die Yup'ik in Alaska ihre Verbindung zu den Tieren und Pflanzen, von denen sie lebten, pflegten und stärkten; und in Kapitel 6 haben wir erlebt, was sich Peruaner und Chinesen ausgedacht haben, um über viele Generationen im Dialog mit ihren Vorfahren zu bleiben. Die Yolgnu haben eine Möglichkeit gefunden, wie sie beides und noch mehr bewerkstelligen. Sie haben etwas entwickelt, was man als eine Theologie des Ortes bezeichnen könnte. Sie «birgt» die ganze Gesellschaft in einem Weltbild, das *ihrer* Landschaft ganz und gar eingeschrieben ist und sich an diesem Ort abspielt, den sie – die Ungeborenen, die Lebenden und die Toten – dauerhaft bewohnen. Die Gemeinschaft und der Ort sind zwar vielleicht nicht identisch, aber mit Sicherheit nicht voneinander zu trennen. Für Gesellschaften wie diese bedeutet das Vordringen von kommerziellen Bergbauunternehmen, Farmern oder Holzfällern nicht einfach nur eine gesellschaftliche und wirtschaftliche Störung und Beeinträchtigung; es zerreißt das gesamte Gewebe ihrer

Welt. Die unmittelbare, heilige, sich beschleunigende Verbindung zur Landschaft wird unwiderruflich zerstört.

Heute leben nur noch rund vier Prozent der Weltbevölkerung auf eine solche Art. Diese Glaubenssysteme können nicht einfach in die nächste Stadt umziehen, und sie vertragen auch keine größeren Störungen. Wie ihre Zukunft aussehen soll, ob sie überhaupt eine solche haben, ist deshalb schwer zu sagen.

Kapitel 24

Wenn Gott mit uns ist

Ich seh' euch stehn, wie Jagdhund' an der Leine,
Gerichtet auf den Sprung; das Wild ist auf,
Folgt eurem Mute, und bei diesem Sturm
Ruft: «Gott mit Heinrich! England! Sankt Georg!»

Mit diesen ergreifenden, aufrüttelnden Worten führt Shakespeares Heinrich V. seine Truppen in die Schlacht bei Harfleur. Sankt Georg trägt den Sieg davon, und die Engländer ziehen weiter zum Sieg über die Franzosen bei Azincourt. Shakespeares Heinrich und seine Mannen, die «happy few» – «Uns wen'ge, uns beglücktes Häuflein Brüder», heißt es in der deutschen Übersetzung –, werden zu einem zentralen Bestandteil der nationalen Identität Englands, zum Gründungsmythos, der in der Luftschlacht um England («Battle of Britain») zu neuem Leben erweckt und im berühmten Historienfilm mit Laurence Olivier 1944 gefeiert wurde.

Shakespeare wusste genau, was er tat, als er seinem Publikum das mitreißende Spektakel eines kleinen, kampfbereiten England bot, das gegen enorme Widrigkeiten ankämpfte, aber Gott definitiv an seiner Seite wusste. Mit der tatsächlichen Geschichte Heinrichs V. hatte das wenig zu tun, alles hingegen mit dem neuen Selbstbild Englands unter Elisabeth in den 1590er Jahren. Was das Land nun vor allem anderen definierte, war, dass es protestantisch war und tapfer gegen das mächtige katholische Spanien – oder in späte-

«Ruft: ‹Gott mit Heinrich! England! Sankt Georg!›»: Laurence Olivier als Heinrich V. (1944).

ren Jahrhunderten das katholische Frankreich – kämpfte, voller Zuversicht, dass Gott England beschützen werde, so wie er das getan hatte, als er 1588 seine Winde schickte und die Armada zerschmetterte. Der Glaubensunterschied war zum Fundament des Staates geworden. Er war und ist bis heute ein mächtiger Faktor, um für nationale Einigkeit zu sorgen. Etwa zur gleichen Zeit, als England protestantisch wurde, wurde der Iran schiitisch – er setzte sich damit von den umliegenden sunnitischen Staaten ab und sorgte für ein ganz neues Gefühl, was es hieß, Perser zu sein. Wie Englands spezifischer Protestantismus prägte das die Geschichte des Iran über Jahrhunderte. Es geschehen bemerkenswerte Dinge, wenn man mit einem Gott lebt, der nicht der Gott des Nachbarn ist – ganz besonders dann, wenn der Gott eines Nationalstaats auch der Gott der Schlachten ist.

Harfleur und Azincourt 1415 sind beileibe nicht die einzigen militärischen Unternehmungen des heiligen Georg. Am 2. März 1896 stand er wieder auf dem Schlachtfeld, doch diesmal kämpfte er nicht für die Engländer, sondern für ein anderes isoliertes und kampfbereites Volk, die Äthiopier, deren Schutzpatron er ebenfalls ist und denen er mit ähnlichem Erfolg beisprang, und zwar in der Schlacht von Adwa gegen die anrückenden Italiener.

Auf einem Gemälde im British Museum sieht man den heiligen Georg oben am Himmel, auf seinem tänzelnden Schimmel thronend, die Lanze bereit, um damit nicht den Drachen, sondern den italienischen Kolonialaggressor zu erstechen. Es handelt sich um ein wunderbar schnörkelloses Schlachtengemälde, auf dem eine klare Ordnung herrscht. Auf jeder Seite sind, zu geraden Reihen im gelben Wüstensand formiert, Soldaten zu sehen, die Feldgeschütze bedienen oder Gewehre im Anschlag haben – rechts die Italiener, ihnen gegenüber auf der Linken die Äthiopier, dazwischen etwas Raum, in dem Mann gegen Mann gekämpft wird und ein paar Tote liegen. Die Italiener in ihren Khaki-Uniformen sind alle im Profil dargestellt – eine Konvention in der äthiopischen Malerei, um die Bösen zu kennzeichnen. Die Guten dagegen werden immer *en face* gezeigt, und so blicken uns alle auf äthiopischer Seite in ihrer farbig gestreiften Kleidung direkt ins Gesicht, selbst wenn sie mit ihren Gewehren den Gegner gegenüber ins Visier nehmen. Die einzigen Italiener, die *en face* zu sehen sind – also die einzig guten –, sind die Gefallenen in der Mitte. Unnötig zu erwähnen, dass das Bild von einem Äthiopier gemalt wurde.

Links oben, hinter den Linien, steht Kaiser Menelik II. mit Krone und samtenem Umhang unter dem kaiserlichen Schirm und beobachtet das Schlachtgeschehen. Seine Frau hingegen, Kaiserin Taytu, ist ganz vorn im Bild zu finden, im Seitsitz auf ihrem Pferd reitend, sie blickt uns frontal an, während sie mit einem riesigen Revolver in Richtung Italiener zielt. Die Botschaft des Gemäldes ist eindeutig: «Gott mit Menelik! Äthiopien! Sankt Georg!»

Die Schlacht von Adwa brachte einen vollständigen Sieg für die Äthiopier. Interne Streitigkeiten wurden hintangestellt, Frauen kämpften neben Männern, verschiedene Stämme traten vereint gegen den Feind (die unterschiedlichen Hautfarben auf dem Bild sind augenfällig) auf, und der 2. März wird noch heute als nationaler Feiertag begangen. Die Italiener verloren Tausende von Männern und fast ihre gesamte Ausrüstung und mussten sich schmählich nach Eritrea zurückziehen. Ein afrikanisches Land unter afrikanischer Führung hatte eine europäische Armee vernichtend geschlagen. Die Welt war erstaunt. Afrika verspürte einen Energieschub. Neun Jahre später hatte der japanische Sieg über die russische Flotte eine ganz ähnliche Wirkung in Asien, aber 1896 bei Adwa hatte Äthiopien gezeigt – zum ersten Mal seit Jahrhunderten –, dass die Europäer nicht immer siegreich waren. Man konnte sie außer Landes treiben. Im Unabhängigkeitskampf gegen die Kolonialherrschaft, der im folgenden Jahrhundert ausgefochten wurde, war Äthiopien Vorbild und Inspiration für ganz Afrika.

Wir werden nie wissen, wie groß der Beitrag, den der heilige Georg dazu leistete, wirklich war, aber man kann wohl mit einigem Recht behaupten, dass ein Grund für den Sieg der Äthiopier ihr christlicher Glaube war, oder genauer: ihre spezifisch afrikanische Variante, die sie nicht nur von ihren überwiegend muslimischen Nachbarn unterschied, sondern auch von allen anderen christlichen Traditionen. Trotz ausgeprägter und trennender Stammesloyalitäten hatte die äthiopische Kirche über viele Jahrhunderte dazu beigetragen, eine selbstgewisse nationale Identität zu schaffen. Als die Schlacht von Adwa stattfand, war Äthiopien seit über 1500 Jahren ein christlicher Staat – wenn auch ein ganz besonderer.

Nachfolgende Doppelseite:
Die Schlacht von Adwa, 2. März 1896, in der Äthiopien die italienischen Invasoren besiegte. Dieses Gemälde entstand in den 1940er Jahren, als sich Äthiopien im Krieg mit Mussolinis Italien befand.

እቴጌ፡ጣይቱ

ቅዱስ፡ጊዮርጊስ፡
የአድዋ፡ጦርነት፡

König Salomon heißt die Königin von Saba willkommen. Ihr Sohn wird zum Kaiser Äthiopiens werden. Dieser Gründungsmythos äthiopischer Identität ist auf diesem Gemälde von 2008 noch immer lebendig.

Diarmaid MacCulloch, Professor für Kirchengeschichte an der Universität Oxford, erklärt:

> *Das Christentum gelangte schon recht früh nach Äthiopien, und zwar, wie das bei der Ausbreitung des frühen Christentums häufig der Fall war, über Handelsrouten. Zwar ist das äthiopische Christentum inzwischen durch und durch afrikanisch, aber ursprünglich kam es aus Syrien, denn die Haupthandelswege verliefen nicht entlang des Nils, sondern von Äthiopien aus gen Osten in Richtung des Fruchtbaren Halbmonds und weiter in den Nahen und Mittleren Osten. Es war ein nahöstliches Christentum, das im 4. Jahrhundert nach Äthiopien kam.*

Um 330, schon kurz nach der Christianisierung des Römischen Reiches, war das Christentum zur Staatsreligion geworden. Von nun an entwickelte es sich dank der Entlegenheit Äthiopiens dort unabhängig von den imperialen Kirchen Roms und Konstantinopels und blieb seinen alten Wurzeln im jüdischen Nahen Osten treu. Eine Legende besagt, die Königin von Saba, die in den hebräischen Schriften aus dem Süden nach Jerusalem kam, um König Salomon zu besuchen, sei in Wirklichkeit Äthiopierin gewesen; und sie habe Salomon nicht nur einen Besuch abgestattet, sondern auch mit ihm zusammen einen Sohn gehabt. Alle äthiopischen Kaiser nehmen jedenfalls für sich in Anspruch, von diesem Sohn Salomons und der Königin von Saba abzustammen. Vielleicht handelt es sich deshalb um die jüdischste aller christlichen Kirchen, für die das Alte Testament fast genauso wichtig ist wie das Neue: Der Samstag wird als Sabbat ebenso begangen wie der Sonntag; Schweinefleisch ist verboten; und während des Gottesdiensts wird oft ein Gebetsschal getragen. Der Kaiser schmückte sich mit dem Titel eines Löwen Judas, des jüdischen biblischen Königreichs, dessen Hauptstadt Jerusalem – Zion – war. Und über seinen Vorfahren König Salomon gehörte der Kaiser von Äthiopien, genauso wie Jesus, zum königlichen Hause David.

Doch wie Diarmaid MacCulloch erläutert, ist diese «jüdische» christliche Kirche stark durch die lokalen Gegebenheiten geprägt:

Äthiopische Christen mit Gebetsschals, die jüdischer Tradition entstammen, feiern 2015 in Addis Abeba das Osterfest.

Die Gottesdienste finden überwiegend unter freiem Himmel statt, und das bietet die Möglichkeit, sich zu bewegen – das heißt, die Menschen tanzen und halten Prozessionen ab. Jahrhundertelang war die äthiopische Kirche überwiegend damit beschäftigt, gegen äußere Feinde, insbesondere Muslime, ihr Überleben zu sichern. Insofern war dieser Glauben nie missionarisch. Er war einfach nur der Glauben Äthiopiens, die Feier Äthiopiens.

Die Rolle der Kirche bei der Einigung des Königreichs gegen seine muslimischen Nachbarn verschaffte Äthiopien eine ganz besondere nationale Identität. Paradoxerweise wurde das noch wichtiger, als Äthiopien es ab Mitte des 19. Jahrhunderts nicht mehr mit Muslimen, sondern mit aggressiven Christen als Hauptfeinden zu tun hatte – in Gestalt der räuberischen europäischen Kolonialmächte. Zuerst kamen die protestantischen Briten, die 1868 eine «Strafexpedition» durchführten, und dann 1895 die katholischen Italiener, die auf dauerhafte Eroberung aus waren. Unser Gemälde der Schlacht von Adwa entstand (wie Oliviers Film *Heinrich V.*) während des Zweiten Weltkriegs, als Äthiopien erneut gegen die Italiener kämpfte. Es erinnerte sie an ihre glorreiche Vergangenheit und sollte ihnen versichern, dass der Himmel auf ihrer Seite sein werde: Der heilige Georg und sein weißes Pferd sind von einem großen Glorienschein in den Farben der äthiopischen Flagge – Grün, Gold und Rot – umgeben. Noch einmal Diarmaid MacCulloch:

Das äthiopische Christentum war afrikanisch, und das war es schon seit sehr langer Zeit. Es bot somit eine Alternative zu all den von Westeuropäern importierten Möglichkeiten – den katholischen und den verschiedenen protestantischen –, eine christliche Identität zum Ausdruck zu bringen. Hier gab es etwas, das sowohl christlich als auch afrikanisch war.

In dieser afrikanisch-christlichen Tradition, die stark durch ihr jüdisches Erbe geprägt ist, wirkt die Welt für jemanden, der an katholische Altarbilder oder orthodoxe Ikonen gewöhnt ist, auf wunderbare Weise seltsam – wie an einem anderen Gemälde im British Museum deutlich wird. Es feiert die Krönung von Kaiser Haile Selassie in Addis Abeba im Jahr 1930, wo er im Beisein internationaler Prominenz mit dem Reichsapfel und dem Szepter eines christlichen Monarchen ausgestattet wurde. Doch das ist nicht auf unserem Gemälde zu sehen. Stattdessen wirkt das Ganze wie das letzte Abendmahl, bei dem alle Beteiligten ruhig um einen runden Tisch herum sitzen. Den Vorsitz bei diesem Mahl hat, in der Mitte des Gemäldes, nicht Jesus, sondern ein Löwe, und um den Tisch sind nicht die Jünger versammelt, sondern die Tiere Afrikas – Elefant und Giraffe, Nashorn und Leopard, Gazelle und Zebra –, die jeweils einen Becher in der Hand haben und sich angeregt unterhalten und trinken. Die Vögel und die kleineren Tiere nippen aus

Nachfolgende Doppelseite: Der Löwe Judas bringt den Frieden nach Afrika, und die christliche Wahrheit besiegt das Böse: Die Krönung Haile Selassies auf einem äthiopischen Gemälde von 1930.

Haile Selassie am Tag seiner Krönung, dem 2. November 1930, einem Tag des Stolzes für die afrikanische Diaspora überall auf der Welt.

ihren Gläsern, während die Ratten sich bereit machen, sich auf das übriggebliebene Essen zu stürzen. Doch wir haben es hier nicht mit der Happy Hour im Zoo oder dem Karneval der Tiere zu tun, sondern mit einer ernsthaften und ausgesprochen politischen Interpretation der Heiligen Schrift. Ein großer schwarzweißer Affe liest an einem Pult aus der Bibel, und im Vordergrund des Gemäldes liegt die Figur des Teufels und hält eine Schlange umklammert, deren Kopf abgetrennt wurde, besiegt durch das Wort Gottes.

Dieses Bild kann nur in der äthiopischen Kirche entstanden sein. Vom hebräischen Propheten Jesaja hat der Künstler seine messianische Vision vom friedlichen Königreich Gottes übernommen, wo unter einem Herrscher aus der Familie König Davids aller Zwist ein Ende hat und alle Tiere in Harmonie zusammenleben. Diese Vorstellung hat er dann mit einem Bild des christlichen letzten Abendmahls vermischt, mit dessen Versprechen der Erlösung durch Leid und des endgültigen Friedens. Das Alte und das Neue Testament sind hier also miteinander vermengt – auf eine einzigartig afrikanische Weise. Zu beiden Seiten des Gemäldes zeigen kleine Szenen die Tiere am Tisch, wie sie sich im Naturzustand attackieren. Doch über dem Kopf des vorsitzenden Löwen schwebt die Taube des Heiligen Geistes, deren Strahlen die Szenerie erleuchten. Der Löwe ist – natürlich – der Löwe Judas, der neue Kaiser, Haile Selassie, gesegnet und gelenkt von Gott und auf dem Platze Jesu thronend. Er wird nicht nur seinem Königreich und den streitenden Tieren Frieden bringen, sondern der Welt.

Doch die Wirklichkeit sah anders aus. Fünf Jahre nach der Krönung, 1935, wurde Äthiopien erneut von italienischen Truppen angegriffen – dieses Mal vom faschistischen Regime Benito Mussolinis. Das Land wurde erobert und einer brutalen Besatzungsherrschaft unterworfen. Die äthiopische Kultur wurde unterdrückt. Lokale Kirchen wurden zerstört und an ihrer statt katholische errichtet. Haile Selassie musste fliehen. Als der Löwe Judas begab er sich natürlich – und symbolträchtig – zunächst in seine alte Hauptstadt Jerusalem, bevor er nach Europa weiterreiste. Diarmaid MacCulloch schildert, was geschah:

> *Er richtete einen berühmten flammenden Appell an den Völkerbund, mit dem er die zaudernde Weltgemeinschaft aufrütteln wollte. Insbesondere viele afrikanische Christen waren sehr wütend – so attackierte beispielsweise eine christliche Zeitung*

aus Nigeria den Papst dafür, dass er Mussolini nicht kritisierte, weil offenbar ein Italiener gegenüber einem anderen keine moralische Haltung einnehmen könne.

Obwohl Haile Selassie besiegt und ins Exil getrieben worden war, blieb seine moralische Autorität in der stillen Würde, mit der er seine Demütigung ertrug, intakt. Dem europäischen Christentum schien das afrikanische Leid gleichgültig zu sein, es tat wenig gegen die schlimme Lage der Äthiopier, bis Ostafrika in den allgemeineren Konflikt des Zweiten Weltkriegs hineingezogen wurde. 1941 vertrieb ein Zusammenschluss von äthiopischen Truppen und Soldaten des britischen Empire, viele von ihnen Afrikaner, die Italiener, und der Monarch konnte triumphal nach Addis Abeba zurückkehren. Wie schon bei der Schlacht von Adwa fand auch dieses Ereignis überall auf dem Kontinent großen Widerhall, dieses Mal mit einer zusätzlichen religiösen Aufladung. Wie Diarmaid MacCulloch meint, hatte Gott nicht nur das Recht gewahrt und den Gläubigen Äthiopiens zum Sieg verholfen:

Haile Selassie, würdevoll und charismatisch, wurde zu einer Art Sinnbild christlichen Leids. Dieser leidende Erlöser, wie man ihn fast nennen könnte, kehrte auf den äthiopischen Thron zurück. Das war ein großer Augenblick für Afrika, und er zeitigte im Ausland enorme Wirkung. Man konnte davon sprechen, dass die Äthiopier die Europäer nunmehr zweimal besiegt hatten. Insofern gab es in den 1950er und 1960er Jahren ein Vorbild für das, was Schwarzafrika – und kolonialisierte Völker überall – tun wollten.

Haile Selassies Name, bevor er Kaiser geworden war, war Tafari gewesen – Ras Tafari oder Fürst Tafari, und dieser Name, Rastafari, erlangte an einem so fernen Ort wie Jamaika große Bedeutung. Die Rastafari-Bewegung glaubte, Äthiopien verkörpere die Würde des afrikanischen Christentums. Jamaika war ein Kolonialstaat, ein ehemaliger Sklavenstaat, wo viele sich nach einer alternativen, nicht-kolonialen christlichen Identität sehnten. Was konnte christlicher – und auch afrikanischer – sein als die Geschichte von Ras Tafari, dem Kaiser Haile Selassie?

Die Rastafari-Bewegung, die in den 1930er Jahren, kurz nach der Krönung Haile Selassies, in Jamaika entstanden war, betrachtete Äthiopien als die unbesiegte

Heimstatt aller Schwarzafrikaner und den Kaiser als deren Herrscher und Heiland. Glaubt man Dr. William Henry von der University of West London, der selbst aus Jamaika stammt, zeigen sich beide Stränge bereits ganz deutlich im Krönungsgemälde:

> *Seine Majestät ist als Löwe dargestellt, weil er als der erobernde Löwe vom Stamme Judas gilt, als Erwählter Gottes, als rechtmäßiger Herrscher auf Erden. Das ist es, was die Rastafaris über ihn sagen. All die anderen Könige dieser Welt können am Tisch sitzen, aber der oberste Herrscher, der König der Könige, ist Seine Majestät, Kaiser Haile Selassie. Sein Stammbaum reicht weiter zurück als der jedes anderen Königs, der gegenwärtig auf einem Thron sitzt – und er ist Schwarzafrikaner. Plötzlich ist all das, was man über sich selbst als Afrikaner beigebracht bekommen hat, wie weggeblasen, denn hier haben wir das lebendige Beispiel eines Königtums, das älter ist als alles in Europa.*

In Jamaika hatte das jüdisch-afrikanische Christentum Äthiopiens eine neue Wendung genommen. Die Traditionen dieser Nationalkirche wurden nun von Menschen aufgegriffen, die Tausende von Kilometern entfernt waren und die zuvor keinerlei Verbindung dazu gehabt hatten. Äthiopien, dank göttlicher Hilfe von europäischer Aggression erlöst, galt von nun an als ein schwarzes Zion (→ Kapitel 28). Afrikaner vom gesamten Kontinent waren in die Sklaverei und Gefangenschaft geführt worden, so wie die Juden nach Babylon verschleppt worden waren. Und wie die Juden würden auch sie eines Tages zurückkehren können, sie würden das Babylon Europa und Amerika verlassen und ins Zion Äthiopien ziehen. Der Löwe Judas selbst, Haile Selassie, war im Exil gewesen und wieder zurückgekehrt. Alle Afrikaner, so William Henry, würden ihm folgen:

> *Wir hatten immer diese Vorstellung, dass es einen Ort in Afrika gibt, der nie von den Europäern kolonialisiert oder vollständig beherrscht worden ist. Für uns Rastafaris stand das im Zentrum. Wir würden an diesen Ort zurückkehren.*

Der Rastafarianismus kennt kaum formale Strukturen, weshalb er in Schlüsselfragen eine Vielzahl von Ansichten gestattet: Ist Haile Selassie ein Prophet, oder ist er der Heiland? Und können nur Schwarzafrikaner in den Genuss des friedlichen Königreichs kommen, das nach der Rückkehr nach Zion entstehen wird? Für William Henry handelt es sich um einen Glauben, der heute die Vertriebenen überall umfasst:

> *Als ich jünger war, musste man Schwarzafrikaner und von Weißen unterdrückt sein, um den Rastafari-Glauben zu übernehmen, aber das Ganze ist ständig im Fluss. Wenn du dein Leid in dem, was der Rastafarianismus behauptet, repräsentiert siehst, dann kannst du ihn dir zu eigen machen. Er ist zu einer globalen Stimme all derer geworden, die glauben, dass sie unterdrückt oder gedemütigt werden, zu einer universellen Stimme für die, die keine Stimme haben.*

Mit anderen Worten: Alle – nicht mehr nur Afrikaner – können jetzt Rastafaris werden, und sie tun es. Das ist eine ungewöhnliche Entwicklung. Im letzten Kapitel haben wir uns mit einem Glaubenssystem beschäftigt, das sich nicht von der Landschaft, in die es eingebettet ist, trennen lässt – und das folglich nicht reisen kann. In diesem Fall hingegen verschaffte eine Kirche, die sich als ausschließlich nationale äthiopische Institution entwickelt hatte, die durch und durch von den Umständen vor Ort geprägt war und eine lokale, nationale Identität definierte, Menschen mit völlig anderen Geschichten, die auf einem ganz an-

Rastafari-Anstecker aus den 1980er Jahren, die Haile Selassie und Äthiopien/Afrika als das gelobte Land feiern.

deren Kontinent leben, eine Tradition und eine Gestalt, die sie sich zu eigen machen konnten. Ras Tafari, Haile Selassie, ist für viele überall auf der Welt zu einem Symbol der Hoffnung geworden, und zwar wegen seiner Niederlage genauso wie wegen seines späteren Triumphs. Sein erbärmlicher Tod 1975, von Rebellen inhaftiert und gedemütigt, änderte an dieser Größe nicht wirklich etwas. Eines der wenigen Rastafari-Objekte im British Museum ist ein Porträt von Ras Tafari persönlich, der die kaiserliche Krone trägt, mit der Inschrift: «H. I. M. – His Imperial Majesty – Haile Selassie». Es handelt sich allerdings nicht um ein Ölgemälde, sondern um einen massenhaft produzierten Anstecker, der 1983, acht Jahre nach seinem Tod, in London bei afrokaribischen Feierlichkeiten auf dem Notting Hill Carnival erstanden wurde. Der Kult war weitergezogen, erst von Äthiopien nach Jamaika und nun zurück in eine der ältesten imperialen Hauptstädte Europas.

Wie konnte das geschehen? Europäer haben zu verschiedenen Zeiten auf militärische Macht, wirtschaftliche Überlegenheit und organisierte Missionstätigkeit gesetzt, um ihre Versionen des Christentums in die Welt zu tragen. Rastafari dagegen, so sagt William Henry, hat sich keines dieser Mittel bedient, sondern seine Überzeugungen überall auf der Welt auf deutlich sanftere, freundlichere Weise verbreitet:

> *Musik spielt für die Rastafaris eine zentrale Rolle. Sie ist das Vehikel, das Hauptmedium, um diese Botschaft zu verbreiten, denn bei näherem Hinsehen zeigt sich, dass die meisten Menschen auf der Welt Rastafari über die Musik kennen, am häufigsten durch Bob Marley. Der Reggae ist die wichtigste globale Stimme für die Unterdrückten.*

Die Reichweite dieser globalen Stimme ist enorm. Sie besingt Äthiopien als Zion, aber nicht als vertrauten Ort, an den die Vertriebenen zurückkehren können, so wie die Juden Jerusalem in Babylon besangen (→ Kapitel 28). Das Äthiopien der Rastafaris ist kein Nationalstaat mehr, der sich durch seine Religion definiert, sondern die Heimstatt des leidenden Geistes, zu der alle Zutritt haben und wo sie endlich Gott an ihrer Seite finden werden.

Äthiopien, das Zion der Rastafaris. Der Ort der Schlacht von Adwa, wo Äthiopier im März 1896 Italiener besiegten.

بود پادری ردلف از دانشوران نصاری بفهم و فطرت نشان یکتایی داشت دران بزم اگهی یکه طراز

Kapitel 25

Tolerieren, nicht tolerieren

Our Lady of Glory in Mumbai ist eine große römisch-katholische Kirche, die in bester englischer Gotik des 19. Jahrhunderts aus Backsteinen erbaut wurde. Steht man auf ihren Stufen, sieht man auf der anderen Straßenseite eine hellgrüne Moschee, deren Mauern wiederum an das Orange und Gelb eines Tempels für Hanuman, den hinduistischen Affengott, grenzen. Ein paar hundert Meter weiter links steht eine Synagoge, während in der anderen Richtung, etwa gleich weit entfernt, ein Feuertempel der Zoroastrier steht. Und noch ein kleines Stück weiter finden wir ein jinistisches Heiligtum und einen buddhistischen Tempel.

Was nach einer Art Themenpark der Weltreligionen klingt, ist in Wirklichkeit das ganz reale Mumbai, die kosmopolitische Wirtschaftsmetropole des heutigen Indien. Es ist eine vielsprachige, multiethnische und multireligiöse Millionenstadt, und sie wurde in den letzten dreihundert Jahren von Christen und Hindus, Parsen und Juden, Muslimen und Jinisten erbaut, die die meiste Zeit in harmonischer Koexistenz dicht beieinander lebten.

Im vorangegangenen Kapitel haben wir gesehen, wie eine einzige gemeinsame Religion einen Staat definieren und stärken kann, indem sie ihn von seinen Nachbarn abgrenzt. In Indien hingegen werden die großen Weltreligionen in größerer Zahl als irgendwo sonst auf der Welt Seite an Seite praktiziert. Viele würden jedoch behaupten, dass auch dieser Staat durch einen einzigen gemeinsamen Glauben zusammengehalten wird – den Glauben seiner Bürger an die pluralistische Gesellschaft. Das ist

Der muslimische Großmogul Akbar traf sich regelmäßig mit Anhängern anderer Religionen. Auf diesem Bild aus dem späten 16. Jahrhundert diskutiert er mit Jesuitenmissionaren.

nicht nur das Ergebnis einer seit langem gepflegten Toleranz, sondern ein positiver Glauben an eine spezifisch indische Form von Weltlichkeit. Während der Säkularismus in Europa im Grunde vielfach antiklerikal und oft das Ergebnis langdauernder Kämpfe gegen die politische Macht der katholischen Kirche ist (→ Kapitel 26 und Kapitel 28), gründet die indische Spielart nicht in der Feindseligkeit gegenüber religiösen Institutionen. Für den indischen Ökonomen und Philosophen Amartya Sen beruht dieser Säkularismus eher auf dem Prinzip der «Äquidistanz»:

> *Alle Religionen müssen toleriert und respektvoll behandelt werden. Säkularismus in seiner indischen Ausformung bedeutet somit nicht «keine Religion in staatlichen Angelegenheiten», sondern «keine Bevorzugung irgendeiner Religion gegenüber einer anderen».*

Das ist vermutlich die einzige Möglichkeit, um ein so riesiges Land mit so vielen Religionen friedlich zu regieren.

Diese Idee hat eine lange Geschichte, wie uns die Illustration einer Handschrift im British Museum vor Augen führt. 1598 mit hellen Wasserfarben gemalt, zeigt sie eine Szene aus dem hinduistischen Epos *Mahabharata*. In der Mitte sehen wir, an seinen Verwundungen sterbend und umgeben von knienden Begleitern, Bishma, einen heldenhaften Krieger, der für seine Tapferkeit berühmt war. Er spricht seine letzten Worte zum Gott Krishna, während hinter ihm Krieger und Reiter bestürzt in einer fantastisch anmutenden Felslandschaft stehen.

Diese Illustration einer hinduistischen Erzählung wurde jedoch nicht für einen hinduistischen Auftraggeber angefertigt, sondern für den muslimischen Mogulkaiser Akbar, in etwa ein Zeitgenosse von Elisabeth I., dessen riesiges Reich einen Großteil des Subkontinents nördlich des Flusses Godavari umfasste. Während Elisabeths englischer Staat durch die Übernahme eines exklusiven Protestantismus zusammengehalten wurde, war Akbars oberstes politisches Ziel ein bewusster religiöser Pluralismus. 1574 richtete er eine eigene staatliche Behörde ein, die die wichtigsten hinduistischen Schriften und Dichtungen ins Persi-

Der Tod Bishmas: Eine hinduistische Erzählung, 1598 illustriert für den muslimischen Großmogul Akbar.

جنگ ارجن و بهیم و سکندی با بهیکم پتامه و کشته شدن بهیکم پتامه بدست ارجن و سکندی

sche, die Sprache der Beamten am Mogulhof, übersetzen sollte, damit auch Muslime die Weisheit des Hinduismus besser begreifen konnten. Unser wunderschönes Gemälde ist ein kleiner, aber vielsagender Teil von Akbars pluralistischem Projekt.

Akbars Toleranz reichte tief – und weit. Sein Sohn Jahangir (dessen eigene Offenheit in Glaubensangelegenheiten später englische Besucher erstaunte) berichtete, unter der Regentschaft seiner Vaters sei «der Weg des Streits verschlossen gewesen. Sunniten und Schiiten versammelten sich in einer Moschee, Christen und Juden in einer Kirche und verrichteten ihre Art des Gebets.» Es ist der letzte Teil des Satzes, der vielleicht am bedeutsamsten ist. Niemand musste dem eigenen Glauben abschwören: Die Menschen übten ihre Religionen friedlich nebeneinander aus, wie das im damaligen christlichen Europa undenkbar gewesen wäre. Und viele hatten den Eindruck, dass Akbars Bemühen, andere Religionen zu verstehen, nicht nur politischem Kalkül entsprang. Der Hofhistoriker Abd al-Qadir Bada'uni behauptete, der Großmogul handle so aus «einer Überzeugung in seinem Herzen, dass es in allen Religionen vernünftige Menschen gebe ... Wenn also echte Erkenntnis überall zu finden war, warum sollte Wahrheit dann auf eine Religion beschränkt sein?»

Akbars kluger Verzicht (meistens) darauf, seinen Untertanen den eigenen muslimischen Glauben aufzwingen zu wollen, war – wie auch die respektvolle Äquidistanz gegenüber allen anderen Religionen, die in seinem Herrschaftsbereich praktiziert wurden – in Indien nichts Neues. Eine solche Haltung war erstmals in den in Stein gemeißelten Edikten des buddhistischen Kaisers Ashoka formuliert und verbreitet worden. Er hatte den Großteil Nordindiens 1800 Jahre früher, im 3. Jahrhundert v. u. Z., regiert und konnte wahrhaftig von sich behaupten: «Ich habe allen religiösen Sekten verschiedene Ehrungen zuteil werden lassen.»

Dieses inklusiven, großherzigen Ansatzes für die Regentschaft über Indien befleißigte sich pflichtschuldig sogar die fromme Christin Queen Victoria. 1858, achtzehn Jahre bevor sie den Titel einer Kaiserin von Indien verliehen bekam, hieß es in ihrer Proklamation britischer Herrschaft, es werde keinerlei «Einmischung in die religiösen Überzeugungen oder Glaubenspraktiken unserer Untertanen» geben. Missionstätigkeit (⟶ Kapitel 4) wurde zwar geduldet, aber mit Sicherheit nicht von staatlicher Seite unterstützt oder befördert. Nach Erlangung der Unabhängigkeit 1947 wurde dieses altehrwürdige Prinzip des säkularen, äquidistanten Staates dann in der Verfassung der Republik Indien verankert.

Eine der vielen Errungenschaften des Subkontinents in Sachen religiöser Toleranz lässt sich in einem etwas intimeren Maßstab auf einer runden, silbernen Tempelmünze bestaunen. Sie hat einen Durchmesser von etwa drei Zentimetern und wurde 1898 geprägt. Auf der einen Seite findet sich eine Inschrift auf Panjabi:

> *Es gibt nur einen Gott. Sein Name ist Wahrheit, Schöpfer, Person, er ist frei von Furcht, frei von Feindschaft, jenseits der Zeit, Seine Gestalt ist nicht aus einem Mutterschoß, er ist aus sich selbst strahlend durch des Guru Gnade zu erkennen.*

Silbermünze aus dem Goldenen Tempel von Amritsar: Guru Nānak, der Begründer des Sikhismus, sitzt zwischen einem hinduistischen und einem muslimischen Freund.

Der Guru, dessen Gnade uns dabei behilflich sein kann, zu diesem einen Gott zu gelangen, ist Guru Nānak, der Begründer des Sikhismus, der um 1500 lebte und lehrte. Und diese Worte sind die Anfangssätze des wichtigsten Textes dieses Glaubens, des *Gurū Granth Sāhib*, das das Denken der Gläubigen leitet. Auf der anderen Seite der Münze ist eine Szene abgebildet, die alle Sikhs kennen: Wir sehen Guru Nānak mit Krone und einem Heiligenschein, wie er mit zwei engen Freunden auf einem Teppich unter einem Baum sitzt. Zur Linken sitzt Mardānā, ein muslimischer Musiker, und spielt ein Instrument mit einem sehr langen Hals, das aussieht wie eine Laute, ein Geschenk von Guru Nānak. Der Freund zur Rechten ist Bālā Sindhu, ein Hindu, der einen Fliegenwedel in Händen hält. Sie lauschen der Musik, unterhalten sich aber auch.

Dieses eine Bild führt uns zum Kern der Lehren Guru Nānaks. Nachdem er im Alter von etwa dreißig Jahren eine religiöse Erscheinung gehabt hatte, soll er ausgerufen haben: «Es gibt keine Hindus, es gibt keine Muslime, es gibt nur Geschöpfe Gottes», – soll heißen: Der wahre Glauben übersteigt die verschiedenen Traditionen und Weisheiten der einzelnen Religionen. Er sitzt hier im Wortsinne gleich weit von seinen beiden Freunden entfernt und erläutert seine zentralen Vorstellungen der Großzügigkeit gegenüber denen, die weniger haben, des Dienstes an anderen und der Gleichheit aller vor dem einen Gott.

Tempelmünzen wie diese wurden Pilgern ausgehändigt, die das Zentrum des Sikh-Glaubens besuchten: den Sri Harimandir Sāhib, den Goldenen Tempel in Amritsar im indischen Bundesstaat Punjab, ein heiteres Meisterwerk symbolischer Glaubensarchitektur. Das Hauptgebäude ist von Wasser umgeben: In der Sikh-Tradition ist dieser See der Nektar der Unsterblichkeit. Anders als bei den meisten religiösen Bauten, die hoch oben stehen, so dass man zu ihnen emporsteigen muss, müssen die Gläubigen hier als Zeichen ihrer Demut angesichts des Göttlichen einige Stufen hinabsteigen. Der Sri Harimandir Sāhib selbst ist ein Tempel des Wortes. Hier werden keine Bilder angebetet. Stattdessen wird der heilige Text, der *Gurū Granth Sāhib*, den die Sikhs als lebenden Guru betrachten, jeden Tag bei Morgengrauen in den Tempel gebracht, wo er – nicht unähnlich der Tora oder dem Koran (→ Kapitel 20) – verehrt wird, wo seine Verse bis zur Abenddämmerung vorgelesen und gesungen werden und das ganze Zeremoniell via Lautsprecher in den gesamten Tempelbereich übertragen wird. Statt

Der Goldene Tempel von Amritsar.

eines Haupteingangs gibt es vier Eingänge, die in alle vier Himmelsrichtungen offen sind und die gesamte Menschheit willkommen heißen, alle, die eintreten wollen. Und das wollen sehr viele: Nicht weit entfernt vom Goldenen Tempel steht der Langar, ein riesiger Speisesaal, wo alle ganz gleich welcher Kaste oder Ethnie kostenloses Essen angeboten bekommen und manchmal 100 000 Menschen am Tag verköstigt werden. Dieser heilige Ort beeindruckt den Besucher als stille Hommage an die Werte des Guru Nānak im Besonderen und an die indische Tradition des Pluralismus ganz allgemein: Offenheit, Großzügigkeit, Toleranz, Einssein.

Professor Gurharpal Singh von der School of Oriental and African Studies in London erklärt die Bedeutung des Tempelbezirks für Pilger:

> *Der Goldene Tempel ist der wichtigste Anbetungsort für Sikhs, aber er ist noch viel mehr. Er symbolisiert den Glauben, die Anfänge der Sikh-Gemeinschaft und ihren Aufstieg zu einer einflussreichen Kraft in Nordindien. Der Goldene Tempel ist das Allerheiligste. Aber er ist auch ein Komplex, der die kulturellen, spirituellen und*

physischen Dimensionen der Geschichte dieser Gemeinschaft über die letzten 400 Jahre verkörpert.

Ein bedeutsames, schmerzliches Kapitel dieser Geschichte wurde 1984 geschrieben, als es zu blutigen Zusammenstößen zwischen der indischen Armee und militanten Verfechtern eines eigenen Sikh-Staates kam. Unter der britischen Kolonialherrschaft im 19. und frühen 20. Jahrhundert verfestigte sich Indiens geschmeidig-fluide religiöse Vielfalt zu Interessengruppen, die um staatliche Anerkennung und Gefälligkeiten konkurrierten, oder zu potentiellen Wählergruppen, als die Briten sich an begrenzte demokratische Experimente wagten. Auf allen Seiten, nicht zuletzt auf der britischen, verfochten die Anführer die (sehr europäische) Vorstellung, wonach sich Glaubensgemeinschaften in politischen Gruppierungen widerspiegeln sollten, ja bestimmte politische, gar territoriale Garantien verlangten: «Pakistan» für die Muslime des Subkontinents oder «Khalistan» für die Sikhs – beide Namen (der eine in Urdu, der andere in Panjabi) bedeuten «Land der Reinen».

Pakistan entstand schließlich im Gefolge der mörderischen Gewalt der Teilung 1947, die das Kernland der Sikhs im Punjab entzwei riss. Doch die Separatistenbewegung der Sikhs starb nicht aus. In den darauffolgenden Jahrzehnten zankten sich rivalisierende religiöse Parteien der Sikhs, während die Regierung in Delhi unentschlossen und wankelmütig wirkte. Im Juni 1984 verlangte ein militanter Sikh-Führer namens Jarnail Singh Bhindranwale, der früher von der Premierministerin Indira Gandhi unterstützt worden war, nun aber in Opposition zu ihr stand, die Einrichtung eines eigenen Sikh-Staates und hatte sich, scheinbar straflos, trotzig im Goldenen Tempel verschanzt. Als die Regierung, durch die separatistischen Forderungen alarmiert, schließlich gegen ihn vorgehen wollte, begann Bhindranwale den Goldenen Tempel gegen einen möglichen militärischen Angriff zu befestigen. Mark Tully, ein Rundfunkjournalist, der einen Großteil seines Lebens in Indien verbracht hat, war Zeuge dessen, was dann geschah:

Journalisten konnten mitverfolgen, wie sich Bhindranwales Befestigung des Goldenen Tempels vollzog. Die Menschen hatten damals Angst vor ihm, und deshalb

ließ die Geistlichkeit der Sikhs, insbesondere die im Tempel, dies zu. Als die indische Armee eintraf, um dem Ganzen ein Ende zu machen, ging sie fälschlicherweise davon aus, Bhindranwale werde sich sofort ergeben, sobald er sie anrücken sah. Doch er leistete Widerstand, und schließlich musste die Armee Panzer einsetzen, die auf Akhal Takht feuerten, das zweitheiligste Gebäude auf dem Gelände.

Indische Truppen bereiten sich im Juni 1984 auf die Erstürmung des Goldenen Tempels vor.

In den anschließenden Kämpfen wurden Bhindranwale und Hunderte seiner Anhänger getötet, aber auch Soldaten der indischen Armee und Sikh-Pilger, die zur Zeit des Angriffs dort weilten. Die Spuren der Schlacht sind noch heute im Tempelbezirk zu sehen. Es gibt ein eindrucksvolles Denkmal für die Sikhs, die bei den Kämpfen ums Leben kamen. An den Wänden des Goldenen Tempels finden sich Einschusslöcher, die jetzt mit Metallscheiben umgeben sind. An nahegelegenen Gebäuden kann man immer noch die Schäden erkennen, welche die Panzer verursachten.

Die Ermordung Indira Gandhis am 31. Oktober 1984: Rollbild eines bengalischen Wandererzählers.

Der Goldene Tempel wurde schließlich von der Armee gestürmt, es herrschte wieder Frieden. Das Gerede von Khalistan verstummte allmählich. Doch die Ereignisse der Operation Blue Star, wie die Regierungsoffensive gegen Bhindranwale im Goldenen Tempel hieß, hinterließen ein bitteres Vermächtnis. Beiden Seiten wurde vorgeworfen, sie hätten diesen heiligen Ort entweiht. Ein paar Monate später wurde Indira Gandhi von zwei ihrer Sikh-Leibwächter ermordet. In ganz Indien kam es daraufhin zu heftigen Gewaltausbrüchen gegen die Sikhs, und als die Ordnung endlich wiederhergestellt war, waren Tausende Sikhs tot und Zehntausende weitere waren aus Delhi in die relative Sicherheit des Punjab geflohen.

Schon rein äußerlich lässt sich am Goldenen Tempel ablesen, was geschah, als die menschlichen Ideale des Guru Nānak von der Politik religiöser Identität übermannt wurden. Der Gegensatz zwischen der heiteren und friedlichen Szenerie, die auf der Tempelmünze dargestellt ist, und den Narben, die noch immer an den Tempelmauern sichtbar sind, bezeugt sinnbildlich die Spannungen, die entstehen, wenn das starke Zugehörigkeitsgefühl, das aus gemeinsamen Glaubensüberzeugungen erwächst, für politische Zwecke missbraucht wird – und wenn der Zentralstaat sich gezwungen fühlt zu intervenieren.

Doch nicht nur die Sikhs sind in die Fänge politisch motivierter Gewalt geraten, sondern auch die beiden anderen Religionen, die auf unserer silbernen Tempelmünze zu sehen sind. Das dortige Bild des Guru Nānak mit Mardānā und Bālā Sindhu zeigt das Ideal einer friedlichen Koexistenz von Hindus und Muslimen, das in Indien nach der Unabhängigkeit nie ganz verloren ging, trotz der Teilung, ständiger Spannungen und sogar kriegerischer Auseinandersetzungen mit Pakistan. In den letzten Jahren ist es jedoch immer stärker unter Druck geraten, was nirgends so deutlich zu beobachten war wie in der Stadt Ayodhya, ein paar hundert Kilometer südöstlich von Delhi. Laut den heiligen Schriften der Hindus ist Ayodhya der Ort, an dem Gott zum Menschen wurde. Viele glauben fest daran, dass der große Gott Vishnu dort als Lord Rama (dem Protagonisten des *Ramayana*-Epos) inkarniert wurde, was Ayodhya zu einem besonders wichtigen heiligen Ort für Hindus macht, zu einem Ort, an dem es zu seinen Ehren einen großen Tempel geben sollte.

Doch wie Amartya Sen ausführt, ist die Situation deutlich komplizierter, und Texte wie das *Ramayana* sollte man mit einiger Vorsicht lesen:

> *Es gibt kaum Belege dafür, ob es eine Person namens Rama genauso, wie sie im* Ramayana-Epos *beschrieben wird, historisch überhaupt gegeben hat oder wo sie geboren wurde. Die Verbindung mit dem modernen Ayodhya ist sehr unsicher.*

Bis Anfang der 1990er Jahre war Ayodhyas berühmtestes Gebäude eine majestätische Kuppelmoschee, die sogenannte Babri-Moschee, die angeblich – die Beweislage ist reichlich dünn – von Babur, dem Großvater von Mogulkaiser Akbar, gebaut wurde. Heute gibt es dort keine Moschee mehr, sondern nur noch einen Trümmerhaufen auf einem der umstrittensten Grundstücke in Indien. Die «Moschee des Babur» wurde vermutlich auf den Grundfesten eines früheren Hindu-Tempels errichtet (auch wenn Archäologen nicht mit Gewissheit sagen

Hindu-Aktivisten stürmen am 6. Dezember 1992 die Babri-Moschee in Ayodhya.

können, welcher Gott dort verehrt wurde), der wahrscheinlich zu diesem Zweck abgerissen wurde.

Nachdem die Moschee errichtet worden war, betete die örtliche Hindu-Bevölkerung weiter auf diesem Gelände, und der Ort wurde zunehmend als Geburtsort Ramas verehrt. Die Spannungen zwischen Muslimen und Hindus schwelten jahrhundertelang vor sich hin, gelegentlich flammten sie auf und veranlassten die britische Kolonialverwaltung 1858, einen Kompromiss anzuordnen, dem zufolge Muslime weiter in der Moschee beteten, während die Hindus Ramas Geburtsort in einem abgezäunten Bereich auf dem Gelände verehrten. Doch der Konflikt dauerte fort, und 1949 sperrte die örtliche Bezirksregierung den gesamten Komplex für Muslime und für Hindus. Drei Jahrzehnte später, nach allerlei politischen Manövern, wurde die Moschee wieder für Gottesdienste geöffnet. Sie und das Gelände um sie herum wurden rasch zum Schauplatz gewaltsamer Zusammenstöße, und am 6. Dezember 1992 stürmten Hindu-Aktivisten das Gelände. Mark Tully war damals als Augenzeuge vor Ort:

> *Die ganze Sache erreichte ihren traurigen Höhepunkt, als sich eine große Zahl von Menschen zu einer hinduistischen Zeremonie in Ayodhya zusammenfand. Die Situation geriet außer Kontrolle, eine riesige Menge strömte in Richtung der Moschee und durchbrach dabei die Polizeiabsperrungen. Die Polizei schritt zunächst kaum ein, um das zu verhindern, und zog sich dann ganz zurück. Ich erlebte, wie die Sicherheit zusammenbrach. Über Telefon erstattete ich Bericht. Als ich zurückkam, herrschte völliges Chaos, die Menschen skandierten beleidigende, muslimfeindliche Parolen – sie wollten damit eindeutig die Muslime provozieren und den Anschein erwecken, als seien die Hindus wütend auf die Muslime. Die Menschen hatten damit begonnen, die Moschee zu demolieren, während andere Journalisten verprügelten.*

Binnen weniger als 24 Stunden hatte die Menge mit Stöcken, Hacken und Vorschlaghämmern die Moschee vollständig in einen Trümmerhaufen verwandelt. So gut wie nichts war von ihr übrig geblieben.

Besichtigt man diesen Ort heute, ist das eine beklemmende Erfahrung. Das gesamte Areal ist vollständig abgeriegelt mit drei verschiedenen Absperrungen

hintereinander, in die Wachtürme eingelassen sind – diese Konstruktion erinnert auf verstörende Weise an die alte innerdeutsche Grenze. Besucher müssen Uhren, Handys und andere elektronische Gerätschaften abgeben und zwei Metalldetektoren sowie drei verschiedene Leibesvisitationen passieren, ehe sie einen vergitterten Zugang betreten, der links und rechts von Soldaten flankiert ist und zickzackförmig verläuft, bevor er auf dem Gelände der zerstörten Moschee endet. Dort befindet sich in einem temporären Gebäude (das im Grunde ein großes Zelt ist) ein Schrein Ramas, der dessen angeblichen Geburtsort markiert. Die Pilger dürfen in dem vergitterten Gang kurz stehenbleiben für einen *darshan* – einen unmittelbaren Blick auf eine moderne Statue des Gottes – und eine Opfergabe. Beim Verlassen dieses militärisch gesicherten Schreins bekommen die Pilger heiliges Wasser und *prasad*, Opfergaben meist in Form von Süßigkeiten. An keiner Stelle merkt man, dass hier je eine Moschee gestanden hat.

Der anhaltende und immer erbittertere Streit um Ayodhya – welcher Gruppe soll das Gelände dort gehören? – ist inzwischen eine Sache von nationaler Bedeutung und beschäftigt sogar den Obersten Gerichtshof in Delhi. Nach mehr als zwanzigjährigem Rechtsstreit ist die Frage noch immer nicht endgültig geklärt, doch 2017 plädierten Lokalpolitiker für die Errichtung eines Hindutempels am Ort der Moschee – und ernteten dafür großen Beifall. Die Zukunft ist ungewiss, aber kaum etwas könnte eindrücklicher vor Augen führen, wie schwierig es für moderne Nationalstaaten ist, religiöse Konflikte in den Griff zu bekommen, wenn diese Glaubensüberzeugungen zu Markenzeichen gemeinschaftlicher Identität geworden sind und immer erbitterter artikuliert werden. Dieses Phänomen gewinnt überall auf der Welt an Intensität.

Viele befürchten, Indiens Ideale respektvoller Koexistenz, ein Leuchtfeuer aufgeklärten Denkens, das älter ist als jede europäische Aufklärung, würden nicht mehr mit der Überzeugtheit verfochten, wie das die Verfassung verlangt. Gurharpal Singh erläutert seine Besorgnis:

> *Ich glaube, wir erleben gerade eine sehr schwierige Zeit, in der das Verhältnis des Staates zum religiösen Pluralismus in der Gesellschaft höchst problematisch ist. Es gibt das vereinte Bemühen, den Indern staatlicherseits von oben herab eine*

Rama und Sita auf goldenen Thronen vor Ayodhya, wie sie sich ein Maler um 1800 vorstellte.

ganz bestimmte Identität zu verordnen, und das passt nicht so recht zum Glaubenspluralismus und zur religiösen Vielfalt, die Indien auszeichnen. Es bleibt abzuwarten, welche dieser Kräfte obsiegen wird. Mahatma Gandhi jedenfalls hat gesagt, die einzige Hoffnung bestehe im religiösen Pluralismus und in der Vielfalt Indiens.

Für Amartya Sen ist eine der Ursachen für die Ereignisse in Ayodhya eine Vermischung von Mythen und historischen Fakten, die Bereitschaft, literarische Texte wie das *Ramayana* wörtlich zu nehmen. Es handelt sich womöglich um die hinduistische Variante des zunehmenden Trends hin zur buchstäblichen Interpretation von heiligen Schriften, der wir in Kapitel 20 bereits im jüdischen und muslimischen Kontext begegnet sind:

Ganz wichtig wäre die Erkenntnis, dass wir die reiche Fülle der indischen Literatur – die Dichtung mit den darin enthaltenen Geschichten – nicht als Geschichtsschreibung betrachten dürfen. Und die Geschichte Ramas ist Teil der indischen Kultur, nicht nur der Hindukultur: Diese Geschichte hatte in Indien auch enorme Wirkung auf Buddhisten, Sikhs und sogar Christen und Juden, die sie gelesen haben.

Der indische Historiker Sunil Khilnani vom King's College in London sieht eine ähnliche Gefahr und befürchtet, in der Folge könnten die alten Traditionen Ashokas und Akbars ausgehöhlt werden:

Was wir in den letzten Jahren in Indien erlebt haben, ist eine Territorialisierung der Imagination, also der Versuch, sie fest mit bestimmten Orten zu verknüpfen. Das begann natürlich mit der Grenzziehung, mit der Teilung Indiens, und plötzlich gehörte Sprache der einen oder der anderen Religion. Und für einige Leute wurde das zum bestimmenden Faktor dafür, wie sie Religion sehen. Der Streit um Ayodhya hängt, so glaube ich, sehr eng mit der Entstehung des modernen Nationalstaats nach europäischem Vorbild zusammen. Das heißt, ein Land oder ein Territorium gehört zu einer Kultur oder Sprache oder Religion, und deshalb darf eine Gruppe vorrangig darüber bestimmen, was wo gebaut wird. Indien hat sich an einem andersgearteten Modell des Nationalstaats versucht, und dieses Modell ist in vielerlei Hinsicht einzigartig. Es gründet stärker auf einer tiefreichenden Geschichte des Verhältnisses zwischen politischer Macht und Glauben in Indien, die viel älter ist als der Nationalstaat.

Zu Beginn dieses Kapitels haben wir das elisabethanische England mit dem Indien Akbars verglichen. Westeuropa hat sich heute, nach jahrhundertelangen Konflikten, fast vollständig von der Vorstellung verabschiedet, ein Staat definiere sich über einen gemeinsamen Glauben, und seit dem 18. Jahrhundert stetig in Richtung der inklusiven Grundprinzipien Ashokas bewegt. Es wäre eine bittere Ironie der Geschichte, wenn sich Indien genau in diesem Moment in die entgegengesetzte Richtung entwickeln würde.

TEIL VI

IRDISCHE MÄCHTE, HIMMLISCHE MÄCHTE

«Dein Reich komme»: Diese Worte sind uns heute so vertraut, dass wir darüber fast vergessen haben, dass sie nach nichts Geringerem verlangen als nach einer Welt, die unmittelbar von Gott regiert wird. In diesem Abschnitt werfen wir den Blick auf Versuche, ein solches Königreich herbeizuführen. Doch wie gedeihen Glaubensgemeinschaften, bevor dieser Tag gekommen ist, in Gesellschaften, die notgedrungen von Politikern gelenkt werden? Religiöse Lehren können die Macht der Herrschenden stützen, aber auch genutzt werden, um sie zu verantwortlichem Handeln anzuhalten. Den Nationalstaat zu stärken, indem man einen nationalen Glauben – oder auch einen nationalen Atheismus – verordnet, war stets sehr verlockend, brachte aber auch große Probleme mit sich. Doch trotz aller Schwierigkeiten währt der Traum von einer himmlischen Stadt, die irgendwie auf Erden errichtet wird, bis heute fort.

Kapitel 26

Das Mandat des Himmels

So wie Salomon gesalbt ward
durch Zadok, den Priester, und Nathan, den Propheten,
so sollst auch du gesalbt, gesegnet und gebenedeit sein
als Königin über die Völker, die zu lenken und regieren
der Herr, dein Gott, dir aufgetragen hat,
im Namen des Vaters, des Sohnes und des Heiligen Geistes. Amen.

Westminster Abbey, 2. Juni 1953. Der Erzbischof von Canterbury gießt während der Krönungszeremonie geweihtes Öl auf Hände und Haupt von Elisabeth II. Wie die biblischen Könige Israels ist sie die Gesalbte des Herrn – heutzutage im Übrigen als Einzige unter den europäischen Monarchen. Wer dieser Zeremonie beiwohnte, konnte nicht anders als bewegt sein von der Idee des Souveräns, der ein ganz schlichtes Gewand trug und nun mit der ganzen diesseitigen Macht des Allmächtigen ausgestattet und in dessen Namen gesalbt wurde. Der Chor singt Händels Krönungshymne «Zadok the Priest», so wie bei jeder Krönung seit der von Georg II. 1727, für die diese Musik komponiert wurde. Der Erzbischof beschwört Salomon, den weisesten aller Monarchen, erwähnt aber auch Nathan – den hebräischen Propheten, der im Buch Samuel Salomons Vater, den großen König David, tadelte und mittels einer Parabel dazu aufforderte, seinen Machtmissbrauch zu bekennen und Buße zu tun. Um in den Augen eines Volkes ein Anführer zu sein, musste

Königin Elisabeth II. nach ihrer Krönung 1953, mit Reichsapfel und Szepter, fotografiert von Cecil Beaton.

man, historisch betrachtet, in den meisten Gesellschaften vor allem in den Augen Gottes der Anführer sein. Göttliche Unterstützung und Bestätigung war für die Idee der Monarchie üblicherweise zentral, doch das göttliche Recht geht mit einer gleichermaßen göttlich sanktionierten Verpflichtung gegenüber dem eigenen Volk einher: Der Gewährung von Macht entspricht die Bestrafung für einen eventuellen Vertrauensbruch. Nathan erinnerte David daran, dass ein König – oder eine Königin – vor Gott einen Eid leisten und dieses eidliche Versprechen halten muss.

Das bestimmende Bild von der Krönung der Queen ist das der jungen Monarchin, die soeben ihren Eid abgelegt hat und nun mit ihrer neuen, schweren Krone dasitzt, Szepter und Reichsapfel in der Hand – den Insignien geistlicher und weltlicher Macht. Beide werden zusammen mit den Kronjuwelen im Tower von London aufbewahrt. Im British Museum jedoch findet man diese beiden Ausdrucksformen von Souveränität in einem *einzigen* Szepter vereint – oder genauer: in einem Amtsstab. Dieser Stab, der gut einen Meter lang, aus Messing gegossen und rund 200 Jahre alt ist, weist an drei entscheidenden Stellen Auswölbungen auf, und zwar in Gestalt von Figuren, die die eigenständigen Dimensionen der Macht des Souveräns repräsentieren. Jede dieser Figuren ist mit fein gearbeiteten Musterungen verziert, das Messing fachmännisch gegossen, so dass es eine große Vielfalt an Maserungen andeutet. Zusammen zeigen die drei Figuren, was es heißt, in Afrika ein von Gott bestimmter Monarch zu sein.

Ganz oben befindet sich der König, der in jeder Hand einen Leoparden hält und aus dessen Nasenlöchern zwei Lungenfische kriechen. Unter seinem Fuß sitzt ein Frosch zwischen zwei kleinen, abgeschlagenen Menschenköpfen. Der König, den wir hier sehen, hat eine stilisierte Ähnlichkeit mit dem «Oba» Benins, Herrscher über ein mächtiges Königreich im heutigen Südnigeria, dessen Hauptstadt Edo (heute Benin-Stadt) rund 500 Kilometer östlich von Lagos lag. Auf seinem Höhepunkt im 16. Jahrhundert herrschte Benin über ein großes, reiches und straff organisiertes Imperium; und es blieb bis Anfang des 20. Jahrhunderts eine bedeutende Macht.

Der aus Messing gefertigte Amtsstab des Oba Benins, der ihn als Herrscher über alles und als Herrn über Leben und Tod zeigt (18. oder 19. Jahrhundert).

Osaren Ogbomo, Messinggießer aus Benin-Stadt, erklärt die

Bedeutung der verschiedenen Figuren, die auf dem Stab dargestellt sind:

> *Das alles symbolisiert das Gewicht des Landes (die Leoparden) und des Meeres (die Fische). Der Oba ist für all diese Dinge verantwortlich, denn wir glauben, der Oba von Benin ist der irdische Gott. Jeder Mann und jede Frau in Benin weiß, dass der Oba ein Stellvertreter Gottes auf Erden ist.*

Die Figur in der Mitte des Stabes, etwas unterhalb des Oba, ist befremdlich: Es handelt sich um einen Mann ohne Torso – um den Kopf eines Menschen, dem Arme aus der Kopfhaut und Beine aus den Wangen ragen.

> *In Benin, in meiner Sprache, nennen wir ihn «Ofoe nuku Ogiuwu», den Todesboten. Wer gegen den Oba, wer gegen seine Gesetze ist, der wird Besuch von Ofoe nuku Ogiuwu bekommen. Wer sich den Gesetzen des Landes verweigert, der spielt mit seinem Leben.*

Die dritte Figur, im unteren Teil des Stabes, ist ein Kopf mit vollen Lippen, die geschürzt sind, als setze er gerade zum Sprechen an; auch bei dieser Figur kommen Lungenfische aus den Nasenlöchern:

> *Das ist der oberste Priester des Osun-Schreins; er ist der Gottheit gewidmet, die dem Oba dabei behilflich ist, die gesamte Gemeinschaft zu kontrollieren. Sämtliche Gottheiten haben ihren eigenen Priester. Und jeder Priester bekommt seine Macht vom Oba.*

Wir verfügen über keine schriftlichen Quellen aus Benin selbst, die uns verraten, was genau der Oba mit diesem Stab gemacht hat, doch aus den Schilderungen europäi-

scher Besucher wissen wir, dass er, wie sich an diesem Stab ablesen lässt, religiöser und politischer Führer zugleich war. So berichteten beispielsweise portugiesische Reisende Mitte des 16. Jahrhunderts, der Oba speise nie in der Öffentlichkeit, denn seine Untertanen glaubten, er sei ein Gott und könne deshalb ohne Nahrung überleben. Für seine Autorität war es von entscheidender Bedeutung, diesen Glauben aufrechtzuerhalten.

Der Oba verfügte über umfassende Macht, sie reichte vom Handel und den Tributzahlungen bis zu Steuern und Justiz. Soweit wir seine Rolle ohne schriftliche Quellen rekonstruieren können, scheint er zu Beginn im Wesentlichen eine Art Kriegsherr gewesen zu sein, erst in späteren Jahrhunderten nahm er sich immer weiter zurück und wurde zu einer Persönlichkeit, die religiöse Riten vollzog, zum Garanten einer sicheren und glücklichen Interaktion zwischen menschlicher und spiritueller Welt. Im späteren 19. Jahrhundert erhoben europäische Kaufleute und Kolonisatoren – allen voran die Briten – immer aggressiver Anspruch auf das Territorium Benins. 1897 kam es schließlich zum blutigen Showdown. Eine britische Delegation wurde auf dem Weg nach Benin-Stadt angegriffen, und als Vergeltung befahl London eine «Strafexpedition». Das Gebiet wurde besetzt und ein Großteil von Benin-Stadt zerstört. Die britische Armee nahm Unmengen an Kunstgegenständen mit, darunter viele exquisit gestaltete Messingskulpturen, die allgemein (wenn auch nicht ganz zutreffend) als «Benin-Bronzen» Bekanntheit erlangten. Sie wurden zumeist auf Auktionen versteigert und sind heute in Museen auf der ganzen Welt verstreut.

Vor 1897 war der Export von Messinggegenständen verboten gewesen – deswegen erregten die von den britischen Truppen geraubten und verkauften Skulpturen großes Interesse bei Wissenschaftlern, als man sie in der Welt da draußen erstmals zu Gesicht bekam.

Das Königreich Benin wurde in die britische Kolonie – und spätere Republik – Nigeria eingegliedert. Doch das Amt des Oba hat sich bis heute erhalten, und er spielt im rituellen und spirituellen Leben seines Volkes nach wie vor eine wichtige Rolle.

Wie die Tiere auf diesem Amtsstab vermuten lassen, bildet die Verschmelzung des Natürlichen und des Übernatürlichen in der Person des Oba einen zentralen Aspekt seiner Königsherrschaft. Man glaubt, er verstehe besser als jeder andere die Gottheiten und Mächte, die die Welt regieren, und sei deshalb in der Lage, sie zu lenken und so Schaden von der Gemeinschaft abzuwenden. Der Stab des Oba ist unter anderem dazu gedacht, diese Vorstellungen in einem öffentlichen Kontext zu bekräftigen, indem der Herrscher mit Tieren in Verbindung gebracht wird, die eine bestimmte Bedeutung haben. Afrikanische Lungenfische etwa können längere Zeit an Land wie auch im Wasser leben und signalisieren damit, dass auch der Oba zwischen den Elementen hin und her wechseln kann, dass er Macht über Land und Meer hat.

Der Oba Benins mit Fischen und Leoparden, der spirituell über Land und Meer herrscht. Diese Tafel aus dem 16./17. Jahrhundert, die seinen Palast zierte, wurde im Zuge des Kommandounternehmens 1897 von britischen Truppen geraubt.

In jeder Hand hält der Oba einen Leoparden. Dr. Charles Gore von der School of Oriental and African Studies erklärt, was es damit auf sich hat:

> *Der Leopard ist das mächtigste Tier im Wald und kann jedes andere Tier töten. Ähnlich ist der Oba von Benin das politische und geistliche Oberhaupt des Königreichs, und er hat als Einziger das Recht, über Leben und Tod seiner Untertanen zu entscheiden. Die Menschen können sich dem König nicht widersetzen, weil er nicht auf die gleiche Weise menschlich ist, wie seine Untertanen es sind. Er ist Teil der natürlichen Welt.*
>
> *Und dann sind da die beiden abgeschlagenen Köpfe und der Frosch. Vor 1897 war das Opfern von Tieren, unter bestimmten Umständen auch von Menschen wichtig, um die metaphysischen Energien auf der Welt freizusetzen. Die Tatsache, dass Menschenköpfe geopfert werden, symbolisiert die Fähigkeiten und die Macht des Königs, sie ist Ausdruck der Vorstellung, wonach allein der König Herr über Leben und Tod seiner Gemeinschaft ist.*

Allein schon das Material, aus dem der Stab gefertigt ist, ist Ausdruck königlicher Macht. Noch einmal Charles Gore:

> *Mit Blei legiertes Messing, Bronze, Elfenbein und Korallen zersetzen sich nicht in einem tropischen Klima, in dem es 90 Prozent des Jahres sehr feucht ist und wo es Insekten gibt, die ein Stück Holz innerhalb weniger Jahre auffressen und zerstören. Die Verwendung dieser Materialien gibt zu verstehen: Auch das Königtum ist beständig und unzerstörbar. Es wird so lange Bestand haben wie diese Materialien. Jeder Besucher von Obas Palast wäre überwältigt von einer Vielzahl an Gegenständen aus diesen Materialien, die dem Wandel widerstehen, die von Dauer sind.*

Und tatsächlich hat die Monarchie Benins, wie das Messing, überdauert. Am 20. Oktober 2016 fand vor einer riesigen und begeisterten Menschenmenge die Krönung des gegenwärtigen Oba statt. Er hat nicht mehr die Macht über Leben und Tod, und seine Untertanen sind heute zumeist Christen oder Muslime, doch wird er, rituell in sein altehrwürdiges Amt eingeführt, noch immer als Vater seines Volkes tief verehrt.

Der Stab des Oba sollte die absolute Macht unterstreichen, die ihm aufgrund seines göttlichen Wesens gegeben war: Er herrschte wie ein Gott und mit den Göttern, denn er war in gewisser Weise einer von ihnen. Im British Museum findet sich noch ein weiterer großartiger Gegenstand aus Metall, der freilich von einer ganz anderen Vorstellung davon zeugt, unter welchen Bedingungen ein Herrscher sein Amt unter dem Himmel bekleidet – einer Vorstellung, die darauf beharrt, dass königliche Macht nicht absolut ist, sondern unter strengen Voraussetzungen ausgeübt wird und in hohem Maße von der Leistung dessen, der sie ausübt, abhängt.

Diese großartige *gui*, ein rund vierzig Zentimeter großer runder, bauchiger Kochtopf, wurde zwischen 1000 und 800 v. u. Z. in China angefertigt und aus Bronze gegossen. Man hat ihn wahrscheinlich für die Zubereitung ritueller Mahlzeiten für die Toten verwendet – diese waren ein wichtiger Bestandteil der chinesischen Zeremonien der Ahnenverehrung (→ Kapitel 6). Er verfügt über vier große Henkel, die die Außenseite des Topfes in separate Abschnitte unterteilen. Auf jedem von ihnen findet sich, als Flachrelief eingraviert, ein Fabelwesen, ein schematisierter, verspielter, geometrischer Elefant, der zumindest andeutungsweise etwas Drachenhaftes hat. Das sind meisterhafte Metallarbeiten, die zu dieser Zeit nur an einem Ort der Welt ausgeführt werden konnten, nämlich in China.

Für unsere Zwecke viel interessanter aber ist die Innenseite dieses wunderbar gearbeiteten Gefäßes; denn dort finden wir eine Inschrift, die belegt, dass einem Marquis oder Markgrafen von einem König der noch recht jungen Zhou-Dynastie bestimmte Rechte gewährt wurden. In ihr ist zunächst von den rituellen Verpflichtungen gegenüber den Ahnen die Rede, und dann wird die unbestreitbare Quelle königlicher Macht genannt – er wird als Sohn des Himmels bezeichnet. Das wirkt auf den ersten Blick so, als sei es gar nicht so weit entfernt von der göttlichen Bestätigung, die sowohl Elisabeth II. als auch dem Oba von Benin zuteil wurde. Doch dann folgt ein für Europäer ungewohnter Gedanke:

> *Wir legen unsere Hände überkreuz und neigen unser Haupt, um den Sohn des Himmels zu preisen für den Erweis seiner Gunst und seinen Segen. Möge der Hohe Ahn das Mandat für die Existenz der Zhou nicht beenden.*

Dieser *gui* ist der früheste uns bekannte Beleg einer Vorstellung von Führung und Führerschaft, die in China seit 3000 Jahren vorherrscht. Die Zhou-Dynastie hatte ihre Rivalen besiegt und war um 1050 v. u. Z. an die Macht gekommen. Das, so behaupteten sie, sei ihnen nicht nur deshalb gelungen, weil sie, wie so viele neue chinesische Herrscher, auf dem Schlachtfeld siegreich gewesen waren, sondern weil sie über ein Mandat des Himmels verfügten. Und das Bemerkenswerte an unserem Topf ist: Die Zhou hatten das Gefühl, sie müssten dafür beten, dass ihnen dieses Mandat nicht wieder entzogen wurde.

Für Yuri Pines, Professor für Asian Studies an der Hebräischen Universität Jerusalem, ist das eine höchst ungewöhnliche Vorstellung vom göttlichen Recht eines Monarchen:

> *Das Recht zu herrschen kann einem wieder weggenommen werden. Wenn sich unsere Nachfahren schlecht benehmen, so sagen uns Inschriften wie diese, wenn sie das Volk unterdrücken oder das gute politische System verkommen lassen, dann wird der Himmel*

Ein bronzener Zeremonialtopf, der zwischen 1000 und 800 v. u. Z. in China gegossen wurde (*links*).
Im Innern findet sich eine Inschrift, die den König als Sohn des Himmels bezeichnet, der kraft eines «widerrufbaren» Mandats des Himmels herrsche (*rechts*).

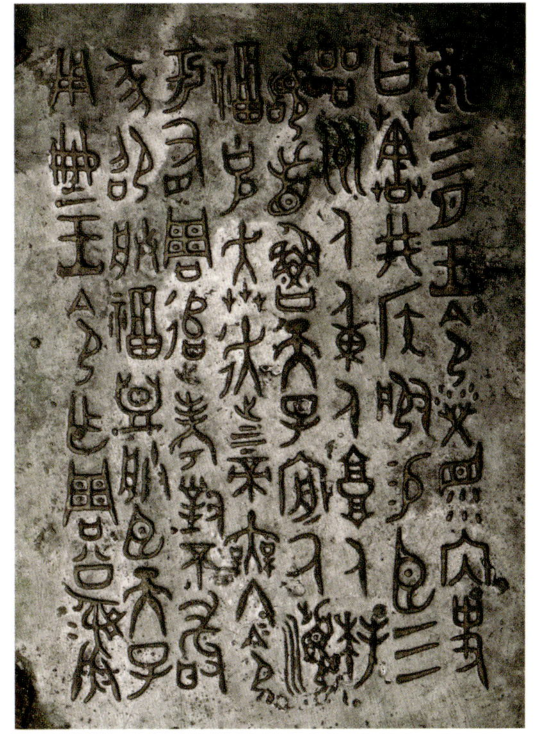

uns ersetzen und das Mandat jemandem anderen übergeben. Das ist das eigentlich Neue daran: Die Zhou sagen, dass die Gnade des Himmels nichts Selbstverständliches ist.

Christliche Monarchen in Europa, die «von Gottes Gnaden» regierten, waren der Überzeugung, ihre Macht als Herrscher stamme von dem gleichen Gott, zu dem ihr Volk betete. Mit dem chinesischen Mandat des Himmels verhielt es sich gänzlich anders:

In China ist die Religion, die die Rolle des «Sohnes des Himmels» (des Kaisers) heiligt, keine Volksreligion, nicht die Religion der Massen, sondern vielmehr die Privatreligion des Kaisers und seiner engsten Vertrauten. Es gibt keine Priester, die behaupten, im Namen des Himmels zu sprechen. Es gibt keine Konfrontation, wie wir sie in den abrahamitischen Religionen finden, wo Propheten (wie Nathan) den Königen verkünden: «Tut mir leid, Gott hat mir gesagt, dass du unrecht hast.» In China bekundet der Himmel seinen Willen üblicherweise durch Vorzeichen und Zau-

bertränke, die dann gedeutet werden, oder mittels Rebellionen und Unzufriedenheit des Volkes.

Diese spezifisch chinesische Vorstellung von göttlichem Recht, die auf der Innenseite unseres *gui* festgehalten ist, maß solchen Unmutsbekundungen des Volkes große Bedeutung bei. Das hieß nicht, dass man jedem Aufstand wohlwollend sein Ohr lieh. Aber es gab Gelehrte am kaiserlichen Hof, deren Aufgabe es war, den Willen des Volkes zu erkennen – und durch ihn den Willen des Himmels. Wenn ausreichend viele Menschen über eine längere Zeit genügend Missfallen bekundeten, konnten die Gelehrten zu dem Schluss kommen, dass die Zeit des Herrschers abgelaufen war, dass der Himmel sich mit Missfallen von ihm abgewandt hatte – oder, mit den Worten der Inschrift, die im Innern unseres *gui* versteckt ist, dass der Hohe Ahn das Mandat beendet hatte.

Man könnte nun erwarten, dass eine Idee wie die vom Mandat des Himmels den atheistischen Grundsätzen des kommunistischen Regimes im heutigen China vollständig zuwiderläuft. Doch dem ist keineswegs so. Das Mandat war stets ebensosehr politische Philosophie wie religiöses Ideal: Das Regime weiß, dass eine widerspenstige Bevölkerung letztendlich in der Lage sein wird, selbst die zu stürzen, deren Macht unanfechtbar erscheint.

Glaubt man Yuri Pines, so ist es der kommunistischen Lehre nicht gelungen, diese Vorstellung aus der Welt zu schaffen, und ihr Fortbestehen ist möglicherweise der Grund dafür, dass man das heutige China im Westen falsch einschätzt, und für die Unterschiede zwischen russischem und chinesischem Kommunismus verantwortlich:

Die Vorstellung, Unzufriedenheit beim Volk sei ein Hinweis auf mangelnde Legitimität der Regierung, ist noch immer sehr wirkmächtig. Wenn die Menschen hochgradig unzufrieden sind, dann muss die Regierung das ernst nehmen und irgendwie ihre Politik ändern. Folge dieses Denkens ist ein System, das deutlich flexibler ist und viel stärker auf die Meinung der Bevölkerung achtet, als man das üblicherweise bei autoritären politischen Systemen erwarten würde.

Die Idee von einem Mandat des Himmels ist heute womöglich sogar wichtiger als in der Vergangenheit, denn theoretisch ist die Kommunistische Partei die Partei des Volkes. Gelinde ausgedrückt könnte man sagen: Wahlen sind in China nicht besonders wichtig. Ganz anders sieht es mit dem Ausmaß der Zufriedenheit mit der Regierung aus, das bei der Bevölkerung herrscht. In China haben die Menschen nicht wirklich die Möglichkeit, jemanden abzuwählen, aber sie haben eine viel mächtigere Waffe: Wenn sie aufbegehren, bedeutet das für das gesamte politische System eine Katastrophe. Insofern sollte man tunlichst jeden Tag darauf achten, was die Menschen wollen, und die ganze Zeit daran denken, dass das Mandat des Himmels nicht für immer ist – selbst wenn diesen Begriff offiziell natürlich niemand verwendet.

Maos Nachfolger erkannten, dass einige der zerstörerischsten Aspekte seiner Herrschaft – die Hungersnöte des Großen Sprungs nach vorn oder die chaotische Gewalt der Kulturrevolution – das Land jeweils an den Rand eines weiteren Aufstands gebracht hatten. Deshalb schlugen sie nach dieser Lesart in den Jahrzehnten nach Maos Tod eine radikal andere Richtung ein und bewahrten sich damit nicht nur ihre Macht, sondern auch ihr Mandat zu herrschen.

In Großbritannien werden heutzutage die Salbung der Queen und die sakramentale Dimension ihrer von der Verfassung vorgesehenen Funktion oft vergessen. In Russland und den Vereinigten Staaten hingegen spielt der christliche Gott in der heutigen Politik eine nicht zu übersehende Rolle. Sowohl Wladimir Putin als auch Donald Trump präsentieren sich ihrem Volk als starke Männer, denen die Gnade göttlicher Macht zuteil wurde. Putins Herrschaft ging mit einem Wiederaufleben der russisch-orthodoxen Kirche einher, die mit seinem Regime kooperiert und als deren treuer Anhänger der Staatschef sich gerne demonstrativ präsentiert (→ Seite 483). Und die Amtseinführung von US-Präsident Trump 2017 war ein beinahe religiöses Fest mit Kirchenchören und multireligiösen Gebeten. «Es soll keine Angst geben», versprach der neue US-Präsident der Nation. «Wir werden beschützt und wir werden immer beschützt sein ... von den großartigen Männern und Frauen unserer Streitkräfte und unserer Strafverfolgungsbehörden. Und vor allem anderen werden wir beschützt sein durch Gott.»

Kapitel 27

Dein Reich komme

By the rivers of Babylon –
there we sat down; and there we wept
when we remembered Zion.

An den Strömen von Babel,
da saßen wir und weinten,
wenn wir an Zion dachten.

Unter all den Hits der modernen Popmusik gehören die Verse aus Psalm 137 mit Sicherheit zu den unerwartetsten. 1970 machte eine jamaikanische Reggaeband namens Melodians aus der Klage der Juden, die sich in der Gefangenschaft nach Zion – dem verlorenen Jerusalem – sehnten, einen Rastafari-Song der Hoffnung. Im Zuge dessen schufen sie einen der populärsten Black Spirituals. Zwar wurde das Lied von der jamaikanischen Regierung zunächst verboten, weil man es für gefährlich subversiv hielt – bis man sie darauf hinwies, dass ein Großteil des Textes unmittelbar der Bibel entnommen war –, doch im Laufe der Jahre fand es immer größere Verbreitung, und 1978 eroberte der Song, gesungen von der deutschen Popgruppe Boney M., überall in Europa die Hitparaden. Doch die Sorge der jamaikanischen Regierung war durch-

«Wie könnten wir singen die Lieder des Herrn, / fern, auf fremder Erde?» Der deutsch-jüdische Künstler Eduard Bendemann malt die gefangenen Juden im Exil, die an den Strömen Babylons saßen und weinten.

aus begründet: Religiöser Glauben ist oftmals subversiv, und in der heiligen Schrift geht es nur selten darum, den Status quo zu wahren. Die Erinnerung an Zion ist seit mehr als 2500 Jahren Gegenstand nicht nur eines Songs, sondern politischen Handelns.

Im Jahr 587 v. u. Z. eroberte Nebukadnezar, König von Babylon, Jerusalem. Er zerstörte und plünderte den Tempel, das Herzstück jüdischer Gottesverehrung und ritueller Opfer, der gut 400 Jahre zuvor von König Salomon erbaut und ausgeschmückt worden war. Viele tausend Juden wurden nach Babylonien verschleppt, an dessen Strömen – den Kanälen des Euphrat – sie von dem Tag träumten, da sie ins Land ihrer Väter zurückkehren und in einem wiederaufgebauten Tempel beten würden. Bis es so weit war, würden sie ihr Exil geduldig ertragen und die wehmütige Frage des Psalmisten wiederholen: «Wie könnten wir singen die Lieder des Herrn, / fern, auf fremder Erde?» Die Vorstellung von Zion, einem erinnerten oder imaginären Ort, an dem Gottes auserwähltes Volk seinen Gott angemessen und frei von der Tyrannei der Mächtigen verehren kann, wurde zu einem bleibenden Strang jüdischen Denkens und später aller drei abrahamitischen Religionen.

Die Lieder der Juden, die nach Babylon verschleppt worden waren, fanden natürlich bei afrokaribischen und afroamerikanischen Christen ein besonderes Echo, denn auch sie waren die Nachfahren von Sklaven, die zwangsweise ins ferne Exil gebracht worden waren, und die Tradition der Black Spirituals ist stark von den hebräischen Psalmen der Klage und der Befreiung geprägt (→ Kapitel 10). Seit den 1930er Jahren gingen Rastafaris noch weiter: Sie hofften, dem zu entkommen, was sie als das «Babylon» weißer Kolonialunterdrückung in ehemaligen Sklavengesellschaften wie Jamaika betrachteten, und in einem afrikanischen Zion, das eher Fantasieprodukt denn konkrete Erinnerung war, eine gerechte Gesellschaft aufzubauen (→ Kapitel 24).

Die Hoffnungen der Juden im Exil wurden von unerwarteter Seite erfüllt. Im Jahr 539 v. u. Z. eroberte der Perserkönig Kyros Babylon. Er erlaubte den verschleppten Juden, voller Freude nach Jerusalem zurückzukehren, die Stadt und – noch wichtiger – den Tempel wiederaufzubauen, um dort wieder zu Gott zu beten und ihm Opfer zu bringen. Doch die Exilerfahrung hinterließ tiefe Spuren, spirituell wie biblisch. Über Jahrtausende träumten Muslime und

Christen wie die Juden unablässig davon, in einem Land zu leben, wo sie ihren Hoffnungen und Idealen politisch Ausdruck verleihen konnten, wo Gottes Wille, wie er in der Schrift offenbar wurde, die Gesellschaft bestimmte. Die meisten gaben sich damit zufrieden, zu warten und zu beten, bis zu gegebener Zeit – wenn die «Fülle der Zeit» gekommen ist – das Königreich Gottes hier auf die Erde kommt. Einige aber haben versucht, die Sache zu beschleunigen und zu den Waffen gegriffen; und so gut wie jedes Mal endeten diese Versuche in einem fürchterlichen Gemetzel. Das sollte allerdings nicht wirklich überraschen: Das Reich Gottes hier auf Erden zu vollenden bedeutet unausweichlich, dass man bestehende Machtstrukturen stürzen muss, und die geben sich nun einmal nicht kampflos geschlagen. Und die letzten Verse von Psalm 137 rufen auf beklemmende Weise in Erinnerung, dass diejenigen, die Zion errichten wollen, oftmals erschreckend begierig darauf sind, an denen, die dem im Wege stehen, grausame Vergeltung zu üben.

Tochter Babel, du Zerstörerin!
Wohl dem, der dir heimzahlt, was du uns getan hast!
Wohl dem, der deine Kinder packt
und sie am Felsen zerschmettert!

Solche blutvergießende Gewalt im Namen des Glaubens lässt sich zigfach in der europäischen Geschichte beobachten, vor allem während der Reformation, als Eiferer auf allen Seiten versuchten, ihre jeweilige Vorstellung vom Reich Gottes durchzusetzen. In Genf und Zürich war die radikale Reformation bestrebt, diese Städte jeweils in ein neues Jerusalem zu verwandeln, und wollte jeden dazu zwingen, dessen Bürger zu sein. In Münster, wo sich der charismatische Anführer der Täuferbewegung selbst mit König David in Jerusalem verglich, wurde eine brutal aufgezwungene religiöse und gesellschaftliche Revolution in Vorwegnahme des Jüngsten Gerichts von den etablierten Mächten blutig niedergeschlagen.

Die Regierung in Jamaika lag 1970 gar nicht so falsch mit ihrem Verdacht: In solchen Träumen von Zion lassen sich Politik, Religion und Gewalt nicht voneinander trennen. Zwei Objekte im British Museum, eines jüdisch, eines islamisch, erzählen von dem hohen menschlichen Preis, den die Errichtung des Himmelreichs auf Erden forderte.

Jerusalem selbst, das Zion des Liedes und der Sehnsucht in Babylon, ist vielleicht das am erbittertsten umkämpfte Stück Land in der Menschheitsgeschichte. Die tragischen Konflikte von heute sind nur die jüngste Phase in einem Kontinuum, das sich über Jahrtausende erstreckt und zu dem Briten und Babylonier, Araber, Kreuzfahrer, Perser, Ägypter und, mit der größten systematischen Brutalität, Römer gehören.

Das Palimpsest des Glaubens: Der Tempelberg in Jerusalem, Standort des jüdischen Tempels, der im Jahr 70 von den Römern zerstört wurde, mit dem Felsendom und der Klagemauer.

Um das Jahr 60 v. u. Z. hatten die Römer weitgehend die Kontrolle über die Gegend um Jerusalem übernommen, einen strategisch wichtigen Knotenpunkt zwischen Ägypten und Persien, und waren rasch zu einer Übereinkunft mit den örtlichen jüdischen Machthabern, zivilen wie religiösen, gekommen. Ergebnis war ein jüdischer Marionettenkönig, und die Elite vor Ort kam unter einer römischen Besatzung, die den Menschen

Auf dem Titusbogen in Rom tragen römische Soldaten die goldene Menora, die aus dem Tempel in Jerusalem geraubt wurde, den Titus im Jahr 70 zerstören ließ.

Steuern abverlangte und für Ordnung sorgte, in den Genuss von Reichtum und Macht; und im jüdischen Tempel empfing nicht nur der Gott Israels Opfer und Gebete, sondern es wurde auch zum Wohle Roms und später für die vergöttlichten römischen Kaiser geopfert. Die Juden waren nicht wirklich dazu verpflichtet, den Kaiser zu verehren oder auch nur seine Statue im Tempel zu dulden, doch die Steuern lehnte man natürlich ab, und einige hatten das Gefühl, die Reinheit ihres Glaubens sei besudelt worden. Trotzdem funktionierte die Sache etwa hundert Jahre ganz gut. Diese Übereinkunft wird sogar von Jesus im Evangelium erläutert und verteidigt. Als man ihm eine römische Münze zeigte, deutete er auf den darauf abgebildeten Kaiser und erklärte den Pharisäern: «So gebt dem Kaiser, was dem Kaiser gehört, und Gott, was Gott gehört!» (Mt 22,21) In den Jahrzehnten nach Jesu Tod zerbrach dieser Kompromiss, was in erster Linie inkompetenten römischen Gouverneuren und unnachgiebigen jüdischen Anführern zu verdanken war.

Eine andere Münze, die sich heute im British Museum befindet, erzählt von den tragischen Folgen, die das hatte. Es handelt sich um einen Silberschekel, in etwa so groß wie ein 50-Cent-Stück, der aus den 130er Jahren u. Z. stammt und auf dem ursprünglich ebenfalls der römische Kaiser abgebildet war. Rund

siebzig Jahre zuvor, im Jahr 66 u. Z., war es zu einem großen Aufstand gegen die römische Militärbesatzung gekommen. Er gipfelte nicht nur in einer Niederlage der Juden, sondern in der Katastrophe, die für ihre Geschichte bestimmend wurde: der vollständigen Zerstörung des Tempels in Jerusalem im Jahr 70. Roms Sieg über die Juden wurde für Jahrzehnte zu einem zentralen Bestandteil der kaiserlichen Propaganda, zu einem Exempel, das allen vor Augen führen sollte, wie wirkungsvoll der Kaiser rebellischen Völkern überall seinen Willen aufzwingen konnte.

Der Frieden in der Provinz wurde wiederhergestellt, doch zur Strafe verweigerten die Römer den Juden die Erlaubnis, den in Trümmern liegenden Tempel wiederaufzubauen. Stattdessen mussten sie eine Sondersteuer zahlen, die in die Erweiterung des Jupitertempels in Rom floss. Insofern überrascht es nicht wirklich, dass der Hass auf die Besatzer weiterschwelte. Das Fass endgültig zum Überlaufen brachte ein Besuch von Kaiser Hadrian in Judäa im Jahr 131: Er plante, Jerusalem als römische Stadt wiederaufzubauen, und wollte, so wurde gemunkelt, auf den Trümmern des jüdischen Tempels einen neuen römischen Tempel errichten. Ein zweiter Krieg brach aus. Die Aufständischen forderten einen unabhängigen Staat, in dem Juden ungehindert ihren Gott verehren konnten mit all den Opfern und Ritualen, die ihre heiligen Schriften und die Traditionen verlangten. Unsere Münze wurde – ein wenig unbeholfen – um 132 von den jüdischen Rebellen geschlagen. Sie demonstriert auf unverstellte, kraftvolle Art, wie stark dieser Wunsch war, wie Mary Beard, Althistorikerin an der Universität Cambridge erläutert:

Die Imperialmacht ausprägen: Eine silberne Tetradrachme des römischen Kaisers Nerva von 97/98 (*oben*) wird von Simon bar Kochba und den jüdischen Rebellen in eine Münze für einen neuen jüdischen Staat verwandelt, 132 u. Z. (*unten*).

> *Auf der einen Seite erkennt man deutlich ein Bild des Tempels, der während des ersten jüdischen Aufstands zerstört wurde. Am Münzrand ist, in frühem Hebräisch, der Name «Shimon» zu lesen – gemeint ist einer der Anführer der Revolte, Simon bar Kochba.*
>
> *Auf der anderen Seite sehen wir Palmzweige in einer Art Zeremonialvase und in gleicher hebräischer Schrift die Worte: «Für die Befreiung Jerusalems». Wir haben es also mit einer extrem aufgeladenen, aggressiv propagandistischen Münze zu tun, die von den Aufständischen dieser zweiten großen Revolte geschlagen wurde.*

Diese Münze mag in der Tat aggressiv propagandistisch sein, aber sie vereint auch auf brillante Weise verschiedene Aspekte der religiösen und politischen Geschichte der Juden in sich und verleiht auf inspirierende Weise der Hoffnung Ausdruck. Ihre ganze Aufmerksamkeit konzentriert sie auf ein großes Symbol: den verlorenen Tempel. Zwischen seinen Säulen erkennt man den Tisch, auf dem die Brotlaibe – das sogenannte «Schaubrot» – vor Gott ausgelegt sind, wie es das Buch Exodus vorschreibt, zur Erinnerung an seine stärkende Präsenz in seinem Tempel. Hier sollte sein Volk die nötige Nahrung finden, um seinen Willen auf Erden umzusetzen.

Jeder Jude, der diese Münze in Händen hält, dürfte wissen, dass das darauf dargestellte Gebäude, der Tempel, den die Römer im Jahr 70 dem Erdboden gleichgemacht hatten, der zweite Tempel war, den sie nach ihrer Rückkehr aus der babylonischen Gefangenschaft errichtet hatten. Und das war denn auch die Kernbotschaft der Münze: Das Wunder der Befreiung von Unterdrückung und der Wiederaufnahme des Gebets im Tempel war früher schon einmal geschehen. Die Hoffnung des Psalms, der an Babels Strömen gesungen wurde, hatte sich für die Juden schon einmal erfüllt: Das Versprechen «Shimons» – von Simon bar Kochba – und seiner Münze lautete, dass es wieder geschehen könne. Die Besatzer konnten vertrieben werden. Zion konnte wieder aufgebaut werden.

Unser Rebellenschekel demonstriert schon rein von seinem Material her, dass das gelingen kann, denn er wurde aus einer ursprünglich römischen Münze geschlagen, einer silbernen Tetradrachme. Der darauf abgebildete Kopf des Kaisers wurde hier jedoch entfernt. Unter dem Tempel erkennt man allenfalls noch Spuren des Profils von Kaiser Nerva. Auch sein Name wurde getilgt und durch einen anderen – «Shimon» – ersetzt. Die Palmzweige auf der anderen Seite der Münze, die für die Römer ihre Provinz Judäa symbolisierten, erhielten eine neue Bedeutung, indem sie von den Worten «Für die Befreiung Jerusalems» eingefasst wurden.

Die Währung des Kaisers zu entstellen und diesem Stück Silber eine neue politische Realität einzuschreiben – das ist eine wunderbare Art, die Regeln öffentlich neu zu schreiben. Es ist nicht mehr ein Kaiser, für den alles erbracht wird. Jeder, der die Münze verwendete, konnte sehen, dass an die Stelle römischer Macht der jüdische Glaube getreten war.

Dr. Guy Stiebel, Archäologe an der Universität Tel Aviv, verweist darauf, dass die Münze eine Perspektive bietet, die fern und nah zugleich ist, räumlich wie zeitlich:

> *Hadrian hatte den Juden verboten, sich auch nur in die Nähe von Jerusalem zu begeben, weshalb sie lediglich aus der Ferne auf den Ort des Tempels schauen konnten. Sie waren dem Kern der Nation nahe, konnten jedoch nicht dorthin gelangen. Zu*

der Zeit, als derartige Münzen hergestellt wurden, waren seit der Zerstörung des Tempels fast drei Generationen vergangen. Deshalb findet man darauf die Hoffnungen der Menschen auf Erlösung und auf die Widerauferstehung dieses heiligen Ortes.

Auf der anderen Seite der Münze erkennt man Palmzweige, für die Juden Symbol ihres Auszugs aus der Sklaverei in Ägypten ins Gelobte Land Israel. Es geht hier also nicht nur um den Tempel. Es geht um unseren Weg zurück in die Freiheit, zurück ins Gelobte Land.

Die Flucht der Juden aus der Versklavung in Ägypten verschmilzt mit ihrer Rückkehr aus der babylonischen Gefangenschaft und verbindet sich mit einem wichtigen neuen Element: Über dem Tempel befindet sich ein Stern. Man hat vermutet, dabei handle es sich möglicherweise um einen Kometen, der im Jahr 132 gesichtet wurde und einigen als Vorzeichen göttlicher Unterstützung für den Aufstand galt. Wahrscheinlicher aber ist, dass es sich dabei um einen Hinweis auf den Anführer der Rebellion handelt. Simon «bar Kochba» ist aramäisch und bedeutet «Sohn des Sterns», ein Verweis auf eine Prophezeiung im Buch Numeri, wo es heißt: «Ein Stern geht in Jakob auf» (Num 24,17). Nicht wenige betrachteten diesen charismatischen Anführer und geschickten Militärbefehlshaber als den Messias. Allen Berichten zufolge war er ein ebenso frommer wie rücksichtsloser Anführer. Er soll seine Soldaten aufgefordert haben, sich einen Finger abzuschneiden und damit zu demonstrieren, wie wichtig ihnen die Sache war, und gegen Widersacher kannte er keine Gnade. Doch für ein paar wenige Jahre konnte bar Kochba seinen Anhängern geben, wovon sie träumten, einen jüdischen Staat, den Guy Stiebel so beschreibt:

Es war ein sehr, sehr kleiner Staat namens Beth Israel, was so viel bedeutet wie «das Haus Israel». Und dreieinhalb Jahre lang gab es dort eine unabhängige, funktionierende Regierung. Bar Kochba gab eigene Münzen aus und verfügte eigene Maße und Gewichte. Er kontrollierte die Landverteilung. Er verschickte Schreiben, in denen er den Menschen befahl, Geld oder Naturalabgaben zu zahlen, und ihnen mit Strafe drohte, sollten sie dem nicht nachkommen. Er war ein starker, kompetenter Anführer.

Zwar gelang es bar Kochba und seinen Truppen nicht, Jerusalem zu erobern, doch ihr kleiner Staat Beth Israel hielt erstaunliche drei Jahre den römischen Truppen stand, die ihn eingekreist hatten. Schätzungen zufolge verloren im Verlauf des Krieges Hunderttausende ihr Leben. Doch der Übermacht römischer Waffen und Ressourcen war man nicht gewachsen. Nach einem heldenhaften letzten Gefecht bei der Festung von Betar 135 war der Aufstand vorbei und bar Kochba tot.

Hadrian nahm eiskalt berechnend Rache. Dieses Mal sollte nicht nur ein einzelnes Gebäude von der Landkarte verschwinden, sondern eine ganze Kultur mitsamt ihren Erinnerungen. Die römische Provinz Judäa, das alte israelitische Königreich Juda, wurde in Syria Palaestina umbenannt, was signalisieren sollte, dass das Gebiet jetzt den Erzfeinden der Juden, den Philistern, gehörte. «Jerusalem» existierte fortan schlicht nicht mehr. An seine Stelle trat die neu errichtete, neu benannte Stadt Aelia Capitolina; und dort, wo die Juden einst in dessen Tempel zu Jehovah gebetet hatten, wurden nun der römische Jupiter- und Kaiser-Kult zelebriert. Für Römer wie für Juden war es unmöglich geworden, Politik und Religion voneinander zu trennen.

Das Münzgeld der Unterdrücker in die eigene Propagandamaschine zu verwandeln, ist eine eindrucksvolle symbolische Form der Rebellion. Eine noch offensichtlichere Infragestellung des Status quo bedeutet es, wenn man eine Flagge für den Staat kreiert, den man zu gründen hofft, und dann andere dazu einlädt, gemeinsam unter dieser Flagge zu kämpfen. Genau eine solche konfrontative Flagge findet sich in den afrikanischen Sammlungen des British Museum: Wie Simon bar Kochbars Münze trägt sie den Namen des Anführers der Revolte und ist das Relikt eines heiligen Krieges, den eine kleine Gruppe leidenschaftlicher Idealisten gegen die Supermacht der damaligen Zeit – die Briten – führte.

Die Flagge sollte diesen Kampf in den 1880er Jahren anführen, einen Kampf, mit dem in der Gegend um Khartum im heutigen Sudan ein rein islamischer Staat geschaffen werden sollte. Inspiriert und kommandiert wurden die, die unter dieser Flagge kämpften, von Muhammad Ahmad, einem religiösen und politischen Führer, den sie als Mahdi bezeichneten, den «Rechtgeleiteten». An den Rändern gesäumt von einer blassblauen Bordüre, weist diese edle weiße Baumwollfahne vier Zeilen in fett applizierter arabischer Schrift auf.

Die Flagge, die die Anhänger des Mahdi in den 1880er Jahren vor sich her trugen, wurde 1896 in der Schlacht von Atbara von den Briten erbeutet.

Robert Kramer, Professor für Geschichte am St. Norbert College in Wisconsin, erklärt:

> *Heute gibt es noch viele Flaggen wie diese. Die Worte darauf sind im Wesentlichen das Glaubensbekenntnis des Mahdis. Die erste Zeile ruft Allah, den Erbarmer, den Barmherzigen an. Die folgenden Zeilen verkünden die zweite Säule des Islams: «Es gibt keinen Gott außer Gott und Mohammed ist sein Prophet.» Abschließend haben die Anhänger des Mahdi dem noch eine sehr wichtige Aussage hinzugefügt: «Muhammad Ahmad ist der Nachfolger des Gesandten Gottes.»*

Als Nachfolger des Propheten selbst also führte Muhammad Ahmad, der Mahdi, Sohn eines Bootsbauers, Mystiker und Asket, sein Volk in einen großen Aufstand.

Ende des 19. Jahrhunderts war der Sudan zu einem Unruheherd in der internationalen Machtpolitik geworden. Der Norden wurde von Ägypten verwaltet, das formal gesehen Teil des Osmanischen Reiches war. Doch 1882 war Ägypten von den Briten besetzt worden, die zusammen mit den Franzosen fest entschlossen waren, ihre Interessen am Suezkanal zu schützen; er war 1896 eröffnet worden und hatte sich binnen kurzem zu einer Hauptschlagader des imperialen Wirtschaftssystems entwickelt. Die beiden europäischen Mächte zwangen nicht nur einer willfährigen ägyptischen Regierung, sondern der gesamten Gesellschaft von Alexandria bis Khartum ihren Willen und ihre kosmopolitischen Werte auf. Welche Folgen das hatte, beschreibt Robert Kramer:

> *Muhammad Ahmad war deshalb so überzeugend und mitreißend, weil er zu einer Zeit auftauchte, als der Sudan einer äußerst korrupten und ineffizienten Form der Herrschaft durch die Turko-Ägypter unterstand, die zudem eine stärker legalistische und weniger asketische Variante des Islam einführten, als die Sudanesen sie gewöhnt waren. Zu allem Übel hatte die ägyptische Regierung auch noch eine Vielzahl christlicher Europäer angeheuert, die in ihrem Namen die Verwaltung organisieren sollten und offen als Ungläubige betrachtet wurden.*

Die Sudanesen mussten mit ansehen, wie korrupte kosmopolitische oder ausländische Machthaber sie ungerecht mit Steuern belegten und ihre traditionelle Glaubenspraxis untergruben. Wie die Juden im Jerusalem des 2. Jahrhunderts sehnten sie einen Messias herbei. Und wie im Falle der Juden bot sich ihnen ein solcher Heilsbringer an. Robert Kramer fährt fort:

> *Unter den Hadithen, den mündlichen Überlieferungen der Worte und Taten des Propheten Mohammed, findet sich einer, der besagt, dass es nach ihm zwölf Glaubensreformer geben werde; ein dreizehnter werde dann der Mann sein, der von Gott geschickt wurde, um die Welt auf das Ende der Zeit vorzubereiten. Muhammad Ahmad erhob diesen Anspruch genau zu dem Zeitpunkt, als das 13. Jahrhundert der islamischen Zeitrechnung zu Ende ging. Sein Timing war tadellos, und angesichts der Bedingungen, die im Sudan herrschten, war er genau am richtigen Ort.*

Am 29. Juni 1881 nach unserem Kalender rief sich Muhammad Ahmad zum Mahdi aus, dem messianischen Erlöser des Islam, der von einer Versammlung von Propheten bestimmt wurde und die Aufgabe hatte, die Einheit der Gläubigen überall auf der Welt wiederherzustellen und das Ende der Zeit einzuläuten. Seine Anhänger rief er zu einem enthaltsamen Leben auf, das dem Koranstudium und dem Gebet gewidmet sein sollte – und er verlangte von ihnen, gegen die Ungläubigen zu kämpfen.

Die Jubba, die Uthman Diqna gehörte, war ursprünglich ein Bettlerkittel, der zu einer eleganten Uniform umgestaltet wurde.

Die Uniform der Volksarmee stand ihrerseits sinnbildlich für die Werte, für die sie kämpfte: Sie basierte auf der Jubba, einem Bettlerkittel aus Lumpen und Flicken, der seit Jahrhunderten die Kleidung der Ordensgemeinschaften der Sufis – asketischen Mystikern – bildete und deren Verachtung weltlicher Dinge symbolisierte. Eine solche Jubba findet sich im British Museum. Sie ist aus heller Baumwolle gefertigt. hat die Form eines schlichten Kaftans und ist mit blauen und roten Rechtecken bestickt, die auf den ersten Blick aussehen, als sei das Kleidungsstück geflickt worden. Doch die Anmutung von Armut ist nur vorgetäuscht. Die teure Baumwolle ist von sehr guter Qualität, und die Rechtecke sind mit enormer Sorgfalt appliziert, so dass die Nähte fast nicht zu sehen sind. An den Rändern jedoch wurden grobe, schwarze Fäden eingezogen, damit die feinsäuberlichen Vierecke wie derbe Flicken wirken. Das ist nicht das Gewand eines Bettlers, sondern eine fachmännisch angefertigte Uniform: Sie gehörte einem der Kommandeure des Mahdi, Uthman Diqna, der im Nordosten des Sudan kämpfte. In der Armee des Mahdi sollten alle gleich aussehen – als Bekenntnis zur gemeinsamen Sache und als Ausdruck der Gleichheit vor Gott. Und so kleideten sich sogar die mächtigen Offiziere wie wandernde Bettelmönche – wobei sie damit allerdings, in diesem Fall, recht elegant aussahen.

Es war diese Armee aus armen und reichen Bettlern (der auch zahlreiche Sklaven angehörten), die 1885 die Welt aufschreckte, als sie Khartum eroberte. Sie brachte nicht nur den Turko-Ägyptern eine schwere und demütigende Niederlage bei, sondern auch deren britischen Verbündeten unter der Führung von General Gordon, der bei der Einnahme der Stadt fiel und für die britische Öffentlichkeit rasch zu einem heldenhaften Märtyrer wurde. Der Mahdi und seine Armee hatten über die Ungläubigen aus dem Ausland triumphiert. Muhammad Ahmad bereitete sich schon bald auf den weltweiten Siegeszug des Islam vor, mit dem alle Konflikte ein Ende finden würden. Unter anderem schrieb er an Queen Victoria und lud sie ein, zu konvertieren und eine seiner Anhängerinnen zu werden. Ihre Reaktion auf dieses Ansinnen ist leider nicht überliefert.

Sechs Monate später starb der Mahdi unerwartet, mit vierzig Jahren. Dreizehn Jahre lang gelang es seinem Nachfolger Abdallahi ibn Muhammad, der sich selbst als *chalifa* – als Kalif – bezeichnete, einen sudanesischen Staat zu bilden und zu regieren, der zu einer reinen Form des Islam zurückkehren wollte. Der globale messianische Raum war lokale politische Wirklichkeit geworden – doch diese Realität war streng kontrolliert und hochgradig militarisiert, denn der neue Staat war unablässig durch die Kolonialmächte um ihn herum bedroht. Ein Angebot des äthiopischen Kaisers, eine Allianz gegen die europäischen Aggressoren zu bilden, wurde ausgeschlagen – der islamische Staat wollte nicht mit christlichen Bündnispartnern kämpfen (→ Kapitel 24). 1896 machte sich eine britisch-ägyptische Streitmacht, ausgerüstet mit modernen Maschinengewehren und befehligt von General Kitchener, von Ägypten aus in Richtung Süden auf. Am 2. September 1898 wurden in der Schlacht von Omdurman, nördlich von Khartum, mehr als 12 000 Mahdisten getötet und 13 000 verwundet. Kitcheners besser bewaffnete Truppen (denen auch der junge Winston Churchill angehörte) verloren gerade einmal 47 Mann. Unsere Baumwollflagge war schon 1896 von Captain Goyede Smith im Kampf erbeutet worden, der das 45. Sikh-Regiment der indischen Armee befehligte. Die Jubba wurde irgendwann nach Omdurman von einem britischen Kolonialbeamten als Souvenir erstanden. Der Traum des

Schlacht von Omdurman, 2. September 1898, bei der britische Truppen die Armee des Mahdi besiegten.

Mahdi und seiner Anhänger war ausgeträumt. Der Staat des Kalifats wurde aufgelöst, und von 1898 bis 1956 stand der Sudan unter britischer Verwaltung.

Gleichwohl gehören die Nachfahren des Mahdi und die seiner engsten Getreuen heute zu den einflussreichsten Familien der sudanesischen Gesellschaft und Politik. Robert Kramer erläutert, was das Vermächtnis des Muhammad Ahmad heute bedeutet:

Das Grabmal des Mahdi in Omdurman ist seit über hundert Jahren, bis heute, für sudanesische Muslime ein wichtiger Ort der Wallfahrt und der Frömmigkeit. Ob sie daran glauben, dass er wirklich der von Gott Geleitete war, von Gott gesandt, um die Welt auf den Jüngsten Tag vorzubereiten, spielt dabei im Grunde keine Rolle. Sein Vermächtnis hat sich in etwas anderes aufgelöst. Er ist eine Richtschnur für die korrekte islamische Glaubenspraxis und eine Quelle des Glücks für das sudanesische Volk.

Das Grabmal des Mahdi bei Omdurman, das bei den Kämpfen 1898 schwer beschädigt wurde, ist heute eine Pilgerstätte für sudanesische Muslime.

Die Vorstellung eines von Natur aus islamischen sudanesischen Staates, die dreizehn Jahre lang Wirklichkeit war, ist nie ganz verschwunden: Sie war mit ein Grund für den Bürgerkrieg, der das Land von 1956 bis zur endgültigen Abspaltung des Südsudan 2011 heimsuchte, und hat bis heute großen Einfluss auf die sudanesische Politik. Die Rhetorik des Mahdi und seiner Anhänger und ihr Ruf zu den Waffen gegen westliche Ungläubige, die angeblich die Reinheit des Islam beschmutzen, haben in einem Großteil des Nahen und Mittleren Ostens ihren Widerhall gefunden – mit tödlichen Folgen.

Auch bar Kochbas Aufstand hat einen langen Schatten geworfen. Der Name der Festung Betar, bei der sein letztes Gefecht stattfand, wurde 1923 in Riga von jungen lettischen Zionisten übernommen, als sie eine neue militante Bewegung gründeten. Betar spielte eine Schlüsselrolle bei der Rekrutierung von Truppen, die zunächst gegen die Nazis kämpften und dann, den Soldaten bar Kochbas nacheifernd, einen Guerillakrieg gegen die Briten und Araber in Palästina anzettelten, um dort einen unabhängigen Staat Israel zu gründen. Nach 1948 beriefen sich im neuen Staat viele auf Simon bar Kochbar als Vorbild eines starken Anführers, der sogar bereit ist, es mit einer Supermacht aufzunehmen.

Beide Revolten, die wir in diesem Kapitel in den Blick genommen haben, wurden befeuert durch lokalen, religiösen Zorn auf das Verhalten einer korrupten Elite, die mit einer ausländischen Besatzungsmacht kollaborierte; und in beiden Fällen verschmolzen Religion und Politik zu großer militärischer Wirkung. Beide zeugen davon, welch einzigartige Anziehungskraft vom Aufbau eines Idealstaats ausgeht, in dem alle ein gottgefälliges Leben führen und sich die Versprechungen der Schrift erfüllen. Beide stehen zugleich beispielhaft für die Gewalt und das Leid, in die solche Unternehmungen scheinbar unausweichlich münden.

Im Kapitel 30 wollen wir uns mit einem ganz anderen Narrativ von Zerstörung und Erneuerung befassen: Es gründet nicht auf der Errichtung eines dauerhaften Staates vollkommener Reinheit, sondern auf der Vorstellung von einem Kreislauf ewiger Vergänglichkeit.

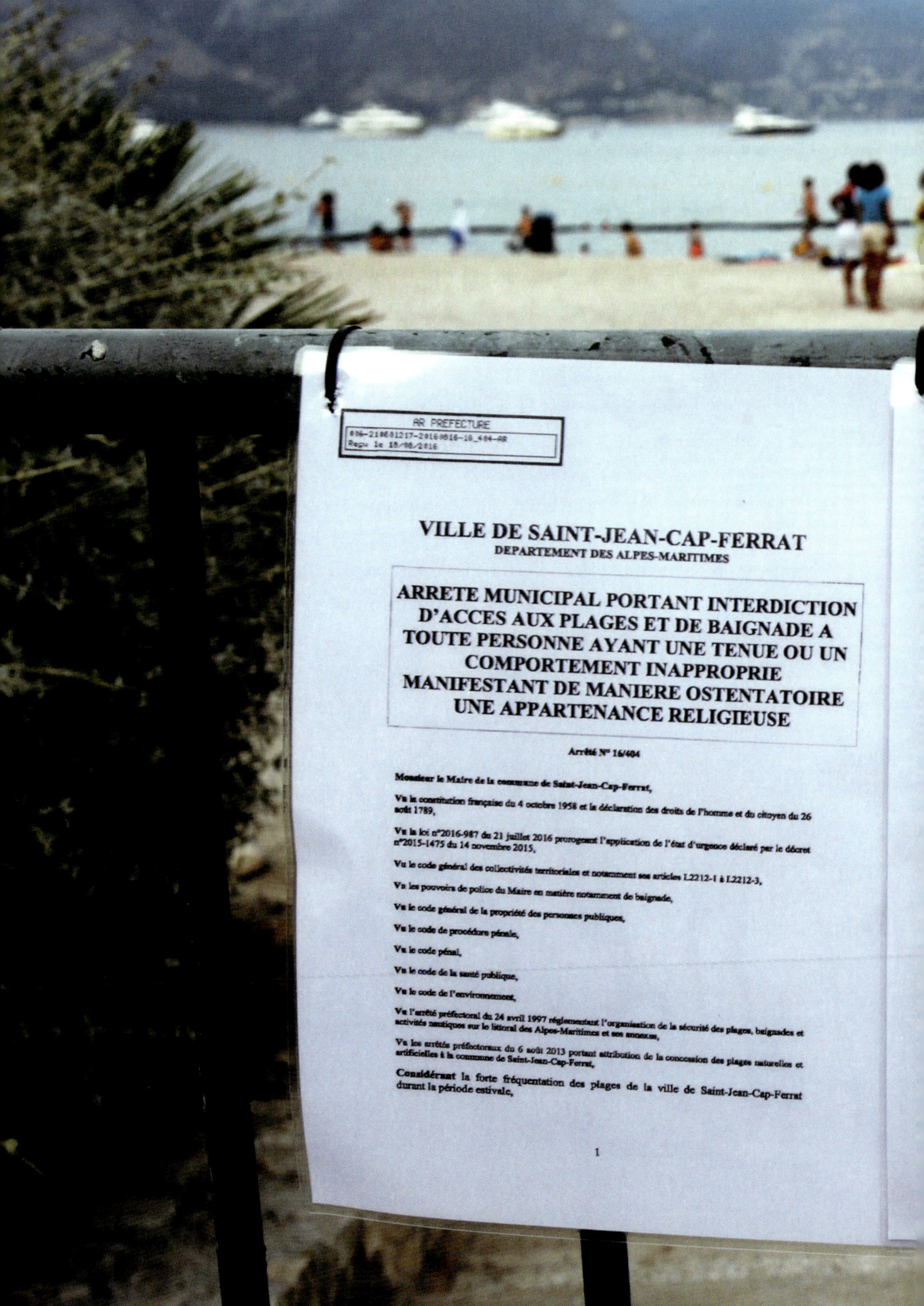
AR PREFECTURE
VILLE DE SAINT-JEAN-CAP-FERRAT
DEPARTEMENT DES ALPES-MARITIMES
ARRETE MUNICIPAL PORTANT INTERDICTION D'ACCES AUX PLAGES ET DE BAIGNADE A TOUTE PERSONNE AYANT UNE TENUE OU UN COMPORTEMENT INAPPROPRIE MANIFESTANT DE MANIERE OSTENTATOIRE UNE APPARTENANCE RELIGIEUSE
Arrêté N° 16/404
Monsieur le Maire de la commune de Saint-Jean-Cap-Ferrat,
Vu la constitution française du 4 octobre 1958 et la déclaration des droits de l'homme et du citoyen du 26 août 1789,
Vu la loi n°2016-987 du 21 juillet 2016 prorogeant l'application de l'état d'urgence déclaré par le décret n°2015-1475 du 14 novembre 2015,
Vu le code général des collectivités territoriales et notamment ses articles L2212-1 à L2212-3,
Vu les pouvoirs de police du Maire en matière notamment de baignade,
Vu le code général de la propriété des personnes publiques,
Vu le code de procédure pénale,
Vu le code pénal,
Vu le code de la santé publique,
Vu le code de l'environnement,
Vu l'arrêté préfectoral du 24 avril 1997 réglementant l'organisation de la sécurité des plages, baignades et activités nautiques sur le littoral des Alpes-Maritimes et ses annexes,
Vu les arrêtés préfectoraux du 6 août 2013 portant attribution de la concession des plages naturelles et artificielles à la commune de Saint-Jean-Cap-Ferrat,
Considérant la forte fréquentation des plages de la ville de Saint-Jean-Cap-Ferrat durant la période estivale,
1

Kapitel 28

Die Schraube fester anziehen

Seit über hundert Jahren strömen modebewusste Sonnenanbeter in Scharen an die Strände der Côte d'Azur. Im Laufe dieser hundert Jahre ist die Bademode immer knapper geworden und verschwindet zur Freude – oder zum Missfallen – anderer Strandbesucher mitunter ganz. Zuweilen, wenn auch immer seltener, schreitet die Polizei ein und verkündet, dass «un outrage aux bonnes moeurs», ein Verstoß gegen die guten Sitten, vorliege. Aber hätte man im Sommer 2016 an einer Reihe von Stränden, darunter Cannes, Saint-Jean-Cap-Ferrat oder Villeneuve-Loubet, riskiert, eine bestimmte Art von Badeanzug zu tragen, dann wäre man wohl auch von den staatlichen Behörden aufgehalten worden. Die Polizei hätte eine Verwarnung ausgesprochen aufgrund von respektlosem Verhalten, nicht nur im Hinblick auf die «bonnes moeurs», sondern auch auf die *laïcité* – den Grundsatz der Laizität, der seit dem frühen 20. Jahrhundert in der französischen Verfassung verankert ist.

All das geschah, nicht weil man zu wenig anhatte, sondern weil man *zu viel* anhatte. Bei den Badeanzügen, die solches Aufsehen erregten, handelte es sich um Burkinis – Ganzkörper-Badeanzüge für Frauen, die am Strand oder im Meer die islamischen Keuschheitsgesetze einhalten wollten. Ursprünglich in Australien entworfen, waren sie bald auch bei den islamischen Frauen in Europa gefragt. In den meisten Ländern nahm man wenig Notiz von ihnen. Im August 2016 jedoch, als Frankreich mit mehreren terroristischen Anschlägen konfrontiert war, erließen einige Städte an der Côte d'Azur ein Dekret, das den Frauen – natürlich betraf das nur

Von den Stränden verbannt: Die kommunalen Behörden verbieten am Strand jegliches Verhalten oder jede Kleidung, die eine religiöse Zugehörigkeit bekunden (Französische Riviera, 2016).

muslimische Frauen – das Tragen von Burkinis an den örtlichen Stränden unmöglich machen sollte. Dieses Vorgehen gewann schnell überregionale Bedeutung: Die nationalen Politiker Frankreichs standen bereit, um das Verbot zu unterstützen und zu betonen, dass über die Badebekleidung hinaus ein fundamentales Verfassungsprinzip bedroht sei. Das Tragen eines Burkinis, so wurde erklärt, war nicht vereinbar mit den Werten Frankreichs. Oder wie der damalige Premierminister es formulierte: «Der Burkini ist nicht ein neues Modell von Badeanzügen, eine Mode. Er ist Ausdruck eines politischen Projekts, einer Gegengesellschaft.»

Das übrige Europa war bestürzt. Wie konnte das Tragen eines äußerst zurückhaltenden, in Australien entworfenen Badeanzugs ernsthaft als Schritt hin zu einer «Gegengesellschaft» angesehen werden und eine solche konstitutionelle Aufregung verursachen? Die Antwort liegt natürlich darin, dass es hier – wie der Premierminister erklärte – nicht um Bekleidung, sondern in Wahrheit um Politik ging; genauer gesagt ging es um den Zusammenprall von Politik und Glauben. Der entscheidende Punkt war die öffentliche Demonstration religiöser Zugehörigkeit in einem französischen Staat, der sich vor über hundert Jahren als ausschließlich und einheitlich säkular definiert hatte.

Hinter all dem steht allerdings eine weitere, allgemeinere Fragestellung: Wie gehen Staaten mit einer klaren Vorstellung dessen, was nationale Identität ausmacht, mit religiösen Minderheiten um, die ihr Anderssein öffentlich behaupten wollen? Um dieser Frage nachzugehen, möchte ich jedoch nicht bei den Stränden der Côte d'Azur im Jahr 2016 beginnen, sondern im Japan des 17. Jahrhunderts.

Der christliche Glaube ist seit vielen Jahren verboten. Wer einen Verdächtigen entdeckt, muss ihn den Behörden melden. Belohnungen werden wie folgt entrichtet:

für die Auslieferung eines Priesters – 500 Silbermünzen
für die Auslieferung eines Mönchsbruders – 300 Silbermünzen
für Rekonvertiten zum christlichen Glauben – 100 Silbermünzen
Für die Meldung einer Person, die Christen Unterschlupf gewährt, oder eines gewöhnlichen Gläubigen werden bis zu 500 Silbermünzen ausbezahlt, je nach deren Bedeutung

Der Magistrat, 1. Tag, 5. Monat, im Jahr Tenna 2.

Das ist hiermit angeordnet und muss in dieser Region streng befolgt werden.

Diese abschreckenden Worte sind in japanischer Schrift mit schwarzer Tinte auf eine grob gearbeitete Holztafel gezeichnet, die fast einen Meter breit ist und ein kleines Giebeldach trägt, um die Bekanntmachung vor dem Regen zu schützen. Die Ära «Tenna», was soviel wie himmlischer imperialer Frieden bedeutet, begann in Japan im September 1681. Unsere Inschrift datiert also vom Beginn des Jahres 1682. Tim Clark, Leiter der japanischen Abteilung des British Museum, erklärt dazu:

> *Es handelt sich um ein für die Epoche typisches Anschlagbrett, auf Japanisch* Kusatsu *genannt, das Teil des Systems war, durch das die Zentralregierung – oder das Shogunat – seit dem frühen 17. Jahrhundert seine Vorschriften im ganzen Land durchzusetzen versuchte. Überall in Japan gab es Hunderte solcher Anschlagbretter, die vor Brücken und an öffentlichen Straßen aufgestellt waren, wo viele Menschen sie sahen – ähnlich wie Plakatwände an einer modernen Autostraße. Die dort aufgeführten Verbote richten sich gegen Dinge, die als staatsgefährdend angesehen wurden, wie etwa Falschmünzerei, der Handel mit unechten Arzneimitteln oder Giften und so weiter – oder, wie hier, das Beherbergen von Menschen, die mit dem Christentum in Verbindung standen.*

Was hatte das Christentum an sich, das die Regierung Japans dazu bewog, es als gefährliche «Gegengesellschaft» anzusehen, als Bedrohung für den Staat, die man ebenso verurteilte wie Gifte und Falschmünzerei?

Um 1600 hatten sich erstaunlich viele Christen in Japan niedergelassen: etwa 300 000, bei einer geschätzten Gesamtbevölkerung von 12 Millionen Menschen, die zumeist eine typisch japanische Mischung aus Buddhismus und traditionellem Shintōismus praktizierten (→ Kapitel 18). Die wachsende Anzahl von Christen beunruhigte die staatlichen Behörden, aber die «Bedrohung», die von dieser Religion ausging, wurzelte tiefer.

Nachfolgende Doppelseite: Japanische Anschlagtafel, die jedem, der Christen denunziert oder ausliefert, beträchtliche Belohnungen in Aussicht stellt (1682).

Das Christentum hatte in Japan 1543 mit einer Gruppe jesuiti-

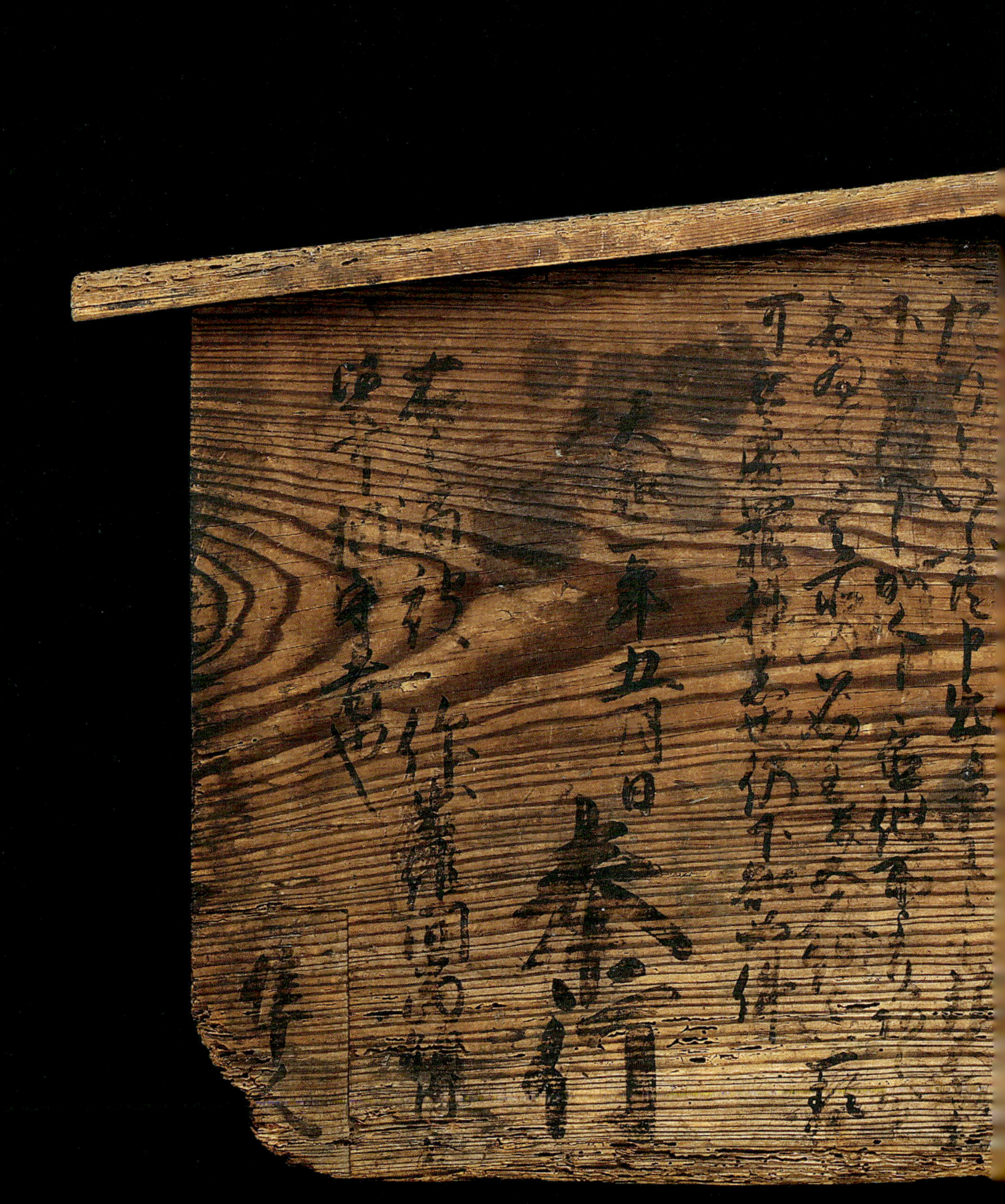
奉行

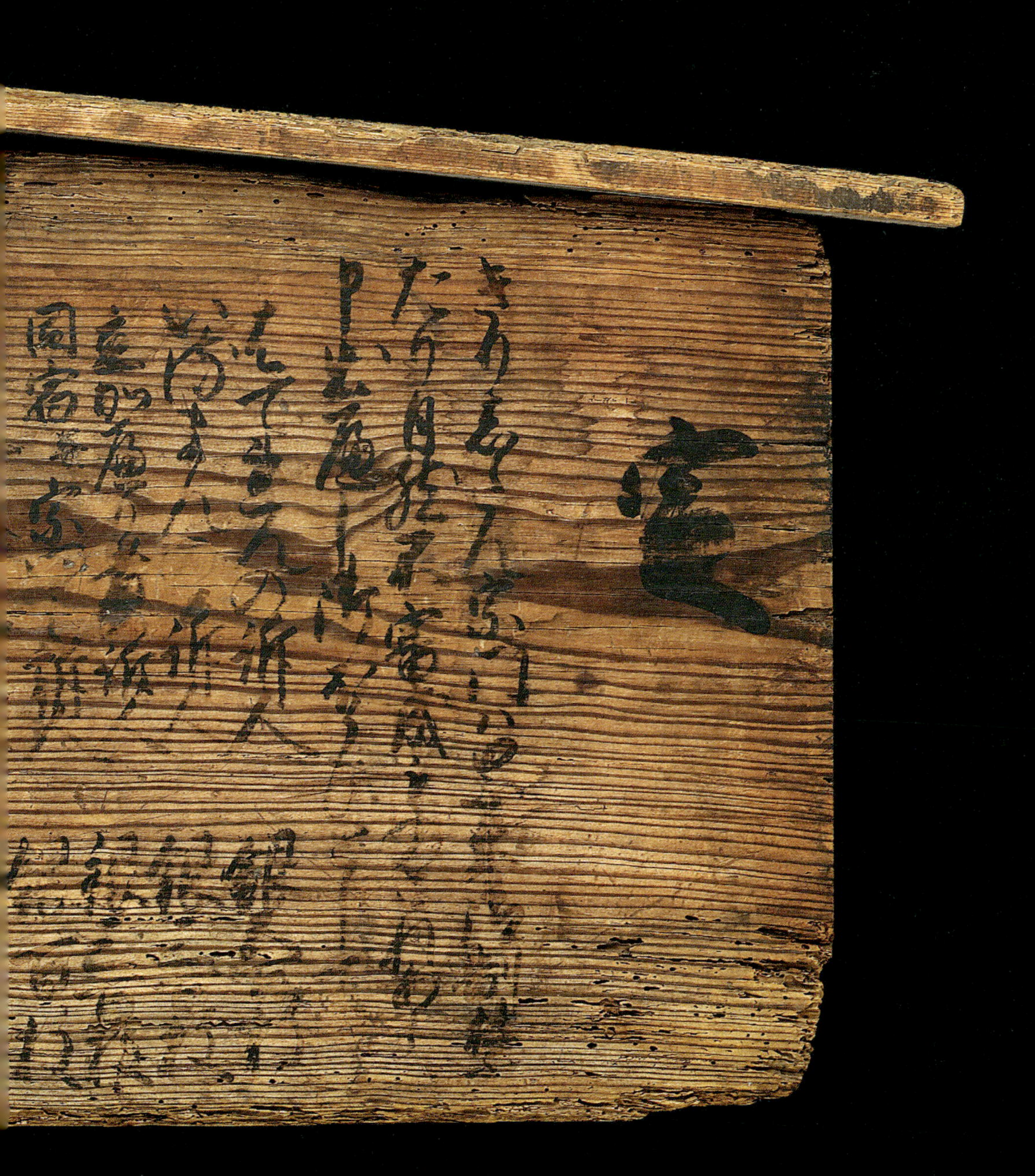
定

scher Missionare unter der Führung von Franz Xaver Einzug gehalten. Sie waren auf portugiesischen Handelsschiffen angereist, die allerlei europäische Waren, nicht zuletzt Waffen, an Bord hatten. Die portugiesischen Geschäftsleute und die christlichen Missionare kamen zu einem kritischen Zeitpunkt in der Geschichte Japans: Es herrschte Bürgerkrieg, und die rivalisierenden Interessen regionaler Machthaber spalteten das Land. Tim Clark schildert, wie Japan schließlich gegen Ende des Jahrhunderts wieder unter einer starken Zentralregierung geeint war. Portugiesische Gewehre und ihre japanischen Kopien hatten dabei eine nicht unerhebliche Rolle gespielt:

Nagasaki, der Haupthafen im Südwesten Japans, wurde zum Zentrum des portugiesischen Handels mit Waffen und vielen anderen Dingen und ebenso zum Mittelpunkt der katholischen Missionstätigkeit. Es dauerte nicht lange, bis die ganze Stadt praktisch in der Hand der Jesuiten war. Viele Herrscher der Region konvertierten zum Christentum, teils aus persönlichen religiösen Motiven, teils weil der Handel mit den Portugiesen Gewinne versprach. In der Regel sorgten sie dann dafür, dass sich auch alle ihre Untertanen, in Massentaufen mit Zehntausenden von Menschen, zum

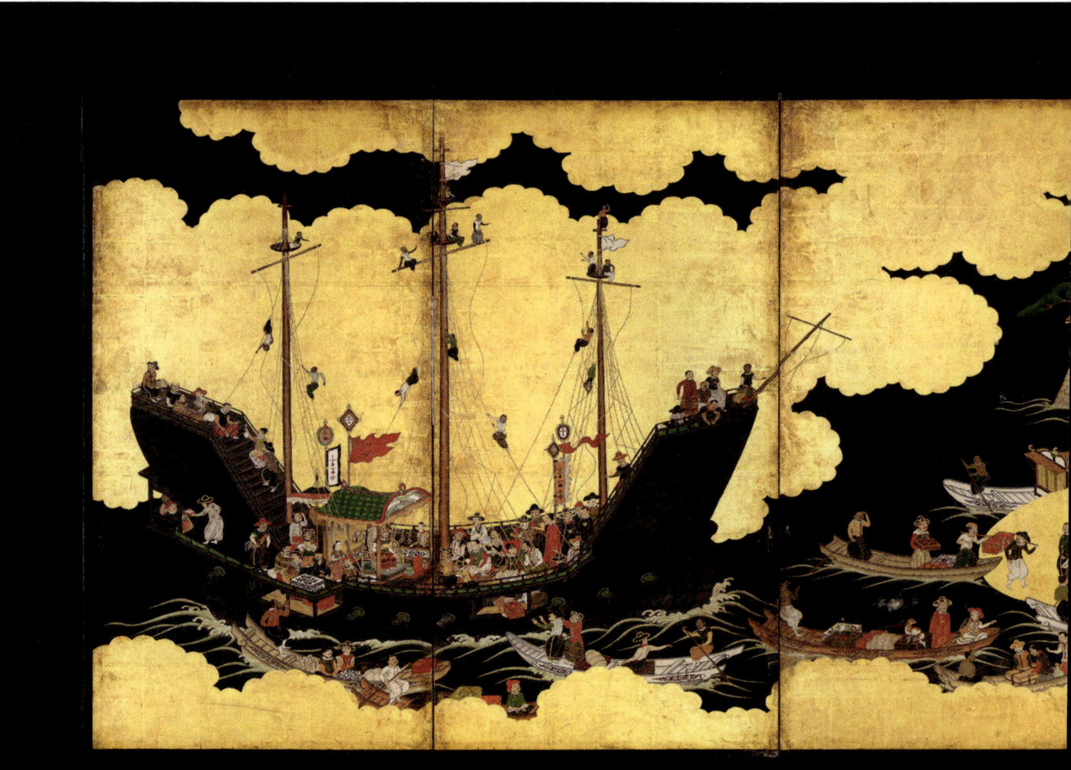

Christentum bekehrten. Die neu etablierte Zentralregierung konnte sich ihrer Autorität noch nicht gewiss sein und betrachtete diese Gebiete, die von reichen, zum Christentum konvertierten Herrschern kontrolliert wurden, als alternative und äußerst gefährliche Machtbasen, als Bedrohung, die schlicht nicht toleriert werden konnte.

Mit Ende des 16. Jahrhunderts waren auch die in Nagasaki stationierten Jesuiten eine ernstzunehmende Instanz geworden. Sie gründeten Schulen und beeinflussten die Machthaber mit ihren Predigten. Es war allerdings irritierend, dass die höchste Autorität, zu der sie aufblickten, keineswegs irgendeine Person oder ein System innerhalb Japans war, sondern, auf der anderen Seite des Ozeans, das weit entfernte Rom – und von dort ausgehend ein Gott, der den traditionellen Gottheiten des japanischen Buddhismus und Shintōismus feindlich gegenüber stand. Diese fremde Zugehörigkeit hatte vor Ort dramatische Konsequenzen, vor allem in der Region um Nagasaki. Ein bedeutender, zum Christentum

Auf einem japanischen Paravent aus dem 17. Jahrhundert legt ein portugiesisches Handelsschiff mit europäischen Waren und jesuitischen Missionaren an Bord in Nagasaki an. Nach dem Entladen werden die Europäer zum lokalen Herrscher gebracht, um vor ihm niederzuknien (*oben rechts*).

konvertierter Herrscher etwa, Ōmura Sumitada, der sich 1563 auf den Namen Dom Bartolomeu taufen ließ, ordnete einige Jahre später die Zerstörung aller buddhistischen Tempel und Shintō-Schreine der Gegend an, über die er das Sagen hatte.

Zwei Jahre darauf, 1565, kam es im Namen der spanischen Krone zur Eroberung einer großen, südwestlich von Japan gelegenen Inselgruppe. Das Schicksal der «Philippinen» erschien den Japanern als eine verstörende Warnung: Auf die christliche Bibel folgte also das spanische Schwert. Dazu Tim Clark:

> *Das Christentum stellte für die japanischen Machthaber, die vor allem damit beschäftigt waren, den Staat zusammenzuhalten, eine komplexe Gefahr dar. Sie arbeiteten auf schmalem Grat. Die einheimische Religion Japans, ursprünglich Shintō (die Verehrung der Kami, der traditionellen japanischen Götter) und letztendlich buddhistisch, war zu dieser Zeit in Japan seit mindestens tausend Jahren fest etabliert und besaß große einende Kraft. Beide Traditionen hatten einen Weg gefunden zu koexistieren, indem sie entsprechende Götter im Pantheon des jeweils anderen fanden, was zu einer Art synkretistischem Glauben an beide Religionen zugleich führte (→ Kapitel 18). Für japanische Begriffe war das Christentum überaus kompromisslos. Uns erscheint es nicht überraschend, die Japaner aber waren bestürzt darüber, dass es die Gottheiten des Buddhismus oder des Shintō nicht als Entsprechungen – oder als Inkarnationen – des christlichen Gottes und der Heiligen akzeptierte. Stattdessen nahm es für sich in Anspruch, die einzige Wahrheit zu besitzen. Ich denke, letztendlich war es das, was, philosophisch betrachtet, mit der japanischen Kultur unvereinbar war.*

Die franziskanischen Märtyrer *von Nagasaki*. Am 5. Februar 1597 wurden 26 Christen von den japanischen Machthabern öffentlich gekreuzigt. Dieser 1627 von Jacques Callot angefertigte Stich zeigt nur die 23 Franziskaner. Die jesuitischen Märtyrer sind nicht zu sehen.

Schon bald verstärkte sich der Unmut angesichts der aggressiven Unnachgiebigkeit der Missionare einerseits und der zweifelhaften Loyalität der zum Christentum übergelaufenen Japaner andererseits, und es kam zu repressiven Gewaltmaßnahmen. Hideyoshi, der General, der sich 1590 zum obersten Herrscher eines geeinten Japan emporgearbeitet hatte, zerschlug die Opposition, verbannte die christlichen Missionare aus seinen Hoheitsgebieten und bezeichnete Japan als das «Land der Götter», womit er die «nationalen» Götter der Traditionen des Shintō und des Buddhismus meinte.

I. siluestre ex.
cum priuil. Regis.
Callot. fec.
Le Pourtraict des premier 23 Martire mis en Croix par la predicaon. de la S. foy au Giappon
soubs l'Empe. Taicosam en la Cite de Mongasachi, de lordre des Freres mineurs Obseruantin de S. Francois.

1597 wurden in Nagasaki 26 Christen hingerichtet. Sie alle wurden in einem makabren und brillant inszenierten öffentlichen Spektakel gekreuzigt, dessen Detailtreue so weit ging, dass man ihre Seiten mit Speeren durchbohrte. Das Massaker wurde in Europa weithin publik gemacht. Dort waren Jesuiten und Franziskaner in erbitterte Streitigkeiten mit den Protestanten verstrickt und verkündeten stolz den Mut und den festen Glauben der katholischen Märtyrer am anderen Ende der Welt.

Danach erhöhte sich der Takt der Verfolgung. 1614 wurde das Christentum in Japan offiziell verboten. Kirchen wurden niedergerissen oder zu Tempeln umgeweiht. 1639 wurden die Portugiesen – und mit ihnen der katholische Klerus, den sie protegierten – des Landes verwiesen. Das exklusive Handelsrecht mit Europa wurde stattdessen den protestantischen Niederlanden übertragen, welche das Debakel der katholischen Spanier und Portugiesen erfreut zur Kenntnis nahmen und den (äußerst profitablen) Handel gerne übernahmen, ohne sich in religiöse Be-

Links: Den fremden Glauben ausmerzen: Seidenmalerei, die den jährlichen Fumie-Treuetest zeigt (Nagasaki, Japan, 1820er Jahre). *Rechts:* Bronze-Fumie mit einer Darstellung der Kreuzigung, abgewetzt durch die Fußtritte jener, die beweisen mussten, dass sie dem Christentum abgeschworen hatten.

lange einzumischen. Nagasaki wurde Japans einzige Anlaufstelle für Kontakte mit der Welt außerhalb Asiens. Alle übrigen Häfen wurden für ausländische Schiffe geschlossen.

Die katholischen Priester waren fort. Die Kirche existierte als solche nicht mehr. Aber um die vollkommene Auslöschung des fremden Glaubens sicherzustellen, ging der Staat sogar noch weiter. Alle, die verdächtigt wurden, insgeheim Christen zu sein, wurden – unter Androhung der Todesstrafe – gezwungen, sich in einem nahegelegenen buddhistischen Tempel einzufinden. Um zu beweisen, dass sie nicht länger Teil der verbotenen Sekte waren, mussten sie ihrem Glauben öffentlich abschwören und eine kleine Tafel mit dem Relief Christi oder der Jungfrau Maria mit Füßen treten. Einige dieser *fumie*, wörtlich «Tret-Bilder», sind erhalten. Sie sind, wie ich finde, ungeheuer ergreifend. Innerhalb der Kunstgeschichte bilden sie eine beinahe einzigartige Kategorie: Bilder von echter Qualität, die nur angefertigt wurden, um geschändet und zerstört zu werden. Nach dem Vorbild flämischer oder italienischer Stiche, die von japanischen Künstlern häufig in Reliefs umgesetzt wurden, zeigen sie Szenen aus dem Leben und der Passion Christi, die zwar gerade noch erkennbar, jedoch von den Fußtritten derer, die gezwungen wurden, sie zu entweihen, nahezu abgetragen sind: zarte Überreste eines ausgelöschten Glaubens.

Diese systematische Verfolgung war, wie nicht anders zu erwarten, extrem wirkungsvoll. Mit Beginn der 1660er Jahre gab es im größten Teil Japans keine öffentlich praktizierenden Christen mehr; und diejenigen, die weiterhin im Geheimen beteten, stellten nicht einmal theoretisch eine Bedrohung dar. Als der Staat also 1682 die Verordnungen erließ, die auf unserer Tafel zu lesen sind, nahm er einen Gegner ins Visier, der schon lange besiegt war. Warum? Tim Clark erklärt uns:

> *Das Christentum blieb ein nützlicher symbolischer Feind, eine hypothetische Gefahr, die die Zentralregierung als Instrument sozialer Kontrolle vorteilhaft einsetzen konnte. Auch wenn praktisch keine Christen mehr im Land waren, beharrten die Behörden nachdrücklich darauf, alle Bücher, die nach Japan gelangten, zu prüfen, um jegliche Quellen oder Bilder, die mit dem christlichen Glauben in Verbindung gebracht wurden, zu entfernen. Das rechtfertigte eine systematische Zensur und*

einen festen Zugriff auf alle Kontakte nach Übersee und erleichterte wiederum die Kontrolle über viele andere gesellschaftliche Bereiche.

Beim Anfertigen und Aufstellen solcher Tafeln ging es also eigentlich gar nicht um das Verbot selbst, sondern darum, zu zeigen, dass man die *Macht* hatte, etwas zu verbieten. Diese Verbotstafeln dienten der Propaganda für einen neuen zentralisierten japanischen Staat und seine Herrscher. Die Tafel besagte, dass man nun in einem Land lebte, das die Legitimation und Stärke besaß, Ausländer von seinen Küsten fernzuhalten, das in der Lage war, jeden und alles, was man tat, fest im Auge zu behalten.

Mit anderen Worten: Ziel des Staates war weniger, sich selbst gegen äußere Bedrohungen zu schützen, als die Kontrolle über das eigene Volk zu verstärken, indem man die bereits Besiegten erneut in ihre Schranken wies. Die natürliche Ordnung war nun auf sozialer, spiritueller und politischer Ebene wiederhergestellt. Japaner zu sein bedeutete, im Land der traditionellen Götter zu leben, und dort gab es keinen Platz für eine abweichende ausländische Sekte wie das Christentum.

Die Verordnungen blieben in Kraft und wurden noch fast 200 Jahre lang regelmäßig erneuert. Die Haltung, die dahinter stand, prägt die japanische Denkweise bis heute. Christen wurden noch immer bestraft und sogar hingerichtet, als Commodore Matthew Perry 1853 mit einer amerikanischen Kriegsflotte im Hafen von Tokio landete und die Öffnung der japanischen Häfen, und des japanischen Geistes, für die Welt erzwang, diesmal mit amerikanischen Kanonen.

In den 1690er Jahren, einige Jahre nach dem Erlass der Edikte, welche die Japaner zur Denunziation von vermeintlich noch immer christlichen Mitbürgern zwingen sollten, begann Sébastien Leclerc, der seinerzeit berühmteste Kupferstecher von Paris, mit der Arbeit an einer Darstellung der *Zerstörung des Hugenottentempels* (oder der Hugenottenkirche) von Charenton, einige Kilometer östlich der französischen Hauptstadt. Diese in den 1620er Jahren errichtete Kirche war das Werk von Salomon de Brosse, dem Architekten des Pariser Palais du Luxembourg. Sie war die bedeutendste protestantische Kirche Frankreichs, in ganz Europa berühmt für ihren weitläufigen Innenraum, der den Gläubigen viel Platz

Eine der «kleinen Eroberungen des Königs»: Sébastien Leclercs Stich, der die Zerstörung der protestantischen Kirche von Charenton nach dem Widerruf des Edikts von Nantes 1685 zeigt.

bot und für Predigten geradezu ideal gestaltet war. Von jüdischen und protestantischen Architekten überall weithin bewundert, war der Bau unter anderem Vorbild für zwei große Synagogen in Amsterdam und für Christopher Wrens St. James Church, Piccadilly, London gewesen. Im Oktober des Jahres 1685 wurde de Brosses schlichtes Meisterwerk auf Befehl von Ludwig XIV. dem Erdboden gleichgemacht.

Leclercs Stich ist ein verstörendes Kunstwerk. Der Künstler füllt seine Komposition durch jähe Wechsel von leuchtendem unbearbeitetem Weiß zu dicht schraffiertem Dunkel mit Leben und Bewegung. Die geordneten klassischen Säulen und Galerien links im Bild sind in der Mitte zu einem wüsten Schutthaufen zerfallen. Zahlreiche Arbeiter hacken und schleppen mit Eifer: Wände werden zum Einsturz gebracht, Balken heruntergerissen, Säulen und Fensterrahmen ausgebaut und auf die Trümmerhalde geworfen. Die Präzision, mit der dieses ungestüme Treiben, dieser Taumel der Zerstörung, wiedergegeben ist, wirkt geradezu gespenstisch. Links unten verfolgt ein Soldat mit einer Hellebarde in Händen seelenruhig das Geschehen, während sich rechts im Bild die Umrisse zweier Figuren abzeichnen, die in den aufklarenden Himmel zeigen. Mit vollendeter Meisterschaft feiert ein großer Kupferstecher hier die Zerstörung eines großartigen Bauwerkes.

Wie die japanische Holztafel ist dieser Kupferstich Teil einer Serie. Es handelt sich um ein Werk aus Leclercs *Petites Conquêtes du Roi*, den «kleinen Eroberungen des Königs», einer Reihe von acht Stichen, die um 1690 angefertigt worden waren, um die Leistungen von Ludwig XIV. zu preisen. Wie zu erwarten, gibt es zudem eine großformatigere Serie mit dem Titel *Les Grandes Conquêtes du Roi*, welche die vielen Siege des Königs über die Gegner Frankreichs zeigt. Die Jahre um 1690 waren der militärische und diplomatische Höhepunkt der Herrschaft Ludwigs XIV., der krönende Abschluss eines Vierteljahrhunderts nahezu ununterbrochener Kriegsführung gegen die Habsburger und ihre Verbündeten. Nach fast über hundert Jahren war Frankreich zum ersten Mal vor Angriffen sicher und zur militärischen Vormacht in Europa aufgestiegen. Diese beiden großartigen Kupferstichserien sind faktisch Staatspropaganda – wir wissen, dass Leclerc vom königlichen Hof bezahlt wurde, während er an den *Grandes Conquêtes* arbeitete. Jedes einzelne Bild ist zur Bestimmung des gefeierten Ereignisses deutlich beschriftet und von opulenten allegorischen Details umgeben, die die Handlung bespiegeln. Leclercs Stiche erlauben es dem stolzen Besitzer (sie waren kostbare Sammlerstücke), mit wissendem Erstaunen und visuellem Genuss die Heldentaten des selbsternannten Sonnenkönigs zu bewundern.

Sechs der *Petites Conquêtes* zeigen das, was man erwarten würde: Szenen aus Schlachten, überwiegend gegen Österreicher, Spanier, Niederländer, an den Nord- und Ostgrenzen Frankreichs. Aber zwei Darstellungen feiern andere Arten von Siegen. Auf einer ist der Empfang der Botschafter von Siam in Versailles 1686 zu sehen, ein großer diplomatischer Coup, welcher der französischen Außenpolitik im Fernen Osten neue Möglichkeiten eröffnete. Der andere zeigt die Zerstörung des Tempels von Charenton, ein nur wenige Kilometer vor der

Hauptstadt errungener «Sieg», diesmal über des Königs eigene loyale protestantische Untertanen.

Die religiösen Reformationen des 16. Jahrhunderts hatten aus dem zuvor in Glauben und Praxis weitgehend vereinten West- und Mitteleuropa ein Gebiet gemacht, in dem wechselnde Konfessionen miteinander rivalisierten. Und das führte zu einer tiefgreifenden, in der Tat existenziellen politischen Frage: Konnte irgendein europäischer Staat, der seit Jahrhunderten durch die Ausübung eines gemeinsamen katholischen Glaubens organisiert und aufrechterhalten wurde, weiterhin funktionieren, wenn seine Einwohner plötzlich völlig verschiedene Dinge glaubten und nicht mehr gemeinsam beteten? Konnte ein in sich gespaltenes Gebäude stehen? In Frankreich führten diese Spannungen zu einem über eine Generation hinweg andauernden Bürgerkrieg zwischen Katholiken und calvinistischen Protestanten, der bis in die 1590er Jahre hinein zahllose Menschenleben forderte und das Land verwüstete. Frankreich musste eine Lösung finden. Diese Lösung nahte schließlich, als Heinrich IV. 1598 das Edikt von Nantes erließ.

Den Protestanten Frankreichs, den Hugenotten, wurde – allerdings verbunden mit vielen Einschränkungen – die Ausübung ihres Glaubens gestattet, und man sicherte ihnen den Schutz ihrer Bürgerrechte zu. Das Edikt von Nantes brachte Frieden und damit eine Stabilität, die es der französischen Krone erlaubte, den Staat neu aufzubauen. In einem den Vorgängen in Japan auffallend ähnelnden Prozess wurden die blutigen Bürgerkriege des 16. Jahrhunderts im 17. Jahrhundert durch die Schaffung einer immer autoritäreren Zentralgewalt abgelöst, die insistierend darauf pochte, den traditionellen Glauben zu verteidigen. Und in beiden Ländern setzte sich diese Macht gegenüber einer kleinen und schwachen religiösen Minderheit durch.

Das Edikt von Nantes stellte gewissermaßen eine Duldung dar, aber es änderte nichts daran, dass die Hugenotten im Grunde unerwünschte Gäste waren – oder Gäste, die, wenn man lange genug wartete, irgendwann zur Besinnung kommen und in den Schoß der katholischen Kirche zurückkehren würden. Mit Beginn der 1680er Jahre war Ludwig XIV. bereit einzuschreiten. Er zeigte den Hugenotten, was es bedeutete, ungebetene Gäste zu haben, indem er seine Truppen bei ihnen einquartierte. Die Soldaten terrorisierten die hugenottischen Familien, stürzten sie in Armut und verwüsteten ihre Häuser. Die einzige Möglichkeit, dem Ruin zu entgehen, war es, zum Katholizismus überzutreten. Das war der Höhepunkt einer jahrzehntelangen Einschüchterungskampagne.Die Bürgerrechte der Hugenotten wurden stetig untergraben, sie wurden zu bestimmten Berufen nicht zugelassen, und man enthielt ihnen ihren Lohn vor. Viele von ihnen wandten sich von ihrem Glauben ab oder emigrierten.

So waren die Protestanten als kohärente Kraft in jeder Hinsicht zerschlagen worden, als Ludwig am 22. Oktober 1685 den finalen Schritt tat und das Edikt zur Gänze widerrief. Durch diesen Akt wurde die Ausübung des protestantischen Glaubens für illegal erklärt, den Hugenotten wurden alle Bürgerrechte entzogen, über ihren Klerus wurde die Todesstrafe verhängt, und ihre Kirchen wurden niedergerissen. Die Zerstörung des Tempels von Charenton fand tags darauf statt. Die Widerrufung des Edikts von Nantes war eine der populärsten Entscheidungen in Ludwigs langer Regentschaft.

Professor Robert Tombs von der Cambridge University glaubt, dass das die große Zahl der Menschen erklärt, die in Leclercs Stich bei der Arbeit sind:

> *Es scheint, als sei dies in gewisser Weise nicht ein Staatsakt, sondern ein Akt des Volkes, dem es durch den königlichen Widerruf des Dekrets nun gestattet ist, seinem Hass gegen den Protestantismus freien Lauf zu lassen. Die Zerstörung hugenottischer Kirchen und die Schändung protestantischer Friedhöfe waren überall populäre Ereignisse, an denen das Volk gerne teilnahm: Der König ließ dem Sektierertum in seinem Königreich diesbezüglich freie Hand, ein absoluter Monarch, der die Populismus-Karte spielte.*

Wenn diese Lesart richtig ist, dann finden wir hier ein bestürzendes Echo des Niederreißens der Moschee von Ayodhya (→ Kapitel 25). Auch dort war der Staat scheinbar beiseite getreten, um der Zerstörungswut des Volkes Raum zu geben. Wie in Indien, so Robert Tombs, wurde die Entscheidung in Frankreich mit Blick auf die internationale Politik getroffen:

Ludwig XIV., der 1685, dem Jahr der Widerrufung des Edikts von Nantes, über die Ketzerei triumphiert.

Ludwig macht für sich geltend, der Rex Christianissimus, *«le roi chrétien» zu sein, ein* Titel, *den die* französische Monarchie *durchweg führte, um zu demonstrieren, dass sie* – und Frankreich –, *mit einer weiteren berühmten Wendung gesprochen, «die älteste Tochter der Kirche» waren: Er bekräftigte, dass der Katholizismus das Kennzeichen der französischen Monarchie war, das Fundament für ihren Anspruch nicht nur auf Legitimation im eigenen Land, sondern auch auf ihre Vorherrschaft in Europa. 1685 war Ludwig besonders daran gelegen, diesen Anspruch zu erneuern, denn er war stark kritisiert worden für die französische Allianz mit den muslimischen Türken gegen die Habsburger und stand deshalb auf denkbar schlechtem Fuß mit dem Papsttum.*

Die endgültige Zerschlagung des Protestantismus sollte untermauern, dass die französische Monarchie, obwohl sie entgegen den politischen Interessen des Papstes die Türken unterstützt hatte, die treue «älteste Tochter» der römisch-katholischen Kirche war. Das erklärt auch, warum über dem Rahmen der Darstellung die Allegorie der «triumphierenden katholischen Kirche» thront, ausgestattet mit Kreuzen, Weihrauchgefäß und päpstlicher Tiara. Zu ihren Seiten brennen vermutlich ketzerische protestantische Bücher. Am unteren Rand des Rahmens hängen Ketten, wie sie verwendet wurden, um Gefangene zu fesseln, die zur Galeerenstrafe verurteilt worden waren – ein Schicksal, das viele Hugenotten ereilte. Der Betrachter kann keinen Zweifel mehr daran hegen, dass der König von Frankreich mit der Verfolgung der Protestanten im Namen der heiligen Kirche Gottes handelt.

Und dennoch beharrten die Hugenotten bis zum Ende darauf, dass sie die loyalsten aller Untertanen des Königs waren und fest an dessen göttliches Recht glaubten, die Entscheidungen zu treffen, die ihm angemessen schienen. Wie die Christen im damaligen Japan stellten auch sie keinerlei Bedrohung für einen immer durchsetzungsfähigeren Zentralstaat dar. Welchen anderen Grund als das Bedürfnis, vor einem unzufriedenen Papst gut dazustehen, hätte es also dafür geben sollen, ihre Zerschlagung wie einen Sieg zu feiern? Robert Tombs sieht hier den Beginn eines politischen Denkmusters, das noch heute sehr aktuell ist:

> *Das Edikt von Nantes hatte den Protestanten beträchtliche politische und militärische Rechte eingeräumt, und ich glaube, ohne zu weit denken zu wollen, dass man in dessen Widerruf den Ursprung der starken und mittlerweile langlebigen französischen Abneigung gegen alles sehen kann, das als Staat im Staate erscheint. Darin bestand der Vorwurf gegenüber den Protestanten unter Ludwig XIV. Und noch im 19. Jahrhundert glaubte man daran; später warf man es den Juden vor, eine Debatte, die um 1900 viel zum Streit um die nationale Identität beigetragen hat; und heutzutage sagt man erstaunlich ähnliche Dinge über die Muslime.*
>
> *In der Nationalversammlung von 1789 gab es eine interessante Diskussion über die Stellung der Juden in Frankreich. In einer berühmten Rede wurde festgelegt, dass man den Juden als Individuen alles zu gewähren hatte, ihnen aber als Nation alles*

verweigern musste. Dahinter steht, dass eine Religion, sagen wir heutzutage der Islam, nicht als eine Anzahl von Individuen mit einer Reihe spezieller Überzeugungen angesehen wird, sondern als organisierte Gruppe, die eine Art eigenständige Identität beansprucht.

Wenn man nicht allzu bereitwillig an historische Zufälle glaubt, dann drängt sich der Gedanke auf, dass sich hier eine Haltung fortsetzt, eine bestimmte Auffassung dessen, was es heißt, französisch zu sein.

Leclercs Darstellung sollte uns nicht länger überraschen.

In diesem Licht betrachtet, stellte die schiere Existenz der Hugenotten für diese neue einheitliche Auffassung des Französischen eine Herausforderung dar, die so gefährlich und tückisch war wie jede militärische Bedrohung von außen. Und nun war sie, dem König sei Dank, beseitigt worden: ein Grund zu feiern. Von da an definierte sich Frankreich nicht mehr über Sprache oder Blut, sondern über die einheitliche Akzeptanz seiner Regeln und Normen. Und es ist, wie Tombs nahelegt, die verblüffende Kraft und Langlebigkeit dieser politischen Haltung, dic die heftige Reaktion Frankreichs auf den Burkini an seinen Stränden erklärt, mit der dieses Kapitel begann:

Die Revolution von 1789 versucht eine neue Art von Einheit zu schaffen. Diese gründet nicht auf der Uniformität des Katholizismus, sondern auf einer Uniformität des Säkularismus, die man später als laïcité bezeichnete. Sie beharrt darauf, dass der Glaube und seine Ausübung keine Rolle im öffentlichen Leben des Staates zu spielen haben. Beides sollte Privatsache bleiben und niemanden beeinträchtigen. Wenn jedoch Menschen damit beginnen, ihre religiösen Überzeugungen öffentlich zur Schau zu tragen und den Anspruch haben, sich aufgrund ihres Glaubens von ihren Mitbürgern abzuheben, dann ist das weder für den Republikanismus noch für den französischen Royalismus akzeptabel.

Für die Republikaner, welche die Bestrebungen zum Verbot der Burka und des Burkini vorantreiben, geht es um viel mehr. Der Säkularismus wird von den republikanischen Hardlinern als eine der Grundlagen des Französischseins angesehen. Ohne den Säkularismus, so würden viele sagen, kann es keine wirkliche Gleichheit zwischen Männern und Frauen und keine wahre Demokratie geben.

Wenn wir dieser Argumentationslinie folgen, dann stellt die Existenz des Tempels von Charenton, ebenso wie das Tragen von Burka oder Burkini, für die Behörden eine provokative Ablehnung dessen dar, was es heißt, ein wahrer Bürger Frankreichs zu sein. Und so werden «geeignete Maßnahmen» ergriffen.

Das Christentum im Japan des 17. Jahrhunderts erholte sich nie mehr wirklich von seiner Verfolgung durch den Staat. Als das Regime Mitte des 19. Jahrhunderts gestürzt wurde, stellten die neuen Machthaber Japans wieder einen Kaiser ins Zentrum des nationalen Lebens, der für göttlich erklärt wurde (→ Kapitel 4). Ängstlich besorgt um dieses machtvollste aller Symbole, hielten jene Anführer das Verbot des Christentums verständlicherweise weiter aufrecht, bis sie nach Commodore Perrys Machtdemonstration durch reichere und besser bewaffnete christliche Staaten zu dessen Aufhebung gezwungen wurden. «Es gibt in Japan keinen Platz für zwei Söhne Gottes», so hatte ein japanischer Beamter stolz erklärt. Auch wenn zurückkehrende Missionare auf kleine Gruppen von Japanern gestoßen waren, die noch immer Rosenkränze benutzten, wurde das Christentum weiterhin als ausländische und deshalb verdächtige Religion angesehen. Dieses Identitätsgefühl, das aus der langwährenden Abschottung vor äußeren Einflüssen erwuchs, erklärt für viele, warum Japan, trotz seiner starken Wirtschaft und der großen demographischen Krise, bei der Aufnahme ausländischer Immigranten so zurückhaltend ist. Aufgrund von Meinungsumfragen wird manchmal scherzhaft behauptet, dass die meisten Japaner ihre betagten Eltern lieber durch einen Roboter betreut sähen als durch einen Filipino.

Am 26. August 2016 entschied der Conseil d'État, Frankreichs oberstes Verwaltungsgericht in Paris, schließlich, dass das Tragen eines Burkinis am Strand keine Bedrohung für die öffentliche Ordnung darstelle und damit nicht zu verbieten sei. Das andere Kennzeichen islamischer Identität, die das komplette Gesicht verhüllende Burka, darf jedoch in Frankreich auf offener Straße weiterhin nicht getragen werden. Die Vorstellung, jemand könne gleichzeitig vollwertiger französischer Bürger und offen praktizierender Angehöriger einer religiösen Minderheit – ob Protestant, Jude oder Moslem – sein, empfindet man seit fast 350 Jahren als Bedrohung für die Identität des französischen Staates.

Kapitel 29

«Es gibt keinen Gott!»

Der Glaube bringt die Menschen dazu, einander zu töten, Bomben zu werfen, Kriege zu entfesseln und Andersdenkende zu entmenschlichen: Das ist ein ernstes Problem. In seiner Kernbedeutung als religiöse Bindung würde man dem Glauben, so denke ich, auch immer mit Vernunft begegnen und ihn hinterfragen.

Anthony Grayling, Philosoph und vehementer Verfechter eines säkularen Humanismus, spricht aus, was viele denken: dass die Religion in der heutigen Welt im Grunde ein bigotter Hokuspokus ist, in dessen Namen sich Menschen gegenseitig in die Luft sprengen. Und Gründe für diese Ansicht liegen auf der Hand. Fast jeden Tag wird über Unterdrückung, Grausamkeit und Morden im Namen des ein oder anderen Gottes berichtet – ein Muster, das, wie wir im letzten Kapitel sahen, eine lange und blutige Geschichte hat. Eine zentrale Aufgabe für Regierungen auf der ganzen Welt ist es heute, religiöse Extremisten innerhalb und außerhalb der eigenen Landesgrenzen zu «deradikalisieren».

Grayling, ein angesehener Dozent, unterbreitet seine Lösung: Geduldige rationale Auseinandersetzung ist die beste Methode, das, was er als die Trugschlüsse des Glaubens ansieht, zu entlarven. Das sollte Individuen zu gegebener Zeit fort von einem Gewalt erzeugenden Glaubensmuster hin zu einer durchdachten Weltsicht führen, die überhaupt keine Konfessionen braucht. Die Hoffnung dahinter ist, dass eine Gesellschaft ohne irrationale Glaubensstrukturen in der Lage sein sollte, das Leid zu verhindern, das religiöse Intoleranz oft mit sich bringt. Allerdings müssen die Atheisten mit Bedauern einräumen, dass

auch die bestmöglich geführten Debatten Zeit brauchen. Dieses Kapitel nimmt die Versuche zweier Regierungen – zweier Staaten – in den Blick, schneller voranzukommen: durch die Abschaffung des Glaubens in der Öffentlichkeit, ohne zähe Diskussionen, und durch die Erhebung der Vernunft zum Grundprinzip politischen Lebens.

A LA PHILOSOPHIE.
Le Décadi 20 Brumaire de l'an 2e de la République française une
a été Célébrée dans la Cidevant Eglise de Notre Dame.

In Kapitel 26 sahen wir uns die Krönung des britischen Monarchen in Westminster Abbey an, bei der dem Souverän, durch die Bischöfe der Staatskirche, alle

Am 20. Brumaire, Jahr II (10. November 1793) wurde in Notre-Dame, der ehemaligen Kirche von Paris, das Fest der Vernunft gefeiert.

Macht von Gott übertragen wird. Diejenigen, die sich am 10. November 1793, einem Sonntag, in Notre-Dame in Paris eingefunden hatten, wurden Zeugen einer ganz anderen Art von Krönung. In einem Gebäude, das nun keine katholische Kathedrale mehr war, inaugurierte der erste offiziell gottlose Staat des modernen Europa – die Französische Republik – glanzvoll den Kult der Vernunft.

Zehn Monate zuvor hatten die Revolutionäre den König guillotiniert und die Monarchie abgeschafft. Ebenso lösten sie die katholische Kirche als offizielle

Religion Frankreichs auf: Stattdessen wurde ein neuer Spiritus Rector eingesetzt, nach dessen Regeln der Staat nun regiert werden sollte: die Vernunft. In Notre-Dame wurden die Statuen der Heiligen – der Aristokraten christlichen Glaubens – geköpft, und die Kathedrale wurde, zusammen mit Chartres und Reims (wo die französischen Monarchen bei ihrer Krönung gesalbt und geweiht wurden), umgewidmet zu einem Tempel der Vernunft. An diesem Sonntag im November 1793 feierte die französische Nation zu Musik, die eigens von François-Joseph Gossec komponiert worden war, die erste *Fête de la Raison*, das Fest der Vernunft.

Dieser Moment wurde auf einem einfachen Stich festgehalten. In der ehemaligen Kathedrale umringten Mädchen in locker fallenden Tuniken römischen Stils mit Trikolore-Schärpen die Göttin der Vernunft selbst, verkörpert durch die Frau des führenden Revolutionspolitikers, der die Idee des Kultes vorangetrieben hatte. Sophie Momoro, in schwungvoll drapierte Stoffe gehüllt, einen Speer in Händen und die rote Freiheitskappe auf dem Kopf, nahm feierlich auf einem künstlichen Hügel Platz, der den Altar der entchristianisierten Notre-Dame ersetzt hatte. Nach ihrer Inthronisierung blickte sie in Richtung eines der Philosophie geweihten Tempels und winkte alle herbei, um den Pfad der Weisheit zu beschreiten. Es war eine Hommage an die großen *philosophes* – Voltaire, Diderot, Rousseau und ihre Mitstreiter, die säkularen Heiligen der Französischen Revolution –, die während der vorangegangenen fünfzig Jahre für politische Freiheiten eingestanden waren und die Dogmen und politischen Privilegien der katholischen Kirche attackiert und schonungslos verspottet hatten. Dank der *philosophes* waren an diesem Tag in Notre-Dame viele Menschen anwesend, für die Gott – allenfalls – ein einmaliger himmlischer Uhrmacher und Schöpfer eines rational geordneten Universums war.

Während des Ancien Régime war die Verschmelzung von Kirche und Staat tief verwurzelt gewesen. Der Monarch war als «Allerchristlichster König» und Frankreich als «älteste Tochter der katholischen Kirche» tituliert worden (→ Kapitel 28). Als die französische Republik die Apotheose der Vernunft feierte, versuchte sie damit, 1500 Jahre politischen Christentums abzuschaffen, das vermutlich 312 in Rom mit der Bekehrung Kaiser Konstantins zum Christentum seinen Ausgang genommen und die Geschichte Europas seither geprägt hatte.

Selbst mit viel Abstand kann man nachempfinden, wie unbegreiflich und verstörend eine so radikale Neuerung gewesen sein muss. Aber das war nur Teil einer viel umfassenderen Verwirrung, denn die Menschen, die sich an diesem Tag in (Ex-)Notre-Dame versammelten, hätten darauf bestanden, dass sie das Fest der Vernunft nicht an einem Sonntag, den 10. November 1793, feierten, sondern am Decadi, 20. Brumaire, des Jahres II. Vernunft und Revolution hatten nicht nur Gott abgeschafft – sie hatten die Zeit neu geordnet. Paris war durch seine eigene Kühnheit beflügelt. Das übrige Europa war bestürzt.

Christen und Muslime beginnen ihre Zeitrechnung mit dem Ereignis, das die Gründung ihrer Religion und damit, wie beide glauben, den Beginn einer neuen Ära für die ganze Menschheit markiert: Im einen Fall ist es die Geburt Christi, im anderen die Auswanderung des Propheten von Mekka nach Medina. Am 22. September 1792 war die Französische Republik ausgerufen worden – und eine vollkommen neue Welt war geboren, auch diesmal zum Wohle der gesamten Menschheit. So begann an diesem Tag auch eine neue Zeitrechnung: Man schrieb nicht länger das Jahr des Herrn 1792, sondern das Jahr I der Französischen Republik, in dem das Volk regieren, der vernebelnde Schwindel der Religion vertrieben sein und allein die Vernunft jeden Lebensbereich vermessen und bestimmen würde. Innerhalb kurzer Zeit wurden die alten komplexen Systeme von Entfernungen, Gewichten und Maßen, die oft von Stadt zu Stadt variierten, abgeschafft. Das Leben sollte in der einheitlichen Klarheit des Dezimalsystems gelebt werden – ein System «für alle Menschen, zu allen Zeiten».

Man kann diese neue Welt der Vernunft sehen – und hören – in einer heute im British Museum bewahrten Uhr, die der Schweizer Abraham-Louis Breguet im Jahr III, also 1795, angefertigt hat. Das auf einen roten Marmorsockel montierte Uhrwerk ist etwa 60 Zentimeter hoch, von einem Glaskasten umgeben und so von allen Seiten sichtbar. Es gibt kein Holzgehäuse, keine Verzierungen: nur die Maschine.

Aber was für eine Maschine! Gewichte und Pendel bestehen aus glänzendem, vergoldetem Messing. Die Teile, die die Zeit anzeigen, sind aus grauem polierten Stahl gearbeitet. Eine hohe vertikale Leiste, in welche die Wochentage eingraviert sind, trägt zwei Ziffernblätter. Das obere zeigt die 24 Stunden des Tages an, das untere, kleinere die Monate. Nirgends ist schmückendes Beiwerk zu sehen; Kom-

plexität präsentiert sich hier in absoluter Schlichtheit. Dieses Objekt wurde konstruiert, um Vertrauen in – man möchte fast sagen: «Glauben» an – die mechanische Vernunft zu erwecken. Es strebt ganz simpel danach, die grundlegenden Mechanismen der Zeit an sich vor Augen zu führen. Anders als die aufwändigen und eingekapselten Zeitmesser des Ancien Régime betont es nachdrücklich, dass in der Welt, in der wir leben, nichts Unerklärliches oder Übernatürliches existiert, dass alles in ihr klar und regelmäßig, messbar und sichtbar ist. Diese Uhr ist ein Fest der Vernunft im Miniaturformat.

Eines der Ziffernblätter führt die traditionellen vertrauten Namen der Monate auf. Diese jedoch waren gerade erst von der neuen Regierung abgeschafft worden: Sie waren uneinheitlich in ihrer Länge, und einige von ihnen – Januar und Juni – waren nach falschen römischen Göttern benannt, während andere – Juli und August –, noch schlimmer, römische Tyrannen würdigten, die die Republik gestürzt hatten. Folglich zeigt die Uhr auch die neuen, rationalen und politisch korrekten Monatsnamen des Revolutionskalenders. Die Monate waren nun alle gleich lang – 30 Tage – und nicht in vier Wochen, sondern in drei *décades* unterteilt, von denen jede zehn nummerierte Tage umfasste (es gab außerdem fünf besondere Tage zum Jahreswechsel hin). Die Monate waren in sich nahezu reimenden Triaden nach dem natürlichen Kreislauf der Landwirtschaft und der Jahreszeiten benannt: Vendémiaire – «Weinlesemonat», Brumaire – «Nebelmonat», Frimaire – «Frostmonat», und so weiter. Oder, wie ein kritischer Kommentator jenseits des Ärmelkanals sie 1800 im *Sporting Magazine* betitelte: «Wheezy, Sneezy, Freezy» etc.

Die transparente und gewandelte Zeit: Breguets skelettartiger Regulator, entstanden in Paris um 1795, zeigt beides, den traditionellen gregorianischen und den neuen Kalender der Französischen Republik. Die Uhr befand sich später möglicherweise im Besitz Napoleons.

Breguets Uhr ist ein Objekt des Wandels, denn sie zeigt sowohl die alte als auch die neue Zeit. Die Revolution würde erst dann wirklich vollzogen sein, wenn die französischen Bürger – nicht mehr die Untertanen – ohne Hilfe von der alten Ära in die neue übersetzen konnten. Das jedoch erwies sich als schwieriger und langwieriger, als die Revolutionäre erwartet hatten, vor allem, was die Religion anging. Es stellte sich heraus, dass das Volk zwar den Reichtum und die Macht der Kirche abgelehnt, sich jedoch nicht übermäßig an den irrationalen Aspekten ihrer Lehren gestört hatte, die von den *philosophes* so verspottet wurden. Vor allem auf lokaler Ebene hingen die Menschen an der Funktion der Kirche: Sie stiftete Zusammenhalt und sorgte dafür, dass Feste gefeiert wurden, die das Jahr strukturierten und deren Tradition alle kannten. Der Kult der Vernunft erschien dagegen abstrakt und unnahbar, und er wurde schon bald abgelöst durch Feste zu Ehren der Freiheit oder des höchsten Wesens, eine unbestimmte, aber grundsätzlich wohlwollende göttliche Schöpferkraft. Doch das war nicht das Gleiche. Nicht nur die Glaubenslehren, sondern auch die Praktiken der Kirche hatten die Gesellschaft geprägt, und der Verlust dieser Vertrautheit löste Empörung aus: Wann sollten die Menschen in einer Welt ohne Kirche zusammenkommen? Wer würde ein Kind segnen, das auf die Welt kam, sich um die Sterbenden kümmern oder die Toten begraben?

Die Revolution selbst wurde schnell weniger wohlwollend, indem sie viele der Gebräuche des Regimes und der Kirche übernahm, die sie so hasste: Wer ihre Überzeugungen nicht teilte, der wurde verbannt oder guillotiniert, und diejenigen, die sie verteidigten und dabei starben, wurden als Märtyrer verehrt. Während man im November 1793 in Notre-Dame das Fest der Vernunft feierte, wurden «Volksfeinde» – das konnten Adlige, Priester oder praktisch alle sein, die sich der Revolutionsregierung widersetzten – in zunehmender Zahl im Schnellverfahren verurteilt. Der Terror, als der er später bezeichnet wurde, war in vollem Gange: Dutzende von Menschen wurden jeden Tag öffentlich hingerichtet.

Zehn Jahre später war alles vorbei. Am 18. Germinal, Jahr X (8. April 1802), wurde der Kult der Vernunft abgeschafft. Die Kirche war geknechtet und geschwächt worden, aber sie hatte fraglos überlebt. Die Basis unserer Uhr gibt einen Hinweis auf das Schicksal der Republik, die, wie die Römische Republik der Antike, im Kaiserreich endete: Sie zeigt einen silbernen, mit glitzernden Steinen besetzten Großbuchstaben, ein «N», zu Ehren Napoleons, dem sie sehr wohl gehört haben könnte.

Der ewige Kalender der Französischen Republik, der von 1793 bis 1805 die Jahre neu zählte und die Monate und Wochentage umbenannte.

Innerhalb weniger Jahre nach Napoleons Machtübernahme waren die großartigen Symbole, die den Triumph der Vernunft repräsentiert hatten, überwiegend verschwunden. Der Revolutionskalender war nicht mehr in Gebrauch, und eine neue Vereinbarung, ein Konkordat mit dem Papsttum, bestätigte erneut die offizielle Rolle der Kirche in Frankreich. Am 2. Dezember

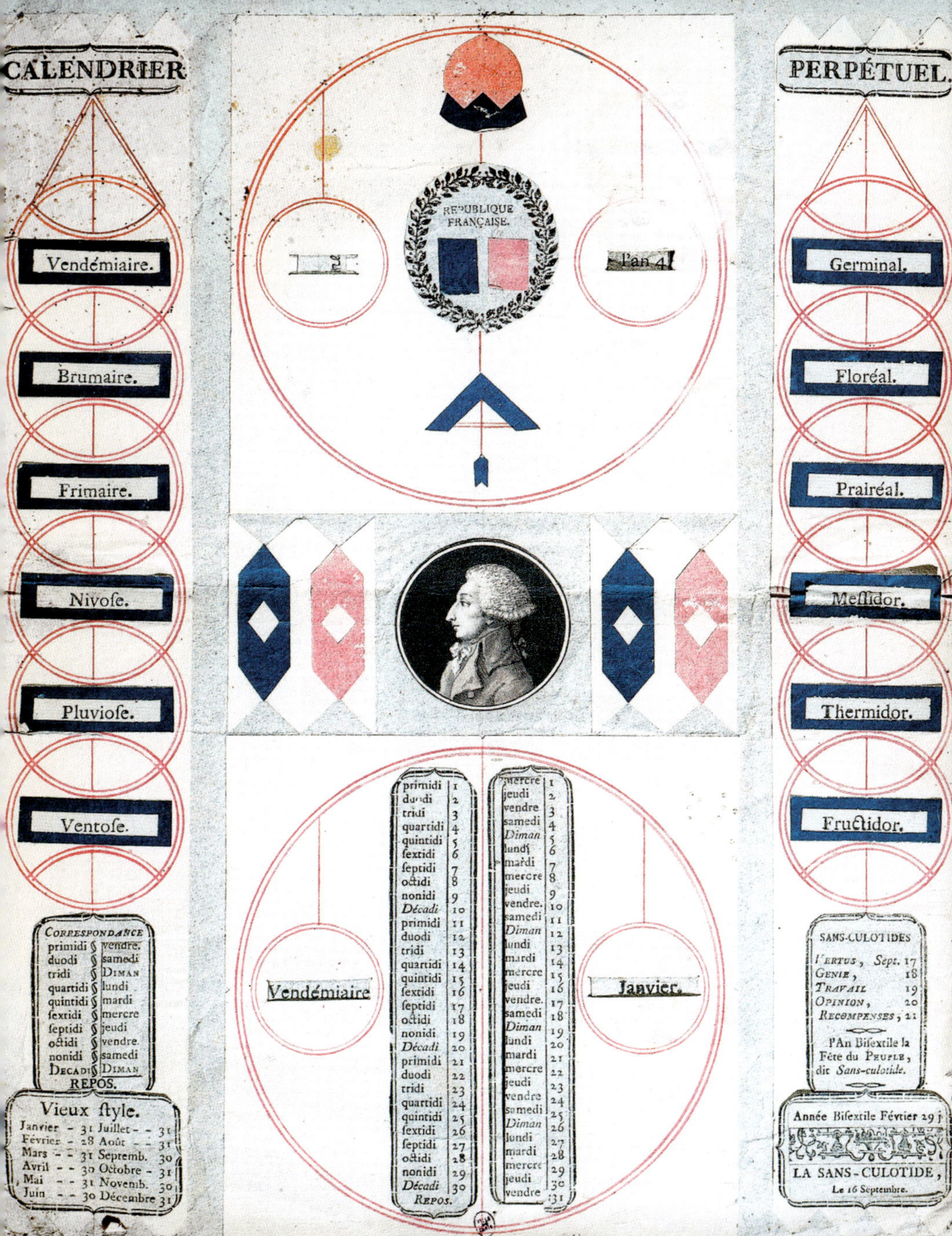

CALENDRIER
PERPÉTUEL.
REPUBLIQUE FRANÇAISE.
l'an 4
Vendémiaire.
Brumaire.
Frimaire.
Nivoſe.
Pluvioſe.
Ventoſe.
Germinal.
Floréal.
Prairéal.
Meſſidor.
Thermidor.
Fructidor.
Vendémiaire
Janvier.
primidi 1
duodi 2
tridi 3
quartidi 4
quintidi 5
ſextidi 6
ſeptidi 7
octidi 8
nonidi 9
Décadi 10
primidi 11
duodi 12
tridi 13
quartidi 14
quintidi 15
ſextidi 16
ſeptidi 17
octidi 18
nonidi 19
Décadi 20
primidi 21
duodi 22
tridi 23
quartidi 24
quintidi 25
ſextidi 26
ſeptidi 27
octidi 28
nonidi 29
Décadi 30
REPOS.
mercre 1
jeudi 2
vendre 3
samedi 4
Diman 5
lundi 6
mardi 7
mercre 8
jeudi 9
vendre. 10
samedi 11
Diman 12
lundi 13
mardi 14
mercre 15
jeudi 16
vendre. 17
samedi 18
Diman 19
lundi 20
mardi 21
mercre 22
jeudi 23
vendre 24
samedi 25
Diman 26
lundi 27
mardi 28
mercre 29
jeudi 30
vendre 31
CORRESPONDANCE
primidi § vendre.
duodi § samedi
tridi § DIMAN
quartidi § lundi
quintidi § mardi
ſextidi § mercre
ſeptidi § jeudi
octidi § vendre.
nonidi § samedi
DECADI § DIMAN
REPOS.
Vieux ſtyle.
Janvier - - 31 Juillet - - 31
Février - - 28 Août - - 31
Mars - - 31 Septemb. 30
Avril - - 30 Octobre - 31
Mai - - 31 Novemb. 30
Juin - - 30 Décembre 31
SANS-CULOTIDES
VERTUS, Sept. 17
GENIE, 18
TRAVAIL 19
OPINION, 20
RECOMPENSES, 21
l'An Biſextile la Fête du PEUPLE, dit Sans-culotide.
Année Biſextile Février 29 j.
LA SANS-CULOTIDE,
Le 16 Septembre.

1804 (wenngleich einige fanatische Reformer noch immer vom 11. Frimaire, Jahr XIII sprachen) verfolgten die Besucher einer Notre-Dame, die wieder zur katholischen Kathedrale mit angemessenem Altar geworden war, nicht etwa die Inthronisierung der Vernunft, sondern ein Zeremoniell, in dem sich Napoleon selbst zum Kaiser der Franzosen krönte. Der Papst, der nachdrücklich aus Rom herbeordert worden war, musste dem Akt in demütigender Weise beiwohnen und den dienlichen Segen des wieder eingeführten Gottes spenden.

Etwas mehr als ein Jahrhundert später schlugen russische Revolutionäre einen auffallend ähnlichen Kurs ein wie vor ihnen die Franzosen. Alle Bürger der neuen Republik sollten gleich sein. Die Monarchie wurde abgeschafft, der Monarch getötet, und der Staat schickte sich an, eine reiche, politisch mächtige Kirche aufzulösen. Jede Spur der Glaubensausübung sollte ausgelöscht und durch einen rational-wissenschaftlichen Weltzugang ersetzt werden. Wie in Frankreich sah sich der neue Staat gezwungen, seine Feinde zu töten. «Der gnadenlose Massenterror gegen ... Priester ... ist durchzuführen», schrieb Lenin 1918.

Geoffrey Hosking, emeritierter Professor für russische Geschichte am University College London, erklärt, was geschah:

> *Ursprünglich wollten Lenin und die Anführer des Sowjetstaats jede etablierte Religion vernichten. Vor allem arbeiteten sie daran, die russisch-orthodoxe Kirche als Hauptkirche der Sowjetunion zu zerschlagen. Sie plünderten Gotteshäuser oder machten sie zu Lagerhallen, Kinos, zu allen möglichen öffentlichen, nicht-religiösen Einrichtungen. Eine riesige Zahl von Priestern und Bischöfen wurde verhaftet, und viele von ihnen starben in Arbeitslagern. Bis 1939 waren nur vier von etwa 150 Bischöfen noch am Leben und übten in ihren Diözesen ihr Amt aus. Im Laufe etwa der ersten zwanzig Jahre gelang es der Kommunistischen Partei also wirklich beinahe, die orthodoxe Kirche zu zerstören. Das gilt ebenso für andere etablierte Glaubensrichtungen.*

Wie in Frankreich war das Vorgehen gegen die Religion auch in der Sowjetunion von einem devoten Glauben an die Vernunft begleitet, die die Macht zur Umgestaltung der Welt haben sollte. Breguets Uhr zeigt den französischen Versuch, die Zeit neu zu ordnen. Die Sowjets wollten den Weltraum erobern.

Auf Stalins Befehl hin wurde die Christ-Erlöser-Kathedrale in Moskau 1931 gesprengt.

Am 12. April 1961 umrundete Juri Gagarin als erster Mensch die Erde: So war die Menschheit also endlich in den Himmel vorgedrungen, und das war nicht durch Religion, sondern durch Wissenschaft möglich geworden. Wie es im Himmel aussah, zeigt uns ein Plakat, das entworfen wurde, um sowohl den Triumph des sowjetischen Raumfahrtprogramms (das dem der Vereinigten Staaten den Rang abgelaufen hatte) als auch die Rechtfertigung des rationalen Atheismus zu feiern. Es zeigt den jugendlichen Gagarin, der inmitten von Sternen schwebt. Er trägt einen Raumanzug in leuchtendem Rot – der Farbe des Kommunismus – und strahlt gewinnend zu uns hinab, während unter ihm zwei Wörter prangen: *Boga Net* – «Es gibt keinen Gott!» Die Himmel sind frei von göttlichen Wesen, aber voll von sternenklaren Verheißungen. Das einzig wahre Paradies ist das irdische, und Gagarin ist sein Gesandter. «CCCP» (Сою́з Сове́тских Социалисти́ческих Респу́блик) steht auf seinem Helm: die Union der Sozialistischen Sowjetrepubliken. Er schwebt über den Kuppeln und Kreuzen orthodoxer Kirchen und einer mit einer Mondsichel bekrönten

СССР
– БОГА НЕТ!
Боевой Карандаш
Издательство Художник РСФСР
Художник В. МЕНЬШИКОВ
БЕЗ БОГА ШИРЕ ДОРОГА
Издательство «Художник РСФСР»
Изд. № 504074. Тираж 5000 Зак. 8253. Цена плаката 8 коп.
Ордена Трудового Красного Знамени
типография им. Володарского Лениздата,
191023. Ленинград, Фонтанка, 57
А 80202—224 / М173(03)—75 —75
© Издательство «Художник РСФСР». 1975

Moschee. Dank des Sowjetsystems hat der Mensch die Religion buchstäblich überflügelt.

Die auffallende Präsenz dieser Kirchen auf dem Plakat – die Tatsache, dass sie so lange nach der Revolution überhaupt noch existieren – erklärt sich durch das, was 20 Jahre zuvor geschah. Der Traum von einem säkularen, rationalen Sowjetstaat, frei von den Fesseln der Religion und des Aberglaubens, war im Juni 1941 durch den Überfall Deutschlands auf die Sowjetunion brutal unterbrochen worden. Es war von grundlegender Bedeutung für die Regierung, sich in diesem Großen Vaterländischen Krieg die Unterstützung der Bevölkerung zu sichern. Als verzweifelte Maßnahme wurden religiöse Einschränkungen gelockert und die Gemeindekirchen wieder geöffnet. Das zeigt sehr deutlich, welch starken sozialen Zusammenhalt die Glaubenspraktiken gestiftet hatten – und trotz 20 Jahre andauernder Unterdrückung noch immer stifteten. Wie in Frankreich hatten die Menschen nichts gefunden, das den Platz der kirchlichen Rituale im Gemeindeleben hätte ersetzen können. Wie Geoffrey Hosking beschreibt, beließ es Stalin, nachdem ihm der Sieg gewiss war, partiell bei der erneuerten Präsenz der wiedereingesetzten orthodoxen Kirche und machte diese zum Werkzeug interner Kontrolle und seiner Nachkriegsdiplomatie – was sich in Teilen der Welt mit hohem christlich-orthodoxen Bevölkerungsanteil als besonders nützlich erwies:

> *Er wagte den bemerkenswerten Schritt, das Patriarchat wiedereinzusetzen. Die Patriarchen und alle kirchlichen Würdenträger wurden mit der Zustimmung von Partei und Regierung wieder in ihre Ämter berufen. Der Staat gründete außerdem ein Komitee zu ihrer Überwachung, und viele der Bischöfe sowie einige Priester wurden Agenten, die der Geheimpolizei über mögliche Umsturzbestrebungen berichten sollten. Von den Gläubigen wurde verlangt, sich bei den Behörden registrieren zu lassen.*

Die Sowjetunion erobert den Himmel: Der erste Mensch im Weltall, Juri Gagarin schwebt über Kirchen und Moscheen und verkündet: «Es gibt keinen Gott!» (Druck von Wladimir Menschikow, 1975).

Beobachter des heutigen Russland konstatieren, dass Wladimir Putin eine ganz ähnliche Politik verfolgt, und das sogar noch engagierter. Kirchen wurden nicht nur wiedereröffnet, sondern neu aufgebaut. Anders als Stalin Jahrzehnte zuvor behauptet

Putin jedoch, gläubig zu sein, getauft von einer Großmutter, die ihn im traditionellen Glauben erzog. Geoffrey Hosking zufolge hat Putin begriffen, dass die orthodoxe Kirche nicht allein ein Glaubenssystem, sondern fast ebenso sehr das Wahrzeichen und die Hüterin zentraler Aspekte der russischen Nationalidentität ist, der er mit aller Macht neue Geltung verschaffen will:

> *Putin zitiert regelmäßig biblische Texte, er geht ziemlich oft in die Kirche, er unterhält eine sehr gute Beziehung zum Patriarchen Kyrill, und auf diese Weise stärkt er den russischen Patriotismus, die Vorstellung, dass Russland etwas ganz Eigenes, Wertvolles ist, weil die orthodoxe Kirche sich unverkennbar von allen anderen abhebt. Sie ist eine nationale Kirche.*

Dieser Wandel ist umfassend. Das Museum, das einst unser Gagarin-Plakat erworben hatte, war das «Museum für Geschichte der Religion und des Atheismus»

Die Christ-Erlöser-Kathedrale in Moskau wurde auf Befehl Stalins zerstört und in den 1990er Jahren nach dem Ende der Sowjetunion wiedererrichtet.

in Leningrad: Es ist heute das «Staatliche Museum für Religionsgeschichte» in St. Petersburg. Zum Hauptquartier des gefürchteten KGB (umbenannt zu «Inlandsgeheimdienst der Russischen Föderation») gehört heute eine Kirche, die der göttlichen Weisheit, Sophia, gewidmet ist. Sie beherbergt Ikonen, die ihre Weihe durch den Patriarchen von ganz Russland erhielten. Der Atheismus wurde offiziell verworfen.

Welche Geschichte sie auch immer in sich birgt, unsere aus Stein, Metall und Glas bestehende Uhr ist gewiss das ultimativ rationale Zeitmessgerät: Sie zeigt das Gefüge einer luziden, glasklaren Welt ohne Geheimnisse und ist so konzipiert, dass ihre Mechanismen absolut durchschaubar sind. Der Lauf der Zeit wird nicht nur gemessen: Er wird ans Licht gebracht.

Unter einem Bild der Gottesmutter von Kasan (→ Kapitel 17) und mit einem Kreuz um den Hals feiert Präsident Putin das Fest der Erscheinung des Herrn nach orthodoxer Tradition mit dem rituellen Eintauchen ins Wasser durch ein Loch im Eis des Seligersees, nördlich von Moskau, im Januar 2018.

Die Ursprünge von Religion und das Bedürfnis der Menschen, sich eine solche zu schaffen, so Anthony Grayling, fallen mit vorwissenschaftlichen Versuchen zusammen, ein vergleichbares Verständnis der Welt zu entwickeln:

> *Menschen lieben Erzählungen. Wir wollen einen Beginn, eine Mitte und ein Ende. Und wir wollen eine Erklärung. In der Anfangsphase ihrer Entwicklungsgeschichte nutzten die Menschen ihr eigenes Erleben von Ursache und Wirkung als Ausgangspunkt. Ich kann einen Stein aufheben und ihn in einen Teich werfen: Das Wasser wird hochspritzen. Das habe ich bewirkt. Ebenso wurden der Wind, das Wachstum von Pflanzen, die Bewegung von Bäumen, das Bergabrollen eines Steins und alles andere den Wirkmächten der Natur zugeschrieben: den Nymphen, Dryaden und Sylphiden.*
>
> *Als wir mit der Natur vertrauter wurden, zogen sich diese Naturkräfte zurück. Sie verbargen sich auf Berggipfeln, die als heilige Stätten galten: etwa der Olymp oder der Berg, auf dem Moses Gott im brennenden Dornbusch erschien. Schließlich gelang es den Menschen, die Berggipfel zu erklimmen, und als sie dort keine übernatürlichen Kräfte fanden, verlagerten sie diese in den Himmel. Je weiter sich jene Wesen aus dem unmittelbaren Umfeld der Menschen entfernten, desto geringer wurde ihre Zahl. Sie haben sich heute, je nach persönlicher Arithmetik, auf eins oder drei reduziert. Und sie befinden sich außerhalb von Raum und Zeit. Je weniger die Menschen von der Wissenschaft verstehen und je größer die Kluft zwischen ihrer disziplinierten empirischen Erkundung und ihrem Nichtbegreifen der Welt ist, desto schneller berufen sie sich auf religiöse Erklärungen.*

So gesehen beantwortet die moderne Wissenschaft die Fragen und löst die Probleme, die lange Zeit religiöse Impulse gaben, und so schwindet die Notwendigkeit des Glaubens. Je weiter unser Wissen über die physikalischen Zusammenhänge der Welt wächst, desto weniger brauchen wir die Religion, um uns Dinge erklären zu können.

Natürlich stimmt es, dass die meisten Menschen Naturphänomene nicht länger als überirdische Kräfte deuten. Aber wie lässt es sich dann erklären, dass so viele Einwohner von Frankreich und Russland an ihrem Glauben festhielten, als der Staat die Religion abschaffte? In beiden Fällen zeigte sich, dass es im

Grunde nicht um die Wahrheit oder andersherum die Behauptungen und Lehren der Kirchen ging. Vielleicht ging es noch nicht einmal um die offenkundige Habgier und Korruption im Kern beider Institutionen: Der springende Punkt war das soziale Engagement, das mit der Ausübung des Glaubens verbunden war, und die Sehnsucht nach einem Existenzbegriff, dessen Bedeutung über das Individuum und das Leben des Einzelnen hinausreichte. Eamon Duffy beschrieb eine ähnlich verbreitete Reaktion während der englischen Reformation – die Wut und das Elend aufgrund der Zerstörung eines lange gewachsenen Gemeindelebens, das die Zeit geheiligt hatte.

Anthony Grayling glaubt, dass wir mit unserem Wissen über das Universum so weit gekommen sind, dass wir unser moralisches Leben heute ohne solche Strukturen regeln können – und das auch tun:

> *In den meisten voll entwickelten Demokratien der heutigen Welt erleben wir, dass Gesellschaften funktionieren, ohne auf ein dogmatisches Bezugssystem festgelegt zu sein. Und wir scheinen moralisch nicht zu kollabieren, die Menschen auf der Straße bringen einander nicht um oder liegen den ganzen Tag betrunken im Rinnstein. Die Menschen kommen mit ihrem Leben und ihren Beziehungen zurecht – ja sie gehen in mancher Hinsicht sogar ein wenig sorgfältiger damit um.*

Aber auch hier kann man eine andere Sichtweise dagegenhalten. Es ist gut möglich, dass sich Individuen ohne Gott nicht schlechter benehmen als zuvor. Mit Regierungen verhält es sich jedoch anders. Als Staatsreligion rechtfertigte das Christentum die Unterdrückung der Untertanen, aber es sicherte diesen Untertanen auch zu, dass es eine noch höhere Macht gab, von der die irdischen Herrscher zur Rechenschaft gezogen würden. In Frankreich und in Russland war die Macht des absoluten Monarchen von Gott gegeben, aber auch eingeschränkt und an die Verpflichtung gebunden, gerecht zu regieren. Wurde diese missachtet, dann legitimierte das den Aufstand. Es gab einen unausgesprochenen Kodex moralischen Widerstands. Als Gott abgeschafft wurde, existierte nicht einmal mehr eine abstrakte Beschränkung staatlicher Macht, und in Russland und Frankreich folgte darauf das Morden im Namen der Vernunft.

Kapitel 30

Miteinander leben

Es ist das menschliche Dilemma; es ist die Geschichte jedes Einzelnen von uns; es ist die Geschichte der Welt bis heute und für alle Zeiten – all das auf einem einzigen leuchtend bunten Gemälde, welches das ewig kreisende Rad unseres Lebens und des Lebens aller Menschen zeigt. Dieses *thangka*, ein auf Stoff gemaltes buddhistisches Bild, wurde im 19. Jahrhundert in Tibet angefertigt, um dort oder in Indien an der Wand eines Tempels zu hängen. Es wurde auf blaues Baumwollgewebe aufgezogen und oben und unten mit einer Lasche für einen Stab versehen. Sein Format entspricht etwa dem eines sehr großen Fernsehbildschirms, und es zeigt die gleiche hochauflösende Intensität von Farben und Details. Das Gemälde sollte der langsamen Meditation dienen und führte besonders jenen, die nicht lesen konnten, vor Augen, wie man sich durch das Terrain des täglichen Lebens bewegte und – vor allem – wie man über dieses hinausgelangen konnte.

Das Leben, das durch die Vergänglichkeit bestimmt und verschlungen wird. Das buddhistische Lebensrad zeigt den Kreislauf der Wiedergeburt und verschiedene Aspekte des Menschseins (*thangka* aus Tibet, 19. Jahrhundert).

Dieses ganze Buch hindurch, angefangen von der Eiszeit bis in die Gegenwart, haben wir uns angeschaut, wie Gesellschaften sich ihren Platz in einer ständig im Wandel begriffenen und oftmals bedrohlichen Welt zunächst vorstellen und diese Vorstellung dann umsetzen. Dieses *thangka* vermittelt die buddhistische Sicht des Universums und tut dabei das, was alle Religionen tun müssen: Es erzählt eine Geschichte – eine, die unser individuelles Leben mit der Gemeinschaft und der Welt verbindet, deren flüchtiger Teil wir sind. Und es erzählt diese Geschichte anhand eines Rades, denn auch wenn unsere Existenz endlich ist, so hat doch die Geschichte der Welt, die es verkörpert, weder Anfang noch Ende.

Der Radkranz ist pistaziengrün und wird von den Speichen in sechs Bereiche unterteilt, in denen jeweils Landschaften und Figuren zu sehen sind. Ganz im Zentrum, in der roten Nabe, befinden sich die drei Triebkräfte, die unser Leben lenken, das Rad in Bewegung halten und dafür sorgen, dass sich die Welt immer weiter dreht: Gier, verkörpert durch einen stolz gefiederten Hahn, Verblendung als Schwein und Hass in Gestalt einer grünen Schlange. Jede dieser zersetzenden Eigenschaften nährt sich durch die anderen beiden: So drehen sie sich hier in einer genialen visuellen Metapher ewig im Kreis, indem sie alle einander in den Schwanz beißen. Es gibt nur einen Weg, wie wir uns von ihnen und ihrem Kreislauf der Zerstörung befreien können: indem wir dem Pfad und den Lehren Buddhas folgen – das bedeutet Loslösung von allen Begierden und Mitgefühl für alle Lebewesen. Wenn wir uns selbst und unserem unerleuchteten Bewusstsein überlassen bleiben, dann werden diese drei gefräßigen Untiere unser Handeln bestimmen, unser Leben formen und uns in einer Folge von Geburten und Wiedergeburten in sechs verschiedene Reiche des Daseinskreislaufs führen, die jeweils in einem der großen Radsegmente dargestellt sind.

In diesem *thangka* offenbart sich uns, auf die ruhige Meditation hin angelegt, die zentrale Botschaft der ersten Predigt Buddhas über das Rad des Gesetzes, die er seinen Anhängern im Wildpark von Sarnath hielt (→ Kapitel 14 und 19): Je nachdem, welches Verhalten wir für den Umgang miteinander wählen, hat das Konsequenzen, die nicht nur durch die ganze Gesellschaft hindurch, sondern auch über die Zeiten hinweg nachklingen, da sich das kosmische Rad endlos dreht. Moral ist vorherbestimmt.

In der Mitte oben ist, wie zu erwarten, das goldene Reich der Götter dargestellt, eine Welt voller Bequemlichkeit und Überfluss. Aber das ist nicht das ewige Paradies, wie Europäer es kennen: Diese Götter sind sterblich. Weil sie so viel besitzen, lassen sie sich durch sinnlose Vergnügungen hinreißen, und so fehlt es ihnen an Mitgefühl und Selbstdisziplin. Auch sie werden von Gier, Verblendung und Hass getrieben. Wenn sich das Rad dreht, werden sie sterben und in einem niedrigeren Reich wiedergeboren. Und so setzt sich die Geschichte fort, im Uhrzeigersinn rund um den inneren Kreis des Rades herum, unser

Fortschreiten, das durch unser Verhalten bestimmt wird: selbstgefällige Götter, die zu zänkischen unzufriedenen Halbgöttern werden oder zu Tieren, die in ständiger Angst leben, gejagt und getötet zu werden, bis hin zum Abstieg in die qualvolle Hölle selbst, ganz unten im Bild.

Zur linken des Höllenbereichs sind neun merkwürdige nackte menschliche Gestalten zu sehen. Jedes andere Segment des Rades, sogar die Hölle, zeigt eine leuchtend bunte, üppige Landschaft, diese Figuren jedoch, im Buddhismus die hungrigen Geister genannt, bewegen sich in einem fast konturlosen Reich aus trübem Grau. Madeleine Bunting, Autorin und Kommentatorin religiöser Themen, die sowohl durch katholische als auch buddhistische Traditionen geprägt ist, hält diese Figuren für besonders erwähnenswert:

> *Sie haben riesige hängende Bäuche, und ihre Münder sind bekanntlich winzige enge Löcher. Das Bezeichnende an diesen hungrigen Geistern – und ich habe das Gefühl, ihnen in meinem Leben täglich zu begegnen – ist, dass sie sich danach sehnen, die Tiefe und Fülle des Lebens zu erfahren, dazu aber nicht in der Lage sind. Sie sind hungrig, hungrig, hungrig, aber sie wissen nicht, wie sie die Freuden des Daseins auskosten sollen. Es scheint mir so, als verkörperten sie die Zeile von T. S. Eliot: «Wir haben das Erlebnis gehabt, doch erfassten den Sinn nicht.» Die Frage, die sich in diesem Bereich des Rades stellt, lautet: Wie öffnet man seinen Mund so, dass man die Nahrung, die das Leben bereithält, auch in sich aufnehmen kann – Beziehungen zu anderen Menschen, ganz einfach Dankbarkeit für die eindrucksvolle Schönheit der Welt und das Mitgefühl für andere, um ihnen, wo immer und wann immer es möglich ist, zu helfen?*

Unser Bereich, der menschliche Bereich, ist die Szenerie direkt über den hungrigen Geistern, und wir machen es ein wenig besser als sie – aber nur ein wenig. Durch eine grüne, fruchtbare Landschaft windet sich hier der Pfad, der uns alle von der Geburt bis ins hohe Alter führt, durch Krankheiten hindurch bis zum Tod. Es wird keine einfache Reise werden. Zu beiden Seiten des Pfades sehen wir Extreme wie Hitze und Kälte, harte Arbeit, Leid, Hunger und Durst. Überall müssen wir uns von denen, die wir lieben, trennen, und unsere Erwartungen werden enttäuscht.

Trotz dieser ungeschönten Darstellung der menschlichen Reise dient dieses Gemälde keineswegs dem Zweck, uns angesichts unserer Daseinsbedingungen in Verzweiflung zu stürzen. Es soll uns vielmehr Hoffnung geben. Dieses großartige Bild des Kosmos erklärt durch den Kreislauf, den es vor Augen führt, dass alles, was in der Welt existiert – Freude und Leid, Liebe und Verlust –, sich fortwährend wandelt und neue Wendungen nimmt. Nichts währt ewig. Das entspricht vielleicht der Vorstellung des antiken griechischen Philosophen Heraklit: «Man kann nicht zweimal in denselben Fluss steigen». In unserem *thangka* wird das Rad des Lebens von einem furchterregenden bärenähnlichen Monster, der Verkörperung der Vergänglichkeit, gehalten, oder besser gesagt: fast verschlungen. Unsere menschliche Welt, so wie wir sie hier sehen und wie wir sie verstehen sollen, steckt in den Fängen der Unbeständigkeit.

Und das gibt uns Hoffnung. Denn so, wie sich die Welt verändern muss, müssen auch wir uns verändern. Die simple Botschaft dieses komplexen Bildes ist jedoch, dass jeder die Möglichkeit hat, den drei niederen Leidenschaften – Gier, Verblendung und Hass – zu entkommen. Wenn man die Lehren Buddhas befolgt, indem man sich von weltlichen Dingen und Gefühlen löst und jedem Wesen Mitgefühl entgegenbringt, dann wird alles gut. Und wir müssen nicht alleine kämpfen. Wie man im *thangka* sieht, so erklärt uns Madeleine Bunting, ist Buddha immer in Reichweite, um uns beratend und führend zur Seite zu stehen:

Das Entscheidende ist, dass in jedem Daseinsbereich die Gestalt Buddhas auftaucht, selbst in der Hölle oder inmitten der hungrigen Geister. Und egal, wo man sich gerade befindet, ist es möglich, Erleuchtung und Buddhaschaft zu erlangen. Wir tragen alle eine Buddhanatur in uns, ganz ähnlich der christlichen Vorstellung, dass Gott in uns ist. Wir können alle zu erleuchteten Wesen werden, wo auch immer wir stehen und welche Geschichte wir auch haben mögen. Das ist die grundlegende Hoffnung und Verheißung dieses Gemäldes und dieser Lehre.

Vergleichbar mit dem Geschehen in unserem *thangka*, wird an den Ufern des Ganges jedes Jahr im großen Stil ein Drama der Vergänglichkeit und Erneuerung inszeniert, in dem es ebenfalls um die rettenden Tugenden der Loslösung und des Mitgefühls geht. Wie wir in Kapitel 3 sahen, verbinden die Wasser der Gottheit Ganga – Wasser, die, spirituell betrachtet, vermutlich in vielen Flüssen Indiens fließen – Himmel und Erde miteinander, und sie spielen zudem für das hinduistische Verständnis von Leben und Tod eine zentrale Rolle.

In Kapitel 3 sahen wir auch, welche Vorzüge es haben kann, am Ganges in Varanasi zu sterben und verbrannt zu werden, denn das verspricht die Befreiung aus dem ewigen Kreislauf der Wiedergeburt. Die Hindus glauben zudem, dass ein Bad am Zusammenfluss von Ganges und Yamuna in Allahabad für die Lebenden außerordentliche spirituelle Wohltaten bereithält, vor allem an bestimmten Tagen im Januar und Februar. So wird jedes Jahr in den trockenen Herbstmonaten, nach den Regenfällen des Monsun, im Flussbett von Allahabad eine große Stadt aufgebaut, damit viele Millionen Pilger dort 55 Tage lang baden und die Magh Mela feiern können – das Fest (*mela*), das während des *Magh* (der Hindu-Monat, der sich über den Januar und Februar erstreckt) beginnt. Alle zwölf Jahre ist es sogar noch vielversprechender als sonst, an dieser Stelle in den lebenserneuernden Fluten des Ganges unterzutauchen, denn dann findet hier eine noch größere Feier, die Kumbh Mela, statt (*kumbh* bedeutet Wasserkrug). Schätzungen zufolge nahmen 2013 unglaubliche 120 Millionen Menschen – das Doppelte der Bevölkerung Großbritanniens – über einen Zeitraum von zwei Monaten hinweg an der Kumbh Mela teil.

Um die Menschenmassen, die zur Magh oder Kumbh Mela anreisen, unterzubringen, wird im Flussbett des Ganges jedes Jahr vorübergehend eine Großstadt, eine mobile Megacity errichtet. Es gibt buchstäblich nichts Vergleichbares auf der ganzen Welt. Rahul Mehrotra ist Architekt in Mumbai und lehrt außerdem in Harvard. Er führte eine umfassende Studie über die ephemere Stadt durch, die die Kumbh Mela im Jahr 2013 beherbergte:

Nachfolgende Doppelseite: **Eine vergängliche Stadt. Tausende von Hindu-Pilgern überqueren während der Kumbh Mela 2013 auf Pontonbrücken den Ganges bei Allahabad. An besonders verheißungsvollen Tagen baden etwa 20 Millionen Menschen im Fluss.**

Während des ganzen Festes leben dort etwa sieben Millionen Menschen, und so kann man im Grunde von einer Megacity sprechen, in der die Menschen 55 Tage lang wohnen. Zur alljährlichen Magh Mela sind die Zahlen etwas geringer, gehen aber noch immer in die Millionen. Während beider Feste gibt es besonders heilige Tage, an denen man einen starken Zustrom von Teilnehmern verzeichnen kann. So kommen an jedem der drei besonders verheißungsvollen Badetage über 20 Millionen Menschen an.

Der Ort, an dem die Stadt aufgebaut wird, kommt erst nach den Monsunregenfällen zum Vorschein, wenn die Flüsse zurückgehen und irgendwann zwischen Ende September und Mitte Oktober die Sandbänke freiliegen. So bleiben der Regierung letztlich etwa zwei Monate, um eine Megacity für sieben Millionen Menschen zu errichten, die teilweise bereits im Januar ankommen. Das Bemerkenswerte daran ist, dass diese Stadt auf einer undefinierten Zone entsteht, die eigentlich eine Sandbank ist. Und ebenso faszinierend und schön ist, dass sie wieder komplett verschwindet, wenn die Flüsse durch den nächsten Monsun erneut über die Ufer treten.

Die Logistik eines solchen Ereignisses stellt eine noch größere Herausforderung dar als die des Haddsch, wo schon eine umfangreiche permanente Infrastruktur und ein gut entwickeltes Kontingentsystem vorhanden sind, um den riesigen Pilgeransturm zu bewältigen (→ Kapitel 14). Aber vergleichbar mit dem Haddsch, haben die Menschen hier alle dasselbe Ziel: sich eine Zeitlang auf die wesentlichen Aspekte ihrer Existenz zu konzentrieren, zu beten, zu huldigen und sich von der Last ihres Fehlverhaltens befreien zu lassen. Es ist eine heilige Stadt, aber anders als Zion ist sie nicht mit dem Gedanken an Dauerhaftigkeit verbunden und kann immer wieder – zumindest für kurze Zeit – bewohnt werden.

Diese riesige, aber temporäre Stadt zu besuchen ist ein unvergessliches Erlebnis. Ihre Einwohnerzahl ist wahrscheinlich an jedem beliebigen Tag größer als die jeder europäischen Hauptstadt, ausgenommen vielleicht London. Sie besitzt eine Straßenbeleuchtung und sanitäre Einrichtungen, eigene Krankenhäuser und Polizeikräfte (deren Aufgabe es vor allem ist, die Massen zu organisieren und Menschen, die einander verloren haben, wieder zusammenzuführen – es werden nur sehr wenige Verbrechen gemeldet). Geht man durch die Straßen, so ist man umgeben von einer sanften Gelassenheit, die einen überall sonst in Erstaunen versetzen würde, eine ruhige Besinnung auf das gemeinsame Ziel, die immer stärker spürbar wird, je näher man den Badestellen kommt.

Es gibt keine Hotels. Die Stadt ist nach einem Rasterplan angelegt, mit Wohnblocks, die nicht aus feststehenden Häusern, sondern aus großen Zelten bestehen. Diese sind groß genug, um 700 oder 800 Menschen unterzubringen, die Decken und Bettzeug als Sitz- und Schlafgelegenheiten mitbringen. Im Herzen der Zelte wird Raum geschaffen für spirituelle Unterweisungen durch eine ganze Reihe von Gurus, für Gottesdienste und private Meditationen. Es ist niemals still dort, aber viele Menschen scheinen doch erstaunlicherweise ein Eckchen zu finden, in dem sie sich auf ihre eigene innere Andacht konzentrieren können.

Die Pilger kommen aus ganz Indien und bleiben, unentgeltlich, so lange sie wollen. Sie bringen wenige Habseligkeiten mit. Die meisten von ihnen baden mehrmals. Die Zelte – von denen viele tausend aufgestellt sind – bieten eine schützende Umgebung für die Pilger, von denen viele nicht daran gewöhnt sind, ihre Dörfer zu verlassen und auf Reisen zu gehen. Im Innern der Zelte kümmern sich religiöse Organisationen darum, dass jeder nicht nur einen Schlafplatz findet, sondern auch gratis verköstigt wird. Für alles ist gesorgt. Das ist Wohltätigkeit in außergewöhnlichen Dimensionen und mit einer weiteren ungewöhnlichen Besonderheit, wie Rahul Mehrotra berichtet:

> *Einer der interessantesten Aspekte an der Kumbh Mela – wie der Magh Mela – ist, dass sie die Dimension jeder zeitgenössischen Megacity besitzt, aber nur auf ein einziges Ziel hin ausgerichtet ist. Und vor allem dient sie keinem kommerziellen Zweck. Essen und Unterkunft stehen für jedermann zur Verfügung. Das symbolisiert in meinen Augen die umfassende Idee der ganzen Stadt – dass es hier darum geht, etwas mit wirklichem Einsatz auf die Beine zu stellen, dann aber auch zu akzeptieren, dass alles ganz einfach wieder verschwindet.*

Man ist sich die ganze Zeit über dessen bewusst, dass diese großartige Metropole, in deren Aufbau so viel Arbeit steckt, keine bleibende Stadt ist. Würde man sie nicht wieder abbauen, dann würde derselbe Fluss, der den Pilgern ein neues spirituelles Leben verheißt, sie in einigen Wochen ganz und gar zerstören. Aber im nächsten Jahr wird es eine neue Stadt geben, neue Pilger, und derselbe Fluss wird anderes Wasser führen.

Die Kumbh Mela ist das mit Abstand größte religiöse Ereignis – und in der Tat die weitaus größte Zusammenkunft von Menschen – auf der ganzen Welt. Die Millionen von Menschen, die im Ganges baden, tun jedoch, wie ich finde, etwas Ähnliches wie andere Gruppen, denen wir im Laufe dieses Buches begegnet sind – wie die Bauern, welche die neue große Grabanlage von Newgrange errichteten, um zur Zeit der Wintersonnenwende eine Verbindung zwischen den Lebenden und den Toten zu schaffen, wie die Völker, die Feste zu Beginn des Sommers in Sibirien oder zu Ehren der geschlachteten Seehunde in Alaska feiern, wie die Gemeinden, die in evangelisch-lutherischen Kirchen singen, oder die Pilger, die nach Canterbury, Guadalupe oder Mekka reisen. Sie alle nehmen an aufwändigen und kräftezehrenden Ritualen teil, die ihnen ihren Platz in Raum und Zeit bewusst machen. An etwas teilzuhaben bringt Hoffnung auf einen Neubeginn mit sich und stärkt die Gesellschaft, die gemeinsam handelt.

Dieses Buch nahm seinen Anfang in einer Höhle nahe der Donau, wo vor 40 000 Jahren eine kleine, tragbare Skulptur des Löwenmenschen eine zentrale Rolle bei etwas spielte, das wir mit Fug und Recht als religiöse Zeremonie bezeichnen können. Diese kleine Figur ist eine imaginäre Umgestaltung der Welt, ein grandioses Kunstwerk, in dem die zerstörerische, bedrohliche Macht des Löwen durch Vorstellungskraft und großes handwerkliches Geschick in einen Quell der Stärke verwandelt wurde, an dem alle teilhaben können. Ich möchte mit einem anderen widerhallenden Raum, St. Paul's Cathedral in London, enden, mit einer anderen kleinen Skulptur, die ebenfalls angefertigt wurde, um sie in der Hand zu halten, diesmal allerdings in unserer heutigen Welt. Dieses Artefakt stellt den Versuch dar, Reste der Zerstörung zu einem Zeichen der Hoffnung zu machen. Es ist ein kleines Kreuz, bestehend aus zwei ganz einfach ineinander gefügten Holzstücken, das während der Flüchtlingswoche 2016 auf dem Hochaltar der Kathedrale stand.

Das Lampedusa-Kreuz auf dem Hochaltar von St. Paul's Cathedral im Juni 2016.

Flüchtlinge vor der Ankunft auf der zwischen Sizilien und Tunesien gelegenen Insel Lampedusa.

Francesco Tuccio ist Zimmermann auf Lampedusa, der kleinen italienischen Insel zwischen Sizilien und der Küste Tunesiens. Sie wurde zum Ziel für Zehntausende Migranten und Asylsuchende aus Afrika, die sich verzweifelt bemühen, ein Europa zu erreichen, das sie nicht aufnehmen will. Tausende von ihnen sind ertrunken, weil ihre kleinen, überladenen Boote während der kurzen Überfahrt sanken. Die meisten Flüchtlinge, die auf Lampedusa ankommen, sind völlig mittellos und in vielen Fällen traumatisiert. Weil er den Migranten als

Willkommensgeste und Zeichen des Mitgefühls etwas schenken wollte, begann Tuccio, Kreuze wie dieses aus den angespülten Wrackteilen der Flüchtlingsboote zu fertigen, aus Holz, das, wie er sagte, nach Salz, Meer und Leid roch.

Wir haben in diesem Buch oft über Objekte gesprochen, deren Material selbst Teil ihrer Botschaft ist. Keines dieser Objekte führt das so wahrhaft und eindringlich vor Augen wie dieses Kreuz aus den Trümmern eines Bootes, das am 11. Oktober 2013 vor Lampedusa unterging – 311 Migranten aus Somalia und

Eritrea ertranken. Den Einwohnern von Lampedusa gelang es, 155 weitere zu retten. Auf dem horizontalen Holzstück sieht man noch die Reste der abgewetzten blauen Bemalung des schiffbrüchigen Bootes, unter der das nackte Holz zum Vorschein kommt; auf dem vertikalen Teil des Kreuzes erinnern uns viele immer wieder beschädigte, abgekratzte und erneut aufgetragene Farbschichten an die zerstörten Existenzen der Menschen, die das Boot einst transportierte. 2015 schenkte Francesco Tuccio das Kreuz dem British Museum. Es ist ein Objekt, das in seiner Schlichtheit und durch die Unmittelbarkeit seiner Botschaft selbst das großartige Museum, das es nun beherbergt, beschämt.

Die Lehren Buddhas, die im *thangka* dargestellt sind, bieten denjenigen, die sie befolgen, Versöhnung und Befreiung. Das Lampedusa-Kreuz setzt ein Zeichen, ein christliches und zugleich universelles, das zeigt, wie aus Zerstörung und Leiden Rettung und neues Leben erwachsen können. Tuccio betrachtete es als Aufruf an unsere Gesellschaft, die nicht nur in der Lage sein sollte, diejenigen willkommen zu heißen, die unsere Vorstellungen teilen, sondern schlicht alle, die unsere Welt teilen. Ein ähnliches Kreuz übergab er Papst Franziskus, der es in einem am 8. Juli 2013 auf Lampedusa abgehaltenen Bußgottesdienst in Händen trug, im Gedenken an die Migranten, die beim Versuch, das Mittelmeer zu überqueren, ihr Leben verloren hatten. In seiner Predigt forderte der Papst jeden dazu auf, seine Verantwortung angesichts der moralischen Bedrohung, die er als «die Globalisierung der Gleichgültigkeit» bezeichnete, anzuerkennen und darauf eine Antwort zu finden.

Die Objekte, die wir uns in diesem Buch angesehen haben, waren mit vielen Religionen verbunden, von denen einige längst untergegangen sind, während andere heute das Leben von Millionen von Menschen bestimmen. Uns sind viele verschiedene Geschichten über die Welt und unseren Platz in ihr begegnet. Wir haben uns allerdings nicht so sehr damit beschäftigt, was Individuen glauben, sondern uns vor allem angeschaut, was ganze Gemeinschaften tun, um den Überzeugungen, die sie teilen, Ausdruck zu verleihen. Und all diese Praktiken scheinen mir im Grunde hauptsächlich eines zu bestätigen: dass jeder von uns Teil einer Erzählung ist, die weit über uns selbst hinausführt, Teil einer fortdauernden Gemeinschaft, deren Mitglieder gemeinsame Zielvorstellungen verbinden. Praktiken wie diese stiften Identität und stärken den Zusammenhalt – und deshalb waren Gesellschaften schon seit der Eiszeit dazu bereit, gewaltige Ressourcen dafür aufzuwenden. Ein so geschärftes Identitätsempfinden kann natürlich andere ausschließen und zu Konfrontationen führen, wie uns die Beispiele von Ayodhya, Jerusalem, Nagasaki, Paris und Khartum gezeigt haben; aber ebenso hilft dieses Empfinden Gesellschaften, trotz widriger Umstände zu überleben, so etwa den Parsen, als sie aus dem Iran nach Gujarat fliehen mussten, den Äthiopiern, die gegen die italienische Invasion kämpften, oder dem sibirischen Volk der Sacha, das seine Traditionen über Jahrhunderte hinweg vor russischen Übergriffen bewahrte.

Der Verfall christlicher Glaubenspraxis begann in Europa mit der rationalistisch bedingten Ablehnung der Dogmen und der politischen Macht der Kirche. Die Gleichgültigkeit der Menschen wuchs bis in unsere Zeit hinein, in der die christlichen Bräuche kaum mehr als eine volkstümliche Erinnerung darstellen. Im 18. und 19. Jahrhundert glaubten viele Menschen, dass die Regierungen sich der Religion bedienten, um die Kontrolle über ihre womöglich kriminellen oder rebellischen Untertanen zu behalten. Dagegen scheint es heute keinen Zusammenhang zwischen der Säkularität bestimmter Staaten und der Kriminalität – oder Rebellionsbereitschaft – ihrer Bürger zu geben. Die immer unbedeutendere Rolle der Religion als Institution hat jedoch, wie ich denke, zu einem folgenschweren Verlust von Gemeinschaft geführt, denn an die Stelle von aktiven Anhängern eines Glaubens sind heute zunehmend atomisierte Konsumenten gerückt. Alle Traditionen, die wir uns angesehen haben, künden davon, dass das Leben des Einzelnen besser innerhalb einer Gemeinschaft gelebt werden kann, und sie alle bieten Möglichkeiten, diese Verheißung wahr werden zu lassen. «Die Hölle, das sind die anderen», so die berühmte Feststellung Jean-Paul Sartres. Die Geschichten und Gebräuche, um die es in diesem Buch ging, zeigen, dass es sich genau andersherum verhält: Wenn wir mit anderen Menschen auf angemessene Art zusammenleben, wenn wir miteinander leben, dann sind wir dem Himmel am nächsten.

Eine Skulptur verleiht diesem Gedanken, mehr als jedes andere Objekt, das ich kenne, Gestalt. Sie entstammt zugegebenermaßen einer bestimmten Tradition – der christlichen – und einer bestimmten Zeit – um 1480. Sie verkörpert jedoch das universale Phänomen einer tragenden Glaubensgemeinschaft. Sie schließt den Kreis dieses Buches, denn sie entstand in Süddeutschland, in der Umgebung von Ulm, nicht weit entfernt vom Fundort des Löwenmenschen. Sie ist fast lebensgroß und stellt das dar, was im Deutschen als «Schutzmantelmadonna» bezeichnet wird: Die Jungfrau Maria, die ihren schützenden Mantel ausbreitet. Seine Falten bergen Vertreter einer ganzen Gesellschaft: Männer und Frauen verschiedenen Alters und verschiedener Art, die alle entweder beten oder bange hervorschauen. Aber Maria, die traditionell die Kirche repräsentiert, ist gelassen. Prächtig in Gold und Blau gehüllt, versammelt sie die Gemeinschaft der Gläubigen, hält sie zusammen und bewahrt sie vor Unheil. Viel größer dargestellt als ihre Schützlinge, ist sie die fortlaufende Geschichte, in der diese nur Episoden sind, eine bleibende Institution, die sie alle umfängt und überdauern wird. Sie blickt unerschütterlich in die Zukunft und schreitet – gemeinsam mit ihnen – entschlossen voran.

Anhang

Verzeichnis und Nachweis der Abbildungen

S. 76: Newgrange während der Sonnenwende. © *Ken Williams/Shadows and Stone*

S. 79: Luftaufnahme von Newgrange. © *Ken Williams/Shadows and Stone*

S. 81: Stein am Eingang von Newgrange. *Getty Images*

S. 82/83: Die japanische Sonnengöttin Amaterasu, von Utagawa Hiroshige, 1830. © *The Trustees of the British Museum (1921,1115,0.3)*

S. 86: *Der Kaiser besucht eine Truppenschau in Tokio* (Mittelteil eines Triptychons), von Yôshû Chikanobu, 1887. © *Museum of Fine Arts, Boston (SC220651)*

S. 90: Der Auszug aus Noahs Arche, aus dem Stundenbuch *The Bedford Hours*, französische Schule, ca. 1420. British Library, London. *Pictures from History/Bridgeman Images*

S. 93: Anorak aus Robbendarm, vor 1890. © *The Trustees of the British Museum (Am1890,0908.2)*

S. 94: Porträt zweier Nunivak-Frauen, von Edward S. Curtis, *The North American Indian*, 1929. *Library of Congress, Photographs & Prints Division, Washington, D. C.*

S. 95: Ein Chor, aus E. W. Hawkes, *The Dance Festivals of the Alaskan Eskimo*, 1914. © *British Library Board, All Rights Reserved/Bridgeman Images*

S. 97: Stiefel, Harpunenschnur und Trommel, hergestellt aus Seehundmaterial, 1890–1990. © *The Trustees of the British Museum (Am1992,05.15.a-b, Am1890,0908.157, Am1900,0411.18)*

S. 99 (*oben*): Relief mit reifer Gerste. Neues Reich, Amarna-Zeit, ca. 1353–1336 v. u. Z. *The Metropolitan Museum of Art, New York. Gift of Norbert Schimmel, 1985 (1985.328.24)*

S. 99: (*unten*) Gemälde im Grabmal des Sennedjem, Theben. *Invictus SARL/Alamy*

S. 101: Getreidemumie des Osiris. Ägypten, Spätzeit, ca. 712–332 v. u. Z. © *The Trustees of the British Museum (1839,0921.233)*

S. 103 (*links*): Model einer Osiris-Figur. Ägypten, Spätzeit, ca. 712–332 v. u. Z. Musée du Louvre, Paris. *De Agostini/Bridgeman Images*

S. 103 (*rechts*): Grabgemälde, auf dem Osiris dargestellt ist. © *The Trustees of the British Museum (1868,1102.181)*

S. 106: *Blood Swept Lands and Seas of Red* von Paul Cummins, 2014. *P. Brown/Rex/Shutterstock*

S. 108: Die Percy Chapel, Tynemouth Priory, Tyne and Wear. *Heritage Image Partnership/Alamy*

S. 109: Gedenktafel für die Kriegstoten im Eingangsbereich des British Museum. *J. Fernandes/D. Hubbard/© Trustees of the British Museum*

S. 111: Zwei Mumien, Illustration aus W. Reiss und A. Stübel, *The Necropolis of Ancon in Peru*, 1880–1887.

S. 114: Reliquiar, ca. 1190–1200. © *The Trustees of the British Museum (1902,0625.1)*

S. 116: Ahnenporträt einer Frau, Ming-Dynastie, wahrscheinlich 14.-17. Jahrhundert. © *The Trustees of the British Museum (1926,0410,0.14)*

S. 117: Ahnenporträt eines Beamten, Ming-Dynastie, wahrscheinlich 14.–17. Jahrhundert. © *The Trustees of the British Museum (1926,0410,0.13)*

S. 119: Den Ahnen Dank sagen, aus Tang Yin (zugeschrieben), *Gengzhi tu*, ca. 1500. *Fu Zhai Archive/Bridgeman Images*

S. 121: Hermès-Tasche und Schuhe aus Papier. *DPA/akg-images*

S. 124: Die Kirche St. Margaret's, Westminster. *Richard I'Anson/Getty Images*

S. 126: Elfenbeinstatue der heiligen Margareta, 1325–1350. © *The Trustees of the British Museum (1858,0428.1)*

S. 129 Detail aus dem Doppelporträt mit dem Titel *Die Arnolfini-Hochzeit*, von Jan van Eyck, 1434. National Gallery, London. *Bridgeman Images*

S. 131: Lamaschtu-Amulett, 800–550 v. u. Z. © *The Trustees of the British Museum (1925,0715.1)*

S. 132: Wiegentuch, Albanien, ca. 1950. © *The Trustees of the British Museum (2011,8018.1)*

S. 135: *Ofuda-* und *omamori*-Amulett mit Umschlag. © *The Trustees of the British Museum (As2001,16.66.a-c)*

S. 136: Steinhaufen vor einem buddhistischen Tempel, Osore-zan (Furcht-Berg), Japan. © Luke Mulhall

S. 138: Torawimpel, 1750. © *The Trustees of the British Museum (Eu1933,0607.1)*

S. 141: Torawimpel, Detail, das die Tora zeigt, 1750. © *The Trustees of the British Museum (Eu1933,0607.1)*

S. 142: Torawimpel, Detail, das die Chuppa zeigt, 1750. © *The Trustees of the British Museum (Eu1933,0607.1)*
S. 144: Ein Junge liest die Tora in Vorbereitung auf seine Bar Mitzwa, Houston, Texas, 2014. © *Amalya Shandelman*
S. 146: Ein Bündel geflochtenen Haares, frühes 19. Jahrhundert. © *The Trustees of the British Museum (Oc1831,1112.1)*
S. 147 (*links*): Junge, Vanuatu. © *Lissant Bolton*
S. 147 (*rechts*): Junger Mann, Tanna Island, Vanuatu. *Anders Ryman/Getty Images*
S. 152/53: *L'Angelus*, nach Jean-François Millet, 1881. © *The Trustees of the British Museum (1882,0909.188)*
S. 156 (*oben links*): Qibla-App. *Shutterstock*
S. 156 (*oben rechts*): Rosenkranz. *Dreamstime*
S. 156 (*unten links*): Gebetsteppich, 21. Jahrhundert. © *The Trustees of the British Museum (2011,6043.55.a-b)*
S. 156 (*unten rechts*): Gebetsmühle © *The Trustees of the British Museum (As1981,17.152.d)*
S. 157: Richtungsbestimmer, 1582/83. © *The Trustees of the British Museum (1921,0625.1)*
S. 159: Butterlampen. *istockphoto*
S. 163: Minarett in Wangen bei Olten, Schweiz, 2009. *F. Coffrini/AFP/Getty Images*
S. 164: Kirchenpelz, 1880–1920. © *The Trustees of the British Museum (2010,8038.1)*
S. 167: Männer mit Kirchenpelz, Transsylvanien. *Siebenbuerger.de*
S. 169: Luther mit seiner Familie, von Gustav Adolph Spangenberg, 1886. Museum der Bildenden Künste, Leipzig. *akg-images*
S. 170: Martin Luther, *Achtliederbuch*, 1524. *Bayerische Staatsbibliothek, Munchen*
S. 173: *The Whole Booke of Psalmes Faithfully Translated into English Metre*, verlegt bei Stephen Daye, Cambridge, Massachusetts, 1640. *The New York Public Library, Digital Collections*
S. 175: *Amazing Grace*, Partitur, 1847. Library of Congress, Prints & Photographs Division, Washington, DC.
S. 177: Barack Obama, Charleston, 2015. *Photoshot/TopFoto*
S. 182: Dolerite-Statue des Gudea, ca. 2130 v. u. Z. © *The Trustees of the British Museum (1931,0711.1)*
S. 184: Göbekli Tepe, Anatolien. *V. J. Musi/National Geographic/Getty Images*
S. 186: Gründungstafel. © *The Trustees of the British Museum (1876,1117.2394)*
S. 187: Gründungspflöcke mit Figuren des Gudea. © *The Trustees of the British Museum (1876,1117.152, 1879,1210.1, 1902,0412.678, 1908,0417.2)*
S. 188/189: Das Imdugud-Relief, 2500 v. u. Z. © *The Trustees of the British Museum (1919,1011.4874)*
S. 191: Grundriss des Gudea-Tempels von Ningirsu, Detail vom Schoß einer Statue Gudeas, ca. 2120 v. u. Z. Musée du Louvre, Paris. © *Musée du Louvre, Dist.* RMN-Grand Palais / Philippe Fuzeau
S. 193: Architekturmodell für die Herz-Jesu-Kathedrale in Kericho, Kenia. *John McAslan + Partners*
S. 194: Kathedrale in Kericho, Kenia. Architekten: John McAslan + Partners, 2016. *Edmund Sumner/Alamy*
S. 198: Tunjo, ca. 600–1600. © *The Trustees of the British Museum (Am1895,–.17)*
S. 201: *El Hombre Dorado*, von Theodor de Bry, 1599. *Granger Collection/TopFoto*
S. 202: Der Guatavita-See. © *Mauricio Mejía, flickr.com/maomejia*
S. 206/207: Votivfigur der Muisca (Tunjo), auf der die *El Dorado*-Zeremonie dargestellt ist, präkolumbianisch. Museo del Oro, Bogota, Kolumbien. © *Boltin Picture Library / Bridgeman Images*
S. 209: Inventare des Parthenon, 426–412 v. u. Z. © *The Trustees of the British Museum (1816,0610.282)*
S. 211: Der Parthenon, Athen. *Rainer Hackenberg/akg-images*
S. 213: Münze der Juno Moneta, 74 v. u. Z. © *The Trustees of the British Museum (1867,0704.102)*
S. 214: Opfermesser, aztekisch, 1400–1521. © *The Trustees of the British Museum (Am,St.399)*
S. 216 (*links*): Detail des Opfermessers, aztekisch, 1400–1521. © *The Trustees of the British Museum (Am,St.399)*
S. 216 (*unten*): Opfergefäß aus Basalt, 1300–1521. © *The Trustees of the British Museum (Am,+.6185)*
S. 218: Der Adlerkrieger, Illustration aus dem Codex Florentinus, 16. Jahrhundert. *Biblioteca Medicea Laurenziana, Florenz*
S. 219: Tezcatlipoca tötet ein Opfer, aus dem Codex Cospi, 14. Jahrhundert. Vatikanische Bibliothek, Vatikanstaat. *Alamy*

S. 221: Herrscher mit Gesandten, aus dem Nereidenmonument, ca. 390–380 v. u. Z. © *The Trustees of the British Museum (1848,1020.62)*

S. 222: Menschen zerren an einem Ziegenbock, aus dem Nereidenmonument, ca. 390–380 v. u. Z. © *The Trustees of the British Museum (1848,1020.101)*

S. 223: Tiere auf einem Opferaltar, aus dem Nereidenmonument, ca. 390–380 v. u. Z. © *The Trustees of the British Museum (1848,1020.102)*

S. 225: Stamnos mit roten Figuren, Griechenland, 450–430 v. u. Z. © *The Trustees of the British Museum (1839,0214.68)*

S. 227: Die Anbetung des göttlichen Opferlamms (Detail), aus dem Genter Altar, von Hubert und Jan van Eyck, 1432. St.-Bavo-Kathedrale, Gent. © *Lukas – Art in Flanders VZW/Bridgeman Images*

S. 228: Weib von Bath im Ellesmere-Manuskript von Geoffrey Chaucer, *The Canterbury Tales*, ca. 1410 (Faksimile). *Granger Collection/Bridgeman Images*

S. 230: Pilger vor der Statue des Heiligen Jakobus, aus V. de Beauvais, *Le Miroir Historial*, 15. Jahrhundert. Musée Condé, Chantilly. *Bridgeman Images*

S. 231: Dreikönigsschrein, ca. 1225. Dom zu Köln. *Interfoto/akg-images*

S. 233 (*oben links*): Bleiflasche, 12./13. Jahrhundert. © *The Trustees of the British Museum (1876,1214.18)*

S. 233 (*oben rechts*): Pilgerabzeichen, 13. Jahrhundert. © *The Trustees of the British Museum (1921,0216.69)*

S. 233 (*unten links*): Pilgerabzeichen, 13. Jahrhundert. © *The Trustees of the British Museum (1856,0701.2053)*

S. 233 (*unten rechts*): Fragment eines Pilgerandenkens, ca. 1320–75. © *The Trustees of the British Museum (2001,0702.1)*

S. 237: Dhamekh-Stupa, Sarnath. *Alamy*

S. 239: Pilger auf dem Haddsch, Mekka. *Muhammad Hamed/Reuters*

S. 240: Drei Herrscher auf dem Haddsch, 1960er Jahre. *King Fahd National Library, Riyadh*

S. 242: Zamzam-Fläschchen, 21. Jahrhundert © *The Trustees of the British Museum (2011,6043.75)*

S. 246/247: Modell des Ysyakh-Festes, Mitte 19. Jahrhundert. © *The Trustees of the British Museum (As.5068.a)*

S. 250: Detail des knieenden Priesters aus dem Modell des Ysyakh-Festes. © *The Trustees of the British Museum (As.5068.a)*

S. 253: Ysyakh-Fest, Tuimaada, 2016. © YSIA.ru

S. 255: Mosaik, das den Monat Dezember darstellt, frühes 3. Jahrhundert, aus El Jem. *Archäologisches Museum, Sousse, Tunesien*

S. 257: Englische Weihnachtskarte, frühes 20. Jahrhundert. © *Look and Learn/Valerie Jackson Harris Collection/Bridgeman Images*

S. 258 (*links*): Fresko, 4. Jahrhundert, an der Kirche des heiligen Nikolaus, Myra, Türkei. *Alamy*

S. 258 (*rechts*): *Retabel des heiligen Nikolaus* (Detail) vom Meister der Lucialegende, 15. Jahrhundert. Groeningemuseum, Brügge. *Lukas – Art in Flanders VZW/Bridgeman Images*

S. 259 (*links*): Illustration aus Jan Schenkman, *St. Nikolaas en zijn knecht*, 1850. *Koninklijke Bibliotheek, Den Haag*

S. 259 (*rechts*): Titelseite der bengalischen Zeitschrift *Anandamela*, 2016.

S. 261: Titelseite von *Rudolph the Red-Nosed Reindeer*, von Robert L. May, New York, 1939.

S. 263: Scrooges dritter Besucher. Illustration von John Leech aus Charles Dickens, *A Christmas Carol*, 1843. © *British Library Board. All Rights Reserved/Bridgeman Images*

S. 265: Weihnachtsbaum auf Schloss Windsor, 1848. © *Look and Learn/Illustrated Papers Collection/Bridgeman Images*

S. 268: Papst Johannes Paul II. in der Basilika Unserer Lieben Frau von Guadalupe, 1999. *M. Sambucetti/AFP/Getty Images*

S. 272: Streikende Landarbeiter, San Joaquin Valley, Kalifornien, März 1966. *Foto mit freundlicher Genehmigung von Estuary Press © The Harvey Richards Media Archive*

S. 273: Strohhut, 1980er Jahre. © *The Trustees of the British Museum (Am1988,08.204)*

S. 274: Römische Münze, ca. 41–54 u. Z. © *The Trustees of the British Museum (1844,0425.460. A)*

S. 275: Artemis als die Göttin der Fruchtbarkeit, Ephesos, 2. Jahrhundert. Archäologisches Museum, Ephesos. *Werner Forman Archive/Bridgeman Images*

S. 277: Figuren Unserer Lieben Frau von Guadalupe und der Diana von Ephesos, 1980er Jahre, 1970er Jahre, 2.–1. Jahrhundert v. u. Z. © *The Trustees of the British Museum (Am1990,08.316.a, Am1978,15.913.a, 1883,0724.1, 1909,0620.2)*

S. 280: Pilger an der Basilika Unserer Lieben Frau von Guadalupe, Mexiko, 2008. *A. Estrella/AFP/Getty Images*

S. 281: Gaben für Diana, Prinzessin von Wales, Paris, 1997. *Thierry Chesnot/Getty Images*

S. 282: Ikone der Gottesmutter von Kasan aus Jaroslawl, 1800–1850. © *The Trustees of the British Museum (1998,0605.30)*

S. 285: Ikone der Gottesmutter von Kasan aus Moskau, 17.–19. Jahrhundert. © *The Trustees of the British Museum (1895,1224.1)*

S. 287: *Kriegsrat in Fili 1812*, von Alexei Danilowitsch Kiwschenko, 1882. Tretjakow-Galerie, Moskau. *Bridgeman Images*

S. 289: Ikone der Gottesmutter von Wladimir, 19. Jahrhundert. © *The Trustees of the British Museum (1998,0605.8)*

S. 292: Temporäre Behausung (*pandal*) für das Durga Puja-Fest, Kalkutta, 2013. *Tuul & Bruno Morandi/Alamy.*

S. 295: Durga Puja, Kalkutta. © *A. Abbas/Magnum Photos*

S. 296: *Die Geburt Christi*, von Geertgen tot Sint Jans, ca. 1490. National Gallery, London. *Bridgeman Images*

S. 299: Game Pass Shelter, Drakensberg, Kwazulu Natal. *Ariadne Van Zandbergen/Alamy*

S. 300: Felsmalerei der San (MUN1 36). *Rock Art Research Institute/*SARADA, University of the Witwatersrand

S. 302: Detail der Felsmalerei der San (MUN1 36). *Rock Art Research Institute/*SARADA, University of the Witwatersrand

S. 307: Japanischer Hausschrein. © *The Trustees of the British Museum (1893,1101.22)*

S. 309: Wappen von Südafrika.

S. 310: Rainer Maria Rilke, 1902. *akg-images*

S. 313: Kreuzigung mit der heiligen Birgitta in Anbetung, 16. Jahrhundert, niederländische Schule. © *The Trustees of the British Museum (1856,0209.81)*

S. 315: Ikone, die die Verklärung darstellt, 15. Jahrhundert, Schule von Nowgorod. Kunstmuseum, Nowgorod. *Bridgeman Images*

S. 321: Sitzender Buddha, 2. oder 3. Jahrhundert, Gandhara, Pakistan. © *The Trustees of the British Museum (1895,1026.1)*

S. 323: Anzeige von Save the Children, 1970er Jahre. *The Advertising Archives*

S. 324: Überreste der Buddhas von Bamiyan, 3. und 5. Jahrhundert, Afghanistan. © *World Religions Photo Library/ Bridgeman Images*

S. 326 (*links*): Kopf des Hermes/Merkur, 2. Jahrhundert. © *The Trustees of the British Museum (1978,0102.1)*

S. 326 (*rechts*): Kopf Christi, ca. 1130. © *The Trustees of the British Museum (1994,1008.1)*

S. 330: Tora-Schrein, Synagoge von Plymouth. © *Historic England Archive*

S. 332: Tora-Jad (Zeigestab), ca. 1745. © *The Trustees of the British Museum (2010,8002.1)*

S. 333: Rabbi Julia Neuberger. © *Suki Dhanda*

S. 335: Moschee-Lampe, ca. 1570–75, Türkei. © *The Trustees of the British Museum (G.143)*

S. 338/339: Scheich-Lotfollâh-Moschee, Isfahan, Iran,. *B. O'Kane/Alamy*

S. 341: Koranlektüre, Hulu Langat, Malaysia. *M. Rasfan/AFP/Getty Images*

S. 342: Maria und das Jesuskind, 15. Jahrhundert. Great Snoring, Norfolk. *Holmes Garden Photos/Alamy*

S. 346/347: Der Hort von Felmingham Hall, 2.–3. Jahrhundert. © *The Trustees of the British Museum (1925,0610.32)*

S. 349 (*oben*): Goldmünze, 218–19 u. Z. © *The Trustees of the British Museum (1922,0909.4)*

S. 349 (*unten*): Dem Jupiter Optimus Maximus Tanarus geweihter Altar aus der Nähe von Chester. © *Ashmolean Museum, University of Oxford (ANChandler.3.1)*

S. 353: Die Gilgamesch-Tafel, 7. Jahrhundert v. u. Z. © *The Trustees of the British Museum (K.3375)*

S. 356: Statue von Dr. Ambedkar. © *Paul Kobrak*

S. 358: Marduk-Tafel, 605–562 v. u. Z. © *The Trustees of the British Museum (47406)*

S. 365: Kalkstele, ca. 1350 v. u. Z. © *The Trustees of the British Museum* (1891,0404.29)

S. 367: Nase und Lippen des Echnaton, ca. 1353–1336 v. u. Z. The Metropolitan Museum of Art, New York. Purchase, Edward S. Harkness Gift, 1926 (26. 7. 1395)

S. 368: «Alter der Tage», von William Blake. Whitworth Art Gallery, The University of Manchester. *Bridgeman Images*

S. 370 *Hernes Eiche aus «Die lustigen Weiber von Windsor»*, von George Cruikshank, ca. 1857. Yale Center for British Art, Paul Mellon Fund. *Bridgeman Images*

S. 373 (*oben*): Thailändisches Geisterhaus, 19. Jahrhundert. © *The Trustees of the British Museum* (2004,0628.37)

S. 373 (*unten*): Thailändisches Geisterhaus, Suvarnabhumi International Airport, Bangkok. *Istockphoto*

S. 377: *Larrakitj*-Zeremonie, Yirrkala, 1946. Foto: Ted Evans / mit freundlicher Genehmigung der Northern Territory Library

S. 378/379: Ein *larrakitj* von Wukun Wanambi, 2014. © *The Trustees of the British Museum* (2015,2028.1)

S. 382: Laurence Olivier als Shakespeares Heinrich V., 1944. *Granger Collection/Alamy, mit Handkolorierung von Helena Zakwreska-Rucinska*

S. 386/387: *Die Schlacht von Adwa*, Baumwolldiptychon, 1940–1949. © *The Trustees of the British Museum* (Af1974,11.34)

S. 388: *Salomon und die Königin von Saba*, von Mengesha Fiseha, 2007/08. © *Mengesha Fiseha/The Trustees of the British Museum* (2008,2013.4)

S. 389: Ostermesse in der Dreifaltigkeitskathedrale in Addis Abeba. *Tiksa Negeri/Reuters*

S. 391: Haile Selassie am Tag seiner Körnung zum Kaiser, 1930.

S. 392/393: Die Krönung von Haile Selassie, 1930, unbekannter Künstler. *Abdruck mit Genehmigung der Familie Chapman-Andrews.*

S. 397 (*links*): Anstecker Haile Selassie, ca. 1983. © *The Trustees of the British Museum* (1983,0832.4)

S. 397 (*rechts*): Anstecker mit dem gelobten Land, ca. 1983. © *The Trustees of the British Museum* (1983,0832.1)

S. 399: Die Straße zwischen Adigrat und Adwa, Tigray, Äthiopien. *De Agostini/Getty Images*

S. 400: Kaiser Akbar im Gespräch mit Jesuitenmissionaren, 16. Jahrhundert. Privatsammlung. *De Agostini/Bridgeman Images*

S. 403: Gemälde aus dem Epos *Mahabharata*, 1598. © *The Trustees of the British Museum* (1930,0716,0.1)

S. 405: Münzen aus einem Sikh-Tempel, die Guru Nânak zeigen, 1898. © *The Trustees of the British Museum* (1922,0424.4348)

S. 407: Der Goldene Tempel, Amritsar. *T. C. Malhotra/Getty Images*

S. 409: Soldaten während des Sturms auf den Goldenen Tempel, Amritsar, 1984. © *Raghu Rai/Magnum Photos*

S. 410: Rollbild *Indira Gandhi*, von Ajit Chitrakar, 1985. © *The Trustees of the British Museum* (As1986,10.1)

S. 413: Angriff auf die Babri-Moschee, 1992. *Reuters*

S. 415: *Rama und Sita vor der goldenen Stadt Ayodhya*, ca. 1800, Schule von Jaipur. *Christie's/Bridgeman Images*

S. 418: Elizabeth II. bei ihrer Krönung, 1953. *Foto von Cecil Beaton, Camera Press London*

S. 421: Stab aus Benin mit der Figur des Oba, 18/19. Jahrhundert. © *The Trustees of the British Museum* (Af1902,0516.31)

S. 423: Tafel aus Benin, die den Oba mit Fischen und Leoparden darstellt, 16.–17. Jahrhundert. © *The Trustees of the British Museum* (Af1898,0115.31)

S. 426: Der bronzene *gui*, ca. 1050–771 v. u. Z.. © *The Trustees of the British Museum* (1936,1118.2)

S. 427: Detail der Inschrift, Bronze-*gui*, ca. 1050–771 v. u. Z.. © *The Trustees of the British Museum* (1936,1118.2)

S. 430: *Die trauernden Juden im Exil* (Replik), von Eduard Bendemann, 1831/32. Wallraf-Richartz-Museum, Köln. *akg-images*

S. 434: Felsendom und Altstadt, Jerusalem. *Robert Harding/Alamy*

S. 435: Titusbogen, Rom. *Bible Land Pictures/Alamy*

S. 436 (*oben*): Silberne Tetradrachme, 97/98 u. Z. © *The Trustees of the British Museum* (1841,B.3581)

S. 436 (*unten*): Silberne Tetradrachme, 97/98 u. Z., überprägt von Simon bar Kochba und den jüdischen Rebellen, ca. 132 u. Z. © *The Trustees of the British Museum* (1910,1004.1)
S. 441: Baumwollflagge, 19. Jahrhundert, Sudan. © *The Trustees of the British Museum* (Af1953,22.1)
S. 443: Jubba, wie sie der Sufiorden trägt, 19. Jahrhundert, Sudan. © *The Trustees of the British Museum* (Af1980,01.1)
S. 445: *The First Battle at Omdurman*, von A. Sutherland, 1898. National Army Museum, London. *Bridgeman Images*
S. 446: Zerstörtes Grabmal des Mahdi, Omdurman, 1898. *Alamy*
S. 448 Lokale Verordnung, Saint-Jean-Cap-Ferrat, Frankreich, 2016. *J-C. Magnenet/AFP/Getty Images*
S. 452/453: Japanische Anschlagtafel mit antichristlichen Erlassen, 1682. © *The Trustees of the British Museum* (1895,0721.1)
S. 454/455: Paravent, auf dem die Ankunft eines portugiesischen Schiffes dargestellt ist, 17. Jahrhundert, japanische Schule. Privatsammlung. © *Christie's/Bridgeman Images*
S. 457: Druck von Jacques Callot, 1627. © *The Trustees of the British Museum* (1873,0712.950)
S. 458 (*links*): Fumie-Zeremonie, ca. 1826. © *Collection Nationaal Museum van Wereldculturen* (RV-360–4302449)
S. 458 (*rechts*): Bronze-Fumie, 19. Jahrhundert. © *Religionskundliche Sammlung der Philipps-Universität Marburg* (Cu 001)
S. 461: Die Zerstörung des Tempels von Charenton, Illustration aus Sebastien Leclerc, *Les Petites Conquetes du Roi*, 1702. © *The Trustees of the British Museum* (1898,0401.21)
S. 465: Ludwig XIV., 1685, von Cornelis Martinus Vermeulen nach Louis de Boullonge. *Rijksmuseum, Amsterdam*
S. 470/471: Die *Fête de la raison*, Paris, 1793. *Bibliothèque nationale de France, Paris.*
S. 474: Uhr, ca. 1795, von Abraham-Louis Breguet. © *The Trustees of the British Museum* (2015,8044.1)
S. 477: Der Kalender der Französischen Republik, ca. 1793–1805. *akg-images*
S. 479: Zerstörung der Christ-Erlöser-Kathedrale, Moskau, 1931. *TASS/TopFoto*
S. 480: *Der Weg ist breiter ohne Gott/Gott gibt es nicht*, von Wladimir Menschikow, 1975, aus der Plakatserie *Der militante Stift*. © *Staatliches Museum für Religionsgeschichte (St. Petersburg, Russland)* (A-6156)
S. 482: Die wiederaufgebaute Christ-Erlöser-Kathedrale, Moskau. *Shutterstock*
S. 483: Präsident Putin feiert das Fest der Erscheinung des Herrn mit einem Bad, Januar 2018. *Getty Images*
S. 486: Das Rad des Lebens, 19. Jahrhundert. © *The Trustees of the British Museum* (1898,0622,0.23)
S. 492/493: Kumbh Mela, Allahabad, 2013. *R. M. Nunes/Alamy*
S. 497: Das Lampedusa-Kreuz auf dem Hochaltar von St. Paul's Cathedral, London. *Graham Lacdao* © *The Chapter of St Paul's*
S. 498/499: Flüchtlinge treffen auf Lampedusa ein, 2016. *Alamy*
S. 503: *Schutzmantelmadonna*, von Michel Erhart oder Friedrich Schramm, ca. 1480. Skulpturensammlung und Museum für Byzantinische Kunst, Staatliche Museen zu Berlin. © 2018. *Scala, Florenz. bpk / Skulpturensammlung und Museum für Byzantinische Kunst, SMB/Antje Voigt*

Weiterführende Literatur

Weitere Informationen zu den Objekten des British Museum finden sich auf dessen Website (www.britishmuseum.org); die dortigen bibliographischen Angaben werden regelmäßig auf den neuesten Stand gebracht. Umfassende Bibliographien finden sich in den unten aufgeführten Büchern und in den verschiedenen Bänden der «Oxford Handbooks»: *Ancient Greek Religion* (hg. von Esther Eidinow und Julia Kindt, 2015), *The Archaeology of Ritual and Religion* (hg. von Timothy Insoll, 2011), *Contemporary Buddhism* (hg. von Michael Jerryson, 2016), *Indian Philosophy* (hg. von Jonardon Ganeri, 2017), *Islamic Theology* (hg. von Sabine Schmidtke, 2016), *Jewish Studies* (hg. von Martin Goodman, 2002) und *Medieval Christianity* (hg. von John H. Arnold, 2014). Zahlreiche religiöse Primärtexte finden sich in deutscher Übersetzung in Ausgaben des Verlags der Weltreligionen.

Allgemeine Literatur

Armstrong, Karen: *Islam: A Short History*, 2000

Aslan, Reza: *Kein Gott außer Gott. Der Glaube der Muslime von Muhammad bis zur Gegenwart*, übers. von Rita Seuß, 2006

Beard, Mary, John North und Simon Price: *Religions of Rome*, 1998

Brown, Peter: *Der Schatz im Himmel. Der Aufstieg des Christentums und der Untergang des römischen Weltreichs*, übers. von Michael Bayer und Karin Schuler, 2018

Fisher, Mary Pat: *Living Religions*, 2011

Goodman, Martin: *A History of Judaism*, 2017

Gray, John: *Seven Kinds of Atheism*, 2018

Grayling, A. C.: *The God Argument: The Case Against Religion and for Humanism*, 2013

Hornung, Erik: *Der Eine und die Vielen. Altägyptische Götterwelt*, 2005

Krämer, Gudrun: *Geschichte des Islam*, 2005

Lauster, Jörg: *Die Verzauberung der Welt. Eine Kulturgeschichte des Christentums*, 2017

MacCulloch, Diarmaid: *A History of Christianity: The First Three Thousand Years*, 2009

McLeod, Hew: *Sikhism*, 1997

Michaels, Axel: *Der Hinduismus. Geschichte und Gegenwart*, 2012

Neuberger, Julia: *On Being Jewish*, 1995

Pattanaik, Devdutt: *Myth=Mithya: A Handbook of Hindu Mythology*, 2014

Praet, Istvan (Hg.): *Animism and the Question of Life*, 2014

Quirke, Stephen: *Ancient Egyptian Religion*, 1992

Rüpke, Jörg: *Pantheon. Geschichte der antiken Religionen*, 2016

Sengupta, Arputha Rani: *Buddhist Art and Culture: Symbols and Significance*, 2013

Woodhead, Linda, und Andrew Brown: *That Was The Church That Was: How the Church of England Lost the English People*, 2017

Woodhead, Linda, und Rebecca Catto (Hg.): *Religion and Change in Modern Britain*, 2012

1. Die Anfänge des Glaubens

Cook, Jill: *Ice Age Art: Arrival of the Modern Mind*, 2013

Gamble, Clive: *Settling the Earth: The Archaeology of Deep Human History*, 2013

Harari, Yuval Noah: *Eine kurze Geschichte der Menschheit*, übers. von Jürgen Neubauer, 2013

Wehrberger, Kurt (Hg.): *The Return of the Lion Man: History, Myth, Magic*, 2013

2. Feuer und Staat

Kaliff, Anders: Fire, in: Insoll (Hg.): *Ritual and Religion*, S. 51–62

Pyne, Stephen J.: *Vestal Fire: An Environmental History, Told through Fire, of Europe and Europe's Encounter with the World*, 1997

Stewart, Sarah (Hg.): *The Everlasting Flame: Zoroastrianism in History and Imagination*, 2013

Wildfang, Robin Lorsch: *Rome's Vestal Virgins: A Study of Rome's Vestal Priestesses in the Late Republic and Early Empire*, 2006

3. Wasser des Lebens, Wasser des Todes

Darian, Steven G.: *The Ganges in Myth and History*, 1978

Eck, Diana L.: *Benares. Stadt des Lichts*, übers. von Bettina Bäumer und Luitgard Soni, 2006

Eck, Diana L.: *India: A Sacred Geography*, 2012

Fagan, Brian: *Elixir: A History of Water and Humankind*, 2011

Reinhart, A. Kevin: Impurity/No Danger, in: *History of Religions* 30, Nr. 1 (1990), S. 1–24

4. Die Wiederkehr des Lichts

Dowd, Marion, und Robert Hensey (Hg.): *The Archaeology of Darkness*, 2016

Hensey, Robert: *First Light: The Origins of Newgrange*, 2015

Kirkland, Russell: The Sun and the Throne: The Origins of the Royal Descent Myth in Ancient Japan, in: *Numen* 44, Nr. 2 (1997), S. 109–152

Stout, Geraldine, und Matthew Stout: *Newgrange*, 2008

5. Ernte und Ehrerweis

King, J. C. H.: *First Peoples, First Contacts: Native Peoples of North America*, 1999

Laugrand, Frédéric und Jarich Oosten: *Hunters, Predators and Prey: Inuit Perceptions of Animals*, 2015

Lincoln, Amber, mit John Goodwin et al.: *Living with Old Things: Inupiaq Stories, Bering Strait Histories*, 2010

Mojsov, Bojana: *Osiris: Death and Afterlife of a God*, 2005

Taylor, John: *Death and the Afterlife in Ancient Egypt*, 2001

Assmann, Jan: *Tod und Jenseits im alten Ägypten*, 2010

6. Leben mit den Toten

Besom, Thomas: *Of Summits and Sacrifice: An Ethnohistoric Study of Inka Religious Practices*, 2009

Isbell, William H.: *Mummies and Mortuary Monuments: A Postprocessual Prehistory of Central Andean Social Organization*, 1997

Ruitenbeek, Klaas (Hg.): *Faces of China: Portrait Painting of the Ming and Qing Dynasties*, 2017

Scott, Janet Lee: *For Gods, Ghosts and Ancestors: The Chinese Tradition of Paper Offerings*, 2007

Stuart, Jan und Evelyn S. Rawski: *Worshiping the Ancestors: Chinese Commemorative Portraits*, 2001

7. Die Geburt und der Körper

Dresvina, Juliana: *A Maid with a Dragon: The Cult of St Margaret of Antioch in Medieval England*, 2016

Reader, Ian und George J. Tanabe, *Practically Religious: Worldly Benefits and the Common Religion of Japan*, 1998

8. Ein Platz innerhalb der Tradition

Bolton, Lissant: Teaching the Next Generation: A Lock of Hair from Tanna, in: L. Bolton et al.: *Melanesia: Art and Encounter*, 2013, S. 285–286

Eis, Ruth: *Torah Binders of the Judah L. Magnes Museum*, 1979

van Gennep, Arnold: *Übergangsriten (Les rites de passage)*, übers. von Sylvia M. Schomburg-Scherff und Klaus Schomburg, 2005

Grimes, Ronald L.: *Deeply into the Bone: Re-Inventing Rites of Passage*, 2002

Shaw, Sarah: *The Spirit of Buddhist Meditation*, 2014

Sperber, Daniel: *The Jewish Life Cycle: Custom, Lore and Iconography*, 2008

9. Lasset uns beten

Ettinghausen, Richard (Hg.): *Prayer Rugs*, 1974

Mauss, Marcel: *Schriften zur Religionssoziologie*, hg. und eingel. von Stephan Moebius, Frithjof Nungesser und Christian Papilloud, übers. von Eva Moldenhauer und Henning Ritter, 2012

Winston-Allen, Anne: *Stories of the Rose: The Making of the Rosary in the Middle Ages*, 1997

10. Die Macht des Gesangs

Butt, John: *The Cambridge Companion to Bach*, 1997

Claussen, Johann Hinrich: *Gottes Klänge. Eine Geschichte der Kirchenmusik*, 2015

Gardiner, John Eliot: *Bach. Musik für die Himmelsburg*, übers. von Richard Barth, 2016

Joseph, Jordania: *Choral Singing in Human Culture and Evolution*, 2015

Troeger, Thomas H.: *Music as Prayer: The Theology and Practice of Church Music*, 2013

Wild, Beate: Fur Within, Flowers Without: A Transylvanian Fur Coat Worn to Church, in: Elisabeth Tietmeyer und Irene Ziehe (Hg.): *Discover Europe!*, 2008, S. 26–34

11. Das Haus Gottes

Cohen, Michael (Hg.): *Sacred Gardens and Landscape: Ritual and Agency*, 2007

Luckert, Karl W.: *Stone Age Religion at Göbekli Tepe: From Hunting to Domestication, Warfare and Civilization*, 2013

McNeill, William H.: *Keeping Together in Time: Dance and Drill in Human History*, 1997

Morris, Colin: *The Sepulchre of Christ and the Medieval West: From the Beginning to 1600*, 2005

Rey, Sébastien: *For the Gods of Girsu: City-State Formation in Ancient Sumer*, 2016

Schmidt, Klaus: *Sie bauten die ersten Tempel. Das rätselhafte Heiligtum der Steinzeitjäger. Die archäologische Entdeckung am Göbekli Tepe*, 2006.

Suter, Claudia E.: *Gudea's Temple Building: The Representation of an Early Mesopotamian Ruler in Text and Image*, 2000

12. Geschenke für die Götter

Cooper, Jago: *Lost Kingdoms of South America*, BBC 4, 2014

Harris, Diane: *The Treasures of the Parthenon and Erechtheion*, 1995

Llonch, Elisenda Vila: *Beyond El Dorado: Power and Gold in Ancient Colombia*, 2013

Whitmarsh, Tim: *Battling the Gods: Atheism in the Ancient World*, 2016

13. Heiliges Töten

Bremmer, Jan N. (Hg.): *The Strange World of Human Sacrifice*, 2007

Burkert, Walter: *Homo Necans. Interpretationen altgriechischer Opferriten und Mythen*, 1997
Cooper, Jago: *The Inca: Masters of the Clouds*, BBC 4, 2015
Girard, René: *Das Heilige und die Gewalt*, übers. von Elisabeth Mainberger-Ruh, 2012
James, E. O.: *Sacrifice and Sacrament*, 1962
McClymond, Kathryn: *Beyond Sacred Violence: A Comparative Study of Sacrifice*, 2008
McEwan, Colin und Leonardo López Luján: *Moctezuma: Aztec Ruler*, 2009
Naiden, Fred: Sacrifice, in: Eidinow und Kindt (Hg.): *Ancient Greek Religion*, S. 463–476
Riese, Berthold: *Das Reich der Azteken. Geschichte und Kultur*, 2011

14. Pilgern

Duffy, Eamon: *The Heart in Pilgrimage: A Prayerbook for Catholic Christians*, 2014
Porter, Venetia (Hg.): *Hajj: Journey to the Heart of Islam*, 2012
Spencer, Brian: *Pilgrim Souvenirs and Secular Badges*, 2017
Sumption, Jonathan: *Pilgrimage: An Image of Medieval Religion*, 1975
Webb, Diana: *Pilgrimage in Medieval England*, 2000

15. Festzeit

Falassi, Alessandro (Hg.): *Time Out of Time: Essays on the Festival*, 1987
Leach, Edmund: Time and False Noses, in: *The Essential Edmund Leach I: Anthropology and Society*, hg. von Stephen Hugh-Jones und James Laidlaw, 2000, S. 182–185
Restad, Penne L.: *Christmas in America: A History*, 1996
Whiteley, Sheila (Hg.): *Christmas, Ideology and Popular Culture*, 2008

16. Die Beschützerinnen

Brading, D. A.: *Mexican Phoenix: Our Lady of Guadalupe*, 2001
Budin, Stephanie: *Artemis*, 2015
MacLean Rogers, Guy: *The Mysteries of Artemis of Ephesos: Cult, Polis, and Change in the Graeco-Roman World*, 2013
Rietveld, James D.: *Artemis of the Ephesians: Mystery, Magic and Her Sacred Landscape*, 2014
Warner, Marina: *Alone of All Her Sex: Cult of the Virgin Mary*, 1976

17. Das Kunstwerk im Zeitalter seiner spirituellen Reproduzierbarkeit

Banerjee, Sudeshna: *Durga Puja: Celebrating the Goddess*, 2006
Bobrov, Yury: *A Catalogue of the Russian Icons in the British Museum*, hg. von Chris Entwistle, 2008
Cormack, Robin: *Icons*, 2007
Guha-Thakurta, Tapati: *In the Name of the Goddess: The Durga Pujas of Contemporary Kolkata*, 2015
Khilnani, Sunil: *The Idea of India*, 1997
Williams, Rowan: *The Dwelling of the Light: Praying with Icons of Christ*, 2003

18. Sinnzuwachs

Lewis-Williams, David und Sam Challis: *Deciphering Ancient Minds: The Mystery of San Bushman Rock Art*, 2011
Perry, Grayson: *The Tomb of the Unknown Craftsman*, 2011
Smyers, Karen A.: *The Fox and the Jewel: Shared and Private Meanings of Contemporary Japanese Inari Worship*, 1999

19. Ändere dein Leben

Armstrong, Karen: *Die Geschichte von Gott. 4000 Jahre Judentum, Christentum und Islam*, übers. von Doris Kornav, Ursel Schäfer und Renate Weitbrecht, 2012
Beguin, Giles: *Buddhist Art: An Historical and Cultural Journey*, 2009

Bynum, C.: *Wonderful Blood: Theology and Practice in Late Medieval Northern Germany and Beyond*, 2007
Diamond, Debra: *Paths to Perfection: Buddhist Art at the Freer|Sackler*, 2017
Duffy, Eamon: *The Stripping of the Altars: Traditional Religion in England, 1400–1580*, 1992
MacGregor, Neil, mit Erika Langmuir: *Seeing Salvation: Images of Christ in Art*, 2000

20. Ablehnung des Bildes, Verehrung des Wortes

Al-Akiti, Afifi und Joshua Horden: New Couvosations in Islamic an Christian Political Thought, in: *Muslim World* 106, Nr. 2 (2016), S. 219–225
Freedberg, David: *The Power of Images: Studies in the History and Theory of Response*, 1989
Kolrud, Kristine und Marina Prusac (Hg.): *Iconoclasm from Antiquity to Modernity*, 2014
Noyes, James: *The Politics of Iconoclasm: Religion, Violence and the Culture of Image-Breaking in Christianity and Islam*, 2013
Koerner, Joseph Leo: *Die Reformation des Bildes*, übers. von Rita Seuß, 2017
Porter, Venetia und Heba Nayel Barakat (Hg.): *Mightier than the Sword: Arabic Script*, 2004
Neuberger, Julia: *On Being Jewish*, 1995

21. Die Segnungen vieler Götter

Das Gilgamesch-Epos, neu übersetzt und kommentiert von Stephan M. Maul, 2017
Haeussler, Ralph, und Anthony King (Hg.): *Celtic Religions in the Roman Period: Personal, Local, and Global*, 2017
Henig, Martin: *Religion in Roman Britain*, 1984
Maier, Bernhard: *Die Religion der Germanen. Götter, Mythen, Weltbild*, 2003
Rüpke, Jörg: *Die Religion der Römer. Eine Einführung*, 2006

22. Die Macht des einen Gottes

Assmann, Jan: *Die Mosaische Unterscheidung. Oder der Preis des Monotheismus*, 2010
Assmann Jan und Harald Strohm (Hg.): *Echnaton und Zarathustra. Zur Genese und Dynamik des Monotheismus*, 2012
Crouch, C. L., Jonathan Stökl und Anna Louise Zernecke (Hg.): *Mediating Between Heaven and Earth: Communication with the Divine in the Ancient Near East*, 2012
Hoffmeier, James K.: *Akhenaten and the Origins of Monotheism*, 2015
Kemp, Barry: *The City of Akhenaten and Nefertiti: Amarna and its People*, 2013
Mitchell, Stephen, und Peter Van Nuffelen (Hg.): *One God: Pagan Monotheism in the Roman Empire*, 2010

23. Ortsgeister

Bell, Michael Mayerfeld: The Ghosts of Place, in: *Theory and Society* 26, Nr. 6 (1997), S. 813–836
Bolton, Lissant: Dressing for Transition: Weddings, Clothing and Change in Vanuatu, in: Susanne Küchler und Graeme Were (Hg.), *The Art of Clothing: A Pacific Experience*, 2005, S. 19–32
Brody, A. M.: *Larrakitj: Kerry Stokes Collection*, 2011
Terwiel, B. J.: *Monks and Magic: Revisiting a Classic Study of Religious Ceremonies in Thailand*, 1975

24. Wenn Gott mit uns ist

Barnett, Michael: *The Rastafari Movement: A North American and Caribbean Perspective*, 2018
Binns, John: *The Orthodox Church of Ethiopia: A History*, 2016
Henry, William «Lez»: Reggae, Rasta and the Role of the Deejay in the Black British Experience, in: *Contemporary British History* 26, Nr. 3 (2012), S. 355–373
Lee, Hélène: *Der erste Rasta*, übers. von Angelika Inhoffen, 2000

25. Tolerieren, nicht tolerieren

Drèze, Jean und Amartya Sen: *Indien. Ein Land und seine Widersprüche*, übers. von Thomas Atzert und Andreas Wirthensohn, 2014
Habib, Irfan (Hg.): *Akbar and his India*, 1997
Khan, Iqtidar Alam: Akbar's Personality Traits and World Outlook: A Critical Reappraisal, in: *Social Scientist* 20, Nr. 9/10 (1992), S. 16–30
Khera, Paramdip Kuar: *Catalogue of Sikh Coins in the British Museum*, 2011
Khilnani, Sunil: *Incarnations: India in 50 Lives*, 2016
Kulke, Herrmann und Dietmar Rothermund: *Geschichte Indiens. Von der Induskultur bis heute*, 2018
Sen, Amartya: *The Argumentative Indian: Writings on Indian History, Culture and Identity*, 2006
Shani, Giorgio: *Sikh Nationalism and Identity in a Global Age*, 2008
Spear, Percival: *A History of India II: From the Sixteenth to the Twentieth Century*, 1965
Tully, Mark: *India: The Road Ahead*, 2012
Wink, André: *Akbar*, 2008

26. Das Mandat des Himmels

Barley, Nigel: *The Art of Benin*, 2010
Fagg, William: *Divine Kingship in Africa*, 1970
Loewe, Michael: *Divination, Mythology and Monarchy in Han China*, 1994
Pines, Yuri: *The Everlasting Empire: The Political Culture of Ancient China and Its Imperial Legacy*, 2012
Plankensteiner, Barbara (Hg.): *Benin Kings and Rituals: Court Arts from Nigeria*, 2007

27. Dein Reich komme

Abdy, Richard und Amelia Dowler: *Coins and the Bible*, 2013
Avni, Gideon und Guy D. Stiebel (Hg.): *Roman Jerusalem: A New Old City*, 2017
Goodman, Martin: *Rome and Jerusalem: The Clash of Ancient Civilizations*, 2007
Halm, Heinz, *Das Reich des Mahdi. Der Aufstieg der Fatimiden (875–973)*, 1991
Kramer, Robert S.: *Holy City on the Nile: Omdurman During the Mahdiyya, 1885–1898*, 2010
Menahem, Mor: *The Second Jewish Revolt: The Bar Kokhba War, 132–136 CE*, 2016
Nicoll, Fergus: *Sword of the Prophet: The Mahdi of Sudan and the Death of General Gordon*, 2004
Sebag Montefiore, Simon: *Jerusalem. Die Biographie*, übers. von Ulrike Bischoff und Waltraud Götting, 2011

28. Die Schraube fester ziehen

Boxer, C. R.: *The Christian Century in Japan 1549–1650*, 1993
Chappell Lougee, Carolyn: *Facing the Revocation: Huguenot Families, Faith, and the King's Will*, 2016
Clark, Tim (Hg.): *Hokusai: Beyond the Great Wave*, 2017
Hesselink, Reiner H.: *The Dream of Christian Nagasaki: World Trade and the Clash of Cultures, 1560–1640*, 2015
Sample Wilson, Christie: *Beyond Belief: Surviving the Revocation of the Edict of Nantes in France*, 2011
Tombs, Robert: *France 1814–1914*, 1996

29. «Es gibt keinen Gott!»

Buck, Paul: Revolution in Time, in: *British Museum Magazine*, 2015
Dawkins, Richard: *Der Gotteswahn*, übers. von Sebastian Vogel, 2006
Grayling, A. C.: *The God Argument: The Case Against Religion and for Humanism*, 2013
Hildermeier, Manfred: *Geschichte Russlands. Vom Mittelalter bis zur Oktoberrevolution*, 2016
Hildermeier, Manfred: *Geschichte der Sowjetunion 1917–1991. Entstehung und Niedergang des ersten sozialistischen Staates*, 2017

Hosking, Geoffrey: *The First Socialist Society: A History of the Soviet Union from Within*, 1993
Hosking, Geoffrey: *Russia and the Russians: From Earliest Times to the Present*, 2001
Maier, Hans: *Gesammelte Schriften, Bd. II: Politische Religionen*, 2007
Pop, Virgiliu: Space and Religion in Russia: Cosmonaut Worship to Orthodox Revival, in: *Astropolitics* 7, Nr. 2 (2009), S. 150–163
Shaw, Matthew: *Time and the French Revolution: The Republican Calendar, 1789–Year XIV*, 2011
Symth, Jonathan: *Robespierre and the Festival of the Supreme Being: The Search for a Republican Morality*, 2016

30. Miteinander leben

Mehrotra, Rahul und Felipe Vera (Hg.): *Kumbh Mela: Mapping the Ephemeral Megacity*, 2015
Sopa, Geshe: The Tibetan «Wheel of Life»: Iconography and Doxography, in: *Journal of the International Association of Buddhist Studies* 7, Nr. 1 (1984), S. 125–146

Danksagung

Dieses Buch ist das Ergebnis einer Partnerschaft zwischen dem British Museum, der BBC und Penguin Books, und alle drei Institutionen haben auf großartige Weise zu seinem Inhalt und zu seiner äußeren Form beigetragen. Es handelt sich, wie die Leserinnen und Leser rasch erkennen werden, um die Bilanz aus zahlreichen Gesprächen mit Fachleuten, zumeist in Gestalt von Interviews für die Sendereihe im Rundfunk, aus der dieses Buch hervorgegangen ist und die es erweitert. Die Großzügigkeit, mit der mir diese Beiträger ihre Zeit, ihr Fachwissen und ihre Gelehrtheit zur Verfügung stellten, kann ich gar nicht hoch genug schätzen. Sie werden einzeln genannt, wenn ich sie zitiere, aber meine Unterhaltungen mit ihnen haben den Diskurs und die Richtung dieses Buches in jeder Phase beeinflusst, und ich möchte ihnen allen an dieser Stelle von Herzen Dank sagen.

Es gab natürlich auch viele andere wichtige Gespräche, und besonders danken möchte ich Vesta Curtis, Antony Griffiths, Rahul Gumber, Cyrus Guzda, Anna Miller, Catherine Reynolds, Mahrukh Tarapor und Jonathan Williams.

Im Zentrum der meisten Kapitel stehen Objekte aus dem British Museum, und ohne die geduldige Großzügigkeit dieser Institution und das tiefreichende Wissen derjenigen, die dort arbeiten und es bereitwillig teilen, wäre dieses Buch nicht möglich gewesen. Viele von ihnen – aber beileibe nicht alle – tauchen im Text auf. Hartwig Fischer, der Direktor, und Joanna Mackle, seine Stellvertreterin, unterstützten das Projekt von Anfang an. Die Auswahl der Objekte aus dem Museum und die Suche danach organisierte mit ruhiger Gelehrsamkeit Barrie Cook, unterstützt von Rosie Weetch. Jill Cook konzipierte und kuratierte die Ausstellung im British Museum, die in engem Zusammenhang mit den Rundfunksendungen stand und die von John Studzinski und der Genesis Foundation äußerst großzügig unterstützt wurde; zusammen mit Lissant Bolton hatte Jill auch großen Anteil an der Erarbeitung der Rundfunksendungen und des Buches, insbesondere dort, wo es um Vor- und Frühgeschichte sowie kleine, nicht-urbane Gesellschaften geht. Die Gespräche mit all diesen Kolleginnen und Kollegen waren ebenso lehrreich wie verlässlich. Jo Hammond koordinierte die Beteiligung des Museums in allen Bereichen, von der Bereitstellung der Objekte und den Fotos davon bis hin zur Überprüfung noch der kleinsten Details in Sachen Provenienz und Beschaffenheit. Wie sie das stets völlig reibungslos und gut gelaunt hinbekam, bleibt ihr Geheimnis.

In all den Museen, Bauwerken, Landschaften und an all den Orten, die wir besuchten, waren wir willkommen, man gestattete uns so weit wie irgend möglich den Zugang und versorgte uns mit den notwendigen Informationen. Ganz besonders danken möchte ich Herrn Girish Tandon und Herrn Alankar Tandon; sie sorgten dafür, dass wir in der temporären Stadt, die für die Kumbh Mela in Allahabad errichtet worden war, unterkamen; der Distriktverwaltung und den örtlichen Behörden in Allahabad danke ich dafür, dass sie die komplizierte Logistik unseres Besuchs geregelt haben. Herr Ravindra Singh half uns bei der Organisation unseres Besuchs in Ayodhya, und der Hohepriester des Parsen-Tempels in Udvada scheute keine Mühe, dafür zu sorgen, dass wir alles sehen konnten, was ein Nicht-Parse sehen darf. Bei all unseren Reisen in Indien hatte ich das Glück, Mahrukh Tarapor als Begleiter an meiner Seite zu haben, der nie um einen Rat verlegen und stets frohen Mutes war und der uns sanft durch so manchen verwirrenden Moment steuerte.

Bei der BBC war Radio 4 unter der Leitung von Gwyneth Williams unermüdlich an der Erarbeitung und

Umsetzung dieses Projekts beteiligt. Mohit Bakaya und Rob Ketteridge beaufsichtigten die Produktion und Sendung der Reihe; John Goudie war von zentraler Bedeutung für das geistige Gerüst des Ganzen und die Planung jeder einzelnen Sendung; Anne Smith und Sue Fleming organisierten die vielen Reisen und geleiteten mich durch das Labyrinth der Bürokratie. Und Paul Kobrak war mein steter Begleiter, er nahm fast alle Interviews und eine erstaunliche Vielfalt an Klängen auf, die er anschließend in einer Mischung aus Klugheit und Magie auf elegante Weise in Sendungen verwandelte.

Bei der Vorbereitung der Texte für die Rundfunksendungen wie auch für dieses Buch bekam ich großartige Unterstützung durch Christopher Harding, der bei der Recherche und beim Schreiben eine enorme Hilfe war und dessen gründliche Kenntnis der japanischen Kultur in einigen Kapiteln deutlich wird. Mein ganz besonderer Dank gilt Richard Beresford, der mich mehr als einmal aus einem digitalen Desaster rettete.

Bei Penguin machte Cecilia Mackay Fotos ausfindig, die den Text oftmals nicht nur illustrieren, sondern der Argumentation eine neue Richtung geben. Andrew Barker hat den Innenteil des Buchs elegant und mit Stil gestaltet, ebenso Jim Stoddart den Umschlag. Penelope Vogler hat die zahlreichen Aktivitäten rund um die Buchveröffentlichung meisterhaft organisiert. Richard Duguid und Imogen Scott haben den gesamten Produktionsprozess beaufsichtigt; und Ben Sinyor hat unermüdlich Texte und Fotos herumgeschickt, fortwährend überprüft und kollationiert – und dabei still und leise verbessert. Stuart Proffitt hat weit mehr geleistet, als man von einem Lektor gewöhnlich erwarten darf, er hat sich in vielen Stunden beglückender Diskussion intensiv mit jedem Argument auseinandergesetzt, Thesen in Frage gestellt und jedem einzelnen Satz mehr Klarheit verschafft. Seine Geduld und seine Liebenswürdigkeit erstaunen mich immer wieder aufs Neue. Als Autor kann man sich keine bessere Unterstützung wünschen und vorstellen.

Neil MacGregor
Juni 2018

Register

Kursive Seitenzahlen verweisen auf Abbildungen.

Personenregister

Ortsregister

Sachregister